Weihnachten
1984

Ilka von Vignau

Werdenfelser Land
Ammergau und
Isarwinkel

Ilka von Vignau

Werdenfelser Land

Garmisch-Partenkirchen

Mittenwald

mit Ammergau und Isarwinkel

Prestel–Verlag
München

© Prestel-Verlag München 1984
Passavia Druckerei GmbH Passau
ISBN 3-7913-0679-0

Inhalt

Groß und edel ist das Vergnügen, welches Reisen gewähren, vielseitig ihr Nutzen. Der Anblick des blauen Himmels und der belebten Natur ermuntert die Seele, erweitert das Herz. Die Mannigfaltigkeit der Gegenstände, die Ansicht des Landes und seiner Bewohner unterhält die aufmerksam Reisenden eben so nützlich als angenehm. Eine glückliche Zerstreuung gibt dem Geiste neue Kraft und Nahrung, und die Fröhlichkeit des Gemüts regt den Willen auf zu großen und wohltätigen Entschlüssen. Aus der Bemühung, überall das Merkwürdigste anzuzeigen, was dem Reisenden interessant sein kann, gingen die gegenwärtigen Blätter hervor ... Auf diese Weise erhält der Leser, was ihm besonders auf Reisen angenehm sein wird, aus lebendiger Anschauung hervorgegangene Notizen über das Land, seine Bewohner und ihre Geschichte. Möchte das Publikum sich mein Unternehmen gefallen lassen.

Aus Josef von Obernberg:
Reisen durch das Königreich Bayern
München 1815

I
DAS WERDENFELSER LAND

Im Goldenen Landl

Unserem Jahrhundert blieb es vorbehalten, Garmisch und Partenkirchen zu einer Gemeinde zusammenzuschmelzen und zu dem zu machen, was es heute ist: das Herz des Werdenfelser Landes.

Jahrhundertelang haben die beiden Ortschaften ein voneinander getrenntes, unbeachtetes und recht bescheidenes Eigenleben geführt. Der von dichten Wäldern umschlossene Talboden war von den Anschwemmungen der Bergwasser meist versumpft, er gab nicht viel her. Feld- und Früchtebau war kaum möglich, auch Viehhaltung nur in beschränktem Maße. So zählte 1348 Partenkirchen nur 320 Einwohner, Garmisch gar nur deren 77.

Partenkirchen an der seit Römerzeiten Nord und Süd verbindenden Straße kam im Mittelalter zu einigem Wohlstand. Als der Handelsverkehr auf dieser Straße sich belebte und in der Zeit der ›Rott‹ seinen Höhepunkt erreichte, wurde es ›Rottstation‹ und von Kaiser Karl IV. 1361 zum Markt erhoben – der Wohlstand mehrte sich und ließ die Zeitgenossen den Begriff vom ›Goldenen Landl‹ prägen.

Garmisch aber blieb etwas abseits liegen. Heute hat es freilich seiner Schwester Partenkirchen den Rang abgelaufen. Beide Orte gehen fast unmerklich ineinander über, wobei Garmisch mit den Neubauten seiner Hotels, Geschäfts- und Vergnügungszentren der Mittelpunkt des Fremdenverkehrs geworden ist, während Partenkirchen mit seinen über mächtigen Gewölben stehenden, auf die

Blütezeit der Rott zurückgehenden, dabei allen Ansprüchen der Gegenwart gerecht werdenden Gasthöfen eher den Reiz alter Tradition bewahrt hat.

Eingebettet in die weite Mulde seines Tales ist dieses Herz des Werdenfelser Landes im Nordwesten umschlossen von den waldigen Höhen des Ammergebirges, nordöstlich vom Zug des Estergebirges, im Süden abgeriegelt von dem gewaltigen Block des Wettersteinmassivs. Das Tal der Loisach, im Westen zwischen Ammer- und Estergebirge, und das Tal der aus dem Karwendel herunterkommenden Isar im Osten sind seine Lebensadern. Sie öffnen den Zugang zur Welt draußen, in sie münden alle Wege sowohl aus dem Norden wie aus dem Süden.

Und alljährlich kommen in immer größerer Zahl Menschen aller Nationen, sei es, um hier Wintersport zu treiben oder Bergtouren zu unternehmen, sich Badefreuden hinzugeben oder bei Spiel und Tanz zu amüsieren. Aber viel mehr ist es, was die Gäste des Werdenfelser Landes so magisch anzieht. Kaum einer der aus dem Norden Kommenden, der zum erstenmal die Vorberge und in weiter Ferne die imposante Kette des Wettersteingebirges mit dem charakteristischen, nach Westen steil abfallenden Gipfel des höchsten Berges Deutschlands, der Zugspitze, auftauchen sieht, wird sich der Großartigkeit dieses Panoramas entziehen können, wird nicht unwillkürlich dasselbe empfinden, wie es einer der berühmtesten Durchreisenden, Johann Wolfgang von Goethe, im Jahre 1786 ausgedrückt hat: »Mir tat sich eine neue Welt auf.« Zunächst vielleicht eine fremdartige Welt, eine Welt aber von einem ungeheuren Reichtum an Naturschönheiten, an Zeugnissen der Geschichte, an künstlerischer und handwerklicher Schöpferkraft ihrer Bewohner im Laufe vieler Jahrhunderte, deren Erforschung eine Quelle nie versiegender Freuden sein kann. »Schauen, umfassend schauen, in der prallen Gegenwärtigkeit die Schönheit des Landes erleben, das bringt Glück und tiefe Einsicht« (Friedrich Springorum).

Auf einem bewaldeten Felskegel zwischen Farchant und Garmisch stehen noch die Ruinen jener Burg, die einst der unmittelbaren Grafschaft, später dem Landgericht und heute noch der Gebirgsregion zwischen Mittenwald und Garmisch-Partenkirchen den Namen gegeben hat: Werdenfels. *Sie war von 1294 bis 1632 Sitz der Freisinger Pfleger, verfiel danach und wurde teilweise abgetragen.*

Ein wenig Historie

Unweit von Garmisch-Partenkirchen im Tal der Loisach, auf einem dem Ammergebirge vorgelagerten Hang, stand die Burg, die dem Land ihren Namen gab. Tief im Wald versteckt findet man auf einem schönen Sparziergang in Richtung Farchant das, was von ihr übrig geblieben ist. Und wenn man sich die Mühe macht, diese Trümmer genauer zu durchforschen, werden sie erstaunlich lebendig. Nach einem Rekonstruktionsplan des Bauamtmanns Schweyer aus dem Jahre 1929 muß es eine teils von einem Graben umgebene, teils über steilen Felswänden stehende sehr wehrhafte Burg gewesen sein. Über eine Zugbrücke betrat man durch einen Wachturm die erste Vorburg. In ihr waren Stallung, Wagenremise, Schmiede, Rüst- und Knechtskammern untergebracht. Mit Schießscharten und

Pechnasen versehene Wehrgänge und Wachtürme umgaben die erste und zweite Vorburg. Von dieser führte eine Freitreppe zum Eingangstor der Hauptburg, die im Erdgeschoß verschiedene Wirtschaftsräume und ein Verlies besaß, darüber eine Folge von Wohnräumen, eine kleine Kapelle sowie einen Rittersaal, von dem man durch einen unterirdischen Gang als letzte Zufluchtsstätte den freistehenden, mit einem Ziehbrunnen versehenen Bergfried erreichen konnte.

Otto VII., Graf von Andechs und Meranien, soll der Burg den Namen Werdenfels gegeben haben, als er sie 1219 erbaute. Ein etwas rätselhafter Name, denn ein Geschlecht derer von Werdenfels ist nicht überliefert. So hat man versucht, den Sinn dieses Namens mit ›Wer erobert den Fels‹ zu deuten. Rätselhaft bleibt er, wie so vieles dieser noch in Nebel gehüllten frühen Zeit. Auch die Frage, warum und gegen wen diese wehrhafte Burg in das Land gestellt wurde, bleibt offen. Man weiß nichts von Kämpfen um sie, nichts von Belagerungen, kriegerischen Handlungen, dagegen um so mehr von einem friedlichen Feilschen um die Grenzen des Werdenfelser Gebiets. Es ist bekannt, daß das in der Frühzeit noch kaum besiedelte und gerodete Land sich nicht nur durch die Schenkung umfangreichen Grundbesitzes der großen Geschlechter an die von ihnen gestifteten Klöster aufsplitterte, sondern fast noch mehr durch die sich bildenden kleinen Territorialherrschaften. Man weiß auch, daß sich Klöster und Territorialherren unentwegt ihre tatsächlichen oder auch angemaßten Rechte streitig machten – ein Interessenkampf, der so alt wie die Menschheit ist. Einzelheiten dieser höchst verworrenen Verflechtungen jener Epoche an das Tageslicht bringen zu wollen, wäre ein ziemlich hoffnungsloses Unterfangen. Selbst in späteren Zeiten bleiben sie so kompliziert, daß auf sie nur gelegentlich, soweit sie im Zusammenhang mit unserem Thema von Interesse sind, hingewiesen werden wird.

Die Burg stand also aus nicht zu klärenden Gründen auf einem Felsen bei Farchant, hatte aus was immer auch für Überlegungen den Namen ›Werdenfels‹ erhalten, kam irgendwann als Lehen an den Grafen Berchtold I. von Eschenlohe und ist »durch Schankung oder auf dem Wege der Erbschaft, vielleicht auch durch Kauf, später sein Eigentum geworden«. 1294 verkaufte sie Berchtold III., der Letzte des mächtigen Geschlechts der Eschenloher, zusammen mit dem südlichen Teil seines Besitzes »ze Partenkirchen und ze Mittenwald« an das Hochstift Freising. Bereits 1249 hatte das Hochstift von einem Schweiker von Mindelberg, wie es heißt, einem Geschlecht von treuen Gefolgsmännern der Welfen entstammend, dessen »predium Garmisch mit allem Zubehör, dem Eibsee und den Berg zwischen Aschach und Farchant, auf dem Otto eine Befestigung errichtet hatte«, erworben, wobei unklar bleibt, ob mit dieser »Befestigung« die sagenhafte Burg

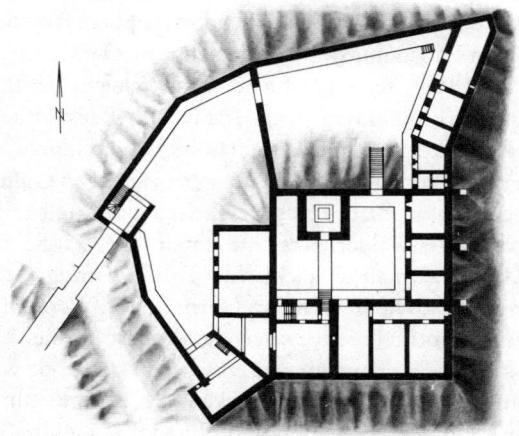

Grundriß der 1219 von Otto VII., Graf von Andechs-Meranien, errichteten und von Berchtold III. von Eschenlohe 1294 an das Hochstift Freising verkauften Burg Werdenfels *nach einer Aufnahme aus dem Jahre 1929.*

Falkenstein – von der keine Reste mehr zu finden sind – oder die Burg Werdenfels, die ja bis 1294 den Eschenlohern gehört haben soll, gemeint war. Wie dem auch sei, 1295/ 96 verkaufte Berchtold III. auch den Rest seines Besitzes, nämlich dessen nördlichen Teil, aber nicht ebenfalls an Freising, sondern an das Hochstift Augsburg. 1332 erwarb Ludwig der Bayer dieses Gebiet von Augsburg und schenkte es dem von ihm gegründeten Kloster Ettal, wodurch unentwegte Grenzstreitigkeiten zwischen Ettal und Freising bzw. den auf der Burg Werdenfels ›residierenden‹ Pflegern der nunmehrigen ›Hochfürstlich Freysingischen Grafschaft Werdenfels‹ entstehen sollten.

Abseits von dem großen Weltgeschehen führte das »beste Stuckh des Reichsfürstenthumbs Freysing« ein bescheidenes und relativ ruhiges Leben. Es blieb von den Kampfhandlungen der ringsum tobenden Kriege meist verschont, nur in dem Gebiet um den Scharnitzpaß wurde es direkt in sie hineingezogen. Indirekt freilich brachten Brandschatzungen und Plünderungen durchziehender Truppen, Requirierungen von Besatzungsmächten, in ihrem Gefolge Hungersnot und Pest, manches Elend in das kleine Land. Im Spanischen Erbfolgekrieg (1701-1714) zum Beispiel belief sich die Kriegskostenrechnung des Garmischer Gerichts für die Zeit vom Mai 1712 bis Dezember 1713 auf 2067 Gulden, und jene der von dem Kriegsgeschehen unmittelbar betroffenen Mittenwalder erreichte sogar eine Höhe von 55270 Gulden. Im Österreichischen Erbfolgekrieg (1740-1748) dagegen, so heißt es in der ›Chronik von Werdenfels‹ des Johann Baptist Prechtl, seien die »hochstiftischen und sonst reichsständischen Gebiete« absichtlich geschont worden, »um den Bayern die Schrecken des Krieges um so mehr empfinden zu lassen, und um ihnen ihre Landesherrschaft um so mehr zu verleiden«, doch »von dieser Schonung haben die Werdenfelser wenig verspürt«, wird hinzugefügt. Trotz alledem war das Land, vor allem durch den lebhaften Handelsverkehr in der Zeit der ›Rott‹, zu einigem

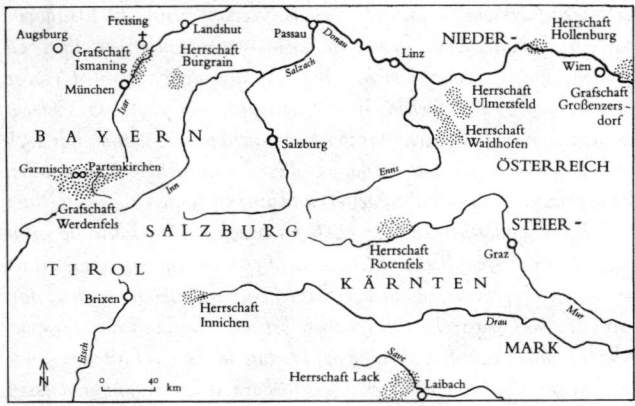

Die Grafschaft Werdenfels war das größte geschlossene Territorium, das zum weitverstreuten Besitz des Hochstifts Freising gehörte. Neben der Herrschaft Ismaning in unmittelbarer Nachbarschaft des Bischofs-, Regierungs- und Verwaltungssitzes Freising zählten zum Ende 1802 säkularisierten Fürstbistum noch Herrschaften in Bayern, Südtirol, Kärnten, Niederösterreich und Slowenien.

Wohlstand gekommen. In Partenkirchen entstanden stattliche Ballenhäuser und Gastwirtschaften, die Bevölkerung stieg 1624 auf 1286, jene in Garmisch auf 1222 Einwohner.

Von allerhand internen Querelen künden die Berichte der Pfleger. So beklagt sich einer von ihnen, Hans Martin Rosenbusch von und zu Notzing (1656-1664) in Freising, die Partenkirchener und Garmischer »wollten die alte Gewohnheit des nächtlichen Herumschwärmens, Rumorirens und Fenstereinwerfens nicht lassen«, worauf er von dem Bischof einen strengen indirekten Verweis erhielt:

»Unsern Gruß zuvor, lieber Getreuer! Aus deinem untertänigen Amtsberichte haben wir mit Mißfallen vernommen, welchermaßen die Marktobrigkeiten von Partenkirchen und Garmisch unsern gemessenen Befehlen mit Abstellung der nächtlichen Rumoranten und andrer Exzessen bis dato wenig pariert, sondern zur Verschimpfung

derselben vielmehr conniviert, auch den rechten Ernst, die Deliquen-
ten zur gebührenden Strafe zu ziehen oder nach denselben zu
greifen, nicht erzeigt haben. Obgleich wir daher wohl Ursache
hätten, gegen die, welche unsere ernstlichen Gebote so schlecht
respektieren, empfindliche Strafen vorzunehmen, so wollen wir doch
nur dasjenige, was wir vorlängst dieser nächtlichen Rumoranten
halber statuiert, nochmals repetiert und dir anbefohlen haben, Richter
und Rath sonderlich zu Garmisch zu bedeuten, im Falle sie nicht
mit andern verfänglichen Mitteln in die Rumoranten setzten und
unsere Befehle mehr, als bisher geschehen, exequieren werden, daß
wir entweder gegen die Obrigkeit selbst mit empfindlichen Strafen,
oder mit wirklicher Einziehung der bis dato ihnen aus Güte vergönn-
ten Jurisdiktion und niederen Gerichtsbarkeit zu verfahren wissen
werden.« Auch von *»dem Ruin der Wälder, so daß es nit allein*
ein gräul zu sehen, sondern spöttisch davon zu reden ist«, ist in den
Berichten der Pfleger die Rede.

Mit einem grausigen Kapitel der Landesgeschichte ist
die Burg Werdenfels verbunden, als sich im Gefolge von
Reformation und Gegenreformation religiöser Fanatismus
ausbreitete. Bereits 1528 hatte Bischof Philipp von Freising
die Werdenfelser ermahnt, »daß sie sich bei einer etwa
eintretenden Verschwörung getreu bezeigen sollten«. Sie
sind zwar treu geblieben, aber die aufgeregte Volksseele
explodierte in einer grotesken Form des Irrwahns, der He-
xenverfolgung. Der Freisinger Pfleger Hans Paul Hörwarth
von Hohenburg (1580-1583) versuchte zwar noch im Ein-
verständnis mit der Regierung in Freising, die Anklagen
der Partenkirchener und Garmischer, wiederholte Hagel-
schläge und verschiedene Krankheitsfälle seien der Hexerei
gewisser Bürger anzulasten, zu bagatellisieren. Sein Nachfolger Kaspar Poißl zu Atzenzell (1583-1598) gab jedoch
nach und verfügte 1586 die Einkerkerung von fünf Frauen
in die Verliese der Burg. Eine von ihnen erhängte sich, die
anderen wurden einem peinlichen Verhör unterzogen und
am 5. Februar 1590 öffentlich im Beisein der Pröbste von
Rottenbuch und Schlehdorf sowie dreier Geistlicher aus

Garmisch, Partenkirchen und Mittenwald öffentlich verbrannt. Bis November 1591 erlitten noch 49 Frauen dasselbe Schicksal.

Vierzig Jahre später zog der Pfleger in die Schwaige
Wang unterhalb der Burg Werdenfels. Sie wurde dem
Verfall preisgegeben, 1730 bis 1734 teilweise abgetragen
und das Material zum Bau der Neuen Pfarrkirche Sankt
Martin in Garmisch verwendet. In der alten Garmischer
Martinskirche steht übrigens der Grabstein des Kaspar
Poißl und seiner Frau Benigna von Gumppenberg.

*»Die freisingische Grafschaft Werdenfels erstreckte sich von der
Zugspitze bis nach Wallgau und von Oberau bis in die Scharnitz.
Als Reichslehen bildete sie zusammen mit der Stadt Freising, der
Grafschaft Ismaning und der Herrschaft Burgrain das reichsunmittel-
bare Territorium des Hochstifts Freising und lag daher außerhalb der
Grenzen des Kurfürstentums Bayern. An die Grafschaft schlossen
sich im Norden die kurbayerischen Klostergerichte Ettal und Bene-
diktbeuern und das Landgericht Tölz an, im Osten, Süden und
Westen die Gerichte Freundsberg, Hörtenberg, Petersberg und Eh-
renberg der Gefürsteten Grafschaft Tirol«*, erklärt nüchtern der
›Historische Atlas von Bayern‹.

Und in einer nach dem Codex des Bischofs Emicho von
Freising Anno 1305 angefertigten Grenzbeschreibung des Bi-
schofs Sixtus (1473–1495) heißt es ergänzend: *»In demselben
Kreis hat niemand was zu schaffen und kein Recht weder an Wild,
noch an Fischen, noch an Jagd, noch an Federspiel, noch mit Geleit,
noch mit Vogtei, noch mit Gericht, noch mit Bann für schädliche
Leute, als allein ein Pfleger zu Werdenfels und die in der Herrschaft
Werdenfels wesentlich gesessen sind.«*

Aber weit gefehlt – überall wurde gestritten, um die
›Merzenbruck‹ bei Oberau mit Ettal wegen der Kontrolle
der hier von der Mittenwalder Straße abzweigenden, in
den Ammergau führenden Straße, mit Benediktbeuern und
Augsburg um die Fischerei- und Jagdrechte im Walchen-
seegebiet, mit Tölz bzw. Bayern um die Jagdrechte in der
Vorderriß. Die endgültigen Grenzen wurden mit dem

Klostergericht Ettal 1736 festgelegt, mit Benediktbeuern kam es 1554 zu einer Einigung, mit Bayern bzw. dessen Landgericht Tölz 1539 und 1739. In allen Fällen mußte Werdenfels Territorialeinbußen hinnehmen. Am schlimmsten war es im Süden. Hier war der strategisch wichtige Scharnitzpaß zwischen Karwendel und Wetterstein das Streitobjekt. In relativ uninteressanten endlosen Auseinandersetzungen wurde Werdenfels von Tirol immer mehr nach Norden zurückgedrängt. Schließlich kam es so weit, daß Werdenfels, dessen südliche Grenze einst bis Seefeld gereicht hatte, 1632 nach Verhandlungen des Fürstbischofs Veit Adam von Freising mit dem Statthalter Tirols, Erzherzog Leopold, empfindliche Gebietsverluste und unverständlicherweise den Bau einer in sein Gebiet am Scharnitzpaß vorgeschobenen Festung hinnehmen mußte. Die Folge war, daß diese ›Porta Claudia‹ genannte Festung in späteren Kampfhandlungen ständig das Opfer feindlicher Umgehungsmanöver wurde, was auch ein Vertrag von 1766 zwischen Maria Theresia und Fürstbischof Klemens Wenzeslaus von Freising nicht verhindern konnte, in welchem dieser »der Kaiserin, respektiv der Grafschaft Tirol, die Landesherrlichkeit in dem ganzen, teils strittigen, teils unstrittigen Karwendeltal und dessen Gebirgen mit beiden Talneigungen abtrat, so daß die diesfälligen Grenzmarkungen von der unstreitigen Tiroler Grenze an bis an die Festungswerke zu Scharnitz gezogen werden und die Grafschaft Tirol allenthalben geschlossen wird« (Prechtl). Von nun an blieb es den »hohen Commissari« erspart, unentwegt bergauf und bergab zu ziehen, um immer wieder Grenzsteine zu setzen. Von der »erschröcklichen Todsgefahr« solcher Expeditionen gibt es einen drastischen Bericht:

»Den 12ten Junii in der Frühe langten die hohen Commissari in Garmisch an, aber ohne den Herrn Freysingischen Präsidenten, da derselb wegen seinen obhabenden hohen Alter nicht getraut, in eine so mühsame und gefährliche Sach sich einzulassen. Verfügte sich sodann ins Reinthal, wo unterwegs auch wegen der Frauenalb die

Auf mehr als das Doppelte sind die einstige fürstbischöflich freisingische Grafschaft und das nachfolgende königlich bayerische Landgericht Werdenfels durch verschiedene Gebietsreformen seit Anfang des 19. Jahrhunderts zum heutigen Landkreis Garmisch-Partenkirchen angewachsen. (Punktiert: Ehemalige Grenze zwischen Werdenfels und Kurbayern; gestrichelt: frühere und heutige Grenze gegen Tirol; strichpunktiert: heutige Landkreisgrenze im Westen, Norden und Osten.)

Sach zu Nutzen der Parttenkhürchner gerichtet worden. Wollte nachhero zwar aufwerts gegen die Zugspitze auf lauter Blatten, Eis und Schnee gehen, allain es war ohngeacht des schönsten Sommertags vor Kälte und Todsgefahr ohnmöglich; resolvierte sich daher, den Landmarschstein Nummero sechzehn auf eine Grundplatten, in welcher ein Kreuz eingehauen, zu setzen. Worauf man, nach fünfzehn gemachten Stunden zu Fuß durch lauter Felsen, Gebirge,

Schnee und Wind, spater Nachtzeit zu Parttenkhürchen wieder ankommen.«

Die in dem Vertrag von 1766 festgesetzte Grenze blieb auch nach dem Übergang der Grafschaft Werdenfels an Bayern und bis heute im wesentlichen unverändert.

Nach der Säkularisation 1802 wurde mit der Übernahme durch den Bayerischen Staat aus der rund fünfhundertjährigen ›Reichsunmittelbaren Grafschaft Werdenfels‹ das ›Landgericht Werdenfels‹, 1862 das ›Bezirksamt Garmisch‹ und 1939 der ›Landkreis Garmisch-Partenkirchen‹. Im Verlauf verschiedener Gebietsreformen, die dem Landkreis zuletzt 1978 auch den Raum um Murnau zubrachten, umfaßt er heute 1012,13 Quadratkilometer.

So ist aus dem Namen der Burg Werdenfels im Laufe der Jahrhunderte ein Begriff für das ganze Gebiet geworden, das Werdenfelser Land mit seinem Herzen Garmisch-Partenkirchen, ein »rechter Schlißl zum Bayernland« für Tausende und Abertausende aus aller Welt.

Von den drei das Werdenfelser Tal umgebenden Gebirgsstöcken gehören Ammer- und Estergebirge noch zu den Voralpen; nur wenige ihrer Gipfel überschreiten eine Höhe von 2000 Metern. Das Massiv des Wettersteins dagegen erhebt sich mit der Zugspitze zu der hochalpinen Höhe von 2966 Metern. Ein jedes dieser Gebirge hat seine besondere Eigenart und Anziehungskraft.

Ammergebirge

Das Ammergebirge ist mit 27 600 Hektar das größte Naturschutzgebiet der Bundesrepublik. Es wird von Ost nach West von einer doppelten Kalkkette durchzogen, die südliche mit zum Teil überaus wilden, schwer zugänglichen Gipfeln, die in der Kreuzspitze kulminieren, die nördliche mit wesentlich niedrigerer, in ganzer Länge begehbarer Kammhöhe. Zwischen beiden liegt das Amber- oder Lin-

dergries genannte Tal, wird bei Graswang zum Graswangtal und nach Vereinigung der Linder mit der von der
Kreuzspitze kommenden Ammer zum Ammertal. Ihrem
weiteren Lauf nach Osten stellen sich bei Ettal Laber und
Ettaler Mandl entgegen, sie schwenkt nach Norden und
eilt unbehelligt gen Oberammergau. Doch bald wird ihr
Weg mühsamer. Sie zwängt sich durch die Felsenge der
sogenannten ›Scheibum‹, die als letzte echte Wildwasser-
schlucht am Alpenrand gilt. Hier stürzen die Schleierfälle
in stäubenden Fäden über bizarre Tuffgebilde in den
schluchtartigen Ammergrund hinunter – ein einzigartiges
Naturschauspiel. Fünf Kilometer flußabwärts nimmt die
Ammer mit einem eindrucksvollen Finale Abschied von
unserem Gebiet und strebt weiter nach Norden dem Ammersee zu. Von der Echelsbacher Brücke sieht man aus
einer Höhe von 76 Metern hinunter auf die sich in wildem
Lauf überstürzende Ammer. Ungebärdig sucht sie einen
Weg durch die von steil ansteigenden Felsen und hochge-
staffeltem dichtem Baumbestand begrenzte enge Schlucht,
hoch aufschäumend brechen und versprühen ihre Wellen
an den sich ihnen entgegenstellenden gewaltigen Felsen
und Gesteinsbrocken.

Die Echelsbacher Brücke überspannt die steilwandige
Schlucht in einer Länge von 187 Metern mit einem einzigen
Bogen von 130 Metern Spannweite, zu ihrer Entstehungszeit eine unübertroffene technische Leistung und eine bedeutende Verkehrserleichterung. Viele Jahrhunderte mag
die Überwindung dieser Schlucht auf dem Weg der über
Schongau nach Augsburg führenden Handelsstraße ein
halsbrecherisches Unternehmen gewesen sein, und selbst

*Folgende Seiten: Fast unverändert, wie Carl Heinzmann 1821
dieses höchst romantische Motiv gezeichnet hat, liegt heute noch die
›Soier Mühle‹ an einem der schönsten Punkte der Ammerschlucht
zwischen den Schleierfällen und der Echelsbacher Brücke, wo der
Wanderweg von Bayersoien zur Wieskirche den noch ungezähmten
Fluß quert.*

noch zu Beginn unseres motorisierten Zeitalters hatte sie
ihre Tücken:

> *Gar steil war hier der Straße Lauf,*
> *als noch nicht stand der Brücke Bogen,*
> *drum kam manch Auto nur herauf,*
> *wenn Pferd und Ochs als Vorspann zogen,*

steht auf dem Denkmal zu lesen, das an die Einweihung
dieser vom Bayerischen Staat errichteten, nach mehrjähri-
ger Bauzeit 1930 fertiggestellten Brücke erinnert.

Das Ammergebirge war jahrhundertelang Ettaler Klo-
sterbesitz, nach der Säkularisation kam es an Bayern und
wurde königliches Jagdrevier. Hierher, in die von König
Max II. im Gebiet der nördlichen, das Lindergries und
Graswangtal begleitenden Bergkette errichteten Jagdhüt-
ten auf dem Brunnenkopf und dem Pürschling zog sich
sein Sohn Ludwig II. in seiner Flucht vor der Welt mit
Vorliebe zurück. Hier wurde aus der väterlichen Hütte
am Fuße des Hennenkopfes sein Schloß Linderhof, unweit
davon erstanden Hundinghütte und Einsiedelei, Schau-
plätze der Traumwelt des unglücklichen Königs.

Die geologisch höchst komplizierte Zusammensetzung,
seine von wilden Gebirgswassern ausgeschürften Täler,
kleinen Moore, Schuttkegel, Waldschluchten von großem
Reiz, sein von Föhren, Bergahorn, Birken, Erlen, ja sogar
gelegentlich von Eiben durchsetzter Bestand an Fichten-
wäldern, sein in den Bayerischen Alpen selten gewordener
Reichtum der Pflanzen- und Tierwelt machen das Ammergebirge zum Paradies für Geologen, Botaniker, Ornitholo-
gen, Zoologen, ja für alle Naturfreunde, die eine noch
weitgehend unberührte, ursprüngliche Landschaft schätzen. Freilich: Dieses Paradies muß zu Fuß erwandert werden – hier gibt es noch keine Transportmittel für den
Massentourismus.

Glücklicherweise läuft man heute nicht mehr Gefahr,
Schmugglern zu begegnen, wie zum Beispiel noch bis

ins 19. Jahrhundert hinein auf der zwischen Südlicher und Kleiner Kreuzspitze eingeschnittenen Scharte des Kreuzsattels zum österreichischen Plansee. Bedauerlicherweise jedoch wird man auf den Almen – falls überhaupt noch vorhanden – nicht mehr, wie die ersten Pioniere des Alpinismus, für vier Kreuzer pro Tag verpflegt, und kann auch nicht mehr für einen Kronentaler den ganzen Sommer auf den Almen verbringen.

Die Gipfel der südlichen Bergkette galten zum Teil noch im 19. Jahrhundert als unbezwingbar. Von einer der ersten, recht mühsamen Besteigungen des Kreuzspitzgipfels (2158 m) im Jahre 1885 berichtet Theodor Trautwein:

»... *Von der Hundinghütte aufbrechend, wollte man die Nacht in einer am Schwarzenkopf... gelegenen Hütte verbringen, die jedoch, weil im dichten Walde stehend, nicht gefunden wurde, so daß ein Freilager bezogen werden mußte. Andern Tages wurde über den östlich zum Kar ›Im Hohen Gries‹ abstürzenden scharfen Verbindungsgrat zwischen Schwarzenkopf und Kreuzspitze, dann an der Nordwand der letzteren über Platten und durch Kamine der Grat und über diesen sodann in kurzer Zeit der nördliche höchste Gipfel erreicht, auf dem die Reste eines massiven Holzkreuzes lagen. Der Abstieg wurde östlich über einen Kreuzkar und Kreuzkuchl trennenden Seitengrat zu der etwa 600 Meter unter dem Gipfel gelegenen Kreuzalpe genommen, von welcher ein Steig am Südgehänge des Kuchlberges entlang durch eine Unzahl von Gräben ins Elmauer Gries hinausführt.«*

Inzwischen gibt es längst überall im Ammergebirge bequeme, auch für Senioren geeignete Wanderwege, selbst auf den Gipfeln der südlichen Bergkette. Kürzere Spaziergänge von Partenkirchen aus führen durch die sanft ansteigenden Wälder des nordwestlichen Eckpfeilers des Werdenfelser Tales, des Kramer (1981 m), zu dem tiefgrünen, malerischen Pflegersee am Fuß des Königstandes oder zur Ruine Werdenfels.

Estergebirge

Der andere, nordöstliche Eckpfeiler des Werdenfelser Tales ist der Wank. Er gehört zum Estergebirge und zeichnet sich durch sein im Umkreis von zwei Kilometern waldfreies Gipfelplateau aus. Hier bietet sich, wie Siegmar Gerndt schwärmt, »*eines der schönsten Panoramen der Alpen. Das Werdenfelser Land liegt zu unseren Füßen. Ganz nah treten Wetterstein und Karwendel, Lechtaler und Allgäuer Alpen heran. Der Blick fliegt über die Ammergauer, Trauchgauer und Tegernseer Berge, über Kramer und Krottenkopf in die Täler der Loisach und Isar und in das Vorland hinaus zum Staffelsee und dem fernen Ammergau*«.

Kein Wunder, daß das Plateau des Wank (1799 m) zum beliebtesten Ausflugsziel der Werdenfelser Gäste geworden ist. Kein Wunder auch, daß die über fünfzigjährige, technisch veraltete Seilbahn mit zwei Gondeln und einer Kapazität von ›nur‹ 210 Personen pro Stunde nicht mehr ausreichte. Die 1982 eröffnete neue Wankbahn bewältigt den Besucherstrom nun mit ständig einsatzbereiten viersitzigen Kabinen und einer Stundenleistung von 800 Fahrgästen.

Oben auf dem Wank erkennt man, daß es sich weniger um einen einsam ragenden Gipfel, sondern um ein weites Plateau handelt, das allen Besuchern jedweder Kondition etwas zu bieten vermag. Spazierengehende Senioren finden herrliche Rundwanderwege, deren gelinde Höhenunterschiede keinerlei Anstrengung erfordern, dafür aber von wechselnden Standpunkten – und reichlich verteilten Sitzgelegenheiten – die schönsten Ausblicke auf das Werdenfelser Land, die weitgeschwungenen Vorberge im Norden und die Hochgebirgswelt von Karwendel und Wetterstein, von Allgäuer und Lechtaler Alpen gewähren. Für Sonnenhungrige stehen in windgeschützten Mulden große Liegeflächen bereit, und leibliche Bedürfnisse versorgt das leistungsfähige Berggasthaus. Vor allem aber für die Bergwanderer erschließen sich reiche Möglichkeiten: entweder mühelose Abstiege auf dem kürzesten Weg über die Mittelstation zur Talstation der Wankbahn oder auf dem Umweg über die Esterbergalm und die Daxkapelle nach Sankt Anton und Partenkirchen. Ausdauernde Berggeher wechseln hinüber zum Hohen Fricken (1940 m) oder Krottenkopf (2086 m) und steigen von dort aus nach Farchant oder Oberau ab. Ganz Unverwüstliche durchqueren das Estergebirge und nehmen auch noch den Hohen Kisten (1922 m) mit, von wo aus genußvolle Wege hinaus ins Loisachtal nach Eschenlohe oder hinunter zum Walchensee in die Bucht von Einsiedl führen – eine Tour, für die man freilich zwei Tage veranschlagen sollte. Vom Krottenkopf gibt es auch einen herrlichen Weg hinunter ins Isartal nach Wallgau und Krün. Dort läuft das Estergebirge nach Südosten in die reizvolle Moorlandschaft um den Barmsee aus, während es sich nach Norden, getrennt durch die Furche der Eschenlaine, mit Heimgarten und Herzogstand fortsetzt. Im Westen fällt es in seiner ganzen Länge zum Loisachtal ab. Hier gibt es neben vielen anderen Wanderungen im Tal oder in den zu beiden Seiten ansteigenden Wäldern eine besonders schöne und lohnende von Farchant aus zu den Kuhflucht-Wasserfällen. Man sieht sie schon vom Tal aus steil abfallender, nackter Felswand hervorbrechen. »Sie kommen in einem gewaltigen Felszirkus an der Westflanke des Hohen Fricken herunter und fallen in Kaskaden über drei tischeben geschichtete Plattenkalkbänke herab« (Siegmar Gerndt). Es heißt, sie seien der hier durchbrechende unterirdische Ausfluß des Barmsees.

Wetterstein

In einer Länge von zweiundzwanzig Kilometern und einer Breite von acht Kilometern erhebt sich das gewaltige *Wettersteinmassiv:*

»*Die Giganten der Wettersteinkette sind rings durch tiefe Taleinschnitte von den anderen Alpenstöcken getrennt. Gegen Westen bricht die mauergleiche Felswand mit ihrer höchsten Kuppe, der*

JOHANN GEORG VON DILLIS (1759–1841)

Wasserfall bei Ohlstadt

Aquarell, um 1800
München, Staatliche Graphische
Sammlung

Die Romantik entwickelte eine besondere Vorliebe für Wasserfälle. Dies nicht nur wegen des
besonderen pittoresken Naturschauspiels, sondern
auch wegen der deutlichen Symbolkraft des sich
ständig verändernden Lebens im Laufe der Zeit
und im Schoße der ›ewigen‹ Natur. Auch Dillis
zollte seinem Zeitgeist Tribut und überlieferte uns
in diesem Aquarell von bezaubernder Koloristik
und subtiler Naturdarstellung einen anschaulichen Eindruck von den Kaltwasserfällen bei Ohlstadt, die zur Zeit der Entdeckung der bayerischen
Gebirgslandschaft ein beliebtes Motiv der
Münchner Maler waren.

Zugspitze, plötzlich ab und fällt jäh ins obere Loisachtal hinunter. Dort sind Zeugen gräßlicher Zerstörung um den hochliegenden Eibsee hergestreut. Gegen Osten schneidet das obere Isartal die Wettersteinwand von ihrem Gegengebirge, dem Karwendel, ab. Nördlich von dem ungeheuren Geschröfe breitet sich das herrliche Wiesental der Loisach aus. Lieblich und großartig zugleich ist das Bild der weiten grasreichen Ebene, der die Riesen des Gebirges, zackig aufstarrend und in ewigen Schnee gehüllt, entsteigen. Freundliche Bilder sind im Innern des Wettersteins wenige zu schauen; aber in den Wüsteneien, an den Abgründen des Höllen- und Reintales kann der Wanderer die ganze großartige Wildheit der höchsten Alpenreviere der Schweiz und Tirols wiederfinden. Enge Felstäler, senkrechte Klüfte, welche das Zernagen durch die Gewässer schauerlich klar machen, alte und neue Bergstürze, hie und da ein blaugrauer Bergsee bieten unbeschreibliche Anblicke. Der kühne Bergsteiger wird die Wasserfälle der Partnach und des Hammerbachs nicht verabsäumen und, weiter vordringend, den Gletscher des Reintales betreten. Von Bewohnbarkeit ist bei diesem ganzen Gebirge keine Rede und selbst vereinzelte Häuslein der Menschen nehmen gar bald ein Ende. Nur der Jäger und Schleichhändler, der Wanderer, Hirte und Bergmann beschreiten das Gebirge; der Wanderer selbst aber niemals zu anderem Zwecke, als um zu schauen, denn dieses Gebirge kann nur an einem Punkte und nur von einem geübten Bergsteiger überschritten werden.«

So hat Ludwig Steub noch in der zweiten Hälfte des vorigen Jahrhunderts das Wettersteingebirge gesehen. Unser Jahrhundert hat den Zugang zu dieser Welt erschlossen. Man ist ihr mit zahlreichen Kleinkabinen-, Großkabinen-, Zahnrad- und Seilbahnen sowie mit einer schier unübersehbaren Menge von Schleppliften zu Leibe gerückt. Das, was zu Steubs Zeiten noch als unersteiglich galt, was die ersten Pioniere des Alpinismus in tagelangen, mit unsäglichen Mühen, Strapazen, Gefahren und Fehlschlägen verbundenen Expeditionen endlich bezwangen, den höchsten Gipfel der Bayerischen Alpen und der Bundesrepublik überhaupt, die *Zugspitze*, ist heute in kaum anderthalb Stunden zu erreichen. Seit 1930 kann man sich in die bequeme, von der Talstation am Bahnhof Garmisch-Partenkirchen (720 m) über Grainau (750 m) und Eibsee (1000 m) zur Bergstation Schneefernerhaus (2650 m) hinaufführende Zahnradbahn setzen, besteigt hier für fünf Minuten die 1931 eröffnete Kabinenschwebebahn, und schon ist man oben in einer Höhe von 2966 Metern. Noch schneller geht es, wenn man in Eibsee auf die 1963 eröffnete Seilschwebebahn umsteigt, die den Höhenunterschied von 1950 Metern vom Eibsee zum Gipfel in zehn Minuten bewältigt. Diese Fahrt ist zwar nicht so beschaulich wie jene mit der Zahnradbahn, dagegen hat man auf ihr einzigartige Ausblicke zurück auf das immer tiefer sinkende Loisachtal und den Eibsee und vorwärts zu den Klüften der Felsstürze, über die man steil zum Gipfelgrat hinaufschwebt.

Der Bau der Zahnradbahn kam erst nach jahrelangen Planungen und Protesten besorgter Naturschützer zustande. So verweigerte das Bayerische Innenministerium 1923 ihren Bau »vom Standpunkt des Naturschutzes«. Und die weitsichtige Münchner Sektion des Alpenvereins schrieb 1924: »*Die zunehmende Zerstörung landschaftlicher Schönheit, Vernichtung von Naturdenkmälern, Ausrottung von Tieren und Pflanzen, kurz die durch den Eigennutz des Menschen herbeigeführte Verarmung und Verödung der Landschaft erfüllt die Naturfreunde mit Sorge, wie es wohl in fünfzig, in hundert Jahren in unserem Vaterland aussehen möchte ... Wir lehnen die Bergbahnen ab, weil sie dem Gebirge die Größe und Erhabenheit nehmen. Wir lehnen sie ab, weil sie Menschen hinaufbringen, die keine Fühlung mit den Bergen haben, weil das böse Beispiel des Wettersteins bald überall Nachahmung finden wird.*«

Damals bestand schon, ausgehend von der bereits 1855 im Steingeröll des ›Platts‹ ausgebauten Knorrhütte, einer Stiftung der Münchner Geschäftsleute Julius und Angelo Knorr, der erste, 1873 angelegte hochalpine Weg für Touristen zur Zugspitze. Das Münchner Haus mit meteorologischem Turm, in dem eine Wetterwarte untergebracht wurde, steht seit 1897 auf dem Westgipfel – und 1922 war unter ihm auf dem Schneeferner eine 150-PS-Rumplerma-schine gelandet! Sie wurde von Major Franz Hailer gesteu-ert, war in Schleißheim gestartet und benötigte zur Errei-chung ihres Ziels zwei Stunden. Die »Brettlhupfer«, die Ende des vorigen Jahrhunderts im Münchner Englischen Garten aufgetaucht waren und zum Gelächter der Passanten erste ›Abfahrten‹ vom Hügel des Monopteros riskierten, hatten schon viele Anhänger gefunden. 1892 war der ›Ski-klub München‹, 1893 der ›Schneeschuhverein München‹ gegründet worden. 1902 konnten in Garmisch die ersten Skirennen und Skispringen – mit einem Weitenrekord von 7,80 Metern! – stattfinden. Viele weitere Wettbewerbe wa-ren gefolgt – alle Disziplinen des Wintersports und der Alpinismus waren entdeckt und forderten ihren Tribut.

Österreich hatte 1926 nach vierzehn Monaten Bauzeit seine Tiroler Zugspitzbahn von der Talstation Ehrwald-Obermoos zum Südwestgrat des Zugspitz-Westgipfels in Betrieb genommen, und bald darauf konnte es sich rüh-men, das höchste Hotel in den Alpen zu besitzen. Es wurde auf der steilen Felsflanke des Gipfels dem Gebäude der Bergstation in 2805 Meter Höhe eingefügt.

Da kam man auf bayerischer Seite in Konkurrenzzwang und wurde mobil. Von 1928 bis 1930 wurde an der *Bayeri-schen Zugspitzbahn* gebaut. Sie ist eine bis heute gültige technische Höchstleistung geworden. Vor allem der mit Rücksicht auf die Naturschützer durch die Riffelwand-spitze zur Bergstation gebaute Tunnel erforderte giganti-sche Anstrengungen. Ein geradezu dramatischer Kampf um sein Gelingen entstand, Katastrophen blieben nicht aus, aber als nach zweijähriger Bauzeit am 8. Februar 1930 nach den letzten Sprengungen genau an der von den Ingenieuren vorausberechneten Stelle sich der Blick zum Zugspitzplatt in strahlender Helle öffnete, löste sich die ungeheure Span-nung – das Werk war gelungen. Schon am 8. Juli 1930 fuhr der erste, von Erzbischof Kardinal Faulhaber an der Eibsee-

Station geweihte Zug zum Schneeferner, und am 20. Januar 1931 wurde das Hotel Schneefernerhaus in 2650 Höhe eröffnet. Wenige Tage danach, am 30. Januar 1931, folgte die Eröffnung der Seilschwebebahn zum Gipfel.

Damit war nun der höchste Alpengipfel Bayerns und Deutschlands allen Menschen vom Kleinkind bis zum Greis zugänglich gemacht. Zudem finden passionierte Skiläufer hier in der obersten Mulde des Platts unterhalb des Schneeferners in einer Höhe von 2500 Metern ideale Bedingungen. Der Schneeferner, neben dem Höllentalferner letzter Rest der Gletschermassen, die während der Eiszeiten das Gebirge und sein Vorland formten, hat das Platt in Erdevolutionen von Jahrmillionen hochgestemmt. Es bietet auf der eisigen Unterlage des Schneeferners das schneesicherste Gebiet Bayerns.

Über die Gliederung des Gebirges erzählt uns Max von Prielmayer: *»Der Knotenpunkt, von dem die drei Kämme des Wettersteingebirges, der Waxenstein-, der Blassen- und der Wettersteinkamm, ausstrahlen, ist die zweigipfelige Zugspitze … Ihr wildzerscharteter Gipfelgrat verläuft von West nach Ost und trägt an den beiden Endpunkten die in der Luftlinie 120-130 Meter voneinander entfernten und sich nur wenig mehr über ihn erhebenden beiden Gipfel … Vom Ostgipfel aus zieht der absinkende Grat in einer Länge von 2000 Metern in allgemein östlicher Richtung zum Anschluß an die Innere Höllentalspitze, den westlichen Gipfel des Blassenkamms; aus dieser Gratstrecke springt ziemlich nahe dem östlichen Zugspitzgipfel ein kurzer Seitenast in südlicher Richtung auf das Platt vor, den Kleinen und den Großen Schneeferner voneinander scheidend, während der Nordabsturz dieses östlichen Teiles des Zugspitzmassivs mauersteil niedersetzt zum Höllentalferner … Vom westlichen Zugspitzgipfel weg zieht der Hauptgrat im weiteren südwestlichen, dann westlichen Verlaufe erst rasch sinkend, dann in nahezu gleichbleibender Höhe über 1000 Meter weit fort bis zur Schwenkung nach Süden, womit die Gratumwallung des Schneeferners und des Platts, zugleich das Bindeglied zwischen dem Zugspitzstock und dem Wettersteinkamm beginnt …«*

Für geübte Bergsteiger ist es heute kein großes Wagnis mehr, die An- und Abstiege in die beiden Haupttäler des Wettersteinmassivs zu unternehmen, deren drei Kämme, der Waxenstein-, der Blassen- und der Wettersteinkamm wie gesagt in der zweigipfeligen Zugspitze kulminieren. Dabei werden sie in die »Wüsteneien« und »Abgründe«, in die Welt der »engen Felstäler, senkrechten Klüfte, der Bergstürze und blaugrünen Seen« Ludwig Steubs eindringen.

Zwischen dem mit den Riffelwandspitzen und den Waxensteinspitzen von West nach Ost ziehenden Waxensteinkamm und dem Blassenkamm mit Höllentalspitzen, Hochblassen und Alpspitze liegt, tief eingerissen in ihre Flanken, das *Höllental* mit dem aus dem Höllentalkar kommenden Hammersbach, während die dem Zugspitzmassiv entspringende Partnach ihren Weg durch das zwischen der Südflanke des Blassenkamms und der Nordflanke des Wettersteinkamms mit Hochwanner, Reintalschroffen und Dreitorspitze liegende Reintal nimmt.

Auf dem Weg durch das Höllental kommt man von Garmisch aus durch Schmölz und Hammersbach, zwei kleine Orte, die an zahlreiche Bemühungen der Werdenfelser erinnern, sich hier und in anderen Gebieten ihres Landes durch Förderung von Bodenschätzen und ihrer Verarbeitung zusätzliche Einnahmequellen zu erschließen. Ein Wolfhart der Hammersbacher erhielt hier im 15. Jahrhundert das Schürfrecht nach Eisen. Es wurde an der Einmündung des Kreppbaches bei Schmölz ein Eisenhammerwerk mit Schmelzhütte und Hammerschmiede gegründet, aber der Betrieb erwies sich als unrentabel und wurde 1505 eingestellt. Nicht besser erging es der um 1727 in dem alten Werk eingerichteten Zink- und Bleischmelze. Sie war noch im 19. Jahrhundert in Betrieb, aber mit dem Aufschwung des Fremdenverkehrs erlahmte das Interesse an dem wenig ergiebigen Bergbau. Weiter führt der Weg durch das imposante Reintal in die Höllentalklamm. Sie ist eines der attrak-

II

HEINRICH BÜRKEL (1802–1869)

Das Garmischer Tal
Ölgemälde, 1839
München, Städtische Galerie
im Lenbachhaus

Mit diesem Gemälde voll der frischen Atmosphäre eines Spätfrühlingstages hat Bürkel wohl
das schönste ›Porträt‹ der Zugspitze geschaffen, so
wie sie sich vom Loisachtal vor Garmisch in der
charakteristischen Silhouette zusammen mit dem
Waxenstein davor und der Alpspitze links (rechts
im Hintergrund der bereits in Tirol liegende Daniel bei Ehrwald) darbietet. Trotz aller zeitbedingten Bukolik und perspektivischen Überhöhung
überrascht die Naturnähe der Landschaftsdarstellung bei einem Maler, der sonst dem alpenländi-
schen Genre huldigte und damit zum Wegbereiter
einer jener Motivketten wurde, die die Münchner
Malerei bis ins 20. Jahrhundert hinein
beherrschen sollte.

tivsten Ziele der Gäste des Werdenfelser Tales. Ähnlich
wie in der Partnachklamm, von deren Besuch auf Seite 38
die Rede ist, wird man hier von einem tief ergreifen-
den Erlebnis der ungeheuren Naturkraft des Wassers gepackt.

Länger als das Höllental und ebenfalls außerordentlich
beeindruckend ist das *Reintal*. Unter dem Steilabfall der
Zugspitze breitet sich der Reintalanger, und hier stürzt
sich die junge Partnach zwanzig Meter tief in die ›Blauen
Gumpen‹ hinab. An ihnen vorbei, dem Lauf der Partnach
folgend, führt der Weg durch dichte Wälder zu der zweihundert Meter tief in den Muschelkalkriegel zwischen
Kreuzeck und Eckbauer eingesägten Partnachklamm.

Doch ehe wir uns der Partnachklamm zuwenden, sei
noch auf einige sehr lohnende und keine alpinistischen
Fähigkeiten erfordernden Ausflüge in die Gipfelgebiete der
Kämme hingewiesen, wobei es der hierzu berufeneren
Fachliteratur überlassen bleibt, alle die unzähligen kreuz
und quer durch diese Region führenden, von den ersten
Pionieren des Alpinismus erkundeten, noch heute nur
geübten Bergsteigern vorbehaltenen An- und Aufstiege
mit allen ihren Schwierigkeiten zu schildern. Wenn sie auch
mit allen unserer Zeit zur Verfügung stehenden Hilfsmitteln gesichert sind, fordert ihre Begehung oder vielmehr
Erkletterung immer noch unbedingt eine entsprechende
Ausrüstung und Erfahrung. »Wer in die Berge gehen will,
muß erst einmal richtig laufen lernen. Weder das dickste
Seil, noch der beste Karabinerhaken oder die neuesten
Schuhe können etwas gegen Unerfahrenheit ausrichten«,
warnt der Leiter einer Berg- und Skischule des Deutschen
Alpenvereins, und die Statistik stellt fest, daß 61,3 Prozent
aller Bergtragödien auf »mangelnde Erfahrung, Unkennt-
nis, Selbstüberschätzung und Leichtsinn« zurückzuführen
sind. Doch zahlreiche Bergbahnen machen es heute auch
Senioren und ungeübten Naturfreunden möglich, auf Höhen zu gelangen, die sie zu Fuß nicht erreichen könnten,

und sich dort auf leichten Wanderwegen Erlebnisse der hochalpinen Bergwelt zu erschließen. Hierzu bietet sich vor allem das Gebiet um die dem Blassenkamm angehörende Alpspitze und das *Kreuzeck* an.

So kann man zum Beispiel mit der Hausberg-Kabinen-bahn von der nahe dem Alpspitz-Wellenbad gelegenen Talstation zum Garmischer Haus (1335 m) hinauffahren, von dort entweder mit dem Sessellift zum Kreuzjoch (1710 m) schweben oder über die Kreuzwanklalm wandern. Es ist ein auch für rüstige Senioren noch geeigneter, wenn auch manchmal etwas steiler Weg, der jedoch dem Wanderer in einsamer Stille die schönsten aller Blicke zunächst auf den Waxenstein und nach einer Linksschwenkung auf die herrlich kristalline Form der Alpspitze eröffnet. Blicke, die von dem vielbesuchten Kreuzeckhaus, bedingt durch seine Lage und den Gästetrubel, nur beschränkt zu genießen sind. Oben angelangt, bietet sich eine einzigartige Aussicht auf den Schachen, auf das deutlich sichtbare Königshaus Ludwigs II. über dem Reintal zu Füßen der Reiterspitze und in östlicher Richtung darüber hinaus sogar auf Karwendelspitze und Scharfreiter.

Ein weiterer Ausflug sei hier noch angeführt als Beispiel der schier unerschöpflichen Möglichkeiten, Wanderungen mit Berg- und Talfahrten zu verbinden. Er führt nahe unter den 2628 Meter hohen Gipfel der *Alpspitze,* des ›Wahrzeichens von Garmisch-Partenkirchen‹: »*... von der tiefen Einsenkung des Grieskars weg hebt sich in plattiger, langgestreckter Wand die gegen Westen geneigte Pyramide der Alpspitze empor, zwei wilde, rasch abfallende Wände hinuntersendend ins Höllental. Nordwärts zieht von ihr ein bedeutend niedrigerer, felsiger Grat fort zum Höllentor und zum Osterfeld, ein paar wilde Felsköpfe vorschiebend zur wasserdurchbrausten, einzig schönen Höllentalklamm. Nach Osten zieht vom Gipfel ein Grat herab, im Sinken sich verbreiternd und so ein schräg liegendes Dreieck bildend; die Fläche dieses Dreiecks ist es, welche von der oberbayerischen Hochebene aus gesehen als halbe Linie vor den dunklen Wänden* *des Hochblassen von links nach rechts aufwärts zieht. Nur bei genauem Zusehen läßt sich von der bayerischen Hochebene aus der Gipfel der Alpspitze von dem mächtigen Kuppenpaare des Hochblassen unterscheiden; stehen wir dem Berge näher, dann hebt sich freilich die spitze Pyramide der Alpspitze riesengroß über alles empor, als Wahrzeichen von Partenkirchen.«*

Zur Bergstation in 2030 Meter Höhe dieses Alpspitzgipfels führt die Osterfelderkabinenbahn von der Talstation Osterfelderhof. Klettertüchtige Bergsteiger werden über die Alpspitz-Ferrata den Alpspitzgipfel erklimmen, nicht bergerfahrene Wanderer sich mit dem kurzen Weg zu dem fünfzig Meter höher gelegenen Osterfelderkopf begnügen. War allein schon die unvergeßliche Einblicke in die Alpenwelt eröffnende Bergfahrt ein Erlebnis, so ist der Blick hier oben vom Osterfelderkopf hinunter in das Höllental, auf das winzig klein erscheinende Grainau und hinauf zum Waxenstein und zur Zugspitze nicht minder eindrucksvoll. Über die Schöngänge kann man dann zur etwa 300 Meter tiefer gelegenen Hochalm wandern oder auch mit einer kleinen Kabinenbahn fahren und sich dort in ihrer sonnigen kleinen Mulde im Anblick der Alpspitze für den weiteren Abstieg hinunter zum Kreuzeck (1650 m) stärken. Hier hat man die Wahl, entweder mit der Kreuzeckbahn − die 1926 als erste deutsche Luftseilbahn errichtet worden ist − talwärts zu schweben oder noch eine etwa dreistündige Wanderung zur Partnachklamm zu wagen. Man kommt auf ihr durch die Bergeinsamkeit des Lahntales, durch Latschenhänge und schönsten Hochwald zunächst zur Bodenlahnhütte hinunter, weiter über Almwiesen zum Gasthaus Partnach-Alm und schließlich durch ein »lieblich-romantisches« Gebirgstal über Serpentinen zum Südausgang der Partnachklamm.

Die *Partnachklamm!* Rund 700 Meter lang und bis zu 200 Meter tief in den Fels eingeschnitten, war sie erst seit 1878 auf einem in jenem Jahr gebauten Triftweg unter großen Schwierigkeiten zu begehen. Nach seinem Ausbau durch

*Die ausgeprägte Vorliebe für klare geometrische Formen prädesti-
nierte Alexander Kanoldt, der auch zum Freundeskreis von Franz
Marc gehörte, geradezu, der scharf konturierten Pyramide der Alpspitze (2628 m) in dieser Lithographie von 1932 schier elementare
Expression zu verleihen (links Kreuzeck, rechts, zum Höllental
abfallend, Osterfelderkopf und Hupfleitenjoch).*

die Alpenvereinssektion Garmisch in den Jahren 1907 bis
1912 ist einer breiten Besucherzahl der Zugang zu diesem
Schauspiel »naturhafter Urkraft« erschlossen.

Wir haben die Partnachklamm von ihrem anderen Ende, vom Eingang bei dem Partenkirchener Skistadion her, besucht und können die Eindrücke, die uns dabei bewegt haben, nicht besser schildern, als es ein Anonymus des 19. Jahrhunderts getan hat:

»... *Nacht umfängt dich: der erste Tunnel, am Eingang zur eigentlichen Klamm ... Einige fünfzig Schritte nichts als Nacht und Rauschen. Dann wieder Dämmerhelle, mattes Tageslicht. Nach einer Weile plötzlich ein heller Streifen: im silbrigen Sprühregen zerstäubend sendet ein Bächlein steil von oben seine glitzernden Tropfen im Fall herab in die Schlucht ... Immer kühnere Steingruppen, steilere Felsen, engere Wände. Zuletzt hängen sie oben so über, daß der Streifen Himmelsblau auch verschwindet, der bisher noch ab und zu schüchtern hereinlugte. Nun ist die Oberwelt ganz verschwunden. Nichts als Felsen, Felsen und unten das wilde rauschende Wasser. Da – die erste Bastion! Ein kurzer Ausblick. Oben Brücken über die Klamm ... Weiter. Tunnel auf Tunnel. Das Rauschen wächst an zum Tosen, immer näher kommt es und näher. Vorbei an einem kleinen Sprühregen, unter träufelnden Wänden durch, noch ein Tunnel – da – die zweite Bastion! Ganz eng treten die Wände aneinander, oben scheinen sie sich fast ganz zu schließen. Bläulich schimmert hier Fels und Gestein, ein feiner Riesel kommt herab, in halber Höhe hängt ein Regenbogen überm Wasser in der Luft, gebildet durch die herumstiebenden Wasserstäubchen im Lichte des Tages. Eine Lourdes-Statue ist in natürlicher Mantelgrotte auf der gegenüberliegenden Seite der Wand aufgestellt ... darunter eine Inschrift: ›Maria, bitt' für uns‹ ... Lange schwindet Ort und Zeit. Überwältigt staunend stehst du ... im Banne der Größe des Kampfes, der seltsamen Berührung naturhafter Urkraft und menschlichen Geistes, gepackt bis ins Innerste von der donnernden Ewigkeitspredigt der Natur ... Mit gewaltsamem Ruck reißt du dich endlich los ... Wenige Schritte noch – und plötzlich springen die Wände auseinander, hell lacht die Sonne herein, die Berge grüßen, das Tal verbreitert sich ...*«, und man ist am Südausgang angelangt in dem »lieblich romantischen Gebirgstal«, das uns zu diesem Exkurs in die Partnachklamm geführt hat.

Bis zu 200 Meter tief und 700 Meter lang schneidet die Partnachklamm ihr Bett in einen Ausläufer des Wettersteinmassivs. Seit
1878 begehbar und seit 1912 voll erschlossen, ist sie mit ihren gischten-
den ›Wasserspielen‹ ein Höhepunkt der Werdenfelser Landschaft.

Gewaltige Schmelzwasser durchschürften die durch komplizierte geotektonische Vorgänge auf-, über-, untereinander geschobenen und hochgestemmten oder in die Tiefe abgesunkenen Kalkablagerungen des im südeuropäischen Raum Urgesteine bedeckenden und in Jahrmillionen zu Eis erstarrten Meeres. Gletscherzungen fraßen tiefe Schluchten, breite Täler in die Gesteinsmassen, überschwemmten – ungeheure Mengen von Felsblöcken, Kies und Geröll mit sich reißend – das Vorland. In einem in unvorstellbaren zeitlichen und räumlichen Dimensionen sich vollziehenden Prozeß der Erdgeschichte hat »naturhafte Urkraft« das Land, wie es heute in seiner ganzen Schönheit vor uns liegt, geschaffen, und »menschlicher Geist« hat es sich im Verlauf von wenigen tausend Jahren erobert.

Daran denkt man, wenn man liest, daß im Jahre 1978 allein die Zugspitzbahn 480 000 Fahrgäste befördert hat – eine Zahl, die inzwischen wohl weiter angestiegen ist. Und wenn es 1982 heißt: »... Wahre Alpinisten-Ströme pilgerten in diesem Sommer wieder zu Deutschlands höchstem Gipfel ... Noch nie kletterten so viele über die Grate, Jöcher und Scharten wie diesmal, herrschte an Leitern, Übergängen und unter Gipfelkreuzen ein derartiges Gedränge ...«, dann denkt man an die ersten Pioniere des Alpinismus, vor allem an Josef Naus und seine Kameraden, denen am 27. August 1820 die *Erstbesteigung* des Westgipfels der Zugspitze gelang. Der siebenundzwanzigjährige Leutnant im Dienste des Vermessungsamts des ›Königlichen topographischen Bureaus‹, erhielt von König Max I. Joseph den Auftrag, den bisher noch von keines Menschen Fuß betretenen höchsten Gipfel Bayerns zu erkunden. Nach einem ersten Versuch am 21. Juli 1820, bei dem er zwar bereits Platt und Schneeferner erreicht hatte, der aber wegen einfallendem Nebel und Regen aufgegeben werden mußte, brach Naus am 27. August um vier Uhr morgens mit Hauptmann von Jeetze, Leutnant Aulitscheck und dem Meßgehilfen Maier unter Führung des bergerfahrenen Jo-

hann Georg Deuschl aus Partenkirchen abermals auf. Der
Aufstieg erfolgte von der tags zuvor durch das Reintal
erreichten Hütte auf dem Anger, der heutigen Reintal-

*Ein seltenes Dokument von der Erstbesteigung der Zugspitze und
ein aufschlußreiches Beispiel für die sachliche Landschaftsdarstellung, wie sie von den Kartographen und Geometern des ›Topographischen Bureaus‹ – des Vorläufers des heutigen Vermessungsamtes
– erwartet wurde, ist diese weithin unbekannte Federzeichnung des
Leutnants Nepomuk Aulitscheck vom* Oberen Reintal und der
Blauen Gumpe. *Das Blatt entstand am 26. August 1820 beim
Aufstieg zu Deutschlands höchstem Berg, dessen Gipfel die Expedition unter Leutnant Josef Naus am folgenden Tage erstmals erreichte.*

Angerhütte. Damals war sie anscheinend eine sehr primitive Hirtenhütte, in der Naus mit seinen Kameraden eine von Flöhen arg geplagte Nacht verbracht und sich schließlich ins Freie unter ein regenschützendes Dach »rettirirt« hatte. Zunächst gelangte die Expedition auf dem bereits bei dem ersten Versuch erkundeten Weg zum Platt und auf den Schneeferner. Der weitere Aufstieg erfolgte »an die Gränze, von wo aus man nach Ehrwald, Lermoos p. p. und alle in dieser Gegend befindlichen Berge übersehen konnte«, notierte Naus in seinem Tagebuch. Nach einem vergeblichen Versuch, die Zugspitze zu erreichen – worauf Jeetze und Aulitscheck umkehrten –, gelang Naus ein zweiter »nach einigen Lebensgefahren und außerordentlichen Mühen«. Um $\frac{3}{4}12$ Uhr war »die höchste Spitze des noch von keinem Menschen bestiegenen, so verschrienen Zugspitzes« erreicht.

Weiter schreibt er: »*Mangel an Zeit und Material verhinderte uns, eine Pyramide zu errichten. Nur ein kurtzer Bergstock mit einem rothen Sacktuch daran befestigt, dient zum Beweise, daß wir dagewesen. Nach fünf Minuten wurden wir schon von einem Donnerwetter, mit Schauer und Regen begleitet, begrüßt und mußten unter größten Gefahren die Höhe verlassen. Gerade so viel gestattete der dichte Nebel, mich überzeugen zu können, daß wir die höchste Spitze erreichten. Kaum 10-12 Schritt von der Spitze entfernt, betäubte uns ein Blitz und ein zu gleicher Zeit erfolgter Donnerschlag dergestalt, daß wir glaubten, alle Berge müßten zusammenstürzen. Ich wollte mich hinter eine kleine Felswand vor den hinter uns nachkommenden, von der Erschütterung losgewordenen Steinen retten, gab aber bald den vernünftigen Vorstellungen meines Führers, welcher mir die immer mehr wachsende Gefahr des Abwärtssteigens durch den häufig fallenden Schnee schilderte, nach und bequemte mich weiter zu gehen. Unsere beim Hinansteigen gebrauchte Vorsicht, unsern genommenen Weg mittels aufeinander gelegten Steinen etc. zu bezeichnen, kam uns bei dem außerordentlich starken Nebel, wo man kaum vier Schritte vor sich hinsehen konnte, sehr gut zu statten. Unser Weg führte uns durch eine*

Klamm, in welcher man eine Wand von ungefähr vierzehn Fuß überspringen und einmal eine noch viel größere Distanz auf hartem Schnee von wenigstens 50° Böschung abfahren und immer nur auf einem Platz von nur zwei Quadratfuß eintreffen mußte. Was diese Gefahr noch vermehrte, war, daß sich durch den Regen das Wasser in dieser Rinne anhäufte und uns keinen rechten Tritt bemerken ließ, zudem es an mehreren Stellen uns über den Kopf und Rücken abstürzte. Endlich mußten wir am südlichen Fuß des Zugspitzes und am Anfang des zweieinhalb Stunden langen und eineinhalb Stunden breiten Schneeferners, welcher an sehr vielen Stellen mit ungeheuer tiefen und von zwei bis fünfzehn Fuß breiten Spalten vergefährlicht ist – Freund Aulitscheck, Hauptmann Jetze und ich schätzten die Tiefe einer solchen bei 400', sie war kaum zwei Fuß breit, wohl aber mehrere 100 lang, Jetze und Aulitscheck hatten das Glück, indem jeder mit einem Fuß in ein ähnliches Loch trat, sich noch durch Schnelligkeit vom unvermeidlichen Tod zu retten – eine der gefährlichsten Passagen machen. Wo der Ferner sich an die Wände anlehnt, sind die größten und breitesten Schluchten. Über eine dieser war eine Art von Schneebrücke, 1 Fuß dick, 1 breit und 3 lang. Kein anderer Ausweg war übrig, als sich diesem schwachen Gewölbe zu vertrauen und glücklich ging der Marsch von statten. So gelangten wir ³⁄₄ 2 Uhr auf den Schneeferner und setzten unsern Marsch über diesen und das Blatt fort.« Abends um neun Uhr war die Expedition »ganz ermüdet und entkräftet« glücklich wieder in Partenkirchen.

Unter solchen und ähnlichen Abenteuern wurden die beiden Gipfel der Zugspitze – der Einheimische sagt übrigens ›der‹ Zugspitz! – in den nächsten Jahren von allen Seiten angegangen. Schon im Jahre 1823 war auch der östliche Gipfel von Simon Resch bezwungen. Von seiner vierten Ersteigung am 21. August 1835 durch den Forstgehilfen Franz Oberst aus Farchant, seinen Kollegen Sartori aus Garmisch, den Kreisphysikus Dr. Einsele von Berchtesgaden und den Zimmermannssohn Johann Barth, genannt Hanni, der die Führung übernommen hatte, erzählt ein anschaulicher Bericht Max von Prielmayers.

Wieder war erste Station die »Flohhütte« auf dem Anger. Von ihr wurde nachts 1½ Uhr aufgebrochen, »*am ›Letzten Wasser‹ die Eisen angelegt und über die zahllosen kleinen Felsrücken und schneerfüllten Höhlungen und Täler und über den unendlichen Schutt des Platt hinweg mit Tagesanbruch der Schneeferner erreicht. Bei der Roten Wand wurde die Randkluft überschritten und unmittelbar über steilen kahlen Fels der Anstieg begonnen. Bald wurde die vom Vorjahr her bekannte Kluft erreicht und durchstiegen ...*,

In ganz Deutschland bekannt wurde die vierte Besteigung der Zugspitze am 21. August 1835 durch die Zeitschrift ›Deutsches Hausbuch‹, die Guido Görres in München herausgab. Von Garmisch aus beobachteten bereits die ersten Sommerfrischler die Expedition und die tollkühnen alpinistischen Wagnisse des Führers, des Zimmermannssohns Johann Barth, genannt Hanni, beim aufrechten Überqueren einer Schneebrücke, welche die übrigen Teilnehmer nur rittlings zu nehmen wagten.

auch die böse Platte wurde wieder passiert ... Über weniger geneigtes Terrain wurde dann, ¾ Stunden vor Verlassen des Ferners, der Grat, eine halbe Stunde östlich des Ostgipfels, erreicht ... Der Grat war nicht überall gangbar, es mußte öfter an der Nord- und Südseite ausgewichen werden. Eine siebenundzwanzig Fuß lange, scharfe Schneescheide wurde von Hanni aufrecht überschritten, von den übrigen rittlings passiert. Über die letzte steile Erhebung wurde sodann der östliche Gipfel erreicht«. Schwieriger als der Aufstieg

war jedoch der Abstieg. *»... Bis zur bösen Platte ging alles gut, dann aber begann das Abseilen durch Hanni durch die Kluft.«* Hierüber berichtet Dr. Einsele: *»Ich wußte nicht, wie man ohne Hilfe hinabkommen könnte. In den senkrechten Schlund stiegen wir mittels des Seiles, das sich einer nach dem anderen fest um den Leib band, und welches Hanni, gegen den Fels gestemmt, von oben mit starker Hand hielt und in dem Maße nachließ, als man tiefer sich hinabarbeitete. Ein paar Mal hing ich völlig frei in der Luft, wobei das Seil mir die Brust bis zur Beängstigung zusammenschnürte. Ehe der Vormann unten die Schlucht nicht ganz verlassen und hinter einer Wand seitwärts sich geborgen hatte, konnte kein Zweiter nachgeseilt werden, weil beständig Trümmer losgingen und in den Schacht hinabsprangen. Am schlimmsten ging es hier Herrn Oberst. Das auf dem Rücken festgeschnallte Barometer, das das geringste Versehen natürlich zerbrochen oder sonst unbrauchbar gemacht haben würde, wurde ihm überall hinderlich. Er durfte sich nie wie wir andern ganz auf den Rücken niederlassen und im Schlot stemmte sich das Barometer gegen die Seitenwände, so daß Oberst, um sachte wieder loszukommen, am Seile nicht geringe Plage hatte und sich drehend einige Male ganz in die Luft hinausschnellen mußte.«* Alles ging gut, nach einer unfreiwilligen Rutschfahrt Einseles am Schneeferner konnte die Expedition glücklich beendet werden.

Ein weiteres wichtiges Ereignis in der Geschichte des Alpinismus sei noch erwähnt, die Aufstellung eines Kreuzes auf dem westlichen Zugspitzgipfel am 12. August 1851. Vierzehn Fuß hoch, hundertfünfzig Kilo schwer, in achtundzwanzig Teile zerlegbar, wurde es von einer neunundzwanzigköpfigen Mannschaft auf den Gipfel geschleppt. Beinahe hätte der Jagdgehilfe Michael Baur aus Farchant versäumt, mit dabei zu sein. Von einem Pirschgang zurückgekehrt, konnte er sich noch in letzter Minute der Expedition anschließen und bei der schwierigen Bohrarbeit für den Fuß des Kreuzes und der drei Seitenstützen sowie bei der Aufstellung des Kreuzes selbst kräftig zugreifen. Um 11½ Uhr trat er dann einen tollkühnen Abstieg gegen die Thörlen im Österreichischen an:

»*Über vollständig unbekannte Wände, ohne vorherige Recognoscirung ... den Jagdhund in Rucksacke, durch den Pürschstutzen behindert, suchte er nach den gangbaren Stellen im brüchigen Geschröffe, überwand die bedenklichen Plattenlagen über dem österreichischen Schneekar, in das ihn schließlich ein gewagter Sprung brachte und gelangte unter vielen Mühen und Gefahren nach den Thörlen, staunend beobachtet von ein paar des Weges kommenden Ehrwaldern. Nachmittags 4 Uhr war er bereits in Ober-Grainau – eine Bravourleistung ersten Ranges.*« (Max von Prielmayer)

1881 mußte das Kreuz wegen Blitzschäden abgebaut werden. Nach gründlicher Ausbesserung in München wurde es am 25. August 1882 auf dem nach damaliger Ansicht zehn bis zwölf Fuß höheren Ostgipfel – auf dem es ursprünglich 1851 schon hätte errichtet werden sollen – wieder aufgestellt. Tatsächlich ist nach heutiger Erkenntnis der Ostgipfel genau 2961 Meter hoch, also zwei Meter niedriger als der Westgipfel. Dieser ist inzwischen durch wissenschaftliche und technische Einrichtungen derart übersetzt, daß er für normalsterbliche Gipfelstürmer nicht mehr zugänglich ist: Hier unternimmt das ›Max-Planck-Institut für Physik und Astrophysik‹ Messungen kosmischer Strahlungen, untersucht das ›Institut für atmosphäri-

Ein seltenes Gedenkblatt überliefert den feierlichen Augenblick, da am 12. August 1851 die Kreuzaufrichtung auf dem Westgipfel der Zugspitze vorgenommen wurde. An dem mühevollen Bergtransport nahmen 29 Bergsteiger teil, darunter der damalige Forstgehilfe von Hohenschwangau, Max Thoma, der Vater Ludwig Thomas, der den Vorgang in Skizzen festhielt. Seit 1882 steht das Kreuz auf dem zwei Meter niedrigeren Ostgipfel.

sche Umweltforschung der Fraunhofer-Gesellschaft‹ die
Luftschichten der Troposphäre, unterhalten das Deutsche
und Österreichische Fernsehen – die Grenze verläuft ja
genau über den Gipfel! – Umsetzer, und die Bundespost
wickelt über eine Relaisstation ihren Funkverkehr mit Italien ab. Die in weiten Kreisen viel bekanntere Wetterstation
dagegen befindet sich im Turm des Münchner Hauses und
arbeitet bereits seit dem Jahr 1900.

In den zwanziger Jahren bemächtigte sich der Flugsport
der Zugspitze, und Deutschlands höchster Berg wurde das
Ziel tollkühner Motor- und Segelflieger. Als erstem gelangen Franz Hailer mit einer 160-PS-Rumpler am 19. März
1922 die Landung auf dem Zugspitzplatt und der Start.
Dann nahm sich Ernst Udet den Berg vor und flog ihn
mit dem Segler an. Udets Biograph Armand van Ishoven
erzählt darüber:

*»Das erste fliegerische Großereignis des Jahres 1925 war der
Zugspitzflug am 31. Januar und 1. Februar, den die ›Arbeitsgemein-
schaft zur Förderung von Flugsport und Flugtechnik‹ ausgeschrieben
hatte. Am Samstag, dem 31. Januar, hatten die Teilnehmer in
Schleißheim zu starten, ... die etwa hundert Kilometer südwestlich
liegende Zugspitze, zu umrunden und anschließend auf der Renn-
bahn von Garmisch Partenkirchen zu landen ... Bunt wie das
Teilnehmerfeld«*, darunter Oberleutnant Seywald, Richard
Kern, Paul Bäumer, Paul Billik, Theo Croneiss und Ernst
Udet in Begleitung von Margot von Einsiedel – *»war auch
der Ablauf der Konkurrenz. Zuerst wollte man direkt nach Garmisch Partenkirchen fliegen und die Umrundung der Zugspitze
wegen des schlechten Wetters unterlassen. Dann klärte es aber auf,
ein starker Wind vertrieb die Wolken, und Udet machte einen
Erkundungsflug. Die Zuschauer, unter denen sich der bayerische
Kriegsminister Gessler und der Reichswehrbefehlshaber in Bayern,
General Kress von Kressenstein, befanden, sahen, wie seine Maschine von Turbulenzen, die der Föhn verursachte, hin- und herge-
worfen wurde. Trotzdem beschloß man, zu starten ... Messer-
schmitts M 17 wurde beim Start von einem Windstoß erfaßt und*

machte einen Kopfstand; für Oberleutnant Seywald war das Rennen zu Ende, bevor es begonnen hatte. Die Flugstrecke führte über den Starnberger See, den Staffelsee, Oberammergau und den Eibsee bis zum 2968 m hoch gelegenen Zugsspitzobservatorium, das umrundet werden mußte. Das nächste Opfer der stürmischen Winde wurde Theo Croneiss. Als er in etwa 2800 m Höhe ganz niedrig über dem Schneeferner Kopf flog, wurde sein Doppeldecker von einer Fallbö in den tiefen, weichen Schnee gedrückt. Die Maschine überschlug sich, aber Croneiss blieb unverletzt. Die übrigen Teilnehmer landeten wohlbehalten in Garmisch-Partenkirchen, wo ihre Maschinen gewogen wurden. Udet war der schnellste Teilnehmer gewesen ...« Zwei Jahre später wagte Udet den ersten Segelfliegerstart von der Zugspitze. *»Die Herausgeber der ›Münchner Illustrierten‹ wollten eine besondere Sensation bieten: Deutschlands berühmtester Pilot, dessen Rückenflüge im Flamingo mit abgestelltem Motor überall die Massen begeisterten, sollte von Deutschlands höchstem Berg starten. Der Segler war eigens für diesen Flug gebaut worden ...*

In Ehrwald wurde der ›Alpensegler‹ zur Talstation der Seilbahn gebracht, die auf die Zugspitze führt, und dort demontiert. Unter der Aufsicht von Richard Kern wurden der Rumpf und je eine Tragfläche jeweils an die Seitenwand einer Kabine geschnallt und so zur Bergstation transportiert ... Am 14. April wurde der Rumpf des Flugzeuges von der Bergstation zum etwa 300 m tiefer gelegenen Zugspitzplatt gebracht. Es war eine harte Arbeit, bei der die Männer fast einen Meter tief im Schnee einsanken. Nachdem der Rumpf festgezurrt worden war, trugen Udet, Kern und der Bergführer Sonnweber die linke Tragfläche abwärts. Inzwischen war ein starker südwestlicher Wind aufgekommen, der etwa 60 m von der Bergstation entfernt die drei Männer erfaßte und sie ungefähr 30 m mit sich schleifte, ehe sie die Tragfläche losließen. Zwei Kameramänner wurden durch den Windstoß ebenfalls niedergeworfen; die Tragfläche aber wirbelte etwa hundert Meter hoch, schlug gegen Felsen und fiel schließlich in der Nähe der Knorrhütte zu Boden, wo sie mit gebrochenen Flügelrippen aufgefunden wurde. Noch schlimmer war, daß es die Wetterverschlechterung unmöglich machte, sie zu bergen. Das Schlechtwetter hielt fünf Tage an, dann erst konnten der Rück-

*transport und die Reparatur in der Bergstation erfolgen. Der Mecha-
niker Mangold bewerkstelligte sie in zwei Tagen. Aber das Wetter
blieb so schlecht, daß an Fliegen nicht zu denken war. Dennoch
wurde der Alpensegler in einem tiefen Graben, den man in den
Schnee des Zugspitzplatts geschaufelt hatte, montiert ... Am nächsten Tag erlaubte eine Wetterbesserung Probeflüge. Der Alpensegler
wurde aus seinem Graben geschaufelt, und mit Skiern trampelte
man eine kurze Startbahn in den Schnee. Dann griffen einige
Männer nach dem Gummiseil. Udet machte zwei Starts, landete
aber jedesmal kurz danach wieder auf dem Zugspitzplatt, denn der
Ostwind, der ihm Auftrieb verschafft hätte, blieb aus. Bald darauf
setzte neuerlich Schlechtwetter ein, das Flugzeug wurde wieder in
seinen Schneegraben gebettet, und Udet ging Ski fahren ... bis
endlich am 29. April strahlender Sonnenschein, freilich auch völlige
Windstille, herrschte. Bereits in den frühen Morgenstunden waren
Udet und seine Mannschaft auf dem Zugspitzplatt. Der Alpensegler
war unter einer dicken Schneedecke begraben und mußte erst freige-
schaufelt werden. Udet besprach sich mit dem Meteorologen Lipp.
Von Ostwind war keine Spur, lediglich aus westlicher Richtung
wehte eine leichte Brise. Theoretisch war es möglich, daß auch der
Westwind den nötigen Auftrieb verschaffte, aber er erschwerte den
Start, verursachte vermutlich Turbulenzen und brachte die Gefahr
mit sich, daß der Alpensegler gegen einen Felsen geschleudert werden
würde. Udet und Kern erkundeten den Plateaurand zwischen
Schneefernerkopf und Zugspitzeck, und dann wurde der Start in
westlicher Richtung beschlossen.*

*Die vier Männer am V-förmig ausgestreckten Gummiseil begann-
nen zu laufen, drei stämmige Bergführer hielten den Schwanz der
Maschine fest. Dann rief Udet: ›Los!‹ Die Maschine hob ab, schoß
in einer scharfen Linkskurve über den Rand des Plateaus hinweg
und hing 1500 m über dem Erdboden in der Luft. Udet flog die
Linkskurve aus und befand sich wieder über dem Plateau, aber er
hatte inzwischen einige Meter Höhe gewonnen. Er machte dann
einige nicht ungefährliche S-Kurven entlang der Plateaukante, um
den bescheidenen Aufwind zu nützen, während ihm seine Mannschaft und einige Gäste des Berghotels zuwinkten.*

Schließlich trat er den Gleitflug ins Tal an. Er flog um die Zugspitznase, über die Wiener Neustädter Hütte und erreichte die Nordseite der Zugspitze, von wo er sich in Richtung Eibsee bewegte, der vor wenigen Monaten als Flugfeld für den Flamingo gedient hatte. Dann wendete er nach Süden, umkreiste die Talstation in Ehrwald und landete nach einem Flug von 32 Minuten auf einer Wiese hinter dem Hotel ›Drei Mohren‹ zwischen Lermoos und Ehrwald in Tirol, 1700 m unterhalb seines Startplatzes. Seine Mannschaft war inzwischen mit der Seilbahn zur Talstation abgefahren, die mit österreichischen, deutschen, Tiroler und bayerischen Fahnen und einem Spruchband ›Hoch Udet‹ geschmückt war und wo sie ein Fahrzeug der ›Münchner Neuesten Nachrichten‹ erwartete, das sie zu Udet brachte.

Am Landeplatz begannen Tauscheck und Dittmann ihre Kameras laufen zu lassen, und 60 Flugtechniker aus Deutschland und Österreich, die eigens nach Ehrwald gekommen waren, um Udets Zugspitzflug zu verfolgen, waren die ersten Gratulanten.«

Diesem Erfolg trotz widriger meteorologischer Umstände fügte Udet im folgenden Jahr einen weiteren hinzu: die erste Segelfluglandung auf der Zugspitze im Januar 1928.

Alpinismus und Sport haben sich seit den Tagen der Erstbesteigung zu einer damals unvorstellbaren Perfektion entwickelt. Der Mensch hat die Berge erobert, sie sind zu einer Quelle unendlicher Freuden geworden. Niemand macht mehr »wegen erschröcklicher Todsgefahr« einen Bogen um sie, niemand sagt mehr, wie noch 1483 der Dominikaner Felix Fabri: »Die Berge sind schrecklich und starrend von der Kälte des Schnees und der Glut der Sonne.« Auch die Römer hatten ihn nicht gemocht, den unheimlichen Wall des Gebirges, der mit seinen zum Himmel ragenden kahlen Felsen, seinen zerklüfteten Schluchten, von ewigem Eis bedeckten Gipfeln, seinen unendlichen, undurchdringlichen dunklen Wäldern ihr mit strahlender Helle, üppig gedeihender Vegetation gesegnetes Land nach Norden hin

abschloß. Voll Abscheu wandten sie sich ab von den
»scheußlichen, durch Schnee und Kälte berüchtigten Alpen«, wie sie Livius (59 vor Chr.-17. nach Chr.) bezeichnete.
Furius Bibaculus (geboren 103 vor Chr.) bemüht zornig
Jupiter und läßt ihn ihre Gipfel mit Schnee »bespeien«.

Als die *Römer* im Jahre 15 vor Chr. unter Führung der
Stiefsöhne des Augustus, Tiberius und Drusus, das Land
nördlich der Ostalpen besetzten, mag sich ihnen, zumindest
in den Bergen und ihrem Vorland, weniger menschlicher
Widerstand als Widerstand der Natur entgegengestellt haben. Wenn auch Kelteneinfälle von Nordosten und Nordwesten her das damals auf der Höhe seiner Macht stehende
Römische Reich bereits nicht unerheblich bedrohten und
sich jenseits der Alpen Reiche der Kelten zu formieren
begannen, so war das uns interessierende, dicht bewaldete
und in den Niederungen meist versumpfte Gebiet noch
kaum besiedelt. Bei dem Entschluß, der Keltengefahr durch
Eroberung des zentralen Alpenraumes ein Ende zu bereiten,
mögen auch handelspolitische Erwägungen eine Rolle gespielt haben. Dieses ›Entwicklungsland‹ im Norden konnte
ein gewinnbringendes Absatzgebiet für die Güter des Südens werden. In jenem Jahre 15 vor Chr. konnte es bereits
als Provinz Rätien mit der Hauptstadt Augusta Vindelicum
(Augsburg) dem Römischen Reich einverleibt werden.

Während der über vierhundertjährigen Herrschaft der
Römer erwies sich schon damals die berühmte italienische
Straßenbaukunst. Vorgefundene schmale Bergpfade der
Kelten wurden zunächst für Heeresnachschub und Handel
über die Alpenpässe ausgebaut, nach Regulierung und Eindämmung der Gewässer, dem Bau von Brücken zum Teil
in Talniederungen verlegt. Dabei folgte man dem Prinzip
der geraden Linie. Wo immer sich hügeliges Terrain in
den Weg stellte, wurden Hohlwege gegraben oder auf
versumpftem Gelände Hochstraßen angelegt, immer
wurde die kürzeste Richtung eingeschlagen.

Die wenigen, nach Abzug der Römer im Jahre 488

zurückgebliebenen ›Welschen‹ oder ›Walchen‹, wie die kel-
toromanische Mischbevölkerung genannt wurde, ließen
diese Straßen verfallen. Sie kamen erst mit den Bajuwaren
im Zuge der Christianisierung, der Stiftung von Klöstern,
der Rodung und Urbarmachung des Bodens zu neuer Bedeutung. Ihre Blütezeit erlebten sie in der Zeit der ›Rott‹.
Und heute feiern sie fröhliche Urständ in Gestalt unserer
Straßen, unserer Auto- und Schienenbahnen, deren Trassen
nicht selten noch über den Pfaden unserer Urahnen liegen.

Wenn man heute durch das Land fährt, so fragt man
sich vielleicht, was es ist, das den Nordländer so magisch
anzieht, daß Legionen gepilgert kommen und unzählige
Namen bedeutender Männer aus Kunst und Wissenschaft
zu benennen wären, die hier Anregung und Entspannung
suchen und zum großen Teil ihre Wahlheimat gefunden
haben?

Ein ›Nordlicht‹, wie man hierzulande sagt, Alfred Kerr,
hat das so formuliert: *»Ich glaube, nach allem, was ich gesehen,
geatmet und getrunken, vor allem, wofür eine hochfliegende Dankbarkeit aufkam; ich glaube, trotzdem ich das Wort ›Wie Gott in
Frankreich‹ zu oft bejaht, um es jetzt feig zu leugnen; ich glaube,
man soll mitunter sprechen: ›Wie Gott in Bayern‹. Dies Gefühl
setzt sich aus tausend Kleinigkeiten zusammen. Schwer zu sagen
ist, worauf das Glücksempfinden ruht – ein paar Ursachen lassen
sich ermitteln. Die Leute hier … Wer als fremder Wunderling
ihren Bezirk durchstreift, kommt sich wie geliebkost vor: von der
Freundlichkeit; von der derben, doch sachten Lebkraft einer unge-
zwungenen Schar. Wenn der Mecklenburger schwer ist; so ist der
Bayer zwar schwer, aber zugleich federnd. Das macht den Grund-
zug: schwer, aber federnd …*

*In Wahrheit ist hier die untere Schicht künstlerischer als dieselben
Schichten bei uns. Wenn ich in der Mark mit einem Tischler, einem
Schlosser spreche, der nach meinen Angaben etwas ändern soll,
schüttelt er den Kopf und sagt: ›Das müßte man in die Fabrik
schicken – ich weiß nicht, ob sie's dort machen können.‹ Ein Schrei-
ner oder ein Kupferschmied in einem bayerischen Nest kann es*

selber. Wird vor Anteil warm. Es steckt was in ihm, das über den Geschmack eines Herdenweltstädters hinausleuchtet ...

Ist es ein Wunder, daß sie gleich Künstlern fühlen – da sie doch auf Schritt und Tritt Kunst sehen? ... Sie üben Schönheit nicht als Geschäft, sondern als Drang.«

Der »Drang nach Schönheit« – unbewußte Sehnsucht nach dem südlichen Land der Vorväter –, vereint mit der »Derbheit« und »Schwere« der Kelten und Bajuwaren, mit der »federnden Kraft« der Zeit des Handels mit Völkern aus aller Welt und nicht zuletzt das geheimnisvolle Wechselspiel zwischen Mensch und Natur, das jedem Landstrich seinen Stempel aufdrückt, haben hier in Generationen das untrügliche Gefühl für eine harmonische Einfügung der in die Landschaft gestellten Bauten, die so liebenswürdigen, oft derb-humorvollen, immer von prallem Leben erfüllten Ausdrucksformen der heimatlichen Kunst hervorgebracht.

Auf der Rottstraße

Die Rottstraße kam aus dem Süden über Innsbruck und den Zirler Berg zum Paß von Scharnitz herauf und nahm hier ihren Weg quer durch das Werdenfelser Land über Mittenwald, Partenkirchen und das Tal der Loisach in Ettaler Gebiet nach Murnau und weiter in den Norden nach Augsburg. Herzog Tassilo I. (595–610) soll diese – wie bereits erwähnt, nach Abzug der Römer verfallene und in Vergessenheit geratene – Straße wieder entdeckt haben. Erste Bajuwarensiedlungen werden übrigens auf alle mit ›-ing‹ endenden Orte zurückgeführt; sie sollen jeweils den Namen des Oberhauptes einer hier ansässig gewordenen Sippe bezeichnet haben, zum Beispiel ›Uffing‹ = Siedlung eines ›Uffo‹. Mit ›-hausen‹, ›-dorf‹ oder ›-au‹ verbundene Ortsnamen wurden erst später gebräuchlich. An Siedlungen der ›Welschen‹ oder ›Walchen‹ erinnern dagegen beispielsweise ›Wallgau‹ oder ›Walchenseee‹. Das wohl aus der

Zeit um 745 stammende Rechtsbuch der Baiern, die ›Lex Baiuvariorum‹, gliedert ihre Ständeordnung in Adelige – zu deren fünf höchsten Geschlechtern die Huosi gehörten –, Freie, Freigelassene und Knechte. »Der Herzog aber, der dem Volke vorsteht, er war immerdar aus dem Geschlechte der Agilolfinger und soll es sein.«

Der Agilolfinger Tassilo also soll nach einer von Aventin, dem im niederbayerischen Abensberg geborenen und sich auch danach nennenden Johannes Turmair (1477-1534), in seiner berühmten ›Bayerischen Chronik‹ erwähnten Überlieferung durch Kundschafter in Erfahrung gebracht haben, daß die Gebirgstäler, aus denen der Inn, die Isar und die Loisach entspringen, für Wagen passierbar seien. Durch Wegkundige geleitet, sei es ihm gelungen, nach ›Inutrium‹, das heißt Mittenwald, vorzudringen. Die alte Römerstraße wurde, wie wir heute sagen, ›renoviert‹ und erwachte im Laufe der Zeit zu neuem Leben. Scharen frommer Pilger bevölkerten sie, Deutsche Könige zogen auf ihr zur Kaiserkrönung gen Süden, aber auch in den Kampf oder – wie Friedrich Barbarossa und der junge Konradin – in den Tod. Als sich der Handel wieder belebte, kam fahrendes Volk mit Waren aller Art, der Güteraustausch nahm immer größeren Umfang an, die Zunft der ›Rott‹ entstand, für das ganze Werdenfelser Land begann eine Goldene Zeit, besonders, als von 1487 bis 1679 der Bozener Markt nach Mittenwald verlegt war.

Die Zunft der ›Rott‹ bestand aus einer Vereinigung bürgerlicher Fuhrleute, die das ausschließliche Recht der Verfrachtung von Kaufmannsgütern und der Erhebung des Niederlagegeldes hatten. Eine ›Rott‹ setzte sich aus einer gewissen Zahl von Fuhrleuten zusammen. Sie waren verpflichtet, den Warentransport auf einer bestimmten, ihnen zugeteilten Strecke von einer ›Rottstation‹ zur nächsten durchzuführen. Dort mußten Fuhrleute und Pferde ausgewechselt, Warenballen, Kisten und Fässer umgeladen oder in den hierfür errichteten Ballenhäusern bis zum Weiter-

Einstmals reichte das Werdenfelser Land im Süden bis nach Seefeld in Tirol. 1632 gelang es den Habsburgern durch Verhandlungen, die Grenze Tirols erheblich nach Norden zu verlegen und beim Engpaß von Scharnitz die ›Porta Claudia‹ als Grenzfestung anzulegen. Die Engstelle im oberen Isartal wurde so immer wieder zur gegenseitigen Einfallpforte in den verschiedenen kriegerischen Auseinander-

setzungen des 18. und 19. Jahrhunderts zwischen Bayern und Tirol.
Wiederholt belagert und umgangen, erstürmt, geschleift und wieder-
hergestellt, erlebte die Feste 1805 eine ihrer schwersten Feuerproben
bei der heldenhaften, aber vergeblichen Verteidigung durch Oberst-
leutnant Swinburne gegen die Franzosen. Die Reste der Festungsan-
lage sind heute unter anderem noch am Brunnstein (links) zu sehen.

transport gelagert werden. In Kolonnen bis zu hundert vier- und sechsspänniger, schwer bepackter Planwagen brachten die Rottleute deutsche Handelsware wie Eisen, Kupfer, Blei, Pelzwerk, Leinwand, Tuche und Holz nach dem Süden, und mit Gewürzwaren, Öl, Wachs, Weinen, Seiden-, Samt- und Baumwollsstoffen, mit Papier, Glas und Waffen kehrten sie zurück. Jede Rottstation konnte von jeder Transportkolonne einen bestimmten, ihr von der Landesregierung zugebilligten Anteil am Warenzoll einbehalten – sicher keine schlechte Einnahmequelle. Zudem floß der Bevölkerung durch Verpflegung und Unterbringung der Begleitmannschaften und ihrer Pferde ein nicht unerheblicher Gewinn zu. In unserem Gebiet waren Mittenwald bald hinter Scharnitz, Partenkirchen und Murnau bedeutende Rottstationen.

Scharnitz und sein Paß

Den Fuhrleuten auf ihrem langen, sechs bis zehn Wochen erfordernden Weg von der südlichen Handelsmetropole Venedig nach der nördlichen Kaufmannstadt Augsburg bot Scharnitz nach glücklicher Überwindung des Zirler Berges Rast, wenn sie über Seefeld hier heraufgekommen waren. Kaum vorzustellen, wie sie mit ihren schwer beladenen Fuhren diese Wegstrecke bewältigen konnten. Von ihren ungeheuren Schwierigkeiten bekommt man auf einer Fahrt mit der im Jahre 1912 eröffneten Mittenwaldbahn einen Begriff. Sie ist eine der schönsten und kühnsten Bergeisenbahnen, eine Meisterleistung der Technik. Ihr Bau ist dem 1842 in Bozen geborenen Ingenieur Dr. h. c. Josef Riehl zu verdanken, der sich schon 1864 beim Bau der Brennerbahn, wenig später bei der Trassierung der Pustertalstrecke große Verdienste erworben und schließlich 1873 die schwierige Strecke von Wörgl ins Brixental gebaut hatte. Die Krönung seines Schaffens war die Mittenwaldbahn. Kaum zu überwindende Schwierigkeiten stellten sich ihrer Trassierung zwischen Innsbruck und Seefeld entgegen. Als erste elektrisch betriebene Hauptbahn überwindet sie einen Höhenunterschied von 600 Metern auf dieser nur 24 Kilometer langen Strecke. Dabei passiert sie 16 Tunnels in einer Gesamtlänge von vier Kilometern und sieben Viadukte; eine Brücke schwingt sich kühn in einer Spannweite von 65 Metern in schwindelnder Höhe über die tiefe Schlucht des Schloßbaches. Auf dem Seefelder Sattel (1181 m) ist die Wasserscheide zwischen Wetterstein und Karwendel erreicht. Das Terrain senkt sich langsam, beide Gebirge schieben sich zum Engpaß von Scharnitz zusammen. Aus dem hier mündenden Karwendeltal kommt die junge Isar herunter, teilt sich mit übermütiger Kraft in mehrere Arme und beansprucht mit ihrem breiten Schotterbett nicht selten fast die ganze Breite der langen schmalen Talsohle des Ortes Scharnitz (946 m) kurz hinter dem Paß an der einst – wie auf Seite 16 bereits erwähnt – so umstrittenen Grenze zwischen Tirol und dem Werdenfelser Land. Wahrscheinlich werden nur wenige Reisende dem kleinen Ort Beachtung schenken. Sie werden sich auch kaum Gedanken machen über die von der österreichischen Zollkontrollstation deutlich zu sehenden ruinösen Mauerreste an den Abstürzen des dem Karwendel angehörenden Brunnsteins. Es sind die einstigen Bastionen der ins Werdenfelser Land vorgeschobenen Sperrfeste ›Porta Claudia‹ aus dem 18. Jahrhundert. Ihre Vorgängerin aus dem 17. Jahrhundert sperrte das Tal ein Stückchen hinter ihr mitten durch den heutigen Ort Scharnitz vom Kalvarienberg des Wettersteins zum Platt des Karwendel.

Die *Porta Claudia* geht nicht, wie man zunächst denken könnte, auf den römischen Kaiser Claudius zurück, sondern sie erhielt ihren Namen von Claudia von Medici, der Gemahlin des Landesfürsten von Tirol, Erzherzog Leopold. Er hatte 1629 die Befestigungen zum Schutz gegen die Soldateska des Dreißigjährigen Krieges geplant, gebaut wurden sie jedoch erst nach seinem Tod, nachdem seine

Witwe die Regentschaft für ihren unmündigen Sohn Ferdinand Karl übernommen hatte. 1633 fand die Einweihung der ›Porta Claudia‹ in Anwesenheit der Regentin statt.

Diese erste Porta Claudia erlebte ihre Feuertaufe im Spanischen Erbfolgekrieg (1701-1713/14).

Die Kämpfe um sie hatten keine entscheidende Bedeutung für den Ausgang dieses ersten Weltkrieges der Neuzeit mit Schauplätzen in Spanien, Italien, Deutschland, Holland, in Afrika, Amerika und auf den Weltmeeren. Für uns stehen sie natürlich im Vordergrund des Interesses, wobei jedoch die komplizierten Zusammenhänge und der Verlauf dieses Krieges, soweit es zum Verständnis der Scharnitzer Kampfhandlungen nötig ist, kurz erwähnt werden müssen.

Um die Spanische Erbfolge war ein Tauziehen entstanden, als im Jahre 1700 mit dem kinderlosen König Karl II. die spanische Linie der Habsburger ausstarb. Der ehrgeizige bayerische Kurfürst Max Emanuel, seit 1691 auch Statthalter der Niederlande, hatte den Traum, das spanische Weltreich seiner Hausmacht einzuverleiben, begraben müssen: Sein von Karl II. zum Universalerben der spanischen Monarchie eingesetzter Sohn Joseph Ferdinand – Enkel und Urenkel spanischer Königstöchter – war 1699 im Alter von sieben Jahren gestorben. Erbe Spaniens sollte nun nach dem kurz vor seinem Tod auf Betreiben Ludwigs XIV. von Frankreich testamentarisch niedergelegten Willen Karls II., Philipp von Anjou, Enkel Ludwigs XIV. und seiner Gemahlin, einer spanischen Königstochter, werden. Mit dem Erwerb von Spanien und seinen überseeischen Besitzungen wäre Frankreich eine Weltmacht geworden. Das wollte der ebenfalls nach der Weltmacht strebende König Wilhelm III. von England verhindern. Spanien als Sekundogenitur Habsburgs schien das kleinere Übel. Wilhelm ergriff daher die Partei Leopolds I., der für seinen zweiten Sohn Karl die spanische Krone mit der Begründung beanspruchte, seine Gemahlin Maria Theresia, die Mutter Karls, habe im Gegensatz zu ihrer Schwester, der Gemahlin Ludwigs XIV., bei ihrer Heirat nicht auf die spanische Erbfolge verzichtet.

1701 schlossen sich Großbritannien, Holland, Österreich, Preußen, Hannover, Portugal zu einer Großen Allianz zusammen,

1702 folgte das Reich, 1703 Savoyen. Der bayerische Kurfürst dagegen versprach sich mehr von einem Bündnis mit Frankreich und eröffnete 1702 die Feindseligkeiten gegen Österreich.

1703, als der Kaiser zu einer Offensive gegen den »von der deutschen Seite abtrünnig gewordenen Reichsfriedensbrecher Churfürst Max Emanuel« rüstete, empfahl der Wiener Hofkriegsrat radikale Sanktionen, deren Unerhältlichkeit fatale Ähnlichkeit mit der Ostpolitik des Dritten Reiches aufweist. Nach jenen Gerichten war geplant, »wenn anders nicht mehr als die Desperation verfängt, das bayerische Land in so weit man möglich reichen könne, in Asche legen und daraus eine tatarische Mauer zu machen, mithin die Untertanen hinwegzuführen und die zu Waffen tauglichen den alten Regimentern in Hungarn und Siebenbürgen zuzuteilen, die Uebrigen in Hungarn anzusetzen«.

Der Angriff auf Bayern sollte gleichzeitig von Oberösterreich und Passau sowie mit allen verfügbaren Truppen von Tirol aus erfolgen, »weil es gewiß ist, daß von dort aus man sogleich in viscera Bavariae« – also in das Herz Bayerns – »dringen und eine ziemliche Diversion machen könne«. Der Kaiser war einverstanden; zu dem Vorschlag des Hofkriegsrats, in feindlichen Lagern eine Politik der Verbrannten Erde zu betreiben, meinte er allerdings, man solle »darin nicht ohne äußerste Noth verfahren«.

Zunächst verlief es freilich umgekehrt. Max Emanuel kam den Kaiserlichen zuvor. Er begann am 14. Juni 1703, mit seinen durch französische Subsidien wohl ausgerüsteten Truppen, unterstützt durch französische Einheiten unter Marschall Villers, durch das Inntal in Tirol einzufallen, und eroberte in einem Blitzkrieg am 20. Juni Kufstein, am 23. Rattenberg und zog am 2. Juli in Innsbruck ein. In Tirol brach Panik aus. »Den Schrecken über den plötzlichen Verlust der wichtigsten und stärksten Einfallspforte in Norden überbot die Entrüstung über den Mangel an geeigneten Verteidigungsvorkehrungen an den Landesgrenzen und die Ratlosigkeit der miteinander hadernden und in der Stunde der Not sich kleinmütig erweisenden Regierungsstellen.« Verwirrung und Kopflosigkeit der überrumpelten Tiroler waren so groß, daß die von Max Emanuel als Täuschungsmanöver vor den Grenzbefestigungen bei Tegernsee, an der Scharnitz und am Achenpaß zurückgelassenen Milizen ein leichtes Spiel hatten. Um nicht abgeschnitten zu werden, hatten die Kaiserlichen sämtliche Stellungen, auch die Porta Claudia, geräumt.

Ein Manifest Max Emanuels vom 27. Juni gab zwar den Gemeinden und Bauernschaften der eroberten Gebiete »männiglich kund«, daß »sie nicht allein bei all dem ihrigen geschützt und gehandhabt, sondern noch darüber so mild und lieb gehalten werden sollten, daraus sie selbsten handgreiflich den Unterschied zwischen dem vorigen alten empfangenen Tractament und diesem neuen verspüren« würden.

Aber die Tatsachen sprachen dem Hohn. Durch einschneidende Verwaltungsmaßregeln versuchte Max Emanuel, sich nicht nur die bedeutenden jährlichen Einkünfte des Landes zu sichern, sondern aus ihm herauszupressen, was irgend möglich war. Als er am 19. Juli begann, mit dem Gros seiner Truppen gegen den Brenner abzurücken, um sich dort mit den von Italien her erwarteten französischen Einheiten des Marschalls Vendôme zu vereinigen, zogen die empörten Tiroler dem endlich anrückenden kaiserlichen Heer begeistert entgegen und schlossen sich mit ihm zum Widerstand zusammen.

Schon am 21. Juli stieß der Obristwachtmeister Baron Heindl mit drei Kompanien und einer Anzahl geländekundiger Tiroler zur Rückeroberung der Porta Claudia vor. Einen Teil der Tiroler sandte er über einen Fußweg aus der Talsohle in die Scharnitz, eine zweite Umgehungskolonne, ebenfalls Tiroler, erhielt den Befehl, auf einem beschwerlichen, östlich des Passes über felsige Hänge führenden Pfad gegen die Porta Claudia vorzudringen. Heindl selbst richtete, mit seinen drei Kompanien in der Talsohle vor der mit

nur einer bayerischen Kompanie und einigen Dragonern
besetzten Festung angelangt, an den dortigen Hauptmann
die Aufforderung zur Übergabe. Sie wurde zurückgewie-
sen und ein heftiges Feuer eröffnet. Als sich aber die Besatzung durch das Feuer der beiden Umgehungskolonnen
bedroht sah und in Gefahr geriet, eingeschlossen zu werden,
befahl der Kommandant den Rückzug.

Am selben 21. Juli eroberten die Tiroler auch Rattenberg
und Hall im Inntal zurück. Max Emanuel verlor einen
Stützpunkt nach dem anderen. Er war unvorsichtigerweise
durch Nordtirol gestürmt, ohne die Nachricht des Marschalls Vendôme abzuwarten, daß dessen Vormarsch zum
Brenner tatsächlich begonnen habe. Das wurde dem Kurfürsten zum Verhängnis. Erst nach langem Zögern hatte
Vendôme auf ausdrücklichen Befehl Ludwigs XIV. seine
Einheiten nach Südtirol in Marsch gesetzt, als Max Emanuel bereits kurz vor dem Brenner stand.

Die Kräfte der Truppen des Kurfürsten waren durch die
Gewaltmärsche erschöpft, zudem zwangen ihn die Ereignisse im Inntal und an der tirolisch-bayerischen Grenze
zum Rückzug, um sich in dieser äußerst kritischen Lage
die Verbindung nach Bayern freizuhalten. Er mußte auf
einen weiteren Vormarsch verzichten. Es war höchste Zeit.
Von allen Seiten bedrängt, kämpfte er sich zum Grenzüber-
gang am Scharnitzpaß durch. Seine Truppen fanden ihn
bereits von den Tirolern verlassen, um ihrerseits nicht von
den zurückdrängenden Bayern abgeschnitten zu werden. Innsbruck wurde am 27. Juli nach Abtransport der
Verwundeten und Kranken geräumt. Man brachte sie nach
Mittenwald. Dort nahm auch der Kurfürst mit dem Rest
seiner Truppen Quartier. Als jedoch endlich am 29. Juli
die Nachricht eintraf, Marschall Vendôme sei mit starken
Kräften in vollem Vormarsch zum Brenner, gab Max Emanuel noch nicht alles verloren. Er wollte augenblicklich
umkehren und mit einer aus den Donaufestungen herange-
zogenen Verstärkung seiner Truppen Nordtirol zurück-

erobern. Aber das Eintreffen dieser Einheiten verzögerte
sich, der Kurfürst mußte sich darauf beschränken, seine
Truppen lediglich bis Seefeld vorrücken zu lassen. Er selbst
blieb in Mittenwald. Als dann die Unglücksnachrichten
eintrafen, der Vormarsch Vendômes sei ins Stocken geraten
und die Kaiserlichen seien mit starken Kräften im Anzug
auf Seefeld, mußte er endgültig aufgeben. Nach 25tägigem
Lager im Mühlfeld bei Mittenwald begab er sich am
21. August nach München. Am 25. August folgte die bayerische Besatzung der Porta Claudia über Walchensee und
Wolfratshausen, nachdem alle Befestigungen gesprengt
worden waren. Am selben Tag war die Vorhut der Kaiserlichen bereits in Mittenwald; sämtliche Grenzbezirke waren
der Willkür der Requisitionskommandos preisgegeben.
Besonders die Klöster und wohlhabenden Ortschaften hatten darunter zu leiden. Leisteten sie Widerstand, gingen
sie in Flammen auf. »Beiläufig 8000 Stück Hornvieh, 136
Pferde aus dem kurfürstlichen Gestüt Schwaiganger wurden nach Tirol getrieben.«

*Nach glänzenden Siegen der Großen Allianz waren Frankreichs
Kräfte 1709 erschöpft, 1710 war es bereit, alle in den seit 1709
stattfindenden Friedensverhandlungen gestellten Bedingungen zu erfüllen. Aber einer jener Zufälle, die manchmal in das Rad der
Geschichte eingreifen, spielte Frankreich in letzter Minute doch
noch das spanische Erbe zu. 1711 starb Kaiser Joseph I., der die
Nachfolge seines 1705 gestorbenen Vaters, Kaiser Leopolds, angetreten hatte. Josephs Bruder Karl, der designierte Thronerbe Spaniens,
wäre nun gleichzeitig Kaiser des Heiligen Römischen Reichs und
König von Spanien geworden. Durch diese Personalunion wäre der
Allianz im eigenen Lager gerade das entstanden, was sie zehn Jahre
bekämpft hatte: eine Weltmacht auf dem Kontinent. Sie zögerte
daher nicht, Karl fallen zu lassen; nunmehr schien Philipp von
Anjou das kleinere Übel. Das erschöpfte Frankreich mußte freilich
für den Preis der spanischen Krone im Frieden von Rastatt und
Utrecht 1713/14 eine Teilung der spanischen Erblande hinnehmen.
Philipp von Anjou erhielt Spanien und seine Kolonien, doch der*

spanische Teil Italiens (Neapel, Mailand) und die südlichen Niederlande gingen an Habsburg, Sizilien an Savoyen, und Großbritannien sicherte sich Neufundland, Gibraltar, Neuschottland und Hudsonbayland.

Bayern aber wurde in diesen Auseinandersetzungen um eine europäische Vormachtstellung zerrieben. Nach dem unglücklichen Ausgang der Schlacht bei Höchstädt am 13. August 1704, bei der das französisch-bayerische Heer einer Übermacht der Alliierten unter Prinz Eugen und dem Herzog von Marlborough weichen mußte, verließ der Kurfürst sein Land und floh nach Frankreich. Am Hofe Ludwigs XIV. führte Max Emanuel, wie seine Verwandte, Liselotte von der Pfalz, sich ausdrückte, ein »Luderleben«, während die österreichische Besatzungsmacht sein Land ausplünderte und den Aufstand der wittelsbachtreuen Ober- und Unterländer in der Sendlinger Mordweihnacht 1705 und der Bauernschlacht von Aidenbach 1706 blutig unterdrückte. Die Beteiligung der Bauern aus dem Isarwinkel unter der Sagengestalt des Schmied von Kochel an jener Volkserhebung wird uns an anderer Stelle dieses Buches noch beschäftigen. Am 5. Mai 1705 war zwar Kaiser Leopold I., der Schwiegervater und spätere Widersacher Max Emanuels, gestorben, aber der Nachfolger Joseph I. war darüber hinaus ein persönlicher Feind des bayerischen Kurfürsten und hatte zielstrebig dessen Achterklärung betrieben. Am Ende des langen Krieges waren freilich die Verhältnisse so verändert, daß die einander beargwöhnenden Sieger es als das kleinere Übel ansahen, dem lange befehdeten bayerischen Kurfürsten im Frieden von Rastatt 1714 sein Land wieder zurückzugeben. Von seinen hochfliegenden Weltmachtplänen wenn auch widerstrebend Abschied nehmend, kehrte Max Emanuel 1715 in sein ausgepovertes Stammland zurück.

Von der alten Porta Claudia sind heute nur noch Mauerreste links der Isar am Hang des Kalvarienberges, eines Ausläufers des Wettersteins, zu finden. Man erreicht sie auf einem schönen Spaziergang über die Isarbrücke und am Berghang entlang in Richtung Norden. Ihre Gräben und Wälle im Tal wurden teils abgetragen, teils liegen sie unter dem heutigen Gemeindehaus und dem Musikpavillon begraben.

Die zweite Porta Claudia, deren stattliche Reste wir von
der Zollabfertigung aus bereits gesehen haben, ließ Maria
Theresia in der zweiten Hälfte des 18. Jahrhunderts nach
Beendigung der erwähnten Grenzstreitigkeiten erbauen.
Die Festung hatte zunächst ein ungewöhnliches Schicksal.
Schon 1782 wurde sie von Joseph II. aufgelassen und geriet
durch Verkauf in Privatbesitz. Doch bald erwarb sie die
Tiroler Schutzdeputation mit dem zugehörigen Areal zu-
rück und baute sie zu einem gewaltigen Bollwerk aus.
»Zu den Vorwerken gehörten der ›Kavalier‹, auf dem eine
Kanone stand, das Pulvermagazin, die ›Teufelsküche‹ und
die ›Wasserstube‹, von der man das Wasser der Isar in den
Graben leiten konnte … Die sechs Meter hohen Mauern
mit ihren Schießscharten, die großen Gewölbe …, der
Wassergraben, die Wälle … lassen heute noch« – wenn
auch zum Teil verfallen und überwuchert – »die Mächtig-
keit dieser Festungsanlage erkennen.« (Philipp Sprenger)
1805, als Bayern sich mit Napoleon gegen Österreich
verbündet hatte, waren diesmal die Franzosen im Anmarsch gegen die Porta Claudia. Der Festungskomman-
dant, Oberstleutnant Baron Swinburne, ließ die Brücke
der schwach besetzten Festung aufziehen, die Gräben mit
Wasser füllen. Aus Innsbruck kam eine Verstärkung von
tausend Mann mit zehn Kanonen; Sturmglocken riefen in
allen Tälern Tirols zum Aufgebot des Landsturms. Als die
Franzosen mit 13 000 Mann von Mittenwald anrückten,
flüchteten die Scharnitzer in die Karwendeltäler. Dreimal
lehnte Swinburne die Aufforderung zur Übergabe ab. »Er
werde sich wehren bis zum letzten Mann, und wenn noch
einmal ein Trompeter mit der Aufforderung zur Übergabe
komme, werde er ihn auf der Stelle erschießen lassen.« Nun
schritten die Franzosen zum Angriff. Zunächst erklomm
eine Abteilung den steilen Fußweg des Alplberges in einem
Umgehungsmanöver. Die dort stehenden Vorposten des
Tiroler Landsturms warteten vergeblich auf die erbetene
Verstärkung. Sie kam nicht, da man höheren Ortes einen

Angriff von dieser Richtung wegen der Schwierigkeit des Geländes für unmöglich hielt. Es blieb den Tirolern nichts anderes übrig, als sich nach erbittertem Widerstand und von den Franzosen verfolgt in Richtung Seefeld zurückzuziehen. Vom Leutaschtal her begannen nun die Franzosen im Rücken von Scharnitz den Vormarsch auf die Porta Claudia, während die von Mittenwald vorgerückte Armee am Brunnsteineck ein schweres Geschütz aufstellte. Die Besatzung wehrte sich tapfer, brachte das feindliche Geschütz durch einen Schuß in seine Mündung zum Schweigen, rollte vom Berghang rechts der Schanze große Felsblöcke auf die anrückenden Franzosen herab, und als diese eine große Kanone und einen Pulverwagen über die Isar heranschaffen wollten, beschossen und zerstörten sie beide. Die von den Belagerern an den Festungsmauern angelehnten Leitern wurden mit Hilfe langer Stangen samt den heraufkletternden Soldaten in den Wassergraben gestoßen. Aber es war trotz aller Tapferkeit ein hoffnungsloser Kampf gegen eine Übermacht. Als Swinburne erfuhr, daß der Feind im Begriff war, die Festung auch im Rücken anzugreifen, sah er ein, daß weiterer Widerstand zwecklos war. Er versuchte, sich mit seinen Leuten nach Seefeld durchzuschlagen, fand es aber bereits besetzt und mußte sich ergeben. »Die Franzosen waren wie Engel im Vergleich zu den später nachrückenden Bayern«, heißt es. Die tapferen Verteidiger der Porta Claudia wurden freigelassen, Swinburne von Marschall Ney zur Tafel eingeladen, der abgenommene Degen ihm zurückgegeben.

Dieser Kampf war wohl der schwerste in der Geschichte der Porta Claudia. Zur Erinnerung an ihn wurde am 13. Juli 1890 ein Denkmal beim heutigen Zollamt errichtet.

Nach den Franzosen zogen die Bayern in Scharnitz ein, als Tirol und Vorarlberg im Frieden von Preßburg 1805 an Bayern abgetreten wurde. Und diesmal erhoben sich die Tiroler, durch Drangsale aller Art aufs äußerste empört, gegen die bayerische Okkupation. Die Porta Claudia

wurde zum Spielball der feindlichen Parteien. Zweimal
wurde sie von den Tirolern zurückerobert, zweimal von
den Bayern wieder besetzt. Jedesmal fiel sie vor der Räu-
mung Zerstörungen anheim, jedesmal begann der jeweilige
Sieger mit ihrer Wiederinstandsetzung. Die Tiroler rächten
sich für erlittene Unbill durch Raubzüge in das Hinterland.
Sie drangen plündernd nach Mittenwald, ja bis in die Gegend von Murnau vor, während die Bayern, wenn sie
wieder Herr der Lage waren, sich an der Bevölkerung von
Scharnitz schadlos hielten, ihre Häuser plünderten und in
Brand steckten. Auch die Kirche ging in Flammen auf.
Wunderbarerweise überlebte ihre alte Christusstatue dieses
Inferno. Sie war lange Zeit das Ziel frommer Pilger gewesen und hat jetzt im Raume des Kriegerdenkmals einen
würdigen Platz gefunden.

War das wildzerklüftete Karwendelgebirge um Scharnitz
an der Grenze zweier Länder in früher Zeit ein ideales
Gebiet für Schmuggler und Wilderer, ihre Beute auf
Schleichwegen über die Grenze zu bringen, ermöglichte es
in den Kämpfen um die Porta Claudia feindlichen Truppen
mehrmals, unter Führung geländekundiger Einheimischer
Umgehungsmanöver durchzuführen und die Festung zu
Fall zu bringen, so ist es in unserer Zeit die Rettung für
einen von dem Regime des Nationalsozialismus verfolgten
Mann gewesen. Wilhelm Hoegner, nach dem Zusammenbruch des Dritten Reichs erster bayerischer Ministerpräsi-
dent, mußte am 11. Juni 1933 außer Landes fliehen. Sein
Freund, Hans Fischer, hatte sich bereit erklärt, ihn und den
Arzt Dr. Blum in Sicherheit zu bringen. Die drei Männer
begannen ihre gefährliche Unternehmung mit einer Wanderung vom Kesselberg zum Ochsenboden. Dort umklet-
terten sie hintereinander glücklich die von einem SA-Po-
sten einsehbare Stelle der Felsnase und stiegen unter Don-
ner, Blitz und Hagel zur Tiefkarspitze (1430 m) hinauf.
»An einem steilen Absturz, an dem meine Kletterkünste

versagten, nahm mich der bergkundige Hans ans Seil«, erinnert sich Hoegner in seinen Memoiren. Erst in der Morgendämmerung des nächsten Tages wagte man den Abstieg nach Scharnitz, wo, auf sicherem österreichischen Boden angelangt, die »nassen Klamotten« beim Neuwirt am Ofen getrocknet wurden und die erschöpften Männer nach glücklich bestandenem Abenteuer erste Stärkung erhielten.

Der Versuch, etwas aus der frühesten Zeit des freundlichen kleinen Ortes zu erfahren, scheitert. Man hört lediglich, daß im Jahre 763 auf Veranlassung des Bischofs Josef von Freising die Brüder Reginbert und Irmfried »in solitudine Scarantiensi«, also im Wald von Scharnitz, ein Benediktinerkloster ›Scaranzia‹ gründeten, daß Herzog Tassilo III. von Bayern ihm sechs Jahre später die Besitzung Innichen in Tirol schenkte, daß es aber wegen der rauhen Lage und schwierigen Versorgung mit Lebensmitteln schon 772 in das in der ersten Hälfte des 8. Jahrhunderts gegründete Kloster Schlehdorf am Kochelsee verlegt wurde. Vergeblich ist die Frage, wo ›Scaranzia‹ gestanden haben könnte. ›In der Scharnitz‹ hieß damals die ganze Gegend von Zirl bis Partenkirchen. Scharnitz und Seefeld wurden die ›Obere‹, Mittenwald die ›Mittlere‹, Klais und Gerold die ›Untere‹ oder ›Äußere‹ Scharnitz genannt. Den Hypothesen über den Standort des Klosters ist also ein weiter Spielraum gesetzt. Man glaubt ihn in Klais gefunden zu haben. Eines ist sicher, im Ort Scharnitz selbst sind keine Spuren von ihm nachweisbar. Auch die Römerzeit hat hier außer einigen Münzfunden nichts hinterlassen.

Glückhaftes Mittenwald

Die erste Station der Rott auf werdenfelsischem Boden, Mittenwald in dem sich kurz hinter Scharnitz zwischen den mächtig aufragenden Bergriesen des Karwendel und Wetterstein weit öffnenden Tal der Isar, hat es verstanden, sich durch alle Fährnisse der Jahrhunderte nicht nur das Gepräge eines seine reichen Traditionen bewahrenden, sondern auch den jeweiligen Zeitströmungen aufgeschlossenen Ortes zu erhalten. Seine von den Zeugen einer vielfältigen Vergangenheit gesäumten Straßen sind heute wie ehedem voller Leben. Die Kasten- und Planwagen, die Saumrosse und Packesel der Rott haben sich in motorisierte Karossen verwandelt, die Fuhrleute, Händler und Pilger in die zahlreichen Gäste, die hier ihren Urlaub verbringen, um in der reinen Bergluft Erholung zu suchen, Sport zu treiben oder sich an den kulturellen Schätzen zu erfreuen. Überall, in allen Straßen und Gassen, in allen Winkeln sind diese Zeugnisse der Vergangenheit zu finden. Man blättert in ihnen wie in einem Bilderbuch.

Gleich am Obermarkt stehen zwei Häuser von sehr verschiedenartiger Bedeutung nebeneinander. Das eine, das *Pilgerhaus zum Heiligen Geist* und Vaterhaus des Passauer Domherrn Dr. Johann Schwalb, wurde von diesem 1485 zusammen mit seinen geistlichen Pfründen als Hospiz für »Pilger und andere ehrbar wandernde Leute« gestiftet. Sie fanden dort Unterkunft und Verpflegung für eine Nacht und einen Tag »um Gotteslohn«. Dreihundert Jahre später sah das Haus nebenan einen illustren Gast: Am 7. September 1786 übernachtete Goethe hier auf seiner Italienreise. Von seinem Aufbruch am nächsten Morgen schreibt er: »Um 6 Uhr verließ ich Mittenwald, den klaren Himmel reinigte ein scharfer Wind vollkommen. Es war eine Kälte, wie sie nur im Februar erlaubt ist. Nun aber, im Glanze der aufgehenden Sonne, die dunklen, mit Fichten bewachsenen Vordergründe, die grauen Kalkfelsen dazwischen und dahinter die beschneiten höchsten Gipfel auf einem tiefen Himmelsblau, das waren köstliche, ewig wechselnde Bilder.«

Beide Häuser bilden ein reizvolles Ensemble, zeigen sich jedoch nicht mehr im Gewand von damals. Das ehemalige Bürger- und spätere Pilgerhaus hat eine hübsche Barockverkleidung mit hochgeschwungenem Giebel erhalten, den ein kleines Glockentürmchen mit Zwiebelhaube krönt. Von seiner Front blicken aus Freskenmedaillons Maria und Josef, Petrus und Paulus sowie ein Heilig-Geist-Relief herab und weisen auf die ehemalige Bestimmung des Hauses, »für jeglich armen Christenmenschen, voraus für Pilger, ausgenommen vagierend verdächtige Leut, Spielmann, verdachte Frau, Hausierende, Unfriedsame, Liegerhafte und Pestilenzkranke«. Daß Goethes Quartier ehemals eines der großen Gasthäuser war, in denen zur Zeit der Rott die Handels- und Fuhrleute einkehrten, daß es später Poststation wurde, das kann man von den zwei Fresken rechts und links des unteren Balkons ablesen. Vielleicht hat hier schon Michel de Montaigne auf seiner Reise durch die Schweiz, Deutschland und Italien (1580/81) übernachtet. Es wird berichtet, daß er in einem Gasthof Quartier nahm, in dessen Badstube die Gäste Schwitzbäder zu nehmen pflegten, und anderntags seine Reise »zwischen den Bergen« fortsetzte.

Ein paar Schritte weiter steht am Beginn des Obermarktes die *Pfarrkirche Sankt Peter und Paul* wie ein Signal des Schönheitssinns, der Opferfreudigkeit und Frömmigkeit der Mittenwalder Bürger. Ihr schlanker, von Matthäus Günther freskierter und von einer ungewöhnlich phantasievollen Haube bekrönter Turm ragt so steil und kühn in die Höhe als ob er mit den sich hinter ihm auftürmenden Felsen der Viererspitze des Karwendel wetteifern wollte. Im unmittelbar anschließenden Gries, dem ältesten Ortsteil, tritt diese zum Wahrzeichen Mittenwalds gewordene Kulisse besonders imposant ins Blickfeld. Von besonderem Zauber ist auch der Wohlklang der Farben: das kraftvolle Rot der Malerei und der Grünspan der Turmhaube vor dem Tiefblau des Himmels und dem schattendurchwirkten Steingrau oder – noch kontrastreicher im Winter – dem blendenden Weiß der überschneiten Berge.

Sankt Peter und Paul wurde zwischen 1738 und 1749, also nicht lange vor Goethes Besuch, von zwei begehrten

Meistern ihrer Zeit gestaltet. Der Wessobrunner Josef Schmuzer fügte dem Chor des spätgotischen Vorgängerbaus ein quadratisches, von einer Flachkuppel gedecktes Langhaus an. Wessobrunner Bandelwerkstuck in lichtem Rosa auf Weiß und in Weiß auf lichtrotem Grund, ebenfalls von Schmuzer, schmückt den Raum, dessen hervorragende Deckenbilder der Asamschüler und Augsburger Akademiedirektor Matthäus Günther 1740 mit Darstellungen aus dem Leben der Kirchenpatrone Peter und Paul gemalt hat. Beide Apostelfürsten zeigt auch das 1742 ebenfalls von Günther geschaffene Blatt des festlichen, von Heiligenfiguren umgebenen und musizierenden Engeln umschwebten Hochaltars. Besondere Aufmerksamkeit verdienen die Büsten Peters und Pauls rechts und links des Altars sowie die beiden Seitenkapellen. Im Altar der linken schwebt über einer Schmerzhaften Muttergottes von 1716 ein großes Kruzifix des ausgehenden 14. Jahrhunderts aus der alten gotischen Kirche. Es wird auch ›Herrgott unter dem Turm‹ genannt, weil an dieser Stelle einst der Kirchturm stand. In der rechten Seitenkapelle wird der Heilige Johannes Nepomuk als Patron der Flößer verehrt. Zur Zeit der ›Wasserrott‹ hatte er für den Ort besondere Bedeutung. Beachtenswert sind ferner im linken Seitenaltar des Chorbogens eine zierliche Madonna aus der Zeit um 1500 und gegenüber der Kanzel von 1716 eine in die Wand eingemauerte Kreuzigungsgruppe, eine Steinskulptur von 1380.

Daß diese Kirche gebaut werden konnte, ist einem Mann zu verdanken, der nach dem Niedergang der Rott neuen wirtschaftlichen Aufschwung in den Ort brachte. In seine Arbeit vertieft, sitzt er in Erz gegossen vor der Kirche auf einem marmornen Sockel: der *Geigenbauer Matthias Klotz*. Ein Erzrelief des Sockels zeigt das Leben und Treiben im Ort während der Glanzzeit der Rott, als der Bozener Markt in den Jahren von 1487 bis 1679 hierher verlegt war. Ein anderes Relief veranschaulicht die danach kommende Armut. Und schließlich sieht man über der Tafel mit dem

Namen des Retters aus der Not symbolisch dargestellt den Beginn der durch ihn eingeleiteten neuen Epoche: Merkur, der Gott des Handels und Verkehrs, übergibt der Göttin der Musik eine Geige. Das Denkmal ist ein Werk des berühmten Münchener Erzgießers Ferdinand von Miller. 1890 errichtete es die dankbare Gemeinde ihrem großen Sohn, von dem wir später noch hören werden.

Nicht weit davon, in der Ballenhausgasse, hat man einen weiteren Ausschnitt aus Mittenwalds Geschichte dicht beisammen. Auf dem kleinen Platz vor dem Geigenbaumuseum steht ein hübscher *Brunnen,* dem »Andenken an unsere ersten Kurgäste« gewidmet. Eine Seite der Brunnensäule zeigt eine Dame in der modischen Kleidung von 1900. Sie pflanzt ein kleines Bäumchen, während auf der anderen Seite ein Tourist der gleichen Zeit, zünftig zum Bergsteigen ausgerüstet, zu sehen ist. Das schmächtige Bäumchen der ersten Gäste ist inzwischen zu einem kräftigen Baum gediehen, und zahllose Touristen bevölkern heute die Bergwelt rund um Mittenwald. Seien es Wanderer oder Gipfelstürmer − Wetterstein und Karwendel haben alles zu bieten, von gepflegten Wanderwegen mit Ruhebänken an schönen Aussichten über markierte und gesicherte Pfade bis zu hochalpinen Klettertouren. Und seit 1967 hat Mittenwald auch eine Kabinenbahn, wie es heißt, eine der steilsten Seilbahnen der Welt. Die *Karwendelbahn* führt in rund zehn Minuten von der Talstation (933 m) durch eine zerklüftete Bergwelt, in die 2244 m hoch gelegene Mulde der westlichen Karwendelspitze hinauf. Von der Bergstation eröffnen sich vielseitige Tourenmöglichkeiten, die freilich zumeist Bergerfahrung und alpinistische Übung voraussetzen. Da gibt es die dreistündige Wanderung bergab durch die Geröllhänge des Dammkars − im Winter eine berühmte Skiabfahrt für Könner − oder den vierstündigen Abstieg auf dem teilweise drahtseilversicherten Heinrich-Noë-Weg, schließlich den Mittenwalder Höhenweg, »ein absolutes ›Schmankerl‹ für den, der's kann«, wie sich ein Bergwan-

Ausgehend von Oberammergau hat sich die ›Lüftlmalerei‹, die phan-
tasievolle Bemalung der Hausfassaden, besonders auch in Mitten-
wald verbreitet. Locker komponiert und 1762 bzw. 1767 formsicher
zwischen den unregelmäßig verteilten Fenstern eingefügt, vermag
diese Dekorationskunst dem Schlipferhaus *am Obermarkt 20 in*
Mittenwald *mit seiner asymmetrischen Schauseite eine ganz beson-*
ders individuelle Note zu verleihen. Der Freskant ist Franz Karner,
ein Hauptmeister dieser heute wieder zu Ehren gekommenen Kunst.

derführer lapidar ausdrückt. Wer weniger sportlichen Ehrgeiz entwickelt, wird sich mit dem gut ausgebauten und
leichten Rundweg rund um die Karwendelgrube zum
›Gatter‹ begnügen, der etwa eine Stunde erfordert und
durch einen halbstündigen Aufstieg zur westlichen Karwendelspitze (2385 m) gekrönt werden kann. Die Aussicht,
die man vom Gipfel oder auch von den verschiedenen
Ruhebänken in der Nähe der Bergstation genießt, rückt
im Westen vor allem das Wettersteingebirge und das großartige Massiv der Zugspitze ins Blickfeld, im Süden die
Schneegipfel und Gletscher der Zillertaler, Stubaier und
Ötztaler Alpen.

Das Geigenbaumuseum, zugleich Heimatmuseum, weist eine der schönsten *Lüftlmalereien* auf. Diese bis auf den heutigen Tag gepflegte liebenswerte Kunst verbreitete sich in der ersten Hälfte des 18. Jahrhunderts überall im Werdenfelser Land und darüber hinaus. In Mittenwald sind besonders zahlreiche und frühe Beispiele erhalten. Es heißt, die von Matthäus Günther um 1746 entworfene Dekoration des Kirchturms mit den wirkungsvoll in großzügiger Scheinarchitektur übereinander stehenden Gestalten der beiden Apostelfürsten Petrus und Paulus habe ihre Verbreitung angeregt. Auch die farbenfrohen Fresken am wuchtigen *Neunerhaus* im Obermarkt werden wegen der Ähnlichkeit ihres Stils mit der Dekoration des Kirchturms Matthäus Günther zugeschrieben und gelten als Vorläufer der späteren Fassadenmalereien im Werdenfelser Land. Reiche Architekturmalerei überzieht die ganze Hauptfassade, eine Darstellung der Verkündigung und Brustbilder der Zwölf Apostel sind in sie eingefügt.

Als Lüftlmaler wurde besonders Franz Karner (1737-1817), ein Sohn Mittenwalds, weithin bekannt. In seinem Heimatort zeigen vor allem das jetzige *Geigenbaumuseum*, das *Schlipferhaus* mit einer Darstellung der ›Aufnahme Mariens durch die Heiligste Dreifaltigkeit‹ (1762 und 1767), das *Hoglhaus* mit einer ›Flucht der Heiligen Familie‹ (1779) die schwungvolle Kraft seiner Kunst.

Auch der wohl berühmteste Lüftlmaler, der Oberammergauer Franz Seraph Zwinck (1748-1792) ist hier mit farbfrohen Hausfresken vertreten, so am *Hornsteinerhaus* im Gries mit einer seiner ersten Fassadendekorationen, der ›Tötung des Holofernes‹ von 1775, und am *Gasthof Alpenrose* im Obermarkt, wo er 1780 eine der reichsten Fassaden Mittenwalds gestaltet hat.

Aber auch eine Fülle von Werken unbekannter Meister kann überall im Ort, in den Hauptstraßen wie in zahlreichen versteckten Winkeln und Gassen viele Stunden vergnüglicher Betrachtung schenken. Zur Zeit der Rott zeig-

ten die Häuser noch nicht die bunten Bilder dieser herzer-
freuenden Kunst. Man muß sie sich wegdenken, um sich
eine Vorstellung der Straßenzeilen von damals machen zu
können. Da sind die breit ausladenden Toreinfahrten und
Gewölbe aus der Blütezeit des Handelsverkehrs, als das
1470 gebaute Ballenhaus zur Unterbringung der Waren
nicht mehr ausreichte, da sind die flachen, einst schindelgedeckten Häusergiebel. Nicht selten weist das Giebelfeld
schönes kräftiges Fachwerk auf, reichen lange hölzerne
Dachrinnen weit in den Straßenraum hinein, erlaubt die
raffiniert gestaffelte Architektur die Anbringung seitlicher
Fenster, wodurch auch der zur Straßenseite liegende Raum
Sonnenlicht erhält – eine Vorwegnahme des Systems vieler
unserer heutigen Wohnblöcke. Ob es damals freilich um
das Sonnenlicht ging und nicht eher um eine die menschli-
che Neugier befriedigende, möglichst unbehinderte Beobachtung des Straßenlebens, sei dahingestellt.

In dem nicht weit vom Ende des Obermarkts auf einem
Gelände von 66 000 Quadratmetern großzügig angelegten
Kurpark am Burghang umfängt den Gast die Atmosphäre
der Gegenwart. Er scheint den geschichtsträchtigen Boden
verlassen zu haben, und doch verbergen vielleicht gerade
diese gepflegten Anlagen Mittenwalds älteste Historie.
Wenn auch hier und im weiten Umkreis keine greifbaren
Spuren der Kelten gefunden wurden, so haben doch die
Römer zahlreiche Beweise ihrer Anwesenheit hinterlassen.
Münzen, Pferdeeisen, Schmuck und Beile, ja sogar ein
Meilenstein des Kaisers Septimus Severus und seiner Söhne
Caracalla und Geta sind zum Vorschein gekommen. Dieser
Meilenstein wurde im Jahre 1500 gefunden und in das
Innsbrucker Museum gebracht. Nach Aventin soll Mitten-
wald das stark befestigte römische ›Inutrium‹ gewesen sein.
Vielleicht waren zu seiner Zeit noch Reste dieser Befesti-
gung erhalten, heute sucht man vergeblich nach ihnen.
Doch es spricht viel dafür, daß Mittenwald an der wichti-
gen Italienverbindung eine Straßenstation gewesen ist. Es

wird vermutet, daß an Stelle des heutigen Schießplatzes ein kleines Kastell stand und auf dem Vorsprung des Burgberges, dessen strategisch wichtige Lage offenkundig ist, ein Wartturm, der das ganze Mittenwalder Tal beherrschen konnte. Wenn dem so war, so liegt es auch nahe, im Gebiet des heutigen Kurparks eine römische Siedlung oder Aventins Befestigungen zu vermuten.

Aber das alles sind freilich nur Hypothesen. Sicher ist die erste Erwähnung Mittenwalds als ›Media silva‹, als Gegend ›mitten im Wald‹, im Jahre 1080. Sicher ist auch, daß es 1294 zusammen mit Partenkirchen von den Grafen von Eschenlohe an das Hochstift Freising überging und 1361 von Kaiser Karl IV. zum Markt erhoben wurde. Und gewiß ist auch, daß mit der ›Rott‹ für Mittenwald eine Zeit großen Wohlstandes begann: Der Ort wurde zum Hauptumschlagsplatz des Handels zwischen Nord und Süd.

Schon 1407 war der Andrang der Kaufmannsgüter so groß geworden, daß die Rottfuhren nicht mehr ausreichten. Zum Weitertransport der Waren wurde zusätzlich eine *Isar-Flößerei* eingerichtet. Wie es heißt, erfreute sich diese ›Wasserrott‹ bei vielen Kaufleuten und Städten, insbesondere Nürnberg, großer Beliebtheit, denn sie hatte den Vorteil, daß mit ihr der Transport durch Bayern erfolgen und die von »Räubern und Gesindel aller Art« gefährdeten Straßen durch Schwaben und Franken vermieden werden konnten.

Als dann 1487 der Bozener Markt infolge eines Streites des Herzogs Sigismund von Österreich mit den Kaufleuten Venedigs nach Mittenwald verlegt wurde, trafen sich hier Handelsleute aus aller Welt. Der Ort erhielt eine gewisse internationale Bedeutung.

1492 brachte die neue von Herzog Albrecht IV. ausgebaute Kesselbergstraße über Wallgau, Kochel und Benediktbeuern eine direkte Verbindung nach München. Der Warenverkehr nahm daraufhin derart zu, daß die Rottleute allen Anforderungen kaum noch gerecht werden konnten.

Sie wurden übermütig und erhoben »ein großes Geschrei«.
».... Das Futter ist so theuer, die Zehrung bei dem Wirtshaus
so groß, die Schmiede und Wagner verlangen hohen Lohn,
und die Wege und Stege, die Brücken und Wasserbauten
kosten uns merkliches Geld. Denn wir müssen beitragen
zu allen diesen Bauten.« Kaum hatten sie die geforderte
Lohnerhöhung erreicht, ging das »Geschrei« von neuem
los. Diesmal verlangten sie sogar doppeltes Niederlagegeld.
Auch das wurde ihnen gewährt ...

Aber als 1679 der Bozener Markt nach 192 Jahren wieder
dorthin zurückverlegt wurde, nahm diese Goldene Zeit
für Mittenwald ein Ende. Zudem ließen die Bischöfe von
Augsburg eine neue Straße bauen, die den Handelsverkehr
weiter westlich über Reutte und die bischöfliche Stadt
Füssen, also das eigene Hoheitsgebiet, nach Augsburg ermöglichte – für Mittenwald ein großer Verlust.

Es kam noch schlimmer. Während des Spanischen Erbfolgekrieges (1701-1714), des Bauernaufstands (1705-1706),
dann im Österreichischen Erbfolgekrieg (1740-1748) und
in den Koalitionskriegen zwischen 1796 und 1805 brachten
ständige Truppendurchzüge eigener, verbündeter und
feindlicher Streitkräfte, Plünderungen, Brandstiftungen,
Kontributionen und Requirierungen Not und Elend über
den Ort und das Land.

Von Getreidemangel nach Mißernten und von Teuerung
heißt es 1770: »... Die Teuerung begann auch zu Mittenwald,
sie war aber immerhin leidlich, während im Bayerland der Getreidemangel von Tag zu Tag zunahm, die Stadt München konnte nur
kümmerlich mit Brot versehen werden und die Getreidesperre gegen
Ausländer hatte bereits Platz gegriffen ... Im Jahre 1771 hielt die
Teuerung in hohem Grade an. Tirol und Welschland ausgenommen,
waren sonst alle umliegenden Länder vom größten Mangel
heimgesucht ... Bayern hatte schon im vorigen Jahr die Getreidesperre angeordnet, nun kam dieselbe auch in Tirol zum Vollzug,
indem die Ausfuhr von Getreide und Türken« – das ist Mais –
»nach Mittenwald und in die Grafschaft Werdenfels verboten wurde.

*Deshalb wurde im Markte mehr Getreide als in früherer Zeit
angebaut und versammelte sich die Gemeinde regelmäßig bei dem
Gnadenbilde unter dem Turm ... um Gott um Abwendung dieser
betrübten elenden Zustände zu bitten. Und in der Tat war der Markt
unter allen umliegenden Ortschaften verhältnismäßig noch der glücklichste, indem dahier Lebensmittel genug zu bekommen waren. Sie
mußten zwar teuer bezahlt werden, aber es herrschte an denselben
kein so großer Mangel wie an anderen Orten, indem einerseits die
Zufuhren aus Welschland sehr beträchtlich waren, andererseits die
Tiroler das Getreide über das Gebirge nach Mittenwald brachten
und hier verkauften.*« (Josef Baader)

*»Der 10. 2. 1797 war für den Markt ein Schreckenstag. Abends ...
brach im unteren Markt eine so wütende Feuersbrunst aus, daß ohne
Rettung dreißig Häuser in Asche gelegt wurden ... Allgemein wurde
um Hilfe gerufen bei dem Gnadenbild. Als das tobende Feuer mit
dem Sanctissimum benediziert wurde, nahm der Wind zum Glück
eine andere Richtung ... Am 26. 3. herrschte im Markte eine große
Bestürzung. Aus Furcht vor dem Anrücken der Franzosen kamen
nämlich an diesem Tage so viele flüchtige Herrschaften, Kaufleute
und reiche Personen mit ihren Wagen und mit Bagage im Markte an,
daß nicht Pferde genug aufzutreiben waren, um dieselben geschwind
fortbringen zu können. Alles lief hier zusammen, um sich zu
beratschlagen, was zu tun sei. Die Einwohner nahmen ihre Zuflucht
zum Gnadenbild ...*

1799 berichtet Josef Baader weiter: *»... Von Innsbruck aus
wurden allenthalben Druckschriften verbreitet, in welchen die Greu-
eltaten der Franzosen in den grellsten Farben geschildert wurden.
Mittenwald wendete sich wieder zu seinem Gnadenbild um Abwendung der Gefahr ...*«

1800: *»... Am 17. 5. rückten 435 Mann*« – diesmal Kaiserliche
– *»ein. Sie kamen aus Tirol, gingen aber anderen Tag teilweise nach
Partenkirchen; dafür kamen andere aus der Leutasch. Einige gingen
am 19. 5. zur Wache in die Scharnitz; zum Essen kamen sie wieder
hieher. Ober der Mühlbrücke wurde in einer Hütte ein Habermaga-
zin angelegt und wurden Mehlfässer unter freiem Himmel aufgestellt. – Die Leute nahmen ihre Zuflucht wieder zum hl. Kreuz*

unterm Turm, daß Gott die Drangsale des Krieges abkürze ...
Am 20. 5. kamen noch weitere Mehlzufuhren und Slavonier und
Kanoniere, die aber schon abends ins Tirol marschierten. Garmisch
und Partenkirchen wimmelte von kaiserlichen Soldaten, die auf den
Feldern Lager schlugen ...«

Aber es ging auch wieder bergauf. Der Chronist erinnert
sich an die Zeit, als ein regelmäßiger Postkutschenverkehr
die alte Straße wieder belebte: *»Täglich kommen hochbepackte*
Karossen großer Herren und reicher Leute aus allen Teilen Europas
durch den Markt, das Posthorn blasend oder ihre Peitschen knallend.
In der Regel kündet schon tags vorher ein Kurier zu Pferd oder zu
Wagen das Erscheinen einer Herrschaft an. Tag und Nacht ertönt
das Posthorn, knallt die kurze, in ein breites Band verlaufende
Peitsche der Postillone und rasseln die stolzen herrschaftlichen Kut-
schen durch den Markt. War doch Mittenwald, wenn ich nicht irre,
im Jahre 1822 der Ort, wo der Kaiser Alexander von Rußland
und der König von Württemberg eine zweitägige Zusammenkunft
hielten, als ersterer zum Kongreß [der Mitgliedstaaten der Heiligen
Allianz] nach Verona reiste.« Der Kaiser hatte übrigens vorher
oder nachher König Max 1. Joseph von Bayern in Tegernsee
besucht und war dort mit Kaiser Franz 1. von Österreich
zusammengetroffen. *»Wie staunte da alt und jung ob der unge-*
wohnten Pracht und der goldenen Uniformen. Kaiser Alexander
wohnte in der Post, der König von Württemberg in einem gegenüber
liegenden großen Haus. Wenn sich die Monarchen besuchten, wurde
von einem Haus zum anderen ein breiter roter Teppich gelegt, auf
dem die Herrschaften wandelten. Die alte Mittenwalder Garde hielt
die Ehrenwache vor den Wohnungen der Potentaten, und sie war
nicht wenig stolz auf ihren Dienst; das merkte man an ihrem
gravitätischen Schritt, womit sie vor den Portalen auf- und abschritt.
Im väterlichen Hause«, berichtet der Chronist weiter, *»wurde*
ein Generaladjutant des Kaisers einquartiert; der war nicht wenig
erstaunt, als er in seinem Schlafzimmer eine große russische Teema-
schine erblickte, die mein Vater von einer seiner größeren Reisen aus
St. Petersburg mitgebracht hatte, und als er von diesem in russischer
Sprache angeredet wurde.« (Josef Baader)

Die Mittenwalder hatten sich in allen schlechten Zeiten nicht entmutigen lassen. Das ›Heilige Kreuz unterm Turm‹ hatte immer wieder geholfen, und das Beispiel des Russisch sprechenden Gastherrn des kaiserlichen Adjutanten beweist ihre Weltoffenheit. Die jahrhundertlange Berührung mit Geschäftsleuten aus aller Welt hatte sie wendig, unternehmungsfreudig und sprachgewandt gemacht. So hatten sie bald nach der Aufhebung des Bozener Markts Faktoreien gegründet und waren als Hausierer und Händler mit ihren Waren auf dem Buckel in die Welt hinausgezogen. In ganz Deutschland, in Österreich, Böhmen, Ungarn waren sie zu finden, ja in Spanien und Sizilien kamen sie zu ansehnlichen Stellungen bei Hofe. Bis ins 18. Jahrhundert hinein gab es in aller Welt von Mittenwaldern gegründete Niederlassungen und Handlungen. Zu diesen tüchtigen Männern waren bald andere gekommen, die in ihren Kraxen eine andere, sehr kostbare Ware in die Welt hinaus trugen und damit den neuen Wohlstand ihres Heimatortes begründeten: die *Geigenbauer.*

Es heißt, der in dürftigen Verhältnissen lebende Mittenwalder Urban Klotz habe, angeregt durch die Kunde von der in Italien in höchster Blüte stehenden Geigenbaukunst, seinen Sohn Matthias zu diesem Beruf bestimmt. Ein genialer Gedanke, zu dem auch das Beispiel eines drüben in Tirol lebenden Geigenmachers beigetragen haben mag. Von diesem Jakob Stainer in Absam wird erzählt, er habe im Gleirschtal und anderen Tälern der bayerischen Alpen unermüdlich für seine Geigen geeignetes Holz – Resonanzholz und Haselfichten – gesammelt.

»Bald zog er einen Hammer aus der Tasche, um damit an einen Stamm zu schlagen und sein Tönen zu behorchen, bald blieb er stehen bei alten Stämmen, deren Wipfel und Äste im Absterben waren, dann hinwieder besah er sich die gefällten Stämme und ihre Schnittflächen und Jahre. Wurden gefällte Stämme ... von ihren hohen Standorten über jähe Berghänge ins Tal hinabgerollt, so saß er seitwärts auf einem Felsblock und lauschte den Tönen, die sie

im Sturze von sich gaben. Diejenigen Stücke, die ein besonders auffallendes Singen hören ließen, wählte er zu seinem Geschäfte aus.« (Josef Baader)

Vielleicht vermutete Urban Klotz nicht zu Unrecht, daß hier in den bayerischen Alpen besonders qualifiziertes Holz für den Geigenbau wuchs. Jedenfalls schickte er seinen Sohn 1664 zunächst zur Lehre in die Werkstatt Niccolo Amatis nach Cremona. Zur selben Zeit sollen dort Pietro Andrea Guarneri und Antonio Stradivari gearbeitet haben. Matthias Klotz (1653-1743) kehrte 1684 mit dem Vorsatz zurück, seinen Heimatort zu einem zweiten Cremona zu machen. Er gründete eine eigene Werkstatt und schweifte wie seinerzeit Jakob Stainer in den Wäldern umher, um geeignetes Holz für seine Geigen auszuwählen. Der Ruf seiner hervorragenden Instrumente verbreitete sich zunächst über den Hausierhandel. Von Jahr zu Jahr stieg die Nachfrage; der Unternehmungsgeist Mittenwalder Familien eröffnete den Handel mit Übersee und »jährlich schwammen viele Tausend Geigen, Cellos, Bässe, Gitarren und Zithern über den Ozean«. Im Laufe der Zeit kam die Fertigung anderer Instrumente wie historischer Gamben und Viole d'amore hinzu. Berühmt geworden ist die Mittenwalder Zither. Sie entstand zu Anfang des 19. Jahrhunderts in Anlehnung an die normale Zither (mit je einer Ausbuchtung an beiden Seiten) oder die normale Gitarre (mit je zwei Ausbuchtungen). Die Zahl ihrer Melodiesaiten entspricht jener der Salzburger Zither, die der Begleitsaiten beträgt höchstens achtzehn. Mittenwalder Instrumente sind heute begehrt wie eh und je.

Die 1858 von König Ludwig I. am Obermarkt gegründete, 1912 vom Bayerischen Staat übernommene jetzige *Staatliche Berufsfach- und Fachschule für Geigenbau* in der Partenkirchener Straße kann jährlich nur einen geringen Teil der riesengroßen Zahl von Bewerbern um Ausbildungsplätze aufnehmen. Sie ist die einzige ihrer Art in Deutschland, im weiteren Umkreis gibt es nur noch eine

Geigenbauschule in Cremona und eine kleine in der Schweiz.

Kommt man im Sommer an der Mittenwalder Schule vorüber, sieht man vor ihren Fenstern – oder im Winter im Gang – in langen Reihen aufgehängt ›weiße‹ Instrumente. Ein Jahr lang werden sie dort einer die natürliche Bräunung und Elastizität des Holzes erhöhenden Luft- und Sonnentrocknung ausgesetzt. Diesem Prozeß ist nach jahrelanger Lagerung des sorgfältig ausgewählten rohen Holzes die Anfertigung und Zusammensetzung eines Instruments in höchst mühevoller, subtiler Handarbeit vorausgegangen. Viele Jahre vergehen, bis ein fertiges Kunstwerk in die Welt geschickt werden kann.

Im *Geigenbau- und Heimatmuseum* in der Ballenhausgasse sieht man, neben einigen schönes altes Brauchtum bewahrenden Räumen, zahlreiche Beispiele der im Laufe der Jahrhunderte hergestellten Instrumente. Sie sind sehr anschaulich in Glasvitrinen – rotierend: also sich von allen Seiten zeigend – ausgestellt, unter ihnen natürlich auch eine von dem Begründer des Mittenwalder Geigenbaus, Matthias Klotz, gefertigte Geige. Wenn man Glück hat, führt sogar ein Nachkomme seiner Familie durch diese Schau und erklärt an Hand praktischer Beispiele den komplizierten, feinstes Fingerspitzengefühl für das zu bearbeitende Material verlangenden Werdegang einer Geige. Daneben zeigt das als Wohnhaus gestaltete Museum auch Bauernmöbel, historischen Hausrat, alte Trachten und einheimisches Kunstgewerbe. Auf Matthias Klotz stößt man übrigens noch in anderem Zusammenhang: In der *Friedhofskapelle Sankt Nikolaus* hat er sich auf der Rückwand des Hochaltars nach seiner Heimkehr verewigt: »M. K. 1684 Geigenbauer im 20. Jahr«. Das Altarbild selber zeigt den Patron der Kirche, der zwar ungewöhnlich für eine Friedhofskirche, nicht aber für einen bedeutenden Berufsstand Alt-Mittenwalds ist: die Flößer. Sie kamen einst vor jeder Ausfahrt hieher und baten um himmlischen

Schutz bei ihrer gefahrvollen Tätigkeit und um eine glückliche Heimkehr. Die 1447 erstmals erwähnte Kirche wurde
im 18. Jahrhundert barockisiert, besitzt aber von der alten
Ausstattung noch eine Madonna auf der Mondsichel aus
der Zeit um 1520. Ein besonderes optisches Signal setzt
auch die schöne Zwiebelhaube des Turmes, die dem österreichischen Biedermeier-Maler Friedrich Gauermann so
gefallen hat, daß er sie in ein – sonst aus mehreren Versatz-
stücken zusammenkomponiertes – Genrebild eingebracht
hat.

Recht urtümlich ist das ›Fasinachtlaufen‹, das Faschingstreiben in Mittenwald. Da ziehen Burschen in kurzen Lederhosen daher und lassen – wie auch in Garmisch – den
›Jackl‹ auf einem Sprungtuch hochschnellen, eine beklei-
dete Strohpuppe, die wohl einst ein Symbol des Winters
gewesen ist. Berühmt sind aber vor allem die ›Schellenrührer‹, die in phantasievollen Holzmasken am ›Unsinnigen
Donnerstag‹ in gemessenem Tanzrhythmus durch die Straßen ziehen und ihre dumpfen Kuhglocken dröhnen lassen,
die sie an einem breiten Ledergürtel hängen haben. »An
dem Gürtel hängen vierzehn bis achtzehn Schellen«, berichtet Josef Baader 1880, »in der Mitte eine ganz große, wie
sie der Stier oder die schönste Kuh trägt. Das Gewicht der
Schellen hinterläßt an dem Teile des Körpers, auf den sie
beständig niederfallen, in der Regel offene Wunden und
Blutspuren, woraus sich die Leute aber nichts machen.« Auf
die Kunst des Maskenschnitzens verwendete man große
Mühe, und eine Reihe der schönsten und groteskesten
findet sich neben vielen anderen Dokumenten zur Fasinacht
im ›Werdenfelser Heimatmuseum‹ in Partenkirchen.

Im Kankertal

Straße und Bahn biegen auf ihrer Strecke nach Partenkirchen kurz hinter Mittenwald nach Westen ab. Am Schma-
lensee vorüber öffnet sich rechts das Brunnental und die

weite Moorlandschaft des *Barmsees*. Er steckt voller Geheimnisse. Nahe seinem südlichen, sehr moorigen Ufer stehen in einer Länge von etwa dreihundert Metern und ungefähr zwei Meter unter dem Wasserspiegel in regelmäßigen Abständen voneinander Pfähle. Wenn man vom Boot aus mit dem Ruder auf sie stößt, leisten sie Widerstand wie halbversteinertes Holz. Auch an anderen Stellen fand man in der Nähe des Ufers manchmal palisadenartig im Seegrund steckende Pfähle, ja man glaubt sogar Reste einer Wasserleitung gefunden zu haben, die aus den südlichen Abhängen durch den Moorgrund zu den – wie man annimmt – Pfahlbauten geführt hat. In ihrer Nähe kamen im Seegrund zerbrochene Geschirre aus eisenfarbiger Tonerde sowie große und kleine, zum Teil verkohlte Tierknochen zutage. Und noch ein anderes Rätsel birgt dieser See: er hat keinen sichtbaren Ausfluß. Wirft man jedoch in eine bei niederem Wasserstand nahe des nordwestlichen Ufers sichtbare Höhlung im Seegrund einen Stein, so hört man lange Zeit ein dumpfes Rollen, als fiele er ins Bodenlose. Wie bereits auf Seite 26 erwähnt, vermutet man hier den Beginn des unterirdischen Ausflusses des Sees, der bei Farchant an der Westflanke des Hohen Fricken durchbricht und in mächtigen Kaskaden zu Tal stürzt. Noch eine Reihe weiterer kleiner Seen im Umkreis von Mittenwald sind das Entzücken der Wanderer: der stille *Gerold-* oder *Wagenbrüchsee* – in seiner Herbststimmung mit der Spiegelung des schneebedeckten Karwendel ein hinreißendes, wenngleich als Kalenderbild überstrapaziertes Naturmotiv, dann der *Schmalen-* und der *Luttensee* inmitten der für das Mittenwalder Vorland typischen Buckelwiesen, der *Lautersee* hinter dem Hohen Kranzberg oder die verträumten *Soiernseen* zu Füßen der Soiernspitze.

Klais soll seinen Namen von ›Clausura‹ ableiten. So wurden in spätrömischer Zeit befestigte und mit Wällen umgebene Örtlichkeiten genannt. Es ist wahrscheinlich, daß Klais ein solcher Ort war. Jedenfalls führte die römische

Heerstraße hier vorbei; im nahen Wald finden sich in einem Hohlweg noch heute in den nackten Fels tief eingeschliffene Wagenspuren von ihr. In Klais selbst entdeckte man bei Grabungen in dem sogenannten Kirchfeld Fundamente und einen Fußboden – vielleicht eines römischen Tempels, vielleicht aber auch jenes 763 »im Wald von Scharnitz« gegründeten und schon 772 nach Schlehdorf verlegten Klosters, von dem schon im Zusammenhang mit der frühen Scharnitzer Geschichte auf Seite 69 die Rede war.

Von Klais führt eine Straße in eine Höhe von 1050 m hinauf zu *Schloß Elmau*. Es steht in einem abgeschiedenen Hochtal am Fuße der Wettersteinwand: »Ein sonniges Tal, weit genug, um keine Gefühle der Engigkeit aufkommen zu lassen; begrenzt genug, um als etwas Geschlossenes, Heimisches empfunden zu werden ...«, wie es Adolf von Harnack formulierte. Und Albert Talhoff ergänzt dazu: »Elmau ist ein grandioses Ereignis der Natur. Ein mythischer Akt. Eine von Firnen, Wäldern, Hügeln agierte, liturgisch zelebrierte Szene: urhaft, unberührt, sakral ... Ein Ort der Sammlung, der Wiederherstellung, der inneren Erfahrnis.«

Hier fand Johannes Müller eine seiner Lebensphilosophie adäquate Natur, wie sie vollständiger nicht hätte sein können. Hier baute er sein Schloß Elmau, wobei ›Schloß‹ in seinem Sinne »als Hinweis auf die Aufgeschlossenheit gegenüber der Um- und Mitwelt sowie zugleich als etwas Abgeschlossenes, das in seinem Geviert der Menschenfamilie das Gefühl der Geborgenheit verleiht«, zu verstehen ist.

»Weshalb sind Sie eigentlich hier herauf gekommen in die Elmau?«, beginnt Johannes Müller seine Schrift ›Was man in der Elmau finden kann‹. Und er fährt fort: »*Wollten Sie das Hochgebirge sehen in seiner Pracht und Herrlichkeit? Sie können hier viel mehr sehen als das, wenn Sie die Wirklichkeit kennenlernen in ihrer gewaltigen Größe. Sie können einen Blick gewinnen für die Wetter- und Wolkenbildungen Ihres Schicksals sowie einen tiefen Blick und Tiefgang für Ihr Leben ... Oder wollten Sie einmal*

herauskommen aus all Ihrer Not, Ihrer Arbeit, Ihren Sorgen und Qualen, aus schweren Verhältnissen und Widerwärtigkeiten, aus allem, was in der Welt Sie bedrängt, um Sie stürmt und Sie erschüttert, wanken und zusammenbrechen läßt? Das können Sie wohl hier in der Abgeschiedenheit des Hochgebirges. Aber Sie können noch viel mehr finden. Das Höchste und Zentralste ist wohl, daß Sie sich selbst finden, entdecken und kennenlernen, und daß in Ihnen aufwacht und sich entfaltet, was Sie wirklich und wahrhaftig sind. Das Wichtigste ist hierfür, daß Sie Ihre Verhältnisse und Aufgaben, Geschäfte und Interessen, Nöte und Sorgen, ja alle Ihre menschlichen Beziehungen, in denen Sie eingesponnen sind, zurücklassen und von sich abfallen lassen. Wenn Sie dann vor allem auch aus sich selbst einmal herausgehen, um in Ihrer rein persönlichen Wirklichkeit auf einer abgeschiedenen Insel außerhalb der Welt aufzutauchen, dann wäre es möglich, daß Ihnen hier etwas ganz Neues aufgeht, nicht nur an diesem Haus im Paradies, nicht von dem, was Sie hier hören und sehen, sondern von Ihnen selbst, aus und an sich selbst ... Unsere Hilfe dabei kann nur darin bestehen ..., von Herzen für Sie da zu sein und Sie in unserer Mitte aufzunehmen ... Daß wir Sie einfach nur als Menschen und sonst nichts nehmen. Wir wissen nicht, was Sie sonst sind, was man von Ihnen hält. Darum wollen wir Ihre Titel, Würden und Namen garnicht kennen ...« Er wollte seine Mitarbeiter und Gäste keineswegs ›erziehen‹. »*Dafür stellte er alles, was zum Menschenlos gehörte, in das Licht des Heils, wissend, daß Weisungen nur dort helfen können, wo der Sinn für das Ursprüngliche, das Wahre und Edle bereits erwacht war.*«

Johannes Müllers Leben wurde in früher Kindheit durch eine dreijährige schwere Erkrankung mit nachfolgender, zwei Jahre währender Lähmung geprägt. Sie lehrte ihn »eine schicksalsbejahende Lebenshaltung und befähigte ihn, durch Schauen und Horchen Eindrücke tief aufzunehmen«. Nach seiner Genesung studierte der am 19. April 1864 in Riesa an der Elbe geborene Sohn einer kinderreichen, streng pietistischen Lehrerfamilie ab 1884 in Leipzig und Erlangen Theologie und Philosophie, wurde nach theologischem Abschlußexamen von der Judenmission in den Balkan und nach Südrußland gesandt. 1890, nach seiner Promovierung zum Doktor der Philosophie, entschloß er sich zu freier Vortragstätigkeit, 1897 auf Drängen seiner Hörergemeinschaft zur Herausgabe der ›Grünen Blätter‹. Das Interesse an ihnen war so groß, daß im Laufe ihres 43jährigen Bestehens wichtige Auszüge in zahlreiche europäische Sprachen übersetzt wurden. Doch trotz überfüllter Vortragssäle und obwohl »die Art, wie er sich über Glaubens- und Lebensfragen äußerte – jenseits von Ideologie, Konfession und Institution – die Menschen zutiefst ansprach«, kam er zu der Überzeugung, »daß er die seelischen Bedürfnisse suchender Menschen nur durch Erschließung der schöpferischen Lebensquellen im Menschen befriedigen konnte und wollte«. Das schien ihm allein durch Vorträge und Bücher nicht möglich, sondern nur, wenn seine Hörer und Leser »durch unmittelbares Innewerden das persönlich erleben konnten, was er mit seinen Äußerungen meinte«. So kam es 1903 durch glückliche Umstände zur Gründung jener Stätte lebendigen Erlebens, die ihm vorschwebte, auf Schloß Mainberg bei Schweinfurt. Und nachdem schon 1911 die zahlreichen Gäste hier nicht mehr untergebracht werden konnten, wurde – wieder durch glückliche Umstände – auf einen Hinweis des Münchner Verlegers Wilhelm Langewiesche die Elmau entdeckt. Der Entschluß stand sofort fest: »Hier und nirgendwo anders wird gebaut.« Frau von Michael, spätere Gräfin Waldersee, geborene Haniel, ein Gast von Schloß Mainberg, setzte unbedenklich und mit ganzem Herzen ihre Mittel für diesen Plan ein, und so konnte Schloß Elmau von dem befreundeten Münchner Architekten Carl Sattler gebaut und Pfingsten 1916, mitten im Ersten Weltkrieg, eröffnet werden.

Die Gäste kamen zahlreich, und Johannes Müller steuerte seine Schöpfung, unterstützt von der aufopferungsvollen Hilfe seiner Frau Irene, einer geborenen Sattler, durch alle Kriegs- und Inflationsnöte jener Zeit. Nicht selten mußte

der Betrieb während der Geldentwertung durch die Einkünfte seiner Vorträge im Ausland, vor allem in den skan-
dinavischen Ländern, aufrechterhalten werden.

Im Oktober 1922 konnten erstmals erholungsbedürftige
Studenten aufgenommen werden, ein Brauch, der in allen
folgenden Jahren beibehalten wurde, wie Johannes Müller
überhaupt stets darum bemüht war, auch Minderbemittel-
ten einen Aufenthalt in der Elmau zu ermöglichen. Schon
1917 war ihm von der theologischen Fakultät der Universität Berlin die Ehrendoktorwürde für tätige Nächstenhilfe
verliehen worden.

1927 fand die erste, Mozart gewidmete Musikwoche
unter Mitwirkung der prominenten Pianistin Elly Ney
statt.

»Dieses Musikfest machte«, wie Johannes Müller es empfand, *»Epoche in der Geschichte der Elmau. Es war die Hochzeit,
in der sich Schloß Elmau und meine Wirksamkeit mit der Musik
vermählt haben, der wir von Anfang an durch Konzert und Tanz
verbunden waren: Ein neuer Triumph unmittelbaren Lebens und
schöpferischen Geschehens.«*

Elly Ney wurde neben vielen anderen Persönlichkeiten
aus Kunst, Literatur und Wissenschaft ein treuer Gast der
Elmau. Musikwochen und Vortragsabende gehören bis
heute zur besonders gepflegten Tradition des Lebens auf
der Elmau.

In den Jahren des Dritten Reiches und danach gerieten
Johannes Müller und sein Werk in ein Netz von Anfeindun-
gen und Intrigen. Die Nazis verhängten Vortragsverbot
über ihn, ab 1944 durften er und seine Familie das Schloß
nicht mehr betreten, es wurde Erholungsheim der Wehr-
macht, nach dem Zusammenbruch von den Amerikanern
beschlagnahmt.

Bis zur Entdeckung des Elmauer Tales durch Johannes
Müller gab es hier nur einen Einödhof. Dort hatte er zu-
nächst Unterkunft gefunden, bis er noch vor Eröffnung des
Schlosses in das für ihn und seine Familie nach den Plänen

seiner Frau erbaute ›Müllerhaus‹ einziehen konnte. Hier in seinem Müllerhaus lebte er, und mitten im Kampf um die Freigabe des Schlosses starb er hier mit 84 Jahren am 4. Januar 1949.

Dank des unermüdlichen Einsatzes seiner Kinder und Schwiegersöhne sind heute die Schäden der Kriegs- und Nachkriegsjahre behoben, die Einrichtung der Gebäude den Ansprüchen unserer Zeit angepaßt. Schloß, Müllerhaus und der etwas von ihnen entfernt gelegene ehemalige Ein-ödhof nehmen ihre Gäste bei aller Aufgeschlossenheit für die Geistesströmungen und Probleme unserer Zeit im Sinne Johannes Müllers auf.

Doch lange bevor Johannes Müller das Tal für sich ent-deckte, wanderte schon Heinrich Noë in der Elmau. Er unternahm von hier aus im vorigen Jahrhundert eine drei-stündige Wanderung zum *Königshaus auf dem Schachen* und erzählt:

»Die Elmau (Ulmenwasser) ist eine grüne Fläche, von einigen Häusern und einem Kirchlein belebt. Hier öffnet sich von Süden ein Felsspalt, aus welchem der ›Kalte Bach‹ herauskommt und durch welchen hindurch der erste Teil des Schachen-Weges gegen die Wetterstein-Schlüfte vordringt.

Abgesehen von dem Auffallenden der Landschaft ... wird der Ankömmling von dem Weg als solchem überrascht. Da sind nicht weiße Felssplitter verstreut, tiefe Furchen und Geleisspuren, holperige Hervorragungen oder bedrohliche Löcher: glatt gebohnt wie eine hauptstädtische Straße zieht er sich hinein und hinan. Mit einer Droschke könnte man die Alpe erreichen.

Solche Bequemlichkeit zieht die einen an, die anderen stößt sie ab. Als dem jungen bayerischen König das Reiten erlaubt war, zog er auf Pferdes Rücken auf die hohe Straße. Nunmehr befährt er sie mit einem niedrigen Wägelchen und dieser Veränderung mögen es die Bequemen verdanken, wenn sie ohne jegliche Beschwernis zu den Regionen der Gemsen lustwandeln. Senkungen der Bodenwellen sind durch feste Unterbauten vermieden und ausgeglichen, mit Geländern ist schier Verschwendung getrieben worden ... Manchmal beeilt sich ein schaumiger Seitenbach hereinzukommen – der stärkste davon, der schnurstracks aus dem Wetterstein herunterkommt, heißt ›Zwieserl‹, offenbar deshalb, weil bei seiner Einmündung mit ihm, der schier so stark wie ein Hauptbach ist, derselbe sich zu ›zwieseln‹, zu ›verzweien‹, zu gabeln, oder wie man die Auseinanderlegung nennen mag, scheinen will. Diesem Zwiesel sagen die Bauern nach, daß er vor der Sommersonnenwende nicht erscheine. Wenn es so ist, so hängt sein Erscheinen mit der Füllung gewisser Höhlen im Kalkgebirge zusammen, die erst um diese Zeit von dem abtriefenden Schnee so reich werden, daß die Überfülle abquillt.

Beim Zwieserl wird der Wildbach verlassen und man steigt durch einsamen Tann bergauf.

Lange Zeit wandelt man in diesem fort. Duft des Mooses, des Harzes, des schwarz hervorschauenden Humus, in den die Straße hineingestochen worden ist – vereinzelter Vogelruf – Gesicker hellen Wassers auf den winzigen Wegsteinen – Brünnlein über Baumrinden tröpfelnd: solches umgibt den bequemen Alpensteiger und zwar so lange fort, bis er der Eintönigkeit des schattigen Hages, der ihn doch vor der Sonne schützt, schier überdrüssig werden will. Und doch kommt ihm der dichte Wald zustatten, denn er hindert ihn hinabzusehen und bereitet ihm so das langweilige Dickicht eine Überraschung. Denn dort, wo es sich zu lichten beginnt, wird er die Höhe gewahr, zu welcher er, vom Wald umringt, schier unmerklich hinaufgekommen ist.

In verblauender Tiefe liegt das weiße Partenkirchen, wie heller Kalkschotter auf grüner Wiese ... Die Wettersteinalpe liegt in einem Hochkar und ist ein richtiges Alpenbild, wie nur je eines auf Leinwand zu sehen war. Unter Wolken und Zacken stehen ein weißes Haus und graue, steinbeschwerte Hütten auf grüner Au. Über den weißen Schneefeldern und Sandrissen grünen hier und dort noch Rasenflecke auf dem Geschrof, Gemsen erreichbar ... Bald kam in dunkler Tiefe das Gehöft des Reintaler Bauern zum Vorschein und zugleich hoch über den Nebeln das Ettaler Mannl und die Firnfelder des Plattach. Über dem endlosen Waldwuchs der Abgründe entschleierten sich manchmal die Zinken um die Zugspitze.

Der Schachensee, den man endlich erreicht, läßt sich an einsamer Wildheit der Umgebung zwar nicht mit dem gegenüberliegenden, in den Felshang der Alpspitze eingebetteten Stuibensee zusammenstellen, doch haben seine jäh geneigten Ufer das Schaustück eines verwetterten Hochforstes, insbesondere eines arg zerzausten Zirbenwaldes voraus. So gewinnt der grasgrüne Wasserabgrund unter den Hochseen unserer Berge (er liegt immerhin seine 1670 Meter über dem Meer) einen hervorragenden Rang und malerische Bedeutung. An Reiz läßt sich nichts mit einem Zirbelwalde, der in einer Höhe von mehr als 5000 Pariser Fuß mit den Stürmen der Alpenwelt kämpft, vergleichen. Raubvögel durcheilen ihn mit abgemessenem kurzen Rufe. Jetzt im Brachmonat erhebt er sich über einem brennroten Boden, von den erschlossenen Kelchen der Alpenrosen geschmückt, in die wohlriechenden Nebel. Baumstümpfe, grau und mächtig wie Felsen, sind durch die lodernde Wildnis hin verstreut. Einige hundert Fuß über dem grünen, fichtenumstandenen See erhebt sich das Königshaus. Von dort kann man durch die Lücke, welche der Loisachfluß zwischen dem Ettaler Mannl und dem Heimgarten gebrochen hat, ins blaue Flachland bis zum Starnberger See und darüber hinaus schauen ...

Das schönste Schaustück aber öffnet sich auf einem Punkt, der einige hundert Schritte weiter gegen Westen abliegt.

Dort ist ein Vorsprung, der lotrecht ins hintere Reintal abfällt. Rund umher steht die Wildpracht des gesamten Wettersteingebirges. In den tiefsten Boden sind die zwei großen Smaragde oder Türkise der beiden ›blauen Gumpen‹ eingefaßt, denn sie scheinen nach dem Wandel der Lichter von der schwindelnden Höhe aus betrachtet bald in dieser, bald in jener Farbe. Die Grasinseln, welche noch weiter im Felshintergrunde das Gestein unterbrechen, sind nicht schöner grün, als manchmal diese Ausweitungen der Partnach, der Wasserader.

Der Zugspitz-Ferner, die weißen Häuser an der Loisach, die Gumpen, die Wetterstein-Wände, die Schneefelder, der Sommer in der Tiefe und die Aprilblumen dieses verwitterten Bodens sind das Schauspiel, vom Lärm der tiefen Wasser mit endloser Melodie begleitet.«

Das Kankertal − *oder früher auch Kaltenbrunner Tal geheißen* −
ist die größte Tallandschaft und damit gewissermaßen das ›Rückgrat‹
des Werdenfelser Landes: Parallel zum Wettersteinmassiv verbindet
es die Hauptorte Mittenwald im Osten und Garmisch-Partenkirchen
im Westen. Links im Hintergrund die Zugspitze (2963 m) und
rechts daneben die Waxensteine (2278 m).

Die relativ leichte Wanderung durch dieses Gebiet, von
dem heute 4000 Hektar unter Naturschutz stehen, ist zusammen mit dem Alpengarten um den Schachen und dem
›Königshaus‹ Ludwigs II., von dem im Zusammenhang mit
den anderen Refugien des unglücklichen Monarchen in
den Bergen noch die Rede sein wird, sicherlich eines der
eindrucksvollsten Erlebnisse auch für jenen Bergwanderer,
der sich hochalpine Touren versagen muß.

Kurz vor Kaltenbrunn nähert sich der Kankerbach, der
dem ganzen Tal den Namen gegeben hat – daneben sprach
man im 19. Jahrhundert auch vom Kaltenbrunner Tal –,
der Straße und begleitet uns in mäßigem Abstand bis Partenkirchen. Doch zuvor besuchen wir noch *Wamberg,* das
höchstgelegene Dorf Deutschlands (996 m) in den Vorber-

gen der Wettersteinwand. Gleich hinter Kaltenbrunn führt
eine steile einbahnige Schotterstraße hinauf, die allerdings
nur geübten Fahrern angeraten sei, während Fußgänger sie
ohne Mühe bewältigen werden. Es lohnt sich. Hier oben
verläuft das Leben in althergebrachtem Rhythmus. Die
abgeschiedene Lage, die langen Winter verlangen ›Selbst-
versorgung‹: Was irgend möglich ist, wird selbst hergestellt. Noch schnitzt der Großvater, unterstützt von lernbe-
gierigen Enkeln, Holzschindeln für die Hausdächer und
häusliche Geräte, zimmert die Stadel und nicht selten mit
besonderer Liebe und Geschick auch die Einrichtung der
Stuben. Bei der Heuernte hilft die ganze Familie. Die steilen
Wiesen an den Hängen erlauben kaum die Benutzung des
Gemeindetraktors, sie müssen meist von Hand gemäht, das
Heu in Säcken eingebracht oder an Ort und Stelle in Sta-
deln gelagert werden. Neben gelegentlichen Gästen ist
Viehwirtschaft der wichtigste Erwerbszweig und natürlich
unentbehrlich für die eigene Versorgung.

Den Schulkindern hat unsere Zeit etwas gebracht: Sie
müssen den weiten Schulweg nach Partenkirchen nicht
mehr zu Fuß zurücklegen. Mit der Milch befördert sie ein
Bus in den Ort hinunter. Und im Volkstrachtenverein üben
die Buben und Dirndln ›platteln‹ und ›drehen‹ und freuen
sich auf die Jugendtreffen in Garmisch, wo sie ihre Künste
vorführen werden.

Nach einer Rast in dem kleinen gastlichen Wirtshaus
zog uns die hübsche Sonnenuhr am schindelgedeckten
Zwiebelturm der äußerlich einfachen Kirche Sankt Anna
an. Wir erbaten den Schlüssel zu ihr in dem nebenan gelegenen Hof und waren – wie so oft im bayerischen Land –
überrascht von dem aufwendigen Inneren dieses 1720/21 an
Stelle einer kleinen Kapelle erbauten, von dem Freisinger
Fürstbischof Johann Franz Ecker von Kapfing geweihten
Gotteshauses. Und wir erfahren – wie könnte es anders sein
hier in diesem Land –, daß das schön geschnitzte Gestühl
und der frühe Rokokostuck des Zentralraumes einheimi-

sche Arbeiten sind, ja daß der Hochaltar mit einer Anna Selbdritt, den Heiligen Sebastian und Rochus von einem Sohn Wambergs geschaffen ist, Andreas Onich, der zu seiner Zeit in Prag berühmt geworden sein soll, aber dessen Spuren sich leider verloren haben.

Ein kleiner Spaziergang in Richtung zum Eckbauernhof führt zu einem unvergleichlichen Ausblickspunkt hinunter ins Kankertal, über ganz Garmisch-Partenkirchen hinweg und hinein in das in Dunst verschwimmende obere Loisachtal, hinter dem man die Talmulde von Ehrwald und Lermoos im Österreichischen ahnt.

Garmisch-Partenkirchen

Von Wamberg wieder auf die Rottstraße zurückgekehrt, geht es nun weiter gen Partenkirchen. Die aus den Vorbergen des Wetterstein herunterkommende Kanker läuft, von der Straße nicht einzusehen, unten im Talgrund neben ihr und der Bahn durch das sich vor Partenkirchen etwas verengende Tal. Aber bald treten Wetterstein und Estergebirge zurück, machen der weiten, hellen Werdenfelser Mulde Platz: Alt-Partenkirchen empfängt Straße, Bahn und Kankerbach. Zu ihnen gesellt sich die nach den Abenteuern in der Felsschlucht ihrer Klamm aufgeregt herbeisprudelnde Partnach. Im Ort, unweit der protestantischen Kirche, vertraut sich die Kanker ihr an, bis beide von der aus dem Talkessel von Lermoos und Ehrwald kommenden Loisach verschlungen werden. Die Loisach wendet sich nach Norden und mündet schließlich nach allerhand Umwegen bei Wolfratshausen in die Isar. Die Mittenwaldbahn jedoch ist am Rande von Partenkirchen entlang gefahren. Erst da wo sich der Ort mit Garmisch vereinigt, am gemeinsamen Bahnhof Garmisch-Partenkirchen, hält sie an und läßt die Wahl für eine Weiterfahrt nach Norden oder über Griesen, Ehrwald, Lermoos und Reutte hinüber in das Allgäu.

Das schönste Panorama des Garmischer Tals *erschließt sich auch heute noch von den Hängen des Wank bei der Wallfahrtskirche Sankt Anton, selbst wenn seit der Entstehung dieser Lithographie um 1840 sich das Erscheinungsbild der Orte Garmisch (rechts außen)*

und Partenkirchen (links; halbrechts die Friedhofskirche Sankt Seba-
stian) gewaltig gewandelt hat. Beide Orte wurden 1935 – im Hin-
blick auf die Winter-Olympiade 1936 – zu einer Marktgemeinde
vereinigt. (Im Hintergrund der schon im Tirol gelegene Daniel.)

Noch 1887 hatte es keine direkte Bahnverbindung von München nach Garmisch und Partenkirchen gegeben. *»Keine Bahn führte damals noch hinein in diesen hintersten Winkel des bayrischen Gebirges. Murnau war die Endstation. Von da ging es fünf Stunden zu Fuß gebirgseinwärts, oder mit dem Stellwagen des ›Lixl‹ über Eschenlohe, Oberau und Farchant, Partenkirchen entgegen. Diesem unberührten Paradies, von Felswänden und Gipfeln umzogen in einer rhythmischen Schönheit der Linien, nur vergleichbar dem Fließen einer Melodie. Darin ein Volk, kraftvoll und sinnenhell, noch in Daseinsformen lebend, die sich durch Jahrhunderte kaum verändert hatten. Wer in dieses Partenkirchen verliebt war, pflegte parteiischerweise von dem anderen Orte des Tales, Garmisch, kaum zu sprechen, obwohl es der Bezirkshauptort war. Auch lag zwischen beiden Orten damals noch ein weites unbebautes grünes Stück Land«*, erzählt Walther Siegfried.

Als es dann so weit war, daß ein Bahnhof gebaut werden mußte, flammte die alte Rivalität zwischen Garmisch und Partenkirchen von neuem um die Frage auf, wie er heißen sollte; Partenkirchen-Garmisch oder Garmisch-Partenkirchen? Garmisch ging zwar als Sieger aus diesem Streit hervor, aber die Partenkirchener rächten sich. Der erste Zug lief 1889 mit den Spitzen der Behörden ein, die Partenkirchener waren mit ihrem Magistrat, mit Fahnen und Bannern pünktlich zum feierlichen Empfang angetreten. Die Garmischer jedoch kamen infolge eines ›Mißverständnisses‹ um eine Viertelstunde zu spät »wild über die Wiesen dahergestürzt« und platzten mitten in die Festreden hinein. Diesen Triumph genossen die Partenkirchener tüchtig in den Wirtschaften des Ortes mit Spott und Hohn über die ›lahmen‹ Garmischer.

Wer die Geschichte verfolgt, muß Partenkirchen den Vorrang vor Garmisch einräumen, und auch in der Zeit der Entdeckung der bayrischen Landschaft und des beginnenden Fremdenverkehrs besaß der Ort an der Partnach eindeutig das Übergewicht: In den Reisehandbüchern mehr empfohlen, von den Sommerfrischlern häufiger besucht und von den Künstlern wegen seines romantischeren Ortsbildes sehr viel öfter dargestellt als der Konkurrent Garmisch. Unterschwellig glimmt diese Rivalität unter den eingefleischten Garmischern und Partenkirchnern heute noch fort, so etwa wenn beide Ortsteile ihre eigenen Sport- und Brauchtumsvereine haben.

Alt-Partenkirchen hat trotz mancher Einbußen seinen eigenen Reiz bewahrt. Es scheint, daß die auf einen kleinen Kern konzentrierten, in ihrer Bausubstanz erhaltenen und meist mit Lüftlmalereien gezierten alten Bürgerhäuser und Bräus so selbstbewußt, behäbig und breitspurig in der Straße stehen, als wollten sie sagen, hier war nicht nur eine Römerstation und eine Station der Rott, sondern viel mehr: der Amtssitz des Hochfürstlich Freisingischen Pflegers, hier ist die Wiege des Werdenfelser Landes! Und – wenn man einer Legende Glauben schenkt – war das Haus ›Zum Pius‹ (nach anderen das Haus des früheren Gasthofs Stern) Schauplatz einer für Bayern schicksalhaften Begegnung: Hier soll 1175 Kaiser Friedrich Barbarossa den Bayernherzog Heinrich den Löwen kniefällig gebeten haben, ihm auf seinem zweiten Italienzug beizustehen. Heinrich lehnte ab – und verlor Bayern. Der gedemütigte Kaiser ächtete ihn, und der erste Wittelsbacher, Otto, ein treuer Gefährte Friedrichs auf seinem ersten Italienzug, wurde am 10. September 1180 Herzog von Bayern. Die Historiker freilich weisen nach, daß dieser Vorgang in Chiavenna stattgefunden hat.

Vieles von Alt-Partenkirchen ist freilich untergegangen im Laufe der Zeiten. Gegen Garmisch zu wurden ganze Straßenzüge, Gasthäuser der Rott mit Stallungen für über hundert Pferde und mächtigen Warengewölben Opfer von Brandkatastrophen. An ihrer Stelle entstanden dem jeweiligen Zeitgeschmack entsprechende neue Häuser, und als zur Winterolympiade 1936 erstmals Gäste aller Nationen hier zusammenströmten, als im Laufe der Jahre immer mehr Wintersportmeisterschaften hier ausgetragen wurden,

Bis zum Brand von 1865 war Partenkirchen mit seinen vielen urtümlichen Bauernhöfen und malerischen Winkeln ein Dorado der Künstler.
Vor allem der Floriansplatz war ein Motiv, das keiner zu zeichnen und malen versäumte.
Unter den vielen Gestaltungen dieses romantischen Dorfplatzes erlangte besonders das Gemälde von Peter Heß mit dem poetischen Titel ›Der Morgen‹ (1819) Berühmtheit. Es war nicht nur ein Hauptwerk der Münchner Leuchtenberg-Galerie (heute in der Eremitage zu Leningrad), sondern fand auch weite Verbreitung durch unzählige Nachahmungen wie durch diese Zeitschriften-Lithographie von 1838.

glaubte man den Gästen aus aller Welt Beispiele neuester
›Baukunst‹ bieten zu müssen.

Wie ein Sinnbild für Altes und Neues steht mitten in
dieser Welt die Pfarrkirche Partenkirchens, *Mariä Himmel-*
fahrt. Während die Spitze ihres das Eingangsportal überhö-
henden Turmes, das Ortsbild beherrschend, auf die Zeitlosigkeit des Wettersteinmassivs blickt, braust ihr zu Füßen
in der 1865 von einem Brand fast völlig zerstörten und
wiederaufgebauten Ludwigstraße das Leben der Gegenwart vorüber. Unmittelbar hinter ihrem Chor jedoch
findet sich bereits ein geglückt bewahrtes Idyll Alt-Parten-
kirchens, der kleine Floriansplatz. Mariä Himmelfahrt
selbst geht vielleicht auf das 9. Jahrhundert zurück, sicher
auf das Jahr 1315, der ersten Erwähnung eines Gotteshauses
in Partenkirchen. Diesem gotischen Bau folgte 1734 ein
neuer, größerer, nunmehr in barockem Stil. Von seinem
Vorgänger blieb nur der Turm erhalten. Nach der Säkularisation gelangte der Hochaltar des aufgehobenen Kollegiatstifts Sankt Andrä in Freising nach Partenkirchen. Er
stammte von Ignaz Günther und wurde ebenfalls ein Raub
der Brandkatastrophe von 1865. Das dem großen Rokoko-
meister zugeschriebene Puttenköpfchen und die Madon-
nenstatue im Werdenfelser Heimatmuseum schräg gegenüber, vielleicht auch die beiden Putten im Treppenhaus,
dürften mit diesem untergegangenen Werk Günthers in
Zusammenhang stehen.

Aus dem Schutt erstand 1868 bis 1871 die heutige neugotische Kirche. Die Pläne dazu hatte ein damals vielbeschäf-
tigter Münchner Architekt geliefert, Matthias Berger, der
die lange Zeit viel geschmähte Purifizierung des Münchner
Doms durchgeführt und unter anderem auch die Pfarrkirche in Haidhausen gebaut hat. Durch eine einfühlsame
Restaurierung hat die Partenkirchner Pfarrkirche einen
freundlichen, hellen Charakter bekommen, und mit ihrer
überwiegend neugotischen Ausstattung bietet sie ein sehr
einheitliches Erscheinungsbild einer Stilrichtung, die lange

verpönt und verachtet war, heute aber wieder Achtung erfährt. Aus der alten Kirche stammen noch das aus den Flammen gerettete Hochaltarbild mit der Himmelfahrt Mariens, ein Werk des Tizian-Schülers Bartolomeo Letterini von 1731, und im linken Seitenaltar drei schöne spätgotische Figuren: Maria mit dem Kind und die Heiligen Katharina und Barbara. In jüngerer Zeit kamen dazu die auf das Marienpatrozinium der Kirche hinweisende Marienfigur von 1948, die der einheimische Bildhauer Max Kaiser nach der Riemenschneider-Madonna von Creglingen geschaffen hat, und die 1952 bis 1956 entstandenen, von dem Kunstmaler Heinrich Bickel entworfenen Glasfenster. Sie beziehen sich auf örtliche Gegebenheiten und Ereignisse, unter anderem auf den Brand von 1865 und auf das Gelübde des ›Vieruhrleutens‹, als 1634 die Pest im Ort wütete.

Damals wurde die kleine *Sebastianskirche* zu Ehren der Pestpatrone Rochus und Sebastian außerhalb des Ortsrandes von Partenkirchen erbaut. Das Kirchlein steht jetzt inmitten der Gabelung der Ludwigstraße zur Münchner und Hindenburgstraße. Der in eine kleine Grünanlage verwandelte ehemalige Pestfriedhof ist dem Gedächtnis der in den Weltkriegen Gefallenen gewidmet. Die monumentale Sebastiansfigur des Denkmals schuf der Akademieprofessor und künstlerische Leiter der Nymphenburger Porzellanmanufaktur Joseph Wackerle (1880-1959), ein Sohn Partenkirchens, von dem auch Werke im Werdenfelser Museum, seinem Vaterhaus, zu sehen sind. Er ist auch der Schöpfer der Vier apokalyptischen Reiter an der Nordseite des Sebastianskirchleins.

Partenkirchen vor dem Brand von 1865 hat *Adolph Menzel* (1815-1905) bei seinem ersten Besuch 1859 noch gesehen. Auf seinen zahlreichen Studienreisen durch Süddeutschland, Tirol und Österreich kam er in der Folge mehrmals wieder hierher und nach Garmisch. Hans Fechtner (1860-1931) erzählt anschaulich von seiner Begegnung mit diesem von ihm und seinen Studiengenossen hochverehrten Meister:

»Es können über vierzig Jahre her sein, als ich in dem damals weltabgelegenen, wunderschönen Gebirgsörtlein Garmisch in den bayerischen Alpen meine Studienmonate verbrachte. Man wird sich vorstellen können, welche Aufregung bei mir und meinen Kameraden herrschte, als es hieß, Menzel sei angekommen und zu längerem Aufenthalt im ›Husaren‹ abgestiegen. Nicht nur, daß Menzel uns als Vorbild eines Meisterkünstlers galt, sondern wir verehrten in ihm vor allem auch den eisernen Arbeiter, der nach seinem Wahlspruch: ›nulla dies sine linea‹ keine Minute des Tages unbenutzt für die Kunst vorübergehen ließ. Wir glaubten uns ehrlich mit unseren Studien tagsüber abgemüht zu haben, wenn wir müde und matt von der Arbeit heimkehrten, während die letzten Sonnenstrahlen die Gipfel des Wettersteingebirges goldig und rot aufleuchten ließen. Wie oft traf dann der eine oder andere von uns Menzel noch in einer Ecke, im Halbdunkel hockend, dabei, die heimlichen Schatten der hereinbrechenden Nacht noch schnell festzuhalten, ein Bild unermüdlichen Fleißes und Interesses an allem, was Auge und Hand imstande sind, wiederzugeben. Welche Freude erst, als der Meister, dem wir uns abends etwa in der vornehmen Gaststube des ›Husaren‹

Adolph Menzel *war ein begeisterter Reisender, der besonders gerne*
den deutschen Süden aufsuchte und dabei in geradezu fanatischem
Arbeitseifer alle Erscheinungen des täglichen Lebens in seinen Skiz-
zenbüchern verewigte. Wiederholt war er auch in Garmisch, wo er
beispielsweise 1859 bei einem Tanzfest die Bewegungen der Tänzer
und eines radschlagenden Sennbuben *(Abbildung auf der gegenüber-*
liegenden Seite) in raschen, treffsicheren Strichen festhielt.

oder in der gemütlicheren unserer guten, dicken Lammwirtin beigesel-
len durften, uns aus dem unerschöpflichen Born seiner Kunstanschau-
ungen kosten ließ ... So empfahl er eindringlich als ausgezeichnete
Übung den Versuch, nach vollbrachtem Tagewerk vor dem Zubettge-
hen noch schnell die reizvollsten Eindrücke des Tages fest-
zuhalten ... Er habe es zeitlebens so gehalten. Bei uns blieb es
natürlich bei dem guten Willen ... Die Jugend verlangte ihr Recht,
und wir hielten es lieber mit den Gebirglern und ihrem Tanz und
Gesang. Darum konnten wir gleich einem Bauern jodeln, konnten
Schuhplattl tanzen, und wenn es auf schwieriger Bergfahrt ein tolles
Wagestücklein galt, so waren wir sicher in den ersten Reihen.
Menzel konnte nicht singen und nicht tanzen. Dafür konnte man
ihn aber oft einmal mitten im Gewühl aufjauchzender Jugendlust
und Tanzesfreude einem Felsen gleich stehen sehen, ungeachtet
gelegentlicher unbeabsichtigter Knüffe und Püffe, um das lustige

Treiben in sein Skizzenbuch zu bannen ... In Garmisch erregte an einem lustigen Tanzabend das Radschlagen eines jungen Schuhplattltänzers sein besonderes Interesse. Er machte sich sofort ans Zeichnen. Wir haben gezählt: achtzigmal mußte der Sennbub ihm dicht vor der Nase das Radschlagen wiederholen, indes der Meister mit dem größten Eifer in einer Reihe von schnellen Skizzen das Aufstellen der Hände während des Turnstückleins aufzeichnete. Später skizzierte er dann eine ganze Reihe von Vollfiguren in der Bewegung des Radschlagens: geneigt, aufspringend, stehend, kopfüber, kopfunter ...«

Skizzen hiervon und von anderen Studien, zum Beispiel aus einer Drechslerwerkstatt in Garmisch, wobei die einzelnen Handgriffe und die Haltung der Männer bei der Arbeit ihn besonders interessierten, geben einen eindrucksvollen Einblick in das alle Details mit Akribie studierende Schaffen des Meisters. »Der Altmeister hatte in Garmisch eine Anzahl von Studien gemacht, die er dann später zu seinem Bilde ›Der Marktplatz von Verona‹ verwenden wollte«, erzählt Fechner weiter. Als er dann dieses Bild im Berliner Atelier Menzels sah, begrüßten ihn einzelne Figuren im »fröhlichen Gewimmel ... als gute Bekannte aus seinen Studien im Jahre vorher«. Ein Beitrag Garmisch-Partenkirchens zu einem der bekanntesten Werke eines berühmten Meisters!

Auch Ludwig Steub (1812–1888) war auf seinen Wanderungen ungefähr zur gleichen Zeit in *Garmisch*. Er kam von Partenkirchen: *»Dem schattenlosen Ufer der Partnach entlang geht ein Fußpfad nach Garmisch, dem Schwestermarkte, der etwas weiter rechts, im Winkel der Auen ruht. Abgelegen von der großen Heerstraße für Römerzüge, Güterverkehr und Kunstreisende hat er fast ein noch stilleres Leben geführt als Partenkirchen, ist aber neuerer Zeit mit demselben Schwunge in den Vordergrund alpenhafter Sommerfrischorte hereingestolpert wie dieses. Namentlich von Berlin und den Ostseehäfen kommt da jetzt viel Volk zusammen. Wer am meisten Ruf, Glanz und Vorteil daraus zieht, ist die Husarenwirtin, die wackere Frau, die manchmal an ihrem Tische vierzig und fünfzig Personen zu speisen hat. Den Namen hat ihr Gasthof daher* *empfangen, daß im oberen Stocke ein Husar und noch ein Militär des vorigen Jahrhunderts zum Fenster herausschauen, die Ankömmlinge gemütlich betrachtend, welche beide ein unbekannter Meister jener Zeit gewissermaßen als Wirtshausschild hier angemalt hat. Der Ort ist nicht, wie Partenkirchen, in einer Reihe an die Straße gestellt, sondern eine heitere, doch unregelmäßige Sammlung von größeren, kleineren, mitunter auch ärmlichen Häusern ...«*

Einige dieser Häuser stehen heute noch verstreut und verloren zwischen den Hotels und Pensionen, den Wohnblöcken, dem Kurhaus mit Kurpark und Konzertsälen, dem Spielkasino und den Einkaufszentren. Wenn auch noch Lüftlmalereien wie der ›Husar‹ zur Einkehr locken, kann es sein, daß man, statt wie erwartet, ein gemütliches Bräuhaus, ein Selbstbedienungsbüfett betritt.

Partenkirchen ist bescheidener geblieben. Es hat sich eine rustikale, gemütliche Eigenständigkeit bewahrt. Es hat zum Beispiel traditionsbewußt die Zeugnisse heimatlicher Kunstfertigkeiten und des Brauchtums in seinem Heimathaus, dem *Werdenfelser Museum,* zusammengetragen. Dort ist ausgebreitet, was hier viele Generationen mit feinfühligem künstlerischen Empfinden in minutiöser Handarbeit und mit blühender Phantasie geschaffen haben. Da gibt es zum Beispiel im Trachtenraum breite Gürtel in der besonders im Werdenfelser Land gepflegten Pfauenkielstickerei mit Zinneinlagen, weiter Silberfiligranschmuck, glitzernde Brautkronen, perlenbestickte ›Jungfernkrönl‹ und vieles mehr. Andere Räume zeigen künstlerisch gestaltete hölzerne Handwerksgeräte, schmiedeeiserne Grabkreuze, Oberammergauer Schnitzereien des 18. und 19. Jahrhunderts, Krippen, Tölzer und Werdenfelser Bauernmöbel, Hinterglasbilder, deren Technik vor allem in Murnau gepflegt wurde und wird, und eine Mittenwalder Geigenbauerstube. Ein besonderer Raum ist einem alten, bis in vorchristliche Zeit zurückgehenden und noch heute im Werdenfelser Land geübten Brauch gewidmet: der Fastnacht. Da wirbeln die ›Schellenrührer‹ mit der ›Rührmassel‹ durch die Straßen, gefolgt von der ›Ratschkathl‹, dem ›Gungl-weib‹, dem ›Pfoata-Gangl‹, dem ›Flecklamo‹ und anderen grotesken Gestalten in altüberlieferten Masken. Sie trieben einst zur Wintersonnenwende die Dämonen der langen Nächte in die Flucht und feierten die Wiederkehr der Guten Geister des Lichts. Kunstvoll holzgeschnitzte Masken dieser guten und der bösen, Furcht erregenden Geister, Modelle bestimmter Fastnachtsläufer in traditioneller Vermum-mung geben eine lebhafte Vorstellung von dem bunten, ausgelassenen Treiben, das auch heute noch zur Fastnacht, vor allem am ›Unsinnigen Donnerstag‹, durch die Straßen zieht.

Dicht belegt ist auch das riesige Dachgeschoß mit seinen unzähligen Geräten und Werkzeugen aus dem bäuerlichen Leben. Von historischen Fotos und Beschreibungen an-schaulich unterstützt, werden hier Handwerkszweige dar-gestellt, die einst typisch für das Werdenfelser Land waren, aber heute ausgestorben sind, wie etwa die Wetzsteinher-stellung in Ohlstadt und Unterammergau oder die Gipsge-winnung in Oberau mit dem davon abhängigen Gewerbe der Faßlmacher.

Dieses reiche und anregende Museum ist seit 1973 im sogenannten ›Schlampenhaus‹ untergebracht, das noch aus dem 17. Jahrhundert stammt und als einziges Gebäude der Ludwigstraße den großen Brand von 1865 überstanden hat. Es gehörte zuletzt der Familie Wackerle. Hier wurde auch der Bildhauer Joseph Wackerle (1880-1959) geboren, der lange Zeit Professor der Akademie der bildenden Künste in München und künstlerischer Leiter der Nymphenburger Porzellanmanufaktur gewesen ist. Er ist vor allem durch seine Majolikafiguren bekannt geworden, die wie jene im Münchner Botanischen Garten alljährlich Tausende von Besuchern entzücken. Einige Proben davon findet man neben Zeichnungen und Aquarellen im ›Wackerle-Ge-dächtnisraum‹. Das bedeutendste und wertvollste Kunst-werk des Museums aber befindet sich im ›Holzerraum‹, ein

Rundbild mit der Vision des Heiligen Benedikt. Diesen hinreißenden Modello des frühvollendeten Johann Evangelist Holzer hat dann Johann Jakob Zeiller als Anregung für sein großartiges Kuppelfresko in der Klosterkirche zu Ettal verwendet. Auf Holzer aber werden wir beim Besuch des Wallfahrtskirchleins von Sankt Anton noch ausführlich zu sprechen kommen.

Im Zusammenhang mit den Werdenfelser Fasenachtsbräuchen hat sich Walther Siegfried Gedanken gemacht über das die Bewohner des Tales besonders auszeichnende Gefühl für Maß und Schicklichkeit im Umgang miteinander selbst im derbsten Faschingstreiben, und er kommt anschließend zu Betrachtungen über die Entstehung der *Volkskunst,* insbesondere der im ganzen Land so weitverbreiteten und zu großer Meisterschaft gelangten Holzschnitzkunst:

».. . in ihrer jahrhundertelangen Abgeschlossenheit auf sich selbst angewiesen, inmitten einer Natur voll elementarer Gefahren, den Lebensbedarf ihr hart abringend und nur kärglich empfangend, hatten sie in langen Generationen eben gelernt, durch Verträglichkeit sich den gegenseitigen guten Willen und die unentbehrliche Hilfsbereitschaft zu sichern. Indem diese Menschen zugleich alles beschaulich betrachteten, was sie umgab, hatte es sie drängen müssen, was sie mit ihren hellen Sinnen aufnahmen, auch irgendwie wiederzugeben. So hatte sich die Kunst ihres plastischen Erzählens, hatte sich ihr mimisches Talent entwickelt und ihr schlagfertiger Witz. So hatten sie ihre Tänze erfunden, die so viel Symbolik enthielten, und das Schnadahüpfl, das sie sich so friedlich-spöttisch an den Kopf warfen, und mit alldem ihrem harten Gebirglerdasein aus sich selber die Freuden des Lebens hinzugegeben. So waren sie auch dazugelangt, charakteristisches Erschautes in der Holzbildhauerei wiederzugeben, die dann am Orte heimisch ward, und hatten endlich in verschwiegener Kammer die Gsichtln zu schnitzen begonnen mit den Zügen ihrer lieben Nebenmenschen. Hiebei erwiesen sie sich als geborene Künstler durch die Art, wie sie in den Einzelmerkmalen der studierten persönlichen Vorbilder jeweils zugleich den Gesamttypus erfaß-

*ten und in der Larve hinstellten: den Pfiffigen, den Habgierigen,
den Ängstlichen, den Selbstbewußten, deren jeden sie dann mit
diesem Gsichtl in der Fastnacht auch spielten; Menschenschilderer
von erstaunlichem Rang.«*

Walther Siegfried, dem Schweizer Schriftsteller und begeisterten Wahl-Partenkirchner, verdanken wir auch eine
der schönsten Schilderungen von *Sankt Anton:* »*Wie stand es
da oben hingedichtet an Felsen, Föhrenwald und grünen Hang, ein
Juwel von baukünstlerischer Poesie – in bäuerlichem Barock – mit
seinen gedeckten Aufgangstreppen unter weißen Mauerbogen, den
seitlichen niederen Halbtürmen, dem anstoßenden Glockenturm und
dem Benefiziatenhause unübertrefflich malerisch gegliedert! Wie
flüsterten drüber die Laubkronen der alten Linden im Sommerwind
und streuten ihr holdes Spiel von gleißenden Sonnenflecken und
huschenden Schatten über das Silbergrau der Lärchenschindeln, über
das weiße Gemäuer, die glitzernden Rundscheibchen der Nierenfen-
ster und die schattentiefen Aufgänge mit den holzgeschnitzten bunt-
bemalten Heiligenfiguren in den stillen Nischen! Nur wer das Volk
von Partenkirchen liebend verstand, erfaßte die ganze Poesie dieses
Kirchleins von St. Anton, in dem seine Seele sich ihren Ausdruck
geschaffen: seine schlichte Gläubigkeit, seine Kraft, seine Heimatliebe und seine künstlerische Phantasie! – Und erst drinnen! Wenn
man auf die leise kreischende Türklinke drückte, die ehrwürdigen
Steinfließen betrat, über die seit zwei Jahrhunderten so viele Her-
zensanliegen zum hilfreichen heiligen Antoni heraufgetragen worden, welch heitere Pracht tat sich auf! Ein Kuppelgewölbe voll
großbewegten himmlischen Geschehens, in dem reichen veneziani-
schen Kolorit, das die Tiroler ›Stubenmaler‹ des achtzehnten Jahrhunderts so meisterlich beherrschten, in den kühnsten perspektivischen Wagnissen, mit Balustraden, Obelisken und verkürzten Figuren in fliegendem Gewand. Die Altäre, die Kanzel, die Bänke, die
Beichtstuhlgehäuse, die Ziergitter der Orgelempore in vergoldeter
Schnitzerei, ein Entzücken an Erfindung und Stilgefühl. An den
weißen Wänden aber, als Votivtafeln aufgehängt, die rührend naiven
Darstellungen der beiden Kriegszeiten von 1704 und 1801. Noch das
alte, seitdem großenteils durch Brände zerstörte Partenkirchen*

Die Notzeit des Spanischen Erbfolgekrieges (1701-14) war der An-
laß zum Bau des Wallfahrtsheiligtums von Sankt Anton *am Ab-*
hang des Wank über Partenkirchen. *Mit seinem Kuppelbild von*
Johann Evangelist Holzer (1739) bewahrt es das einzige noch
erhaltene Fresko dieses genialen frühvollendeten Künstlers, nachdem
sein Hauptwerk, der Bilderzyklus in der Klosterkirche von Münster-
schwarzach am Main, infolge der Säkularisation untergegangen ist.

zeigend, mit seinen langen Zeilen gleicher Schindeldächer im grünen
Tal. Die Bevölkerung bergwärts flüchtend, während Panduren und
Franzosen, ohne den Ort zu zerstören, von dannen ziehen. Denn
in den Wolken steht der liebe heilige Antoni in Feldherrentracht,
mit Federhut und Ordensband, den Befehlshaberstab in den Händen,
und hat es ihnen so geboten. Unter ihm, kniend, die vier Stifter des
Kirchleins in der Feiertagstracht ihrer Zeit. Ich war nicht katholisch,
war nicht in diesem Tale geboren; doch so tief menschlich, so gemüts-
heimatlich ward einem in diesem kleinen Heiligtume zumute, daß
ich mir immer wieder die schönste Andacht und Sammlung hier oben
holte.«

Dieser mit Recht enthusiastischen Beschreibung müssen
wir ganz prosaisch hinzufügen, daß die Gestalt von Sankt

Anton, so wie der Betrachter sie gesehen hat, einer genialen und außergewöhnlichen, von Josef Schmuzer 1738-1739 durchgeführten Ergänzung des ersten Kirchleins zu verdanken ist. Eine Votivtafel am Eingang überliefert seine Entstehung: »Die Ehrngeachtete Christoph Perwein Uhrmacher, Gröber Sigele, Johann Schmauntz schmidt, und Jakob Lidl Burger zu Partenkirch... auf Dich Antonius da Parttenkirch vertrauet. Darum die Dankbarkeit dir dieses Kirchlein bauet anno 1704«. In diesem Jahr wurde »auf gnedigsten Consens... durch Herrn Pfarrer allhie der Erste Stain gelegt...« und am 15. September 1708 wurde es »durch Ihro Hochfürstl. Gnaden Johann Francico Bischofen zu Freysing, als unsers allergnädigsten Landesfürsten und Heren eingeweicht...«

Im Innenraum dieser ›Perle des Werdenfelser Landes‹ umschwebt der leichtbeschwingte graziöse Stuck Schmuzers die Kleinfresken Johann Evangelist Holzers in dem von seitlichen Emporen begleiteten Chor und über dem pompösen Hochaltar mit einer Darstellung des das Jesus-

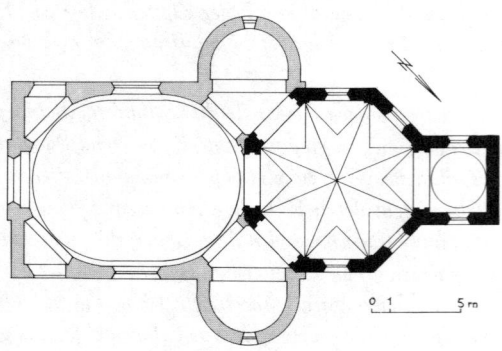

Die unvergleichliche Raumwirkung von Sankt Anton *kam durch die phantasievolle Erweiterung des ursprünglichen Oktogons von 1704-08 (schwarz) mit einem ovalen Langhaus (gerastert) durch Josef Schmuzer 1734-36) zustande, wobei zwei halbrunde Kapellen als ›Gelenke‹ dienen.*

kind empfangenden Heiligen Antonius, einem Werk des Venezianers Bartolomeo Letterini. Und mit dem ovalen Kuppelfresko schuf der Südtiroler »Stubenmaler« Johann Evangelist Holzer 1739, ein Jahr vor seinem frühen Tod, eine grandiose Darstellung aller Leidenden der Welt. Hilfesuchend richten sich die Augen aller auf den Heiligen Antonius, denn »er hebt sie hinauf zu dem Herrn, der heilt, was verwundet«. In diesem Meisterwerk Holzers, seinem einzig erhaltenen kirchlichen Großfresko, und in dem Meisterwerk Schmuzers ist »vielleicht architektonisches und – typisch bayerisches – bildhaftes Erleben nie so innig verschmolzen wie in diesem Juwel deutscher Kunst des Rokoko«.

Partenkirchen hat aber auch seinen Teil zu »Deutschlands Wintersportmetropole« beigetragen. An sein altes *Kainzenbad* erinnert nur noch die letzte Station der Mittenwaldbahn vor der Ankunft in Garmisch-Partenkirchen. Die Quellen und Baulichkeiten des ehemaligen ›Heilbades‹ liegen teilweise unter dem Beton des *Olympia-Skistadions*. Dieses Bad scheint nie so recht von Glück begünstigt gewesen zu sein. Für die Vermutung, schon die Römer hätten es benutzt, fanden sich keine Beweise. Bei Grabungen anläßlich von Bauarbeiten kamen nur mittelalterliche Reste von Schwellen und Geschirren zu Tage. Auch die Mär, Herzog Johann von Schwaben, der Mörder König Albrechts I. (1255 bis 1308), habe sich hier verborgen gehalten, ist Legende. Sicher ist die Existenz einer ›Öffentlichen Badgesellschaft‹ hier im Jahre 1581, sicher ist auch, daß Bischof Ludwig von Welden das Bad 1776 auf seiner Reise nach Rom benutzte und daß das Heilwasser 1733 in München verkauft wurde. Aber es wechselte sehr oft seine Besitzer. Im 19. Jahrhundert kam es an den Staat, der aus ihm ein kleines Kreuth nach dem Muster des bei Tegernsee florierenden Bades machen wollte. Nach dem Fehlschlag dieses Planes kam es 1842 wieder in Privathände. 1920 wurde der Kurbetrieb eingestellt. Heute stehen auf diesem Areal das Kreis-

krankenhaus und das 1934-36 errichtete Skistadion, zur
Zeit seines Entstehens das größte der Welt. Das Eisstadion
dagegen entstand am Zugspitzbahnhof in Garmisch.

In historischer Sicht kann sich Garmisch, das noch bis
ins beginnende 19. Jahrhundert hinein ›Germischgau‹ hieß,
rühmen, die Urpfarrei des Werdenfelser Landes zu sein –
Partenkirchen wurde erst 1672 selbständige Pfarrei – und in
seinen beiden Kirchen Beispiele rein erhaltener romanisch-
gotischer und barocker Baukunst zu besitzen.

Besonders die *Alte Pfarrkirche Sankt Martin* ist sehenswert. Die letzten Baumaßnahmen an dieser auf das
13. Jahrhundert zurückgehenden Kirche wurden 1522 vorgenommen, als die Flachdecke des nach Umbauten des
15. Jahrhunderts entstandenen ungefähr quadratischen
Raumes durch ein spätgotisches Netzgewölbe mit Mittel-
pfeiler ersetzt wurde. Zu ihm streben die auf Kragsteinen
ansetzenden Gewölberippen. Man nimmt an, daß das Vorbild zu dieser Mittelpfeilergliederung der alte Ettaler Zentralbau war. Zusammen mit ihrer gotischen Innenausstattung – 1911 und 1959 wiederaufgedeckte romanische und
gotische Wandfresken, ein überlebensgroßer Christophorus um 1340, Glasgemälde von etwa 1400 – ist die Kirche
eine Seltenheit im bayerischen Raum. Meist erhielten so
frühe Gotteshäuser im 18. Jahrhundert eine barocke Ver-
kleidung oder wurden abgerissen und durch einen Neubau
ersetzt. Als 1730 in Garmisch eine neue Kirche gebaut
werden sollte, tat man keines von beidem, sondern man
ließ das alte Gotteshaus stehen und baute an anderer Stelle
die *Neue Pfarrkirche Sankt Martin*. Mit ihr besitzt auch
Garmisch ein Werk Schmuzers, das allerdings hinter Sankt
Anton über Partenkirchen zurücksteht. Doch auch hier
bezaubert Schmuzers Stuck, und zusammen mit den Fresken Matthäus Günthers und Franz Zwincks sowie den
Plastiken Franz Xaver Schmädls und Anton Sturms ist
auch Neu-Sankt-Martin ein schönes Beispiel bayerischen
Spätbarocks.

So hatte Garmisch den geistlichen Vorrang, Partenkirchen durch seine Lage an der Handelsstraße den wirtschaftlichen. Unsere Zeit hat 1935 – im Hinblick auf die Olympiade – beide vereint. Gegenwart und Vergangenheit sind hier überall gegenwärtig, verbinden sich mit der Zeitlosigkeit der Gebirgswelt ringsum zu einer von zartesten Tönen bis zu wuchtiger Dramatik aufflammenden, tausendfältig schillernden und glitzernden Symphonie.

Angesichts dieser Welt hat *Richard Strauss* in seinem 1907/08 von Emanuel von Seidl am Abhang des Kramers an der heutigen Adolf-Zoeppritz-Straße gebauten Haus gelebt. Hier hat er neben vielen anderen Werken 1910 seinen ›Rosenkavalier‹, 1911 seine ›Ariadne auf Naxos‹ vollendet und in seiner ›Alpensymphonie‹ von 1915 dem ungeheuren, bis ins Innerste aufwühlenden Erlebnis einer Bergbesteigung Ausdruck verliehen. Frühmorgenlicher Aufbruch noch bei Dunkelheit, Sonnenaufgang, Wanderlust und Almidyll, Blick auf Schrofen und Schründe, Rundschau vom Gipfel, Abstieg – mit den Leitmotiven in umgekehrter Reihenfolge! – bei aufziehendem Gewitter, Sturm und peitschendem Regen, Beruhigung der Naturgewalten und sanft verglühendem Sonnenuntergang – man wird in dieser Programm-Musik eine musikalische Vedute des Wettersteins und der Zugspitze sehen oder besser hören dürfen, ein Glücksfall für eine Landschaft, die bereits von den Malern und Zeichnern reichlich verwöhnt worden ist.

Am 8. September 1949 ist Richard Strauss hier in seinem 86. Lebensjahr gestorben. Seine Aschenurne wurde im Garten beigesetzt, in seinem Sterbezimmer befindet sich eine Gedenkstätte, und im Hausarchiv werden sämtliche Partituren in Faksimile, sein Briefwechsel und die über ihn erschienene Literatur verwahrt.

Vor Richard Strauss hatte sich schon sein Vorgänger im Amt des ersten Münchner Hofkapellmeisters, *Hermann Levi,* hier angesiedelt. Recht zum Verdruß der Einheimischen, denn er kaufte 1895 den Sommerkeller des Partenkirchner Rassenbräus auf dem Riedberg, wo sie ihre feucht-fröhlichen, übermütigen Feste zu feiern pflegten. Gelegentlich wurden hier schon um 1836 den Gästen zur Freude von einer Gruppe spielfreudiger junger Leute heute vergessene Bauernschwänke vorgeführt. 1869 wurde in Partenkirchen eine neue Theatertruppe, die sogenannte ›Klammgesellschaft‹ gegründet, die in den Bräusälen spielte und im Sommer in den Rassenbräusommerkeller hinaufzog. Dort wurde eine kleine Bühne eingerichtet, die Kulissen malte der Partenkirchener Bildhauer Josef Erhardt, das Orchester bestand aus zwei Zitherspielern und einem Gitarrespieler und – die Garderobe der Darstellerinnen aus einer großen Biertonne. In sie mußte man auf einer kleinen Leiter hineinsteigen; ein an der Faßwand hängender Spiegel bot den einzigen Komfort. Alle Darsteller, die untertags ihrer Arbeit nachgingen, waren mit Passion bei der Sache. So vorzüglich verwandelten sie sich in ihre Rollen, daß der Dichter Paul Heyse, jahrelang Gast Partenkirchens, einmal eine der besten, gerade am Rießersee weilenden Münchner Hofschauspielerinnen zu einer dieser Aufführungen führte, um ihr zu zeigen, was gelebte, nicht gespielte Darstellung einer Rolle ist.

Die Freude am Spiel, das heißt an der Identifizierung mit einer darzustellenden Person, liegt im ganzen Bayernland seit alters in der Luft. Allüberall findet man sie. Aus der Partenkirchener ›Klammgesellschaft‹ ging das Werdenfelser Bauerntheater hervor, in den Tegernseer- und Schlierseer Bauerntheatern feierte sie Triumphe und bis heute hat sie sich erhalten.

Der Verkauf des Rassenbräusommerkellers beraubte die Partenkirchener solcher besonders geliebter Sommernachtsfreuden – kein Wunder, daß sie Hermann Levi nicht sehr freundliche Gefühle entgegenbrachten. In diesem Grundstück mit prachtvollem Blick über Dorf und Tal auf die Berge ließ Levi sich nach einem Entwurf Adolf von Hildebrands sein ›Haus Riedberg‹ bauen. Der mit erlesenem Geschmack eingerichtete schloßartige Bau wurde Mittelpunkt einer kultivierten Geselligkeit. Namhafte Vertreter des Münchner Künstlerkreises wie der Hoftheaterintendant Ernst von Possart und der ›Malerfürst‹ Franz von Lenbach waren hier ebenso zu Gast wie später die großen Dirigenten Clemens Krauss und Karl Böhm in der Villa Strauß.

Levis Wunsch, in einer Gebirgsmondnacht mit dem ganzen Münchner Hoforchester Beethovens ›Eroica‹ zu dirigieren, ging nicht in Erfüllung. Er starb vor dieser als Nachfeier seines sechzigsten Geburtstages in der Bogenhalle von Riedberg beabsichtigten Aufführung, zu der er auch die Bevölkerung einladen wollte. Unter den hohen Bäumen seines Gartens ruht Hermann Levi in dem nach Plänen Hildebrands errichteten Mausoleum.

Richard Strauss und Hermann Levi – das sind nur zwei der vielen Wahlgarmischer und Wahlpartenkirchner, die sich, bezaubert von der Schönheit der Gegend, hier vorübergehend oder für immer angesiedelt haben und die ihrerseits wieder prominente Besucher angezogen haben. Einige weitere Namen aber sollten wir doch noch kurz erwähnen, etwa den Dichter Josef Ruederer, den Antipoden von Ludwig Thoma, der seine Sommerfrische zunächst in Farchant aufgeschlagen hatte, bevor er sich endgültig in Oberammergau niederließ, und der die Figuren seiner bitterbösen ›Fahnenweihe‹ im Gasthof zur Post in Partenkirchen studiert hat. Oder den Zeichner und Illustrator Ernst Kreidolf, der in Bern geboren wurde und damit die schönsten Berglandschaften gewissermaßen gewohnt war, aber dem Zauber des Werdenfelser Landes so erlag, daß er sich von 1889 bis 1895 hier niederließ und zusammen mit dem Musikforscher Leopold Weber, einem Zuwanderer aus dem Baltikum, die Bergwelt ringsum erwanderte und in zarten, subtilen Zeichnungen festhielt. Oder auch einen Lehrer und Schriftsteller mit dem Allerweltsnamen Fritz Müller, der mit seinen heiteren Büchern, vor allem seinen

Schulgeschichten, einst ungeahnten Erfolg hatte. Er fügte seinem Namen jenen seiner Wahlheimat hinzu und wurde so nicht nur zum Markenzeichen für unbeschwerte Unterhaltung, sondern machte seinen Gastort auch noch in den letzten Winkeln Deutschlands bekannt: Fritz Müller-Partenkirchen.

Abstecher ins Tirol

Von Garmisch kommt man loisachaufwärts schon bald hinter Grainau nach Tirol. Lärchenwälder begleiten die Straße, die Bahnlinie nach Reutte läuft nebenher, und schließlich ist man in der weiten, idyllischen Talsenke von Ehrwald und Lermoos. Hier zeigt sich der westliche Steilabfall des Zugspitzgipfels in seiner ganzen imposanten Breite und Schroffheit. Vor ihm wirken die in weichen Linien schwingenden Zwiebelhauben der schmalen hohen Türme von Sankt Katharina in *Lermoos* und Maria Heimsuchung in *Ehrwald* besonders elegant und zierlich. Beide Orte sind umgeben von dem weiten Wiesenplan der Talsenke. Sie geht langsam in sanft ansteigende grüne Wälder über, bis die schroffen Felsengebirge jeglicher Vegetation Einhalt gebieten. Wieder einmal, wie meist nach einer Grenzüberschreitung, fühlt man sich – bei aller Verwandtschaft des Alpinen – in einer anderen Welt. Hier scheint es eine stille, in sich ruhende Welt zu sein.

Auf der Rückfahrt sieht man die von der Talstation Ehrwald-Obermoos zum Zugspitzkamm hinaufführende – 1925, und damit vor der bayerischen, eröffnete – österreichische Kabinen-Seilbahn. Wieder auf bayerischem Boden, lockt nach der Fahrt neben dem breiten Schotterbett der Loisach zwischen Ammergebirge und Wetterstein ein Besuch von *Grainau* und der Seen des Wetterstein.

Es lohnt, sich in dem immer noch relativ kleinen, in Ober- und Untergrainau geteilten Ort in wunderschöner Lage am Fuße des Waxenstein (2278 m) ein wenig umzusehen. 1320 zum erstenmal erwähnt, ist Obergrainau aber wahrscheinlich sehr viel älter. Seine Johannes dem Täufer geweihte hübsche kleine Kirche geht auf eine Kapelle zurück, die in der ersten Hälfte des 18. Jahrhunderts erweitert wurde. 1779 abgebrannt, wurde sie 1781 wieder aufgebaut, 1926/27 nochmals erweitert. Aus früherer Zeit blieb im Innenraum ein hübsches kleines Fresko mit der Predigt und Hinrichtung des Kirchenpatrons erhalten. Das Gotteshaus gehörte übrigens zum Schulbenefizium des von uns vielzitierten Johann Baptist Prechtl, der hier in Obergrainau seine 1850 erschienene ›Werdenfelser Chronik‹ schrieb. 1960 schuf der junge, hochbegabte Architekt Olaf Andreas Gulbransson, Sohn des berühmten Karikaturisten und Mitarbeiters des ebenfalls berühmten Witzblattes ›Simplicissimus‹, Olaf Gulbransson, die evangelische Erlöserkirche. Er verunglückte ein knappes Jahr später tödlich.

Grainau ist Station der Zugspitzbahn, verfügt über alles, was seinen Gästen den Aufenthalt angenehm und erholsam machen kann. Bis heute blieb es noch relativ abseits der »deutlichen Veränderungen des Werdenfelser Tales«, die sich zu Ende des 19. Jahrhunderts abzuzeichnen begannen: »In immer größeren Scharen wälzten sich die Sommerfrischler daher, immer früher kamen sie, immer länger blieben sie, bis in den Spätherbst hinein. Die Gäste von Ruf mehrten sich.« (Leopold Weber) Kein Wunder, daß zwei »Gäste von Ruf« dieser in den folgenden Jahrzehnten immer zahlreicher werdenden Schar der Sommerfrischler aus dem Wege gingen und sich in das stille Dörfchen Grainau zurückzogen. Sie kamen aus zwei ganz verschiedenen Welten.

Nach dem Ersten Weltkrieg traf sich hier im Grainauer Haus von Walter Hirth, des Sohnes des Münchner Verlegers und Herausgebers der ›Münchner Neuesten Nachrichten‹, die Musikwelt jener Zeit. Bruno Walter, Wilhelm Furtwängler, Erich Kleiber waren hier zu Gast, Edwin Fischer musizierte mit Frau Walter auf zwei Flügeln, und hier erklangen zum erstenmal, von Richard Strauss selbst gespielt, Passagen aus seiner ›Daphne‹.

III

MAX BECKMANN (1884-1950)

Schneelandschaft Garmisch
Ölgemälde 1934
München, Galerie Stangl

Beckmann heiratete 1925 in zweiter Ehe Mathilde
von Kaulbach, eine Tochter des Münchner Malers
Friedrich August von Kaulbach. Dadurch kam
er wiederholt in das Haus und Atelier, das sich
Kaulbach in Ohlstadt hatte bauen lassen. Von den
fast regelmäßigen Sommer- und auch einigen
Winteraufenthalten zwischen 1930 und etwa 1935
waren die Jahre 1933 und 1934 die fruchtbarsten,
in denen allein 15 Ölgemälde meist nach Land-
schaftsmotiven der Umgebung entstanden. Dazu
gehört auch dieses Bild, das nach Skizzen vor Ort
im Atelier in Ohlstadt oder in Berlin ausgeführt
worden ist und bis 1936 als Leihgabe in der Berliner Nationalgalerie ausgestellt war. Es zeigt
in eindringlicher Expressivität ein Motiv am
Marktplatz in Garmisch mit der Alpspitze (links)
und dem Waxenstein (rechts), die beide freilich
aus kompositionellen Gründen leicht verändert
erscheinen.

Geradezu unvorstellbar für das heutige Umweltbewußtsein will erscheinen, daß der – einst wegen seiner Einsamkeit und unvergleichlich schönen Lage zu Füßen der Zugspitze viel gepriesene – Eibsee in den zwanziger und beginnenden dreißiger Jahren Schauplatz vielbesuchter und lautdröhnender winterlicher Auto- und Motorradrennen auf dem Eise gewesen ist, zu denen in spektakulären Wettbewerben manchmal noch das Flugzeug kam.

Der zweite »Gast von Ruf« war der berühmte Sieger in 452 internationalen Autorennen und 27fache Weltrekordler Hans Stuck. Nach dem Zweiten Weltkrieg baute sich 1947 der österreichische, brasilianische und argentinische Ehrenbürger hier sein Refugium, wurde 1960 noch einmal deutscher Bergmeister und trat 1962 nach einem zweiten Platz in dem Zwölfstunden-Rennen von Monza endgültig vom aktiven Sport zurück. Seine Laufbahn reicht bis in die Anfänge des Autosports. Schon bei den berühmten Kesselberg- und den Eisrennen auf dem Eibsee – von denen wir noch hören werden – war er seit Anfang der Zwanziger Jahre dabei.

Auf der Fahrt dorthin besuchen wir die goldene Nixe, die König Ludwig II. im kleinen romantischen *Badersee* versenken ließ. Vom Ruderboot aus sieht man sie in dem klaren, smaragdgrünen Wasser auf dem Grunde liegen. Von Badefreunden jedoch wird der See gemieden. Wohl kaum aus Furcht, die verführerische Jungfrau könnte sie in die Tiefe ziehen, sondern einfach, weil das Wasser zu kalt ist: Selbst im Hochsommer steigt seine Temperatur kaum über acht Grad. Winters wie sommers hat der aus unterirdischen Quellen gespeiste Alpensee eine nur geringen Schwankungen unterworfene Temperatur zwischen fünf und zehn Grad, was aber auch bedeutet, daß er nicht zufriert. Um diesem Geheimnis auf die Spur zu kommen, unternahm die berühmte Nobelpreisträgerin Marie Curie im Jahre 1914 sogar hydrologische Forschungen, die aber dann der Ausbruch des Ersten Weltkriegs jäh unterbrach, so daß die goldene Nixe das Rätsel des Badersees noch heute bewahrt.

Der zwei Quadratkilometer große *Eibsee,* obwohl zweihundert Meter höher und zu Füßen steil ragender Felsen gelegen, bietet dagegen Wassersportmöglichkeiten aller Art. Man kann sich an seinen Ufern oder auf einer seiner sieben Inseln dem Sonnengenuß hingeben oder mit der Seilbahn in noch höhere Regionen zur Zugspitze hinauf fahren. Eine solche Fülle von Sommerfreuden zieht natürlich eine Unzahl von Ausflüglern und Gäste des Werdenfelser Tales an. Aber auch schon früher, »da war scho in die 20er Jahre viel los, ein Mordszinnober manchmal«, erinnert sich ein g'standener Eibseer. Zu diesem »Mordszinnober« gehörten zum Beispiel Motorrennen auf dem Eis. »Seit 1926 ist die Winterfahrt des Bayerischen Automobil-Clubs das bedeutendste winterliche Motorsport-Ereignis in Deutschland. Der Kulminationspunkt der Veranstaltung sind die Eisrennen auf dem Eibsee, und der steigende Erfolg hat bewiesen, daß Publikum und Fahrer gleich viel Geschmack daran finden«, wird berichtet. Das Eibseehotel bildete bei diesen Veranstaltungen die Zuschauertribüne. Vor ihr vollzog sich im Februar 1929 ein besonders interessanter Wettkampf zwischen Motorrad und Auto auf dem

Eis sowie dem Flugzeug in der Luft. An ihm beteiligten sich die damaligen Koryphäen des Flug- und Automobilsportes: Ernst Udet und Hans Stuck. Flugzeugen waren zehn Runden, Rennwagen sechs und Motorrädern fünfeinhalb Runden vorgeschrieben. Stuck ging als Sieger aus diesem Wettkampf hervor. Er erinnert sich:

»Den Höhepunkt der Rennen bildete 1929 der Verfolgungslauf zwischen Flugzeug und Auto. Unser General Udet startete damals in seinem ›Flamingo‹ gegen mich in meinem Austro-Daimler. Er legte unwahrscheinliche Dinger hin. Und wenn ich ihm in den Kurven mal davonfuhr, strafte er mich, indem er sich plötzlich auf der Geraden nur meterweit über mich legte und mich sozusagen mit seiner rechten Tragfläche streichelte.«

Diese Rennen waren freilich nicht ungefährlich, wie Stuck weiter berichtet: *»Ich erinnere mich noch des letzten Eibseerennens 1931. Das Ziel war in der Auslaufkurve. Wir mußten also mit möglichst hoher Geschwindigkeit durchs Ziel – durften aber nicht vergessen, daß wir uns dabei in einer Kurve befanden.*

Vor unseren Augen überschätzt unser guter Kamerad Gschwilm das Tempo, wird aus der Kurve herausgetragen und fliegt unglücklicherweise mit dem Kopf auf einen Eisblock. Er war sofort tot. Wenige Minuten später befand ich mich in derselben Lage. Jellen und Pietsch mit ihren neuen Alfas bedrängten mich mit dem ›SSK‹ stark. Ich führte um Sekundenbruchteile in der letzten Runde. In der Zielkurve drücke ich drauf – zu stark –, bekomme die Kurve nicht mehr – ich weiß nur noch: »Du bist als Erster durchs Ziel«, und dann geht's geradeaus – der Wagen gehorcht nicht mehr – die Räder rutschen. Es geht auf dieselbe Stelle zu, an der wenige Minuten vorher der arme Gschwilm sein Leben ließ. Wie durch ein Wunder gelingt es mir, ohne alle Gewalt, ohne alles Bremsen den Wagen an den Eisblöcken vorbei in aufgeschachtelte Schneehaufen zu lenken … Dort saßen wir dann fest. Dabei mußte ich die Bahn kreuzen, und hinter mir kamen gleichfalls ohne jeden Zwischenfall die mir folgenden Fahrer durch …«

Auch mit dem Motorrad-As Ernst Henne maß sich Ernst Udet bei einem Eibsee-Wettbewerb, das tollste Kunststück aber vollbrachte der im Dritten Reich in den Tod getriebene Kunstflieger, als er mit der Tragfläche seines Flugzeugs ein Taschentuch von der Eisfläche des Eibsees aufhob. Und Stuck berichtet von einem ähnlichen Streich, als »der ›Udlinger‹ einmal einer hübschen Dame einer Kaffeegesellschaft, die auf der Terasse des Eibseehotels ihre Kaffeetasse in der Hand hielt, diese ihr mit der linken Tragfläche aus den Händen schlug ...«

Der vordem einsame Bergsee war ja bereits seit Ende des 19. Jahrhunderts zum Anziehungspunkt von Prominenz und Snobs geworden. Diesen Aufstieg zum fashionablen Treffpunkt der großen Welt verdankt der Eibsee dem pfiffigen Schwaben August Terne. Er war Schwiegersohn eines Partenkirchner Fuhrunternehmers und kaufte bald nach 1880 den Eibsee, um dort ein Hotel zu errichten und ein elegantes Touristenzentrum zu etablieren, das er in vorausschauender Weise gleich noch mit einer privaten Verkehrsverbindung nach Partenkirchen ausstattete. In der Weimarer Republik gab sich die Prominenz von Kultur, Film und Sport hier ein Stelldichein: Fritzi Massary und Henny Porten, Albert Bassermann, Max Pallenberg und Richard Tauber, um nur einige zu nennen. Besonders Udet liebte den Luxus dieser Nobelherberge und versäumte keine Gelegenheit, den vorzüglichen Forellen des Eibsees zuzusprechen, die vordem schon ein Leckerbissen für die fürstbischöfliche Hofküche in Freising gewesen waren. Auch auf einem Flug von Berlin nach Sankt Moritz im Jahre 1930 konnte es der flugbesessene Lebenskünstler nicht unterlassen am Eibsee Station zu machen. Er erzählt darüber:

»Je mehr ich mich den Bergen nähere, um so besser wird die Laune ... Mein Lieblingsberg, die *Zugspitze,* scheint meinen roten Vogel wiederzuerkennen, den sie schon so viele Male gesehen hat ... Bei Garmisch drossele ich den Motor, und im Gleitflug geht es auf den Eibsee zu, dessen gefrorene Fläche den idealsten Gebirgslandeplatz bietet. Um halb zwei Uhr Lunch bei Vater Terne: Eibseeforellen seine berühmte Spezialität.« Und als perfekter Genießer, der er ist, zieht er das Resümee:»Kaffee in Berlin, Forellen am Eibsee, Cocktail in St. Moritz, das sind Freuden, die auch den snobistischsten Flugzeugbesitzer jedesmal aufs neue glücklich machen.«

Heute ist das Eibsee-Hotel den gestiegenen Ansprüchen an modernen Komfort angeglichen und von der Familie des Gründers an einen Hotelkonzern verpachtet.

Nach einer altüberlieferten, aber unverbürgten Vermutung hat sich an den Gestaden des Eibsees unter den jäh abfallenden Wänden der Zugspitze nach dem Dreißigjährigen Krieg eine Zigeunersippe angesiedelt. Leopold Weber glaubte, dies auf seinen Streifzügen in den Bergen in den neunziger Jahren bestätigt zu finden: »Tatsächlich weisen die paar dort hausenden Bauerngeschlechter Merkmale einer fremden schwarzhaarigen Rasse auf mit ihren breitknochigen braunen Gesichtern und dunkel funkelnden Augen, während sie sich in Lebensführung und Sitte ganz der germanischen Bevölkerung angepaßt haben.«

Auf unsere Straße zurückgekehrt, besuchen wir noch den *Rießersee*. Von Garmisch aus kommt man in kurzer Fahrt zu ihm hinauf. Malerisch unter dem Rießerkopf (1129 m) gelegen, ist er ein außerordentlich lohnendes und sehr beliebtes Ausflugsziel der Gäste des Werdenfelser Tales. Sie kommen zu jeder Jahreszeit, um die Aussicht auf das zu Füßen sich breitende Garmisch-Partenkirchen und den Blick zu der über dem Rießerkopf aufsteigenden Alpspitze zu genießen.

Der Rießersee ist in Wintersportkreisen durch die Erfolge seines ›Sport-Clubs Rießersee (SCR)‹ weithin bekannt geworden. Die Gründung dieses Clubs geht auf die Aktivität des rührigen Hotelbesitzers Buchwieser zurück, der vor dem Ersten Weltkrieg seinen Rießersee für den damals noch in den Kinderschuhen steckenden Wintersport attraktiv machte. Mit spiegelglatt gepflegter Eisfläche und mit einer Bobbahn zog er bald erste Schlittschuhläufer, Eisstockschützen, Bobfahrer an den See. Sie kamen bald zahlreich, und schon wurde der ›Hotel Club‹ von Buchwieser gegründet. Aus ihm ging 1921 der SCR hervor, dem sich 1923 die Eislauf-Abteilung des Münchner Eislaufvereins, 1925 der Bobsleigh-Club Garmisch anschlossen. Abteilungen für Eiskunstlauf, Curling und Rennrodeln entwickelten sich; innerhalb des Sportkomitees der Gemeinde übernahm der SCR die Verantwortung unter anderem für die Sparten Eishockey, Eiskunstlauf, Bob, Rodeln und Eisstockschießen. Acht deutsche und sechzehn bayerische Meisterschaften holte sich der SCR seit 1923, unvergessen sind die von hier zur Weltklasse aufgestiegenen Eiskunstlaufpaare Maxi Herber und Ernst Baier, Marika Kulius und Hans-Jürgen Bäumler sowie die Bob-Asse Hanns Kilian und Anderl Ostler aus Grainau. In den Jahren 1951 und 1952 errang Ostler mit seinen Partnern zunächst als Weltmeister und dann als zweifacher Olympiasieger im Zweier- und Viererbob Weltruhm.

Der Loisach entlang nach Murnau

Durch das weite Loisachtal geht nun die Fahrt auf der von der Bahnlinie begleiteten ehemaligen Rott- und heutigen Olympiastraße gen Murnau, der letzten großen Rottstation auf unserem Gebiet. Rechts und links der Loisachauen steigen die Wälder von Ester- und Ammergebirge auf, man kommt durch Farchant und Oberau, wo die Bergstraße nach Ettal abzweigt, von der später noch die Rede sein wird. Beider Ortskerne, etwas abseits des Durchgangsverkehrs gelegen, haben altbayerische, heimelige Atmosphäre bewahrt. Bauernhöfe mit geraniengeschmückten Altanen, zum Teil aus dem 17. und 18. Jahrhundert, umgeben den Kirchplatz, das Gotteshaus beschirmt seine Gemeinde mit zwiebelbekröntem Turm. Besonders in *Farchant* lohnt ein Besuch seiner Pfarrkirche Sankt Andreas. Sie wurde 1728 bis 1729 anstelle der baufällig gewordenen gotischen Kirche errichtet und übernahm auch einen Teil der früheren Ein-

richtung. Der Baumeister kam aus dem Münchner Kunstkreis. Es war Johann Mayr, ein handwerklich routinierter
und technisch versierter Maurermeister, dem wir noch in
Schlehdorf begegnen werden, wo er zur gleichen Zeit zusammen mit seinem später berühmteren Schwiegersohn
Johann Michael Fischer den Klosterbau begann. Aus der
stilistisch uneinheitlichen, aber als Ensemble doch gut zu-
sammenwirkenden Ausstattung seien die beiden Johannes-
Figuren am Chorbogen hervorgehoben, links der Täufer,
rechts der Evangelist, die Franz Xaver Schmädl zugeschrieben werden.

Oberau war früher Grenzstation des Kurfürstentums
Bayern gegen die freisingische Grafschaft Werdenfels. Der
Ortsteil ›Maut‹ und das alte Mauthaus erinnern heute noch
daran, ebenso ein alter Grenzstein, der noch westlich der
Röhrlerwand steht. Im Hause Hauptstraße 7 wurde am
30. Mai 1799 Josef Alois Daisenberger geboren, der Text-
dichter des Oberammergauer Passionspiels. Eine Gedenktafel von 1980 erinnert an diesen vielseitigen Geistlichen, der
als Kooperator in Grassau und Schlehdorf, dann seit 1825
als Schulbenefiziat in Farchant, ab 1832 als Pfarrer in Uffing
und schließlich von 1846 bis zu seinem Tode am 20. April
1883 in Oberammergau gewirkt hat. Daisenberger hat freilich den Passionstext nicht völlig neu geschrieben, sondern
den älteren Text des Ettaler Paters Othmar Weis, der nach
der Säkularisation 1805/06 Daisenbergers Lehrer in Oberau
war, neu redigiert und in die heute noch verwendete Fassung gebracht. Voll berechtigt ist es aber, wenn man ihn
als Gestalter der Oberammergauer Passion bezeichnet, die
er in vier Spielzeiten von 1850 bis 1880 betreut hat. Sein
Amtsnachfolger, Pfarrer Bogenrieder, wunderte sich über
Daisenbergers organisatorische Leistung: »Es bleibt sein Geheimnis, wie er bei dieser Einwohnerzahl (1045 Seelen) das
Orchester, den Chor und das Heer der auf und hinter der
Bühne Mitwirkenden auf die Beine stellen konnte.«

Über dem Passionsspiel werden freilich die anderen Verdienste dieses Mannes vergessen, der ein Musterbeispiel jenes Typs altbayerischer Pfarrherren gewesen ist, die sich neben ihrer seelsorgerischen Tätigkeit unablässig um Wissenschaft und Kultur bemühten, oft genug forschend und publizistisch tätig waren, uneigennützig und ohne Aufhebens weit über den Umkreis ihres Pfarrsprengels hinaus anregend, fördernd und mäzenatisch gewirkt haben. Heinz Schelle weiß davon zu berichten:

»Er war ein gründlicher Historiker, der eine umfangreiche Geschichte des Orts Oberammergau und der Grafen von Eschenlohe verfaßt hat. Er war ein wortgewaltiger Prediger, dessen Predigten in einem bekannten Predigtbuch der damaligen Zeit veröffentlicht wurden. Er schrieb eine Reihe von Theaterstücken, vorwiegend historischen Inhalts.

Von 1849 an gehörte er für den Wahlkreis Weilheim dem Landtag an, bis dieser aufgelöst wurde. Er war ein umfassend gebildeter Mann, der die großen Dichter Englands, Frankreichs, Italiens und Spaniens in ihrer Muttersprache lesen konnte. Aber noch weit beeindruckender als seine intellektuellen Fähigkeiten ist sein Charakter. Wo er als Seelsorger war, förderte er die Jugend und brachte talentierte Kinder zum Studium. Sein Wesen war geprägt von Liberalität und Toleranz, für einen Landpfarrer im 19. Jahrhundert wahrlich keine Selbstverständlichkeit. Im Jahre 1848 kam er wegen seiner Aufgeschlossenheit sogar einmal in den Ruf eines Revolutionärs. Von seinem Humor und seinem tiefen Verständnis, das er seinen Pfarrkindern entgegenbrachte, erzählt so manche Anekdote. So soll er auf den Einwand des Passionsspielkomitees, ein als Maria vorgesehenes Mädchen habe ja ein lediges Kind, gesagt haben: ›Aber doch bloß a ganz a kloans.‹«

Die bewegendsten Worte über Daisenberger aber hat Ludwig Thoma gefunden, dessen Großmutter, die Wirtstochter Katharina Neuner, übrigens ebenfalls aus Oberau stammte. Thoma, in Oberammergau geboren, erinnerte sich: *»Ich habe den alten Herrn noch gut gekannt. Wenn meine Mutter zu Besuch im Verlegerhaus weilte, durfte ich ihm die ›Augsburger Abendzeitung‹ bringen, die er täglich von meinen Verwandten erhielt. Er hatte stets* *ein gutes Wort für mich, den er getauft hat; ein Umstand, der meiner Mutter zur Hoffnung und Beruhigung diente, wenn es bei mir im Aufwachsen nicht immer schnurgerade nach oben ging. ... Daisenberger war das Urbild eines gütigen Priesters, über dessen Lippen nie ein hartes Wort kam, nie ein unduldsames, und der mit einem stillen Lächeln es ruhig dem Leben überließ, stürmische Meinungen zu glätten. Er kümmerte sich nicht um Ansichten, sondern um das Schicksal eines jeden, er war Freund und Vater in jedem Haus, immer bereit zu helfen.«*

Die *Loisach,* die die Straße mal näher, mal ferner begleitet, läßt den Eingriff, den auch sie, wie die Isar, im Interesse der Wasserversorgung der Landeshauptstadt erdulden mußte, kaum mehr erkennen. Die schon 1953 begonnenen Planungen einer Trinkwassergewinnung aus dem Oberen Loisachtal waren lange Zeit auf erbitterten Widerstand von Gemeinde und Bevölkerung gestoßen. Man befürchtete, daß die beabsichtigte Ableitung aus einem 300 bis 600 Meter tiefen, mit Tonschichten, Kies und Sand aufgefüllten unterirdischen Seebecken, das der Grundwasserstrom der Loisach zwischen Garmisch und Eschenlohe durchzieht, eine ökologische Zerstörung des Loisachtales zur Folge haben könnte. Es dauerte viele Jahre, bis nach Durchführung zahlreicher Bohrungen und kompliziertester Versuche diese Bedenken beseitigt und der endgültige Bau begonnen werden konnte. In einer Länge von 12,4 Kilometern führt die Ableitung zwischen Farchant und Ohlstadt in Stollen; sechs in Form von Heustadeln gebaute Brunnenhäuser fügen sich unauffällig in das Landschaftsbild. 1982 waren die Arbeiten von insgesamt 65 Kilometer Länge bis zu dem Behälter im Münchner Forstenrieder Park abgeschlossen.

Die Fahrt durch die Auen des Loisachtales ist von großem Reiz; komfortabel motorisiert genießt man die Ausblicke auf die Landschaft und denkt an die ersten ›Automobile‹, die, in Staubwolken gehüllt, auf dieser Straße fuhren – gar nicht zu reden von den Strapazen früherer Zeit! Da war es schon ein großer Fortschritt, als 1597 zu der seit 1543 bestehenden reitenden Post mit Übertragung des gesamten Postwesens an den von Kaiser Rudolf II. zum Generalpostmeister ernannten Leonhard von Taxis die Personenbeförderung kam. Vorher hatte man sich zur persönlichen Sicherheit der reitenden Post anschließen können, aber das war ein zweifelhaftes Vergnügen, denn der Reisende mußte sich von Posten zu Posten ein Pferd mieten, und da nach Pferde- und Postillonwechsel sofort weitergeritten wurde, waren diese Ritte reichlich anstrengend. So heißt es, daß ein Augsburger Kaufmann die etwa 629 Kilometer lange Strecke von Brüssel bis Augsburg bei 23 Poststationen in sechs Tagen zurücklegte. Ein großer Fortschritt war 1601 die Einführung ungarischer Kutschen auf der Strecke Augsburg-Tirol. Diese Fahrzeuge hatten ein abnehmbares Obergestell, das in Ketten oder Riemen über den Rädern hing, um die Stöße auf den noch reichlich holperigen Straßen abzumildern – bei den meist viele Tage dauernden Fahrten für uns heute immer noch eine unvorstellbare Strapaze! 1673 wurden dann gepolsterte ›Feldkutschen‹ eingeführt. Und es gab eine ›Fahrende Ordinaripost‹, die regelmäßig an bestimmten Tagen und Stunden eintraf und wieder abging. Außerdem konnte zu Sonderpreisen eine ›Fahrende Extrapost‹ zu beschleunigter Fahrt jederzeit in Anspruch genommen werden.

Nach Übernahme der Taxis-Post durch den bayerischen Staat im Jahre 1808 wurden in Mittenwald, Partenkirchen und Murnau dem Oberpostamt München unterstehende Postämter eröffnet. Sie waren verpflichtet, die Pferde für den jeweiligen Pferdewechsel zu halten, während die Wagen vom Oberpostamt gestellt wurden. Von Augsburg ging über Weilheim, Murnau, Partenkirchen, Mittenwald nach Innsbruck samstags und mittwochs ein Postkurs, von München wöchentlich dienstags und samstags dieselbe Strecke nach Innsbruck und zurück. Ab der dreißiger Jahre gab es Eilwagenkurse mit komfortablen, gefederten Wagen. Sie waren sogar gepolstert, hatten Fenster an den

Längsseiten und – das Rauchen in den sechs bis acht Personen fassenden Wagen war nur mit Zustimmung aller Mitreisenden und nur aus »wohlverschlossenen« Pfeifen erlaubt.

In den vierziger Jahren etablierten sich auch private Stellwagenunternehmen mit nur zweispännigen, aber achtsitzigen Wagen zu einem Höchstpreis von zwölf Kreuzern pro Person und Meile. Sie fanden großen Zulauf, während die Post ihrerseits durch Einführung vier- bis neunsitziger Postomnibusse, die ebenfalls großen Anklang fanden, mit dieser Konkurrenz in Wettstreit trat.

Aber immer noch erhielten die Werdenfelser ihre Post nur viermal wöchentlich. Für den Weg von München nach Partenkirchen wurden zwölf bis dreizehn Stunden benötigt, für den nach Mittenwald vierzehn und eine halbe Stunde. Bis dann 1889 die Bahnlinie eröffnet wurde und die Kraftpost seit 1905 ungeheure Staubwolken aufwirbelte.

1936 erlebte die alte römische Heer- und Rottstraße, nun zur ›Olympiastraße‹ verwandelt, eine neue Glanzzeit. Heute ist sie zum Nadelöhr für den Verkehr ins Werdenfelser Tal geworden. An ihrer Entlastung durch den Bau einer Autobahn wird seit langem gearbeitet. Von München kommend, hatte die Autobahn 1972 Ohlstadt und 1983 Eschenlohe erreicht, wo sie nun in doppeltem Sinne steckenbleibt: ganz real im Flaschenhals der alten Olympiastraße, jahraus, jahrein mit wochenendlicher Regelmäßigkeit zu kilometerlangen Staus führend, im bildlichen Sinne aber in den zermürbenden Auseinandersetzungen zwischen Verkehrsplanern, Wirtschaftsstrategen, Natur- und Landschaftsschützern. Nach den neuesten Planungen soll die Autobahn hinter Ohlstadt die Trasse der alten Straße verlassen und links der Loisach bis Burgrain bei Farchant verlaufen. Dort soll sie sich nach Osten in eine teilweise untertunnelte Umgehung Partenkirchens teilen, die sich hinter dem Ortskern mit der Trasse der alten Straße vereinigt und durch das Kankertal führt, während nach Westen eine eben-

falls aus Landschaftsschutzgründen weitgehend untertunnelte Umgehung von Garmisch in die Straße nach Ehr-
wald-Lermoos münden wird. Diese Planung versucht zwar
weitgehend, Rücksicht auf die Erhaltung des Landschafts-
bildes zu nehmen, doch ist in so engem, diffizilem Gebiet
jeder Autobahnbau, und sei er noch so behutsam, ein zer-
störerischer Eingriff. Es ist zu hoffen, daß nach der noch in
weiter Ferne stehenden Vollendung dieses Projektes das
letzte Stück der alten Olympiastraße nach ihrer Entlastung
durch die Umgehungen erhalten bleibt und weiter die
schönste Anfahrt durch das Loisachtal mitten in das Herz
des Werdenfelser Landes mit dem imponierenden Blick auf
das Wettersteinmassiv schenken kann.

Eschenlohe beschert uns eine der schönsten Kirchen des
Loisachtales. Man merkt dem ambitionierten Zentralbau
sogleich an, daß hier in Sankt Clemens ein Meister der
Raumgestaltung am Werk war: Johann Michael Fischer.
Es war eine seiner letzten Planungen, die Ausführung überließ er Franz Anton Kirchgrabner, der den Bau seit 1764
hochzog und – lange nach des Meisters Tod 1766 – erst
1773 beendete. Im Innern überrascht ein harmonisches,
festliches Bild, an dem namhafte Künstler mitgewirkt haben, darunter Johann Jakob Zeiller, der in seinem schwungvollen Chorfresko die Geschichte des vierten Papstes und
Kirchenpatrons Clemens erzählt; dann der Augsburger
Maler Ignaz Paur, der im Deckenbild des Hauptraums
das Thema Zeillers aufnimmt und auch die Blätter der
östlichen Seitenaltäre beigesteuert hat; der Münchner Johann Baptist Straub, der den großartigen Tabernakel gestaltet, vielleicht den ganzen Hochaltar und auch die Beichtstühle entworfen hat. Ein Kuriosum ist das Hochaltargemälde von Johann Baptist Schmon: Es versetzt das Martyrium des Heiligen Clemens aus dem – historisch richtigen –
Schwarzen Meer vor die Stadtkulisse von Hamburg. Grund
dazu war die großzügige Kirchenstiftung des Eschenlohers
Johann Anton Eurl, der es in der fernen Hansestadt

als Schiffskaufmann zu ansehnlichem Wohlstand gebracht hat. Eine Gedenktafel in der Kirche erinnert noch an ihn.

Eine Straße in München und ein Platz in Kochel, seinem Geburtsort, erinnern dagegen an den langjährigen Pfarrer von Eschenlohe, Joseph Demleitner (1877-1954), der nicht nur als Historiker und Heimatforscher gewirkt hat, sondern vor allem als Vater der Volksgenealogie gilt.

Bei unserem Besuch in Eschenlohe wurde uns ein besonderes Erlebnis zuteil, das der feinen Wirkung dieser Kirche die Krönung gab. Bitterkalt war es, der Schnee lag noch fast bis ins Tal hinunter, als wir an einem Sonntag im Mai nach Eschenlohe kamen. Dort jedoch empfing uns ein Frühlingstag wie er im Buche steht: Wiesen und Obstbäume in ihrer ersten Blüte, zartes junges Grün über Bäumen und Sträuchern, über allem am wolkenlosen Himmel von tiefdunkel leuchtendem Blau, wie man es nur im bayerischen Land erleben kann, die strahlende Sonne.

Vor der Kirche stand eine blumenbekränzte Hochzeitskutsche. Festlich geschmückt auch die vorgespannten beiden schweren Ackergäule in prunkvollem Schellengeschirr. Als wir eintraten, war die Hochzeitszeremonie in vollem Gange. Das Brautpaar kniete vor dem Altar, die Bänke waren besetzt mit den Hochzeitsgästen: rechts die Männer in grüner Tracht, links die Frauen in meist schwarzen Brokatgewändern mit buntgewirkten dreieckigen Seidentüchern um die Schultern. Um die flachen Filzhüte war ein breites Band von Goldschnüren gelegt, das hinten zusammengefaßt in Fransen über den Hutrand hing. Die Mädchen dagegen waren bunt gekleidet und hatten das Haar mit Silberfiligrannadeln hochgesteckt. Kräftiges Jubilieren der Blaskapelle auf der Empore nach dem Ringwechsel und im weiteren Verlauf der Brautmesse bis zum Auszug des Brautpaares und der Gäste aus der Kirche. Nun trat der ›Hochzeitslader‹, allen voranschreitend, in Aktion. Er hat nach altem Brauch dafür zu sorgen, daß die Festlichkeit nach bestimmten traditionellen Regeln verläuft, ist also

sozusagen der ›Zeremonienmeister‹ oder ›Chef des Proto-
kolls‹. Seine erste Aufgabe ist die Einladung der Gäste, die
er reihum zu besuchen und mit oft sehr launigen Versen
zum Kommen aufzufordern hat.

Jetzt nach der kirchlichen Feier stellt er sich mit dem
›Zeremonienstab‹ in der Hand am Kirchenportal auf und

*Neben der Landschaft galt das besondere Interesse der Entdeckermaler
um 1800 den Volkstrachten, die sie mit geradezu volkskundlichem
Engagement und wissenschaftlicher Liebe zum Detail studiert und
wiedergegeben haben wie Carl Heinzmann 1827 in dieser Lithographie eines Bauern aus Eschenlohe.*

regelt den Auszug der Hochzeitsgesellschaft nach einer bestimmten ›Rangordnung‹. Zuerst kommt natürlich das
Brautpaar. Ihm verbietet zunächst ein von Kindern quer
über den Weg gehaltenes Band den Eintritt in das gemeinsame Leben. Es muß sich ›freikaufen‹, wofür die Braut
einen Beutel, gefüllt mit Münzen, bereithält, die sie unter
die Kinder streut. Es folgen die Verwandten, prominente
Gäste, Männer und Frauen, schließlich die Mädchen und
Burschen und dann geht es unter dem Schellengeläut der
trabenden Gäule zum Hochzeitsschmaus. Ob er sich in
demselben Rahmen vollzogen hat, wie es im vorigen Jahrhundert der Brauch war, vermögen wir nicht zu sagen.
Eine Wirtstochter erzählt davon:

*»Nach der Trauung in der Kirche führte die Musikkapelle alle
mit schmetternden Klängen in unseren geschmückten Saal, wo am
Eingang meine Mutter die Braut mit einer Schüssel voll Kraut zu
begrüßen hatte mit den Worten: ›Da Braut, prob's Kraut!‹ Die
Braut kostete vom Kraut und legte darauf einen ›Krautpfennig‹
geheißenen Obulus auf den Teller.*

*An der Hochzeitstafel mußte dann die Braut streng getrennt
vom Bräutigam sitzen. Bei ihr saßen stattdessen Brautführer und
›Kranzljungfer‹ – meist eine Schulfreundin – wobei der Brautführer
beiden das Essen auflegen mußte. Der Bräutigam wieder wurde von
dem neben ihm sitzenden Vater und dem Vater der Braut ›bewacht‹
und von seinen nächsten Verwandten. Die beiden Mütter des Paares
fehlten bei der Feier: sie durften weder in der Kirche, noch bei uns
der Hochzeit beiwohnen – dies hätte schweres Unglück bedeutet.*

*Das mit schmetternder und schneidiger ›Musi‹ begleitete Hoch-
zeits-Mittagsmahl bestand meistens aus Nudelsuppe mit Würsteln,
Rindfleisch mit Blaukraut oder Schweinsbraten mit Kraut, warmem
Kartoffelsalat und Knödeln. Nach dem Mahl folgte der Brauttanz,
wobei zuerst solo der Bräutigam mit der Brautjungfer, der Brautführer mit der Braut, und erst hernach die Brautleute zusammen tanzen
durften. Diesen Einzeltänzen folgte der allgemeine Tanz aller Gäste, bei dem die Braut und der Bräutigam aber nicht mehr zusammen-
kommen durften – bis zum ›Braut-Nachttanz‹ am Schluß der ganzen*

Hochzeit. Während des Tanzes traten die ›Nußweiber‹ ein und verkauften Nüsse (als uraltes Fruchtbarkeitssymbol) an Burschen und Männer, die sie ihren Frauen zum ›Heimnehmen‹ übergaben – gegessen durften sie nicht werden. Bei dem Durcheinander hierbei zerrten einige Burschen unbemerkt die Braut ins Freie und in ein anderes Gasthaus, wo sie rasch eine möglichst große Zeche machten, welche dann der sie suchende Brautführer bezahlen mußte.

Nachdem bis etwa sechs Uhr abends ununterbrochen getanzt wurde, gaben wir unseren Gästen das Nachtessen, meist Brühfleisch mit Kartoffeln oder Knödeln, Schnitzel mit Salat und gedörrte oder gesottene Zwetschgen, welche die weiblichen Gäste in Semmeln drückten, die sie zuvor mit den Fingern ausgehöhlt hatten, um beides den Kindern heimzubringen. Auch was an sonstigem Essen übrig blieb, taten unsere Gäste in mitgebrachte Schnupftücher, sogenannte ›Bschoadtüachln‹, um es mit heim zu nehmen.

Während des Nachtessens saß dann das Brautpaar beisammen am Tisch hinter einem Weinkrug, während der Eh'bitter einen Gast nach dem anderen herbeiholte, damit jeder sein ›Weiset‹ geheißenes Geldgeschenk auf den Tisch legen konnte. Dafür bekam er vom Bräutigam Wein eingeschenkt und mit Hilfe der Burschen und des Brautführers ein mehr oder weniger treffendes Danklied gesungen. Diesem ›Weisetsingen‹ folgte dann das ›Tortensingen‹ durch die Kranzljungfer. Diese schritt hierzu feierlich in unsere Küche zur dort aufgestellten prächtigen Hochzeitstorte, um die rundum Kerzen brannten, und trug sie dann singend – von der Musik begleitet – in den Festsaal hinein. Drin sang sie stehend passende Verserln auf bereits verstorbene Angehörige, wobei manche der Gäste oft unvermittelt zu weinen begannen, um hernach sogleich wieder munter zu lachen.

Danach beendete der von Braut und Bräutigam, unter Beifall und Hochrufen und Händeklatschen der Hochzeitsgesellschaft getanzte ›Nachttanz‹ die eigentliche Hochzeit, wonach dann von den anderen meist noch bis in den Morgen hinein getanzt wurde.« (Berta Stieber)

Wenn wir auch, wie gesagt, nicht wissen, ob der Eschenloher Hochzeitsschmaus ähnlich verlaufen ist, so war das, was wir von diesem Fest gesehen hatten, für uns allein schon beeindruckend. Denn es war ein völlig in der Tradition verwurzeltes, keineswegs, wie nicht selten, auf eine ›Zurschaustellung‹ für die ›Fremden‹ berechnetes Familienfest, dem das aufwendige Spätrokoko des Kirchenraumes und das erwachende Leben draußen unter der ersten Frühlingsonne einen Bilderbuchrahmen gaben.

Die hohen, sehr kräftigen Gestalten der Brautleute hatten uns ein nicht mehr in der ersten Jugendblüte stehendes Paar vermuten lassen. Zu unserem Erstaunen hörten wir jedoch, daß beide kaum über zwanzig Jahre alt waren. In der Literatur über Eschenlohe fand sich später eine in diesem Zusammenhang interessante Bemerkung aus dem Jahre 1890, nämlich, daß die Eschenloher »im ganzen einen kernigen, kraftvollen, breitschultrigen Menschenschlag von derbem Worte und derber Faust darstellen, welcher in der Arbeit der Flößerei und der Holzerei Muskeln und Sehnen durch Generationen hindurch gestählt und gekräftigt hat. Früher trieben ja die Eschenloher auf ihren Flößen die Donau hinab nach Linz und nach Wien, ja sogar ins Ungarische hinein ... Die Trockenlegung vieler Wasseradern hat jetzt auch die Floßschiffahrt auf der Loisach in einen engeren Rahmen hineingedrängt. Heute fahren die Leute nur mehr bis Großweil, um dort ihre Fahrzeuge zu länden und fremden Händen zur Weiterbeförderung zu übergeben.« Auch das gehört heute der Vergangenheit an, ebenso wie die Burg der einst mächtigen Grafen von Eschenlohe. »Dunkel in seinem Ursprung, schnell mächtig sich ausbreitend und ebenso schnell sinkend und der Vergessenheit anheimfallend, zeigt wohl nicht leicht ein anderes edles Geschlecht so sehr die Hinfälligkeit aller irdischen Größe als das Geschlecht der Grafen von Eschenlohe.«

Wir aber lassen nun Ohlstadt, das wir später besuchen werden, rechts liegen und streben auf der Olympiastraße direkt nach Murnau.

Schon der erste Eindruck bei der Einfahrt durch die geschäftige Hauptstraße macht es deutlich: Sie ist die alte Handelsstraße, durch die seit dem Mittelalter die mit Waren schwer beladenen Lastwagen rollten, die Fuhrleute in ihren behäbigen Bräus einkehrten. Heute braust durch sie der motorisierte Verkehr, aus den ehemaligen Kramerläden in den wohlhabenden Bürgerhäusern sind Supermärkte und großzügige Fachgeschäfte geworden. Murnau ist heute im Begriff, ein modernes Moorkurbad mit Kurzentrum und Sanatorien zu werden, aber in seinem Kern ist es ein geschäftiger Markt geblieben. Noch immer trägt es den Stempel seiner einstigen Bedeutung als eine der wichtigsten Rottstationen des Handels zwischen Nord und Süd.

»Ze Murnaw wurde des reychs gut auf die rott nydergelegt und danach auf die rott wider aufgebn.« Man hört von Gewürzen und Südfrüchten, von Baumwollballen, Säcken mit Ingwer und Mandeln, von Ölfässern, ›Lageln‹ mit Feigen, Weinbeeren, Malvasier, von Büscheln Filetseide, Schachteln mit Konfekt, mit Borten, ›Schleierlein‹, ›Stückbörtlein‹ aus der Levante, von Fässern mit ›Welsch-‹ und Etschwein aus den tirolischen Besitzungen der bayerischen Klöster. Umgekehrt kamen aus dem Norden hauptsächlich Stoffe: Barchant, ›Säume‹ mit ›Gewand‹, mit ›Tüchern‹ aus Aachen, weiße englische Tücher, ›Säume‹ mit blauem Herrnthaler und Speyrer Tuch, aber auch ›Fässer‹ mit Haarbändern, Nadeln, Fingerhüten und Messern, ›Päcke mit Biretlein‹, ›Lädlein mit Gold und Silber‹ – ein kunterbuntes Warenangebot stapelte sich in den Ballenhäusern. Und ein nicht minder kunterbuntes Leben herrschte in den Gassen. »Kaufleute des Südens und Nordens kamen auf Rossen und Kammerwägen, Fuhrleute mit Wägen, Karren, Saumrossen und Packeseln, Krämer, Pilger und anderes fahrendes Volk, reitende und laufende Boten.«

Dieser rege Handel und Wandel zog Handwerker aus

allen Sparten des Gewerbes an. In den kleinen Häusern rund um den Schloßberg, die unberührt scheinen von den vielen Brandkatastrophen, von denen Murnau im Laufe der Jahrhunderte heimgesucht wurde, könnten sie heute noch wohnen. Da gibt es noch eine Lebzeltergasse, eine Lederer-, Färber- und Schneidergasse. Kommt man an einem der auf eine jahrhundertealte Tradition zurückgehenden Jahrmarkttage in dieses alte Viertel, so fühlt man sich vollends in die Zeit von ehemals zurückversetzt. Hier wird noch immer alles feilgeboten, was die Herzen der Bürger begehren.

Anstelle der alten Rottniederlage und des Kornhauses, die schon um 1322 nach Erhebung Murnaus zum ›Kayserlich gefreyten Markt‹ durch Kaiser Ludwig den Bayern um ein Rathaus erweitert worden waren, steht an der Kreuzung der Marktstraße mit der Schloßstraße das heutige neugotische *Rathaus*. Die alten Gebäude, mehrmals durch Brände schwer beschädigt, waren schließlich so baufällig geworden, daß man sie 1842 durch den heutigen repräsentativen Bau ersetzte. Er fügt sich sehr geglückt in das Straßenbild ein. Seine Fassade ist dekoriert mit einem überlebensgroß postierten Kaiser Ludwig dem Bayern von Professor Ludwig von Herterich, mit einem Bildnis der über einer Ansicht Murnaus nach Michael Wenings Topographie von 1701 schwebenden Schmerzensmutter von W. von Obernitz und einem Reliefporträt des zu seiner Zeit berühmten Münchner Architekten Emanuel von Seidl (1856-1919) von Julius Seidler. Offensichtlich spielen diese drei eine wichtige Rolle in Murnaus Geschichte.

Kaiser Ludwig (geboren 1282, 1314 in Aachen zum deutschen König gekrönt, 1328 zum römisch-deutschen Kaiser in Rom, gestorben 1347) gilt als Schutzherr des Marktes Murnau. Er erwarb den ursprünglich welfischen, dann gräflich eschenlohischen, 1294 bischöflich augsburgischen Ort um 1322 von Augsburg und erhob ihn, wie gesagt, zum kaiserlich gefreiten Markt. Auch soll er sich, nicht

nur »damit er seiner Gründung Kloster Ettal, der er sehr
gewogen war, näher wäre«, hier des öfteren aufgehalten,
sondern auch mit großer Vorliebe in den Wäldern und
Mooren um Murnau gejagt haben. Das auf die ehemaligen
Jagdherren dieses Gebietes, die Welfen, zurückgehende
Schloß soll durch ihn weiter ausgebaut worden sein. Doch
vor allem war dem Kaiser daran gelegen, sein geliebtes
Ettal mit Gütern auszustatten, und so schenkte er unter
anderem schon bald Murnau mit allem was zu ihm gehörte
kurzerhand und wenig ›schutzherrlich‹ dem Kloster Ettal.
Wenig schutzherrlich, weil diese Schenkung zu unaufhörli-
chen Kompetenzstreitigkeiten zwischen Ettal und Murnau
führte, die erst die Säkularisation des Klosters beendete.
Ettal beanspruchte die Gerichts-, Grund- und Lehensherr-
schaft über Murnau, Murnau bestand auf dem ihm schon
vor Gründung des Klosters verliehenen Privileg, das Rich-
teramt auszuüben, das in einer noch erhaltenen Urkunde
1350 durch Markgraf Ludwig von Brandenburg, dem
Sohn Kaiser Ludwigs, bestätigt wurde. Murnau machte
den Ettaler Pflegern, die ihren Sitz im Murnauer *Schloß*
hatten, das Leben sicherlich nicht leicht. Im allgemeinen
jedoch arrangierte man sich und beschränkte sich auf
mündliche oder schriftliche Proteste. Einmal aber scheint
dem Ettaler Prälaten doch die Galle übergelaufen zu sein.
Man hört von Verhandlungen mit dem Kurfürsten über
einen Verkauf oder Tausch Murnaus, da mit den »streitsüchtigen Leuten, die immer wieder Widerwärtigkeiten erregen, nicht fortzukommen« sei. Aber trotzdem verdanken
die »streitsüchtigen Leute« dem Kloster nicht wenig: die
Kostbarkeit der Pfarrkirche Sankt Nikolaus, von welcher
noch zu sprechen sein wird, und den zusätzlichen Ausbau
des Schlosses, dessen imposante Gestalt im 16. Jahrhundert
ein Gemälde von Hans Donauer im Antiquarium der
Münchner Residenz zeigt. 1740 kam noch der Zehntstadel
hinzu, der Schloßhof wurde mit einem Einfahrtstor abgeschlossen, 1744 die Westfront mit einem Bildnis Kaiser

Ludwigs geschmückt. Übrigens erinnert heute eine Tafel
in dem ehemaligen Schloßhof an Placidus Camerloher, der
am 9. August 1718 als Sohn eines Ettaler Richters hier im
Schloß geboren wurde und nach einer glanzvollen Lauf-
bahn als Fürstbischöflicher Hof- und Domkapellmeister zu
Freising am 21. Juli 1782 im Schloß Murnau starb. In der
Hauptsache ist der zusammen mit der Nikolauskirche das
Bild Murnaus beherrschende Komplex des Schlosses bis
auf zwei schmerzliche Eingriffe erhalten: 1805 wurde der
Falkenturm Kaiser Ludwigs abgebrochen. Er ist auf der
Ansicht Murnaus nach dem Stich Michael Wenings am
Rathaus noch zu sehen. Und auch der hölzerne Zug-
brückenübergang vom Schloß zur Kirche wurde beseitigt.
Lange beherbergte das Schloß die Murnauer Knabenschule
und Lehrerwohnungen, nach seiner Restaurierung soll es
als Heimatmuseum eine Verwendung finden, wie sie sinn-
voller nicht sein könnte.

Das zweite Fresko an der Rathausfassade weist auf die
wundertätige Schmerzensmutter Maria, die »seit unfürdenklichen Zeiten« in der Friedhofskapelle der Nikolauskirche stand. In zahlreichen »sowohl innerlichen Seelen- als
äußerlichen Leibsanliegenheiten« spendete sie Trost und
Abhilfe. 1746, während eine gefährliche und ansteckende
Krankheit um sich griff, gelobte die Gemeinde ein zwölf-
stündiges Gebet »auf ewige Zeiten für den Tag von Mariä
Schmerzen bei ausgesetztem Hochwürdigstem Gute«, und
»von selbem Tage hat das Übel also nachgelassen«, wie
Simon Baumann, dessen Chronik wir hier wiederholt zitie-
ren, berichtet. Als die Schmerzensmutter dann gar mehrmals »sichtbarlich« weinte – ein von mehreren geistlichen
Würdenträgern peinlichst genau untersuchtes und bezeug-
tes Wunder –, wurde ein »Commissionsbericht« eingesandt,
worauf die bischöfliche Entscheidung erfolgte, »das wundertätige Bild der schmerzhaften Mutter Gottes dürfe
öffentlich verehrt und der besseren Aufbewahrung willen
solle es in eine versperrte gläserne Kapsel gesetzt werden«.

Am 17. November 1777 wurde die Schmerzhafte Maria in feierlicher Prozession auf den Hochaltar der Nikolauskirche übertragen, wo sie heute noch steht.

In die uns näher stehende Zeit um die Jahrhundertwende führt das Relief Emanuel von Seidls an der Rathausfassade. Von ihm, dem Murnau viel verdankt, wird noch ausführlich die Rede sein.

1879 hatte die Technik in Gestalt einer ›Vizinalbahn‹ dem Zeitalter der Rott endgültig ein Ende gesetzt. Nunmehr übernahmen Schienen den Warentransport: Murnau verlor die Grundlage seiner wirtschaftlichen Existenz. Der ohnehin durch schwere Brände in den Jahren 1774, 1835, 1837, 1851 bisweilen gänzlich vernichtete und nur notdürftig wieder aufgebaute Ort hatte mit großen Schwierigkeiten zu kämpfen. Aber die Bürger erkannten schnell ihre Chance, als mit der Eisenbahn die ersten Ausflügler und Sommerfrischler nach Murnau kamen. Tatkräftig wurden ein Ortsverschönerungs-Verein gegründet und ein ›Stahlbad Staffelsee-Murnau‹ genanntes Kurzentrum mit Kurhotel gebaut. Es ging wieder bergauf.

Dr. Wilhelm Asam war damals Badearzt in Murnau. In seinem Bändchen ›Ein Sommer im Stahlbade Staffelsee‹ schildert er das Leben jener Zeit im Kurhotel:

»Die moderne Welt liebt es ja, in altdeutschen Salons ein behagliches Leben zu erträumen. Der Fuß schleicht lautlos auf großen, geblümten Teppichen dahin, das Haupt ruht in breiten, federschwellenden Betten mit reichster Verzierung und auf Kanapees, Ottomanen, Fauteuils, ausgestattet mit türkischen, marokkanischen und persischen Stoffen in allen Farben und Combinationen. Ein schläfriges Halbdunkel, das von schweren doppelten Vorhängen erzeugt wird, schmeichelt dem Auge und ein Druck auf den Knopf an der reich tapezierten Wand bringt Hausdiener, Zimmermädchen, Kellner und Kutscher auf die Beine.

In den Badekabinen waltet ein nimmer ruhender Geist ... Mit freundlichem Gruß überrascht er den eintretenden Badegast, nimmt ihm Schirm und Hut aus der Hand, heißt ihn auf weichem Polster

IV

KARL ROTTMANN (1797-1850)

Oben: *Blick von Murnau auf Herzogstand,*
Heimgarten und Estergebirge
Unten: *Blick von der Höhe südlich Murnau*
auf das Wettersteinmassiv
(links Estergebirge, rechts Ammergauer Berge)
Öl auf Papier, um 1843
München, Städtische Galerie
im Lenbachhaus

In seinen italienischen und griechischen Ansichten, die er für König Ludwig I. schuf, und auch
in den stilistisch davon abhängigen bayerischen
Motiven hat Rottmann die Landschaft idealisiert,
heroisiert oder visionär übersteigert. In diesen beiden wohl vor der Natur und schier vom selben
Standpunkt aus – einmal gegen Südosten, einmal
gegen Süden – aufgenommenen und hier zum
ersten Mal zum besseren Vergleich dicht zusammengestellten Ölskizzen bleibt er durchaus Rea-
list. Obwohl er sich in dieser Haltung mit vielen
anderen Malern seiner Zeit trifft, ist es doch keinem Künstler so zwingend wie Rottmann gelungen, die Wandlungsfähigkeit der Erscheinung
bayerischer Voralpenlandschaft unter dem Einfluß
besonderer atmosphärischer und klimatischer Bedingungen zum Ausdruck zu bringen. In einem
geradezu modern anmutenden Breitwandeffekt –
langgezogener Horizont mit hohem Himmel und
knappem Vordergrund – hält er das Spiel rasch
ziehender Wolken in all ihren bizarren Formen,
mit ihrem diffusen Licht und ihrer unglaublichen
Vielfalt an Grautönen fest (oben) oder vergegen-
wärtigt den Zauber klarer föhniger Fernsicht mit
ihrem weiten Panorama scharf konturierter
Berge (unten).

*Platz nehmen, dreht den gewünschten Wechsel, der die Wanne mit
dem heilwirkenden Naß füllt, exekutiert den Thermometer mit
wissenschaftlichem Anstriche, knetet und reibt nach ärztlicher Vor-
schrift und bringt in geschliffenem Becher den Brunnen mit gläsernem
Schlürfrohre.«*

Die Badegäste weiß Asam in süffisanter Weise zu charak-
terisieren: *»Hysterie! Siehe die Dame dort: Ihre Wohlhabenheit
gestattet ihr eine heftige Migräne. Sie hat derentwegen schon alle
modernen Bäder besucht und die größten medizinischen Capazitäten
der Welt consultiert: und das ist ihr Ruhm. Sie kostete schon alle
Mixturen, Pulver, Pillen, Kapseln, Zeltchen und Zäpfchen; sie
weiß den lateinischen Namen eines jeden Medikaments, kennt dessen
Geruch, Farbe und Geschmack, seine Zubereitungsweise, seine
toxische und Heilwirkung und seine Teuerkeit: alles hat ihr Magen
siegreich überwunden, alles genützt, die Migräne aber ist geblieben.
Sie wurde gewaschen, gewickelt, gedoucht, gebadet, frottiert, mas-
siert und elektrisiert: alles zu ihrer Zufriedenheit; die Migräne ist
geblieben; sie bedarf derselben zu ihrer Gesundheit ... Dabei ist sie
noch jung und heirathsfähig, von stattlichem Wuchse und hübsch;
sie ist eine wirklich brave und gebildete Dame. Ihre Züge sind im
Kursaale leidend, an der Table d'hôte genesend, im Concertsaale
gesund. Sie verläßt das Bad mit Befriedigung: die Migräne ist
geblieben. Es schadet nichts, sie hat noch mehr wie einen Rettungsan-
ker: die Kneipp'sche Kur, das Blutbad der Pariserinnen und die
Hypnose ... Das rätselhafte Wesen dieser Krankheit liegt mehr in
der Wahrheit als in der Dichtung. Autosuggestion würde der moderne
Arzt diese Dichtung bezeichnen.«*

Amüsant ist auch die Schilderung eines *»dicken alten Herrn
mit dem gutmütigsten, fröhlichsten Antlitze der Welt, mit weißem
Schnurr- und Knebelbarte, kahlem Scheitel und militärisch stram-
men Umgangsformen. Das ist ein gedienter Major, der sich gegen
chronischen Gelenkrheumatismus im Moore badet. Die junge Da-
menwelt heißt ihn den ›Papa‹. Der Herr Major weiß aber auch
jedem Fräulein etwas Angenehmes zu sagen; da entdeckt er ein
duftiges Blümlein, dort eine zarte Rose, mit der Bestimmung, die
Brust einer Schönen zu schmücken. Er arrangiert Gesellschaftsspiele,*

Concerte, Tänze und gemeinschaftliche Ausflüge während der Sai-
son, weiß gereimter und ungereimter Anekdoten die schwere Menge,
erzählt vom Kriege und läßt manchen Champagnerkork in Feindes-
land in die Luft fliegen. Wer weiß, ob ihm nicht auch die Anmut
des Junggesellentums noch zu statten kommt.«

Diese Welt ist zusammen mit dem ›Stahlbad Staffelsee-
Murnau‹ im Ersten Kriege und in den Nachkriegswirren
untergegangen. Das ›Curhaus Staffelsee‹ wurde dann 1977
nach einem Brand abgerissen und 1979 durch einen Neubau, dem jetzigen BRK-Erholungsheim, ersetzt. Untergegangen
ist auch manches, was erhaltenswert gewesen wäre
wie zum Beispiel die Villa Emanuel von Seidls und das
Elternhaus Ödön von Horváths.

Mit *Emanuel von Seidl* war eine neue Ära für Murnau
heraufgezogen; ihm und dem Künstlerkreis um ihn ist die
in die historische Überlieferung sehr einfühlsame Neugestaltung des Ortes zu verdanken.

Die ›Vizinalbahn‹ hatte zahlreichen Münchner Familien
die Reize der Landschaft um Murnau erschlossen. Auch
Emanuel von Seidl wurde von ihr gefangen genommen.
Aus dem Zwetschgengarten, den er sich als leidenschaftli-
cher Zwetschgenliebhaber gekauft hatte, als er hierher kam,
um für seinen Schwager Professor Mayr-Graz ein Landhaus
zu bauen, wurde bald ein Grundstück von 100 000 Quadratmetern am Kapferberg in einer der schönsten Lagen
um Murnau. Es dauerte nicht lange, dann standen auch
Wohnhaus, Wirtschaftsgebäude, Kavalierhäuser bereit, den
Freundeskreis des gastlichen Hausherrn zu empfangen. Der
Ausgestaltung des Parks »zu einer Fortsetzung seines Hauses
›mit anderen Mitteln‹ zu einem feierlich-heiteren Saal der
Freundschaft und Geselligkeit«, wie es Georg Jakob Wolf
umschrieb, galt seine besondere Sorgfalt. Aber nicht zuletzt
setzte er sich für eine künstlerische Neugestaltung des durch
Brände und wirtschaftlichen Niedergang arg mitgenom-
menen Ortes ein.

»Es möge der Markt Murnau durch Bemalung der Häuser, ge-

schmackvolle Anstriche zusammenhängender Häusergruppen, charakteristischer Gewerbeembleme, Blumenfensterschmuck, Ruheplätze vor den Häusern nach einem bestimmten künstlerischen Plan geschmückt werden und Murnau ein Vorbild werden, wie farbenfreudige und behagliche Straßenbilder geschaffen werden können.«

Es ist hier nicht möglich, auf Einzelheiten der das heutige Bild Murnaus prägenden, besonders in den Häuserzeilen des Oberen und Unteren Marktes nach alten Vorbildern geglückt vorgenommenen Restaurierungs- und Verschönerungsmaßnahmen einzugehen. Hervorzuheben ist die Wiederinstandsetzung des kleinen *Maria-Hilf-Kirchleins* an der Ecke der Grüngasse im Oberen Markt. 1628 von einer Murnauer Bürgerin gestiftet, erst 1655 vollendet, zweimal von Brandkatastrophen heimgesucht, wurde das Kirchlein jedesmal wieder aufgebaut. 1906 ließ es Emanuel von Seidl vollständig restaurieren. Es bildet mit seinem von ihm gestifteten Türmchen und dem Torbogen über die Grüngasse, dessen Georgsfigur ebenfalls Seidl stiftete, ein liebenswertes Ensemble. Nahe bei ihm stehen im Oberen Markt die *Mariensäule* aus dem 17. Jahrhundert, deren Figur Ambros Degler aus Weilheim zugeschrieben wird, und der *Prinzregent-Luitpold-Brunnen* mit einer Georgsfigur nach einem Entwurf von Professor Fritz Behn.

Die Villa des Mannes, dem Murnau so viel verdankt, ist leider vom Erdboden verschwunden. In ihrem Park stehen heute eine Kunststoff-Fabrik, das Kurhotel *Seidlpark* und das Kurhaus Ludwigsbad des jetzigen Moorbades Murnau. Aber trotzdem – es ist unerhört reizvoll, in dem riesigen, öffentlich zugänglichen Areal dieses Parks die verwitterten Spuren des den Schönen Künsten gewidmeten gesellschaftlichen Lebens von damals zu entdecken. Über ihnen liegt noch ein Hauch des Geistes, der sie einst geschaffen und mit Leben erfüllt hat. So sieht man zum Beispiel etwas, das von weitem aussieht wie eine Vogelvoliere, sich aber als ehemalige Rosenlaube entpuppt, an deren Eisengerüst sich wieder Kletterrosen emporzuranken versuchen. Nicht weit davon stehen in einem Eichenhain vier Hermen mit den Büsten Beethovens, Bachs, Shakespeares und Goethes. Unter letzterer entziffert man die Inschrift ›Wilhelm Meister, September 1904‹, ›Die Fischerin, 29. 7. 1905‹. Sie wurden hier im Park gelesen und aufgeführt, ebenso der ›Sommernachtstraum, 28. 9. 1910‹ unter der Regie von Max Reinhardt, wie unter Shakespeare zu lesen ist. Beethoven und Bach erinnern an die Konzerte des Orchestervereins München 1880 e. V., die hier stattfanden.

»Da gerade der Orchesterverein die namhaftesten Münchner Künstler auf dekorativem Gebiet, Maler, Bildhauer, Architekten, Kunstgewerbler zu den Seinen zählte, so konnte er durch Verbindung von Musik und dekorativer Kunst Feste veranstalten, die weit über München hinaus berühmt wurden«, erinnert sich ein Mitglied des Vereins, Felix Schlagintweit. Ferner heißt es in der Jubiläums-Festschrift zum hundertjährigen Bestehen des Vereins im Jahre 1980: »Emanuel und Gabriel von Seidl, die Architekten, denen München und Bayern so viele beste Bauten der Zeit verdankt, waren die führenden Köpfe dieser Feste, und dies nicht nur in München. In Murnau, in Emanuel von Seidls Sommerresidenz, feierte der Münchner Orchesterverein Sommerfeste, in seinem Musiksaal konzertierte man, in einem Haus, in dessen Gästebuch sich der junge Richard Strauss mit bis heute unveröffentlichten Melodien, andere bekannte Künstler mit Zeichnungen verewigten. In Murnau hängt im Sitzungssaal des Rathauses ein Bild, das Emanuel von Seidl mit seinen Freunden vom Münchner Orchesterverein zeigt.«

Diese nur aus kunstsinnigen musizierenden Dilettanten bestehende Vereinigung »verschaffte sich dadurch eine künstlerische Existenzberechtigung, daß sie von Anfang an das Grundprinzip hatte, nur Werke zur Aufführung zu bringen, die in München noch von keinem Berufsorchester geboten wurden. Der Orchesterverein hat im Laufe der Jahre eine Reihe von Symphonien Haydns entdeckt und aufgeführt, die in Archiven und Bibliotheken vergraben lagen. Er war es auch, der Anton Bruckners Symphonie

Nr. 2 in c-Moll im Jahre 1895 in München, erstmals in Deutschland, zur Aufführung brachte. Lange bevor dem Namen Hugo Wolfs künstlerische Gerechtigkeit widerfuhr, brachte der Orchesterverein sein Elfenlied für Frauenchor und Orchester im Jahre 1896.«

Wir aber sind nun erst recht daran interessiert, den Schauplatz dieser bis in unsere Zeit ausstrahlenden Kunstpflege weiter zu erkunden und setzen unseren Gang fort.

Hat man den höchsten Punkt des Parks erreicht, den sogenannten ›Freundschaftshügel‹, entdeckt man inmitten eines Buchenhaines einen Stein mit der Inschrift: »Uns schenkten die Götter auf Erden Elysium!« Man ist versucht, Seidls Begeisterung zustimmend nachzuvollziehen: Unten führt eine Birkenallee vorüber, dahinter blinkt das dunkle Wasser zweier verträumter Teiche auf, und in der Ferne fesselt die sich zu jeder Stunde in anderen Farben und Stimmungen darbietende Kulisse der das Moos umgebenden Berge den Blick: vom Ettaler Mandl im Westen über den Laber, das Estergebirge mit Krottenkopf und Hohen Kisten zu Heimgarten und Herzogstand im Osten.

Ein elysisches Leben muß es gewesen sein, als hier der Hausherr »seinen zahlreichen Freunden zu Genuß und zu eigener Freude« seine Feste veranstaltete. Georg Fuchs erinnert sich: »*Ein erlesenes Publikum war dort draußen immer vorhanden, denn der Emi übte eine geradezu fürstliche Gastfreundschaft und lud sich sommers wie winters jeden und jede ein, deren Wesen oder Erscheinung mit seinem Traum von Geselligkeit und künstlerisch reizvollem Verkehr zusammenstimmte; und wer einmal eingeführt war, der konnte kommen und gehen, wie es ihm gerade genehm war, und niemand fragte, wie lange er bleiben wolle.*«

Diese Feste galten aber nicht nur der Pflege klassischer Kunst, denn es lagen, wie Felix Schlagintweit amüsant erzählt, dem Hausherrn als richtigen Bajuwaren auch »Schießen, Musi und Gaudi« im Blut. So vergnügten sich die Gäste mit Skiübungen den Freundschaftshügel hinab und »bald sah man auch des Nachts die Skikomiker in

Nachthemden mit Fackeln den Abhang hinuntersausen«.
Am 3. November 1906 fand ein Schützenfest statt, nachdem am Freundschaftshügel ein sicherer Schießstand gebaut worden war. Die in einer übermütigen Laune geborene Idee dazu:

> *»Der Münchner hochadelige Kavalierfeuerstutzenschützenverein*
> *›Adlerflaum‹ trifft sich ... zu einem Bundesschießen mit dem Bau-*
> *ernschützenbund Hechendorf ›Halt's enk zamm‹ (haltet zusam-*
> *men), der dann auch tatsächlich ... unter Fahnenschwenken und*
> *Böllerkrachen zum Gabentempel heraufzog und da vom Vorstand*
> *des ›Adlerflaum‹, dem Bildhauer Fritz Behn, herablassend begrüßt*
> *wurde. Alles war natürlich in Schützentracht. Die Bauern mit*
> *Silber- und Hirschhornknöpfen und Eberzähnen an den dicken Uhr-*
> *ketten, Hüte mit unwahrscheinlichen Gamsbärten auf. Behn trug*
> *eine märchenhaft schöne, lange, graue, straffe Steghose mit breiten*
> *grünen Streifen wie ein Jagdgeneral. Zum ›Adlerflaum‹ gehörte*
> *auch Professor Gabriel von Seidl, Emanuels Bruder. Er stand als*
> *Kavalierschütze seinem Bauernschützenbruder gegenüber. Er sah*
> *ungeheuer komisch aus in seiner ihm sonst gar nicht gemäßen steifen*
> *Zurückhaltung, die er noch durch ein übergroßes Monokel betonte.*
> *Sehr gehoben fühlte sich der ›Adlerflaum‹, daß auch Prinz Rup-*
> *precht in seinen Reihen mit schoß.*
>
> *Nun begann das Schießen ganz ernsthaft. Am Schlusse stellte*
> *sich heraus, daß wir Bauernschützen von Hechendorf den ›Adler-*
> *flaum‹ in Grund und Boden geschossen hatten. Behn, der Vorstand*
> *der Kavaliere, brachte es jedoch in seiner Festrede fertig, es so*
> *hinzustellen, daß eigentlich doch der ›Adlerflaum‹ die besseren*
> *Schützen hätte, was ja schon durch die Mitgliedschaft Sr. Kgl.*
> *Hoheit und so vieler hoher Herren von vornherein genügend fest-*
> *stehe.«* (Felix Schlagintweit)

Am Ufer entdeckten wir die Fundamente eines Häuschens oder einer Hütte und eine ins Wasser führende steinerne Treppe, offenbar ehemals die Kulissen für die Aufführung der ›Fischerin‹. Goethe hatte dieses Singspiel eigens
für das ›Wald- und Wassertheater‹ des Tiefurter Sommer-
schlößchens der Herzogin Anna Amalia von Sachsen-Wei-

mar geschrieben. 123 Jahre nach der Erstaufführung am 22. Juli 1782 überraschte Emanuel von Seidl seine Gäste damit, wie wir an Goethes Herme gelesen haben.

Den Höhepunkt aber brachte unzweifelhaft 1910 die Aufführung der schönen Szenen aus dem ›Sommernachtstraum‹, wofür Seidl keinen Geringeren als Max Reinhardt und sein Ensemble gewinnen konnte, die eben im Münchner ›Künstlertheater‹ gastierten. Aber wie immer, wenn es im Oberland um Freilichtaufführungen ging, gab es Schwierigkeiten mit dem Wetter. Georg Fuchs hat darüber anschaulich berichtet:

»Einmal, während eines total verregneten Sommers, als alle Welt vor Nässe und Kälte aus den Sommerfrischen flüchtete, kam der Emi zu mir ins Künstlertheater, wo der mit den ausgesucht besten Darstellern Deutschlands besetzte ›Sommernachtstraum‹ das Entzücken der sich um diese Jahreszeit in München treffenden in- und ausländischen ›Kulturelite‹ erregte − begreiflicherweise, denn die holde Sommerwonne, welche die aus Rand und Band geratene Natur da draußen so ganz vermissen ließ, sie strömte hier aus dem Füllhorn der Poesie all ihre Seligkeiten über die geplagte Menschheit aus! − Was aber wollte der Emi, dieser Unmensch? − Er wollte weiter gar nichts, als der gerade zum Besuch bei ihrer Mutter, der Herzogin Karl Theodor, weilenden Königin der Belgier in Murnau ein Gartenfest geben, und dabei müßte der ›Sommernachtstraum‹ in der Star-Besetzung des Künstlertheaters im Park aufgeführt werden. Das ganze Darstellerensemble samt Tänzerinnengruppe und Orchester sei für die zwei Tage und Nächte der Proben und der Aufführung sein lieber Gast ... Es war so kalt, daß man Tag für Tag erwartete, daß es zum Schneien käme, und regnete, regnete, wie der Narr im Nachgesang zu Shakespeares ›Was ihr wollt‹ so trübsinnig klagend summt: ›Und der Regen, der regnet jeglichen Tag ...‹ Allein jeder Versuch, dem Emi diese ›hirnrissige‹ Idee auszureden, scheiterte kläglich an seinem Dickschädel. − ›Ich, wenn will, nachher ist des Wetter gut! − Verstehens mich, Sie −? − Ich verbitt mir jeden Zweifel! − Zweifel schwächt nur! − Wollen muß man halt! − Das müßt doch mit dem Teufel zugehn, wenn wir mit die armseligen

Spirigankerln, die des Hundewetter machen, net fertig würden!‹ —
Und, ob mans glaubt oder nicht: er wurde tatsächlich mit den Wind-
und Wolken-Dämonen glänzend fertig! Er tat, als ob sie gar nicht
da wären; und ob es schon immer weiter goß und goß: er traf seine
umfangreichen, Tausende von Mark verschlingenden Vorbereitun-
gen, wie wenn es überhaupt kein Wetter gäbe … Und weil eine
Königin seinen Ansprüchen nicht genügte, lud er sich gleich noch
eine zweite dazu ein; das war die schon hochbetagte Königin Marie
von Neapel, auch eine geborene bayrische Herzogin und Tante der
belgischen Königin. Sie war zwar seit unvordenklichen Zeiten
entthront, dafür aber als ›Heldin von Gaëta‹ sozusagen eine histori-
sche Berühmtheit …

Um die beiden Königinnen nun sollte sich ein glanzvoller Kreis
von Fürstlichkeiten und anderen hochstehenden Persönlichkeiten,
berühmten Künstlern mit ihren schönen Frauen und Töchtern scha-
ren: mit dem Darsteller-, Orchester-, Garderobe- und sonstigen
Personal eine mehrhundertköpfige und meist doch auch recht an-
spruchsvolle Menge, von der niemand sich vorstellen konnte, was
aus ihr werden sollte, wenns regnete; — und ›der Regen, der regnete
jeglichen Tag‹. Wir hatten das Gefühl, mit Freund Seidl einer
unvorstellbaren Katastrophe zuzutreiben.«

Doch Emis Zweckoptimismus sollte Recht behalten,
und mit dem Augenblick, erzählt Georg Fuchs, »*in dem wir*
zu den Proben in seinen Park einzogen, taten sich die Wolkentore
auf, und das schöne Loisachtal lag im seligsten Sonnenschein vor uns,
umrandet von den bis weit herab von Neuschnee weiß leuchtenden
Gebirgen; und der Staffelsee drunten … wetteiferte mit dem Firma-
ment in jener Ultrabläue, die man auf Gardasee-Ansichtskarten so
kitschig und unnatürlich zu finden pflegt. — ›Wo —?‹ sagte Seidl,
als er uns begrüßte, mit einer lässig hinausdeutenden Gebärde; und
das war alles, was er sagte …

Und als dann mit anbrechender Dämmerung sich die ganze Fest-
teilnehmerschaft im Festgewande bei der von einem Wildbach durch-
gischteten Schlucht, die den Park durchzieht, versammelte und
mit dem Rauschen des Wasserfalls und der Wipfel geheimnisvolle
Geisterklänge sich zu vermischen begannen, da erschien durch einen

verwitterten alten Torbogen auf einem Einhorn reitend und von einem weißbärtigen, mit Eichenlaub bekränzten Riesen geführt, die wunderschöne Feenkönigin Titania, den Menschen-Königinnen den Willkommsgruß des Geisterreiches zu bieten, indessen schon in Busch und Holz ein Flimmern und ein Kichern zu vernehmen war und allenthalben schlanke Elfenglieder huschten, während Puck und Troll bald da, bald dort ihre übermütigen Neckrufe erschallen ließen und buntbekränzte Elfenkinder: ›Bohnenblüt‹, ›Spinnenweb‹, ›Motte‹, ›Senfsamen‹ und wie sie alle Namen haben mögen, die süßen Blumengeschöpfe eines Dichtertraumes, von grünfunkelnden Glühwürmchen und Irrlichtflämmchen umgaukelt, sich in Girlanden über die Matten schlangen.

Nachdem dann die von mir entsprechend zusammengestellten Einzelauftritte an wechselnden Schauplätzen, zu denen bald im Walde, bald über Moos, bald durch blühende Gärten zu wandern der Festgemeinde reizvollste Gelegenheit zu phantasievollen Fackelpolonäsen bot, sich abgerollt hatten, schloß das Rüpelspiel das Ganze dort am Waldsee, dessen bleiche Seerosen, rotblinkende Karauschen und schmetternde Frosch- und Unkenkonzerte das Erlebnis erst vollkommen machten. Wonach denn, indessen die Böller durchs Tal hin krachten, die Jodelrufe jauchzten und die Freudenfeuer ringsum auf den Höhen, ja auf fernen Gipfeln aufflammten, Gäste und Mitwirkende, geleitet von der Kinderwelt, den Burschen und Mädchen der nahen Ortschaften in ihren Trachten, zum festlichen Mahl und Tanz auf die Terrasse des Herrnhauses hinanzogen.«

Wenn wir uns jetzt an das bereits früher kurz erwähnte, ebenfalls wie die Villa Emanuel von Seidls verschwundene Elternhaus Ödön von Horváths erinnern, so tun wir einen großen Gedankensprung. Es ist ein weiter Weg von der empfindsamen Poesie der ›Fischerin‹ und dem harmlosfröhlichen Lebensgenuß der Jahrhundertwende in die Zeit des Ersten Weltkrieges, der Revolution von 1918 mit ihren Folgen, des sich anbahnenden Unheils des Dritten Reiches, in diese von Ödön von Horváth so drastisch charakterisierte Zeit des Umbruchs und des Zerfalls bisher verbindlicher Normen.

Am 9. Dezember 1901 zu Fiume in die noch ›heile‹ Welt des k. u. k. Vielvölkerstaates hineingeboren, als Sohn eines ungarischen Diplomaten dieses österreichischen Kaiserreiches zum Weltbürger aufgewachsen, vereinigte Ödön von Horváth in sich alle Elemente eines ungarisch-deutsch-tschechisch-kroatischen Bluterbes. Er war der Prototyp einer – wie er sich selbst bezeichnete – ›österreichisch-ungarischen Angelegenheit‹, deren charakteristischstes und vielleicht auch liebenswertestes Merkmal die schwer zu definierende melancholisch-satirische Ironie ist, mit der diese Menschen sich selbst und das Geschehen um sie wach, illusionslos-kritisch, oft übertreibend beobachten und mit einem resignierten leisen Lächeln uralter Erfahrung anprangern.

1924, als Horváths Eltern nach Murnau kamen und sich hier in der Bahnhofstraße ein Sommerhaus bauten, wurde schräg gegenüber im ›Hotel Schönblick‹ die erste ›Rundfunkstelle‹, das heißt, der erste Radio-Empfänger im Ort, aufgestellt – ein sensationelles Ereignis. Eine zweite Sensation war 1930 die Eröffnung der Zugspitzbahn. Und die ersten drohenden Wogen des Dritten Reiches stürzten 1931 den stillen Ort in den Aufruhr einer ›Saalschlacht‹, in welcher sich Reichsbannerleute und Hakenkreuzler die Köpfe einschlugen.

1924 studierte Horváth in München, war viel in Murnau, gab aber nach ersten schriftstellerischen Versuchen das Studium auf und »floh« nach Berlin, denn »auf dem Lande besteht die Gefahr des Romantischwerdens, in der Großstadt habe ich mehr Eindrücke, sehe Wichtigeres für unsere Zeit, als auf dem Lande«. Murnau ließ ihn jedoch nicht los; immer wieder kehrte er für längere oder kürzere Zeit hierher zurück. ›Romantisch‹ wurde er aber trotzdem nicht. In Berliner Kneipen, Münchner Biergärten oder an seinem Stammtisch in der Murnauer Post schrieb er nieder, was er sah und hörte, da lebten die Menschen, die er porträtierte. Das »Wichtigere« der in Berlin und auf Reisen

in anderen Städten gewonnenen Eindrücke verflocht er mit
scharfer, oft alles andere als schmeichelhafter Beobachtung
der ländlichen Mentalität. Er verstand es, mit ein paar
scheinbar belanglosen Worten die ewig gültigen menschlichen Probleme und Schwächen, die Schicksale und Gedanken seiner Gestalten, die Atmosphäre des sozialen und politischen Aufbruchs, in der sie stehen, plastischer darzustellen,
als es mit vielen langen Sätzen gelänge. Von seiner knappen
Sprache kommt man lange nicht los, so viel steht hinter
ihr. Wahrscheinlich war dies nicht zuletzt das Geheimnis
seines Erfolgs.

Erfolg hatte er von Anfang an. Zu ihm hat auch Murnau
ein wenig beigetragen. Von seinen, alle Schichten der
menschlichen Gesellschaft drastisch anpackenden Volksstük-
ken siedelte er einige – ›Hotel zur schönen Aussicht‹, ›Die
Bergbahn‹ (1926 in den Hamburger Kammerspielen uraufgeführt, von der Berliner Volksbühne übernommen), ›Italienische Nacht‹ (aufgeführt im Berliner Theater am Schiff-
bauerdamm und in der Wiener Scala) – verschlüsselt, aber
doch unverkennbar in einer auch die Landbevölkerung nicht
verschonenden Weise in Murnau an. So erinnert denn auch
nur der kleine kurze ›Ödön-von-Horváth-Weg‹ am Rande
des ehemaligen, in ein Geschäftszentrum verwandelten
Grundstücks seiner Eltern an diesen ›Revolutionär‹.

Es konnte nicht ausbleiben, daß sich die Lager bald teil-
ten. Die eine Seite begrüßte die Werke Horváths mit großer
Anerkennung und Begeisterung; Max Reinhardt führte
seine Stücke in Berlin auf, er erhielt den Kleist-Preis, der
Ullstein-Verlag schloß mit ihm einen Vertrag auf eine à-
conto-Zahlung von monatlich 300 Reichsmark, damals
eine Summe, von der man leben konnte; in gewissen anderen Kreisen erregten sie so viel Anstoß, daß ihm 1934 die
Aufenthaltsgenehmigung für Deutschland versagt wurde.
Es begannen die Jahre der Emigration. Zuerst Wien, nach
dem Einmarsch in Österreich am 13. März 1938 die
Schweiz, Budapest, Prag, Mailand, Amsterdam, bis er am

28. Mai 1938 zu Verhandlungen über ein Filmprojekt, das ihn in die Vereinigten Staaten führen soll, in Paris eintrifft. Er plant einen Roman ›Adieu Europa‹.

»*Am 31.5. wird in Paris Wiedersehen gefeiert im Hôtel de l'Universaire bis zum Morgengrauen, abends soll weitergefeiert werden. Nachmittags geht Horváth ins Kino, danach erwartet ihn Robert Siodmak im Café Marignan. Sie sitzen auf der Terrasse und genießen den ruhigen Abend. Kurz nach 19⁰⁰ verabschiedet sich Horváth. Das Angebot Siodmaks, ihn im Auto ins Hotel zu bringen, lehnt er ab. – Horváth geht die Champs Elysées entlang und überquert sie in Höhe der Avenue Marigny. – Alles weitere geschieht in Sekunden. – Ein Windstoß. – Krachen. – Horváth sucht Schutz unter den Bäumen. – Horváth tritt vor. – Da trifft ihn ein stürzender Ast. – Horváth ist sofort tot. – Es ist 19²⁰.*« (Traugott Krischke)

Zu Füßen von Murnau liegt der in des Wortes wahrstem Sinne schwer zugängliche Staffelsee. Immer wieder entzieht er sich sowohl dem ihn von weitem suchenden Auge wie auch dem an seine Ufer strebenden Schritt. Glaubt man, ihn endlich zu fassen, zu übersehen, zeigt er von jeder Sicht ein anderes Gesicht. Inseln, Buchten, Landzungen schieben sich in das Blickfeld – man wird jedesmal in die Irre geführt.

Vielfältig wie er selbst sind die Deutungsversuche seines Namens, ebenso wie auch die Versuche, ›Murnau‹ von ›Ouwe‹, ›Murnowe‹, ›Murninsowe‹ abzuleiten oder gar sich den Lindwurm in Murnaus Wappen damit zu erklären, daß Murnau einstens ›Wurmesau‹ genannt wurde. Als ›Ouwe‹ erscheint Murnau 1031 zum erstenmal in einer Zusammenstellung der Grundbesitzungen des Klosters Benediktbeuern; in den ›Traditionen‹ des Klosters Schäftlarn wird es 1130 ›Murnowe‹ genannt, später taucht es als ›Murnaw‹, also ›Murnaue‹ und ›Murninsowe‹ auf. Man hat diese Bezeichnungen von verschiedenen, in frühen Dokumenten genannten Personennamen abgeleitet. Die einleuchtendste und wissenschaftlich begründete Klärung dieser Frage

dürfte wohl die Stellungnahme der Kommission für Bayerische Landesgeschichte zu dieser Frage sein, der sich auch
der Vorsitzende des Historischen Vereins Murnau, Ernst
Krönner, angeschlossen hat: »... so wird man Murnau nach
wie vor als mourin ouwe gleich sumpfige Aue deuten,
wobei -in- ähnlich wie unser -ig- in sumpfig als Eigen-
schafts-Anhängsel zu betrachten ist. Ähnlich werden auch
die anderen Namen mit Murn- gedeutet ...«

Und wie ist der Staffelsee zu seinem Namen gekommen?
Kam er aus dem Keltischen oder von einer an der nahen
Römerstraße gelegenen römischen ›Staffel‹? Am wahr-
scheinlichsten scheint eine Erklärung ähnlich der für Murnau, nämlich eine Ableitung von ›Stapho‹ also Stapfe,
Fährte, und ›staffin‹ das heißt stapfen. Man ›stapft‹ durch
das seichte Wasser des 7,65 Quadratkilometer großen Sees
zu seinen sieben Inseln oder über den moorigen Boden des
Mooses zu seinen ›Köcheln‹, wie man die sich aus ihm
erhebenden Hartsteinhügel nennt.

Sucht man eine ›Stapho‹, eine Fährte der Geschichte
des Sees, so ›stapft‹ man ebenfalls in unsicherem Gelände.
Zuerst stößt man auf das im 8. Jahrhundert überall im
ganzen Voralpenland immer wieder auftauchende Geschlecht der Huosi. Über ihre Herkunft gibt es verschiedene
Theorien. Jedenfalls hieß damals das ganze Gebiet um den
Ammer-, Würm- (Starnberger-), Kochel-, Staffel- und
wahrscheinlich auch den Walchensee der ›Huosigau‹. Es
muß nicht nur ein reich begütertes und frommes, sondern
auch ein mit zahlreicher Nachkommenschaft gesegnetes
Geschlecht gewesen sein. Man kann sicher sein, als Stifter
der Klöster dieses Gaus entweder Herzog Thassilo III. von
Bayern (748–788) oder Brüder und Schwestern aus dem
Geschlecht der Huosi genannt zu finden. So soll also auch
eine Gailswinda ein Frauenkloster auf der zweitgrößten
Insel des Staffelsees (*Buchau,* 4,54 ha) gegründet haben,
jedoch sind »die algengedeckten Pfähle dort in der Tiefe,
die einst einer Brücke angehörten, die einzigen Zeugen,

die sich davon erhalten haben«. Wilhelm Asam knüpft daran Betrachtungen über das »bejammernswerte Schicksal einer Nonne ... In krankhafter Beschaulichkeit verkümmerte Herz und Seele, fernab von der rüstenden, schaffenden Welt, den Angehörigen auf Nimmerwiedersehen entrissen ... Fort von hier!«

Fort von hier!, sagen auch wir. Von den »bejammernswerten« Schicksalen der armen Nonnen ist uns keine weitere Kunde überliefert – in dem Campinglager der Insel geben sich heute Scharen von Menschen dem fröhlichen Lebensgenuß hin.

Auf der nächsten, größten Insel des Staffelsees, *Wörth* (36,52 ha) befand sich wahrscheinlich die älteste christliche Kultstätte der Gegend, und hier war merkwürdigerweise bis 1743 die Pfarrei Staffelsee, obwohl Sankt Nikolaus in Murnau schon 1134 urkundlich erwähnt ist. Zu der Kirche Sankt Michael auf der Insel gelangte man einst über eine Brücke, die von der Halbinsel Burg über die kleine Insel *Sankt Jakob* (0,01 ha) auf die Wörth führte. »Über diese Brücke machte ehedem der kleine Erdenbürger seine erste Reise ... zur Taufe, dorthinüber schleppte sich die leidenschaftliche Seele und zerknirscht und reumütig kehrte sie zurück. Auf ihr wandelte der Priester in finsterer Nacht ... wenn es ... am Ufer zum Sterben kam« (Wilhelm Asam). Auch von dieser Brücke sind nur einige Pfähle im Grunde des Sees übrig geblieben.

Einstens war Sankt Michael sogar eine Bischofskirche. In einem päpstlichen Schreiben von 800 wird ein ›episcopus ecclesiae stafnensis‹ erwähnt, und in einer Bestandsaufnahme der geistlichen Güter unter Karl dem Großen ist die reiche Ausstattung der Kirche aufgezählt. Da ist die Rede von einem mächtigen silbernen Radleuchter, von einem in der Mitte vergoldeten Kupferkreuz mit Edelsteinverzierungen, von kostbaren liturgischen Gewändern und bischöflichen Kultgeräten.

Die Kirche bildete den Mittelpunkt eines Bistums, für

das in den Quellen neben der Bezeichnung »stafnensis« auch
»Niwinburgensis« – Neuburg – auftaucht, das aber nach den
Forschungen des bayerischen Kirchenhistorikers Romuald
Bauerreiß nur ein und dasselbe meinen kann. Die Entstehung dieses Bistums muß noch in vorbajuwarischer, also
in spätrömischer Zeit erfolgt sein, wohl im 5. Jahrhundert.
Im ersten Jahrzehnt nach 800 ist dieses Staffelseebistum mit
der Diözese Augsburg vereinigt worden; dies erklärt auch
hinlänglich den heute noch auffallend anomalen Grenzver-
lauf des Bistums Augsburg in diesem Raum, läßt aber auch
andererseits den Umfang des einstigen Staffelseebistums
rekonstruieren, wie Pius Fischer dargelegt hat:

> *Die Westgrenze bildete der Lech. Die Südostgrenze umfaßte
> die Klostermark Benediktbeuerns einschließlich Ohlstadt (später
> freisingisch) und den Starnberger See und grenzte bei Percha fast
> bis an die Isar. Die große Heerstraße Augsburg-Salzburg scheint
> die Nordgrenze gebildet zu haben. Die Alpen waren die Südgrenze,
> wobei Partenkirchen und Scharnitz einzuschließen sind ... Damit
> stieß das Bistum Neuburg im Staffelsee an die Nordgrenze des
> Bergbistums Säben, dessen Sitz in der 2. Hälfte des 10. Jahrhunderts
> nach Brixen verlegt wurde. Zum Bistum Neuburg im Staffelsee
> gehörten also die heutigen Dekanate Weilheim, das früher auch
> das Dekanat Benediktbeuern mit Ohlstadt umfaßte; die Dekanate
> Oberalting, Wessobrunn, Landsberg am Lech, Schongau und Füssen
> am rechten Ufer des Lechs und das Archidekanat Rottenbuch (später
> freisingisch) ... Schon der laute Gedanke einer in unserer nüchternen
> Zeit eventuell geplanten ›kirchlichen Flurbereinigung‹ zugunsten
> der Erzdiözese München-Freising würde die zuständigen Heimat-
> pfleger auf die Barrikaden schicken.«*

Die früheste Bischofskirche wird in den Ungarnstürmen
untergegangen sein. Nach der Aufhebung des Bistums exi-
stierte hier noch ein Eigenkloster des Bischofs von Augsburg eine Weile weiter, bis dessen Schicksal in die Geschichte der alten, im Kern noch romanischen Pfarrkirche
Sankt Michael mündet, die 1774/75 demoliert und dann
1832 völlig abgebrochen worden ist.

Zusammen mit Dillis, Neureuther,
Warnberger und Wagenbauer gehört der
jüngere Johann Jakob Dorner zur ersten
Phalanx der Entdecker bayerischer
Landschaft. In den Monaten Mai und
Juni 1814 unternahm er eine Studien-
reise, die ihn über Füssen, Reutte, Par-
tenkirchen und Murnau auch an den
Staffelsee führte. Es spricht für die Unbe-
fangenheit, um nicht zu sagen den Hu-
mor dieses Malerwanderers, wenn er ne-
ben der Darstellung der Landschaft auch
dem pfingstlichen Erlebnis eines wortge-
waltigen Kanzelredners in der Kirche
von Seehausen *am Staffelsee eine*
Skizze widmet.

Als Ersatz dafür wuchs zur selben Zeit 1774/75 in *Seehau-*
sen eine neue Pfarrkirche, wieder unter dem Patronat des
Heiligen Michael, empor. Zum Bau verwendete man auch
Teile der alten Kirche auf der Insel Wörth. Den Entwurf
zu dem sehenswerten Kirchbau lieferte der Münchner
Stadtmaurermeister Leonhard Matthäus Gießl, der diesem
Spätrokokoraum seine eigene festliche Atmosphäre gab:
Das Fehlen von Stuckdekoration und ihr Ersatz durch Or-
namentmalerei ist ein Indiz für die späte, schon in den
Frühklassizismus reichende Entstehungszeit, in der übermä-
ßiger Aufwand verpönt und edle Einfachheit gefordert
waren. Die Fresken sind allerdings späte Zutaten, die sich
dennoch harmonisch einzufügen versuchen: Die im Chor
(1872) stammen von dem Murnauer Spätnazarener Johann
Michael Wittmer, von dem wir noch hören werden, jene
im Langhaus (1893) von dem seinerzeit vielbeschäftigten
Neubarockfreskanten Waldemar Kolmsperger. Die Kirche
war eine Stiftung des in Augsburg zu Wohlstand und Anse-
hen gelangten einflußreichen Buchhändlers und Verlegers
Matthäus Rieger an seinen Heimatort, der bis dahin nur

eine kleine Kapelle besessen hatte. Auf dem stimmungsvollen Friedhof vor der Kirche ist der generöse Stifter auch begraben. Weitere Erinnerungen knüpfen sich an das Grab mit dem Bildnismedaillon nahe dem Eingangsgitter. Joseph Utzschneider hat es seinem Onkel Andreas Andre gestiftet, dem Kabinettsekretär und heimlichen zweiten Gemahl der Herzogin Maria Anna, deren aufregende Geschichte wir in Schwaiganger noch erfahren werden.

Wie ehedem zieht an Fronleichnam die Seeprozession von Seehausen über das Wasser zur Insel Wörth. Voran das geschmückte Fährschiff mit dem Allerheiligsten und der Geistlichkeit. Ihm folgt die festlich gekleidete Gemeinde in zahlreichen Begleitbooten. Ein schöner Brauch, der die Erinnerung an den Ursprung geistlichen Lebens im Staffelseegebiet bewahrt, zugleich – neben Riegsee – die einzige Seeprozession, die man in Oberbayern noch miterleben kann, seit die berühmte Chiemseeprozession um die Fraueninsel aufgegeben worden ist.

Uffing, ein freundlicher kleiner Ort am Nordufer des Sees, hat in seiner Pfarrkirche Sankt Agatha Werke Johann Sebastian Trogers von 1786 aufzuweisen: das Deckenfresko des im 17. Jahrhundert errichteten Gotteshauses zeigt das Martyrium der Heiligen Agathe, im Altarblatt ist ihre Glorifikation dargestellt, im Chorfresko die Grablege Christi. Schöne Werke Trogers finden sich in vielen Landkirchen des Umkreises, zum Beispiel in Sindelsdorf, Weilheim und Dietramszell. Der Maler stammt aus Schongau und ist nicht zu verwechseln mit dem berühmten österreichischen Namensvetter Paul Troger, der aus dem Pustertal stammte.

Von Uffing ist es nicht weit zu dem abseits vom See, aber direkt an der Olympiastraße gelegenen *Spatzenhausen.* Wir erwähnen den Ort einmal wegen seiner stimmungsvollen Kirche Sankt Afra, in der sich ein Altarblatt des liebenswürdigen Rokokomalers Johann Baptist Baader, im Volksmund der ›Lechhansl‹ genannt, und eine alte Kopie des berühmten Pollinger Kreuzes befinden, aber auch, weil sein Name in die bayerische Kriegsgeschichte eingegangen ist. Im ›Gefecht von Spatzenhausen‹ besiegte Oberst Graf Arco 1809 zu guter Letzt jene 200 aufständischen Tiroler, die mit vierzig Reitern und drei Kanonen über Scharnitz und Mittenwald in das weitgehend ungeschützte Werdenfelser Land eingefallen waren und eine bayerische Einheit unter Hauptmann Bauer, die sich ihrem Vormarsch bei Murnau entgegenzustellen versuchte, zunächst bis auf die Linie Habach und Spatzenhausen zurückgeworfen hatte. Das ist nun rund 180 Jahre her, aber wie ein Spuk aus längstvergangener Zeil will einen der Bericht von Gefechtslärm und Kanonendonner anmuten, wenn man wieder die Höhen über dem See gewinnt und die bezaubernde Schönheit dieser großartig modellierten Landschaft auf sich wirken läßt und ihre immer wieder wechselnden Stimmungen bewundert. Wir erinnern uns da eines solchen unvergeßlichen Erlebnisses, als wir einmal von Uffing her bei beginnender Dämmerung auf der Ostseite der in den See ragenden Landzunge gewandert waren. Nach Überquerung seines Ausflusses, der Ach, wandte sich der Weg allmählich nach Westen. Es ging durch eine moorige Heidelandschaft, vorbei an einem einsamen Gehöft und über Wiesen mit prachtvollen Eichengruppen schließlich zu einem sumpfigen Moorpfad. Einige Birken zeichneten zarte Silhouetten in den grauen Himmel und plötzlich standen wir am Wasser vor einer Symphonie von grauen Tönen in allen erdenklichen Abstufungen von dunkelstem Schwarzgrau bis zu hell leuchtendem Silber. Drüben am anderen Ufer staffelten sich dunkel die Vorberge, dahinter die in weichen Linien unmerklich in den Himmel übergehende Kette des Gebirges. Die am Horizont hinter einer tiefgrauen riesigen Wolke versteckte untergehende Sonne sandte einen unendlich hell leuchtenden silbernen Strahl über das Wasser. In seinem Schein fingen die weichen Wellen das Spiegelbild der Landschaft auf, dem im Vordergrund an unserem Ufer die schwarze Silhouette einer kahlen Baumgruppe einen energischen Akzent gab.

Auf der Fahrt zurück nach Murnau fällt in *Rieden* rechts der Straße zum See hin ein hübsches Schlößchen auf. Es ist das ehemals einfache Bauerngehöft, der Schreiberhof, die Geburtsstätte von Andreas Andre und seines Neffen Joseph Utzschneider. Beiden Männern und ihren Lebensgeschichten, die ihre Namen weit über den Raum ihrer engeren Heimat bekannt und berühmt gemacht haben, werden wir bei unseren Besuchen von Schwaiganger und Benediktbeuern begegnen. Aus dem zu ihrer Zeit einfachen Anwesen machten spätere Besitzer, die das Gut 1880 erworben haben, 1887 das heutige Schlößchen.

In *Riedhausen* vermittelt die Kirche Sankt Mauritius mit ihren erst 1968 bis 1970 freigelegten gotischen Fresken einen bildhaften Eindruck vom Aussehen der oberbayerischen Landkirchen im 14. Jahrhundert.

Den Landsitz *Hochried,* der heute als Jugendheim der Caritas genutzt wird, hatte sich der New Yorker Bankier James Loeb errichtet, der in der Münchner Nervenklinik von schwerem Leiden Heilung gefunden hatte und 1907 nach Murnau übersiedelt war. Von hier aus unternahm er seine vielfältigen kulturellen Aktivitäten:

»Er finanzierte Ausgrabungen in Ägypten, deren Funde, hauptsächlich Kleinplastiken, in den Besitz der Staatssammlungen in München übergingen, publizierte ›Loebs Classics‹, Ausgaben antiker Schriftsteller in griechischer und englischer Sprache, und erwies sich als hervorragender Cellist. Der Forschungsanstalt für Psychiatrie in München stiftete er einen Millionenbetrag. Der Marktgemeinde Murnau, die ihm die Ehrenbürgerschaft verlieh, schenkte er 400 000 Mark zum Bau des Krankenhauses (1932). In seinem Testament vermachte er der Gemeinde 20 000 Dollar als ›Loeb-Stiftung‹ zur Hilfe für die Armen.« (Rolf Wünnenberg)

Sein Tod im Jahre 1933 ersparte dem Mäzen die bittere Erfahrung des Undanks, den das heraufziehende ›Dritte Reich‹ auch ihm bereitet hätte.

Wir beenden unsere Erkundungsfahrt am Staffelsee –
denn *um* den Staffelsee zu fahren ist mangels entsprechender
Verkehrsverbindungen auf der Westseite leider, oder besser,
Gott sei Dank nicht möglich – wieder in *Murnau,* wo mit
Sankt Nikolaus das schönste, prunkvollste und kostbarste
Gotteshaus im ganzen Umkreis steht. Von einer Anhöhe
über dem Ort beherrscht und behütet diese dem Fischerpa-
tron geweihte Kirche ihre Gemeinde. Abt Placidus Seitz
von Ettal legte 1717 den Grundstein zu diesem neuen Gotteshaus, das auf einen Filialbau des 12. Jahrhunderts der
uralten Pfarrkirche auf der Insel Wörth zurückging. 1734
war die neue Kirche vollendet, erst 1743 aber wurde sie,
wie schon erwähnt, zur Pfarrkirche erhoben.

Da ein Pfarrhausbrand 1774 die Baurechnungen vernichtete, ist nicht mehr einwandfrei zu ermitteln, wem die
Pläne zu diesem, die Entwicklung des Kirchenbaus zu zentralen Raumkompositionen anbahnenden Gotteshauses zu
verdanken sind. Sie werden dem kurfürstlich bayerischen
Hofbaumeister Enrico Zuccali (etwa 1642-1724) zugeschrieben, der 1710 auch die Pläne der Gesamtanlage von
Kloster Ettal geschaffen hatte. Als ausführender Baumeister
wird der Murnauer Maurermeister Kaspar Bauhofer ange-
nommen, der den Bau zwischen 1717 und 1727 durchführt
und mit dem Turm 1730 bis 1732 abschließt (Helm von
1750). Interessant ist, daß eine Mitarbeit des mit der Tochter
eines Murnauer Drechslers verheirateten Münchner Stadt-
maurermeisters Johann Mayr in Betracht kommt, als dessen
Palier von etwa 1717/18 Johann Michael Fischer (1692-
1766) arbeitete, und dessen Stiefsöhne Johann Baptist und
Ignaz Anton Gunetzrhainer waren.

Der aus einem quadratischen Grundriß durch Eckab-
schrägungen entstandene, von einer Flachkuppel über-
deckte, helle Achteckraum und der anschließende, sechs
Stufen höher gelegene Chor bergen Werke weithin berühmter, zum Teil einheimischer Meister. In die muschel-
förmige Apsis des Chors fügt sich harmonisch der reiche

Aufbau des Hochaltars von etwa 1730, ein Geschenk des Klosters Ettal von 1771. Seine Figuren ebenso wie die ihn flankierenden Figuren der Heiligen Ulrich und Benno werden dem älteren Ägid Verhelst zugeschrieben. Das Altarbild von 1771 mit Szenen aus dem Leben des Heiligen Nikolaus schuf der überall zwischen Isar und Lech und im Allgäu tätige Johann Baptist Baader. Über dem reich geschnitzten Altar schwebt in einem Rokokoschrein das Gnadenbild der Schmerzhaften Muttergottes, der, wie bereits berichtet, »seit unfürdenklichen Zeiten« hochverehrten, wundertätigen Schützerin Murnaus.

Von den acht durchweg qualitätvollen Seitenaltären und ihrer Ausstattung sind besonders hervorzuheben der frühbarocke Rosenkranzaltar aus Wessobrunn an der linken Hauptraumwand, links von ihm der aus einer unbekannten Klosterkirche hierher übertragene Antoniusaltar mit einem von Cosmas Damian Asam 1701 bezeichneten Altarblatt. 1686 geboren, muß er dieses Bild also im Alter von fünfzehn Jahren gemalt haben! In der Kapelle neben der Kanzel von Johann Georg Miller aus Kleinweil (1750/60) steht der Franz-Xaver-Altar mit dem Meisterwerk eines Namensbruders der Heiligen, des Franz Xaver Schmädl aus Weilheim. Er war ebenfalls im weiten Umkreis des bayerischen Vorlandes und im Allgäu vielbegehrt. Wir haben in der neuen Pfarrkirche von Garmisch eine mit seiner Beteiligung entstandene Anna-Selbdritt-Gruppe gesehen und werden ihm in der Pfarrkirche Sankt Peter und Paul von Oberammergau wieder begegnen. Hier in Murnau schuf er 1751 eine in der Ausgewogenheit ihrer Komposition vollendet schöne Anna-Selbdritt-Gruppe, welche das Garmischer Ensemble weit übertrifft.

Die weitere Ausstattung des Kirchenraumes stammt größtenteils von einheimischen Meistern. Balthasar Zwinck aus Uffing fertigte 1732 das Kirchengestühl, Bartholomäus Zwinck, ebenfalls aus Uffing, um das Jahr 1770 die »kunstvollsten Beichtstühle aus der Mitte des

18. Jahrhunderts«, das Chorgestühl, die Kommunionbank, die Brüstungen der Chororatorien. Und schließlich ist das Deckenfresko von 1893/95 des Hauptkirchenraumes Professor Waldemar Kolmsperger, sind die übrigen Fresken und eine große Anzahl der Altarblätter drei Generationen der aus Imst in Tirol stammenden, in Murnau ansäßig gewordenen Familie Wittmer zu verdanken.

Das Chorfresko von 1872 ist das Werk des berühmtesten und letzten dieser Künstlerfamilie, Johann Michael Wittmer. Auf ihn müssen wir etwas ausführlicher zu sprechen kommen, da er einer jener Deutschrömer war, die im Umkreis, aber auch im Schatten des großen Joseph Anton Koch in Rom wirkten. Er wurde am 15. Oktober 1810 in Murnau geboren und kam bereits mit zehn Jahren zu dem Akademiedirektor Johann Peter von Langer nach München und mit fünfzehn zu Peter Cornelius, unter dem er 1827 bei den Fresken in der Glyptothek und im Odeon mitwirken durfte. Ein Stipendium König Ludwigs I. ermöglichte ihm einen Aufenthalt in Rom 1828 bis 1832. Hier befreundete er sich mit Koch, in dessen Werkstatt er auch arbeitete, und heiratete 1833 dessen Tochter Elena. Studienreisen führten ihn nach Umbrien, Neapel und Florenz, und als sich Kronprinz Maximilian 1833 während einer Italienreise – auf der er seinen als König der Griechen frisch gekürten Bruder Otto bis nach Brindisi begleitet hatte – kurzfristig entschloß, eine Kreuzfahrt in die Türkei und nach Griechenland zu unternehmen, konnte sich der junge Wittmer als Reisemaler der inkognito fahrenden kleinen bayerischen Gruppe um den Kronprinzen anschließen. Diese Reise machte auf Wittmer einen nachhaltigen Eindruck, von dem noch die bis in die vierziger Jahre von ihm behandelten orientalischen Themen zeugen. Diesem Genre kam gerade seine bilderbogenhafte, bunte Malweise zustatten, die man am besten auf dem großen, 1837 im Auftrag Ludwigs I. gemalten Bild ›An den süßen Wassern Asiens‹ in der Neuen Pinakothek zu München studieren kann. Seine volkstümli-

che Auffassung hat dem schönen Bild in der letzten Zeit
sogar den fragwürdigen Ruhm eingetragen, als Super-
Puzzle von rührigen Freizeitverlegern vermarktet zu werden. Einige der schönen Ereignisbilder von der Kronprin-
zenreise 1833-34 sind auch im Schlafzimmer von Schloß
Hohenschwangau zu bewundern. In den fünfziger Jahren
wechselte Wittmer mehr zum Kirchenfach über und schuf
in einer Zeit wiedererwachenden Verständnisses für das
Barock Deckenfresken in Kirchen des 18. Jahrhunderts, wie
hier in Murnau und in Seehausen. Am 9. Mai 1880 starb
der Maler in München, von dem noch Nachkommen in
Bayern und in Rom leben. Hyacinth Holland, der Biograph Wittmers in der ›Allgemeinen Deutschen Biographie‹ faßt seine Erinnerungen an den Maler zusammen
in dem Urteil: »Wittmer war ein höchst achtenswerter,
sittenreiner Charakter, einer jener wenigen Menschen, die,
von einer höheren Idee getragen, zeitlebens sich treu und
unwandelbar verbleiben, eine edle Seele ohne Falsch und
Neid.«

Rund um die Aidlinger Höhe

Murnau steht auf dem Scheitelpunkt zweier Extreme:
». . . der Landschaft östlich von Murnau gehört der sonnige
Frieden . . ., auf der Westseite aber scheint sie den brausen-
den Mächten der Luft und des Wassers näher zu sein.«

Sonniger Frieden liegt über den in eine anmutige Wie-
senlandschaft eingebetteten Ortschaften, ihren reichen Höfen und behäbigen Gasthäusern, den von freundlichen
Zwiebeltürmen beschirmten kleinen Kirchen in ihrer
Mitte, um die sich die sorgfältig gepflegten Ruhestätten
ihrer Toten scharen.

Das kleine Gotteshaus von *Froschhausen* allerdings steht
als Wallfahrtskirche zum Heiligen Leonhard etwas abseits
seiner Gemeinde auf einem schmalen Band zwischen zwei
die Landschaft belebenden Seen: dem wegen seines Schilf-

reichtums von den Lachmöven als Brutstätte, von vielen durchziehenden Wasser- und Sumpfvögelarten als Stelldichein benutzten, unter Naturschutz stehenden Froschhauser See und dem kleinen idyllischen Riegsee. Dem äußerlich unscheinbaren kleinen, um 1630 entstandenen Bau mit Dachreiter wurde 1730 der heutige Barockturm angefügt. Seine 1786 geschaffene Innenausstattung strahlt trotz der späten Entstehungszeit noch ganz den Geist des volkstümlichen bayerischen Rokoko aus. In goldenem Strahlenkranz, umschwebt von einer Schar reizender Putten, flankiert von der Muttergottes und dem Heiligen Christophorus, empfängt der Heilige Leonhard auf dem Hochaltar mit einladender Geste die alljährlich in Scharen zu ihm pilgernden Wallfahrer. Ursprünglich als Schutzpatron der Lahmen und Gefangenen verehrt, wurde er im Laufe der Zeit auch zum Beschützer des Viehs, vor allem der Pferde. Die sich daraus entwickelnden ›Leonhardifahrten‹, deren berühmteste die Tölzer ist, gehören zu den schönsten Dokumentationen oberbayerischen Brauchtums. Der traditionelle Leonharditag ist der 6. November, doch verlegen viele Orte in letzter Zeit ihre Wallfahrt zum Heiligen Leonhard auf den nächstfolgenden Sonntag. Hier in Froschhausen hält man sich noch an das alte Datum. In Murnau versammeln sich die Pferdebesitzer mit festlich geschmückten und gestriegelten Rössern zum Zug nach Froschhausen, dem die Teilnahme von Pferden des Gestütes Schwaiganger seine besondere Note gibt. Vor der Kirche werden die Tiere gesegnet, der anschließende Gottesdienst wird ebenfalls im Freien zelebriert, denn wenn auch bei einer Restaurierung 1730 eine Empore eingebaut wurde, »weil das Gotteshaus sehr klein, entgegen der Zulauf des jährlich mit vielen Kreuzgängen dahin kommenden Volkes sehr groß ist, welche oftmals im Regen und Ungewitter außer des Gotteshauses stehend verbleiben und dem Gottesdienst mit großer Beschwerlichkeit beiwohnen müssen«, hat seitdem der Zustrom der Wallfahrer so beträchtlich zugenommen, daß trotz der Empore der Kirchenraum bei weitem nicht ausreicht, sie alle aufzunehmen.

Wir aber wollen vor unserer Weiterfahrt noch einen Blick auf den Innenraum der kleinen Kirche werfen, auf die Deckenbilder des Kaufbeurers Alois Gaibler (1751-1813), den Stuck des Wessobrunners Franz Doll. Ihre gemeinsame Arbeit hier 1786 hat sich zu einer beglückenden Harmonie und überraschend phantasievollen Weihung verbunden. Doll hat mit den leicht geschwungenen Linien, den Rocaillen und Blumengirlanden seines Stucks einen liebenswürdigen Rahmen für die Fresken Gaiblers mit Darstellungen aus der Legende des Heiligen Leonhard geschaffen. Das Langhausfresko zeigt den Heiligen als Beschützer der Lahmen und Gefangenen umringt von Hilfesuchenden, die ihm ihre Ketten zu Füßen legen. Im Hintergrund sieht man das von dem im 6. Jahrhundert geborenen und aus edlem fränkischen Geschlecht stammenden Heiligen gegründete Kloster Noblac in Frankreich. Einzelheiten der Gründungsarbeit, die Rodung, das Graben eines Wasserbrunnens, sind in die Darstellung einbezogen. Im Altarraumfresko schwebt Sankt Leonhard über einer Voralpenlandschaft mit den Kirchen von Riegsee und Froschhausen, ein seltenes Beispiel topographischer Treue in der Rokokomalerei. Hier ist er schon zum Beschützer der Pferde und des Viehs geworden. Auf der linken Bildseite sieht man Kühe, ein Pferd wird der Fürbitte des Heiligen zugeführt. Die reichgeschnitzten Altäre des Kistlermeisters Johann Georg Miller aus Kleinweil, zahlreiche Votivbilder in der im hiesigen Raum besonders liebevoll gepflegten Hinterglasmalerei – alles fügt sich zusammen und macht dieses kleine Kirchlein zu einem Schmuckstück bäuerlichen Rokokos.

Kurz darauf finden wir in *Riegsee* ein nicht minder köstliches kleines Gotteshaus. Im Kern noch mittelalterlich, im 17. Jahrhundert barockisiert und im 18. Jahrhundert neugestaltet, ist es ein reizvolles Beispiel volkstümlichen Kirchenrokokos. Welches Vergnügen bereitet die Betrachtung des sparsamen bunten Stucks, die Darstellung einer Volksgruppe in der bäuerlichen Tracht ihrer Zeit im Deckenfresko von Franz Kirzinger (1792)! Dazu die teils eindrucksvollen, teils rührend naiven Plastiken. Der Höhepunkt jedoch ist die einfache hölzerne, bunt bemalte Kanzel. Auf ihrem holzgefüllten Aufgangsgeländer sehen wir unten rechts eine Gruppe kreuztragender Pilger dargestellt. Im Höherschreiten verwandeln sie sich in weiße Schäfchen, die von dem links oben auf Wolken stehenden Heiland an einer roten Schnur zu sich in sein Reich emporgezogen werden: ein beglückendes Erlebnis rührend naiver Volksfrömmigkeit.

Man sollte die Bilderbuchlandschaft hier ringsum zu Fuß erwandern. In unerschöpflicher Vielfalt überraschen immer wieder neue Ausblicke auf Seen, Wiesen, Moore, Wälder, auf die nahe und ferne Gebirgswelt. Etwa von Riegsee aus nach dem gemütlichen *Aidling* und ein Stückchen weiter in östlicher Richtung, dann auf einem Wiesensteig links hinauf zum Waldrand der *Aidlinger Höhe* oder *Hohen Lüß* (798 m), wie es in der Karte heißt. Zeigten sich in Aidling dem nach Süden blickenden Auge über den Riegseekessel hinweg Wettersteingebirge und Ammergauer Berge mit Ettaler Mandl und Laber, so leuchten jetzt unten in dem »sonnigen Frieden« der Wiesen und Moore Staffel-, Froschhauser und Riegsee blitzblau; im Südwesten zeigt sich deutlich der Einschnitt des Loisachtals, der Heimgarten steigt auf, und noch ein Stückchen weiter östlich kommen Herzogstand und Benediktenwand ins Blickfeld, dahinter das Karwendel. Und wenn man den höchsten Punkt der Aidlinger Höhe erreicht hat, kann man bei klarem Wetter im Norden sogar den Starnberger See ausmachen. Eine andere der vielen schönen Wanderungen ringsum führt von Riegsee oder auch von Murnau zum Berggasthaus *Guglhör,* einer Pachtwirtschaft des Gestütes Schwaiganger.

Wilhelm Asam erzählt von einem Ausflug dorthin: »*Wer nach einer längeren Wanderung an dem Weiler Perlach vorüber durch den Wald und Hag mit einer an Alpenweiden erinnernden Vegetation Guglhör erreicht hat, der kann eine Ausschau auf den Kochelsee gewinnen, wenn er diesem Wege noch einige hundert Schritte hinzufügt, ja er blickt sogar zwischen Jocheralm und Herzogstand in das Tal des Walchensees hinein«,* und auf das Gelände des Freilichtmuseums auf der Glentleiten. Auch heute kann man noch vor dem Gasthaus im Freien sitzen und das Gebirgspanorama vor sich genießen. Asam schwärmt hiervon: *»Lange, lange Zeit, bis in den späten Abend hinein könnte der Naturfreund auf der Bank sitzen vor dem Bauernhofe in Guglhör. Sein Herz empfindet das Rauschen der grünen Loisach tief unten im engen Thale. Und wie entzückt sich das Auge an dem mächtigen Aufbau der wälderdunklen Hänge, die der gegenüber liegende Heimgarten an das Ufer des Flusses hinunterschickt! Er späht mit dem Fernrohre ... die Klüfte und Risse des felsensteilen Herzogstandes ab ... Ich erkenne das Aussichtshäuschen des seligen Königs auf der natürlichen Plattform des Herzogstandes mit bloßem Auge ...«*

Das »Aussichtshäuschen« des »seligen Königs«, nämlich Ludwigs II., werden wir später besuchen. Heute setzen wir unsere Fahrt von Aidling nach *Habach* fort, dessen Kirchenbau sich dem Kenner schon von ferne als sehenswert darstellt. Die Kirche des einstigen Kollegiatstifts ist dem Heiligen Ulrich geweiht und wurde 1663 bis 1668 von Grund auf neu gebaut. Der große, aufwendige Wandpfeilerbau – vielleicht von Kaspar Feichtmayr – gibt sich als später Nachfolger der Michaelskirche in München zu erkennen. Durch die hohen Fenster des Chors fällt helles Licht in den Innenraum, dessen reiche Stuckierung in geometrischer Felderteilung mit Relieffiguren an die Miesbacher Schule erinnert. 1704, im Spanischen Erbfolgekrieg, als die Tiroler auch Habach heimsuchten, wurde die Kirche schwer beschädigt. Dabei ging ein großer Teil der Inneneinrichtung verloren. Erhalten blieb die stilgeschichtlich höchst aufschlußreiche Altarausstattung, darunter der imposante Hochaltar mit den Figuren der Kaiser Heinrich und Sigismund von Ambros Degler (um 1680). Doch die

Stuckdekoration der letzten Joche konnte nicht wiederher-
gestellt werden, sie ist jetzt gemalt. Besondere Beachtung
verdienen die Engelsfiguren Franz Xaver Schmädls von
etwa 1753 auf dem Veronikaaltar und seine beiden gleich-
zeitigen Heiligengestalten am Antoniusaltar.

In legendäres Dunkel gehüllt ist der Ursprung des Stiftes
Habach. Die ›Vita sancti Udalrici‹ erwähnt es unter den
Klöstern und Stiften, die Bischof Ulrich von Augsburg –
übrigens der erste Heilige, welcher in der seither vom
päpstlichen Stuhl beobachteten Weise feierlich offiziell 993,
zwanzig Jahre nach seinem Tod, heiliggesprochen wurde –
alljährlich zu Ostern besuchte. Nach der Überlieferung
pflegte er sich aus einem heute noch existierenden und
Sankt Ulrichsbrunn genannten Brünnlein einen Erfri-
schungstrunk reichen zu lassen.

Mit Norbert aus dem Hause der Andechser, 1055 Dom-
herr, 1071 Dompropst in Augsburg, 1079 Bischof von
Chur, wird die Geschichte Habachs deutlicher. Er soll auf
seinem väterlichen Erbgut Habach neben der alten Georgs-
kirche das dem Heiligen Ulrich geweihte Gotteshaus gebaut und Habach als Augustinerchorherrenstift gegründet
haben. Beide Kirchen wurden 1663 wegen Baufälligkeit
abgebrochen und an ihrer Stelle das heutige Gotteshaus
errichtet. Das Augustinerchorherrenstift scheint bald nach
seiner Gründung in ein weltliches Kollegiatsstift umgewan-
delt worden zu sein. Es war mit einem Propst, einem Dekan
und sechs Kanonikern besetzt. Seit 1446 versahen der Dekan und die Kanoniker die Pfarreien Habach, Riegsee,
Hofheim, Sindelsdorf, Dürnhausen und Hechendorf, deren
Kirchen ein Zeugnis der Kunstpflege Habachs sind.

Bischof Norbert hatte 1083 das Stift mit Erbgütern ausgestattet und 1085 dem Hochstift Augsburg übergeben. Er
starb 1088 in Habach, wohin er sich wenige Jahre vor
seinem Tod zurückgezogen hatte. Habach kam unter verschiedene Schutzvögte, bis es von Ludwig dem Bayern
seiner geliebten Gründung Ettal übergeben wurde.

Trotz der Protektion hoher Herren heißt es, das Kollegiatsstift habe zeitlebens »unter Armut, Verwahrlosung und Verödung« gelitten. Vielleicht waren die Kanoniker selbst nicht ganz unschuldig an der finanziellen Misere. In einer sich 1452 mit der Regelung der Finanzen befassenden Verordnung werden ihnen Verhaltensmaßregeln gegeben, denn »es gehe nicht an, daß die Kanoniker zum gemeinsamen Gebet in der Kirche mit Jagdstiefeln, Hörnern und Falken erscheinen, statt im Chorrock regulierter Augustiner«. Sie verstanden es also, weltliche Freuden mit frommen Pflichten zu vereinen. Daß sie letztere mit einer vorbildlichen, vielleicht zu aufwendigen Kunstfreudigkeit verbanden, davon zeugen, wie gesagt, die Gotteshäuser der unter ihrer Obhut stehenden Dörfer. Die Säkularisation setzte auch diesem, wie man glauben möchte, durchaus selbstgenügsamen, dem Lebensgenuß in bescheidenen Grenzen hingegebenen Leben ein Ende. Ihre fünf noch erhaltenen ehemaligen Wohnhöfe entlang der Dorfstraße, erkenntlich an einem Kreuz auf ihrem Giebel, von denen der ehemalige Hof des Stiftsdekans das heutige Pfarrhaus geworden ist, bestätigen mit ihrer Einfachheit, ihrer geräumigen, anheimelnden Gemütlichkeit diese Vermutung. Etwas von diesem Geist liegt noch heute über dem Ort.

Froschhausen, Riegsee, Habach sind nur einige Beispiele der zahlreichen Oasen noch ›heiler Welt‹ hier im Voralpenland. Von ihnen seien Ohlstadt und Schlehdorf noch besonders hervorgehoben. Einen Ausflug dorthin kann man mit einem Besuch des Bayerischen Staatsgestütes Schwaiganger verbinden.

Von Murnau geht es zunächst auf der Olympiastraße ein Stück zurück in Richtung Eschenlohe bis zu der links abzweigenden Straße nach *Ohlstadt,* »dem lieblichsten Gebirgsdorf der Umgebung ... angeschmiegt an den Fuß des Heimgarten, ein großer Obstgarten« (Wilhelm Asam). Vorbei an wohlhabenden Höfen mit reichem Blumenschmuck auf ihren den Wohntrakt umlaufenden Altanen und in den Vorgärten führt die Straße vom Ortseingang zum Zentrum. Hier strahlt die malerische Gruppe der von einem kleinen, eichenbeschatteten Friedhof umgebenen Pfarrkirche, des breit ausladenden Gasthauses zur Post, des Rathauses und eines großen Maibaumes Gemütlichkeit und wohltuende Ruhe aus. Eine mächtige alte Linde gibt dem Ganzen eine anheimelnde Geborgenheit. Auch Sankt Laurentius, ein einfacher Bau aus den Jahren 1759 bis 1762 (Josef Schmuzer?), hat mit seinem seitlich angesetzten, gut proportionierten, wie ein ›g'standenes Mannsbild‹ wirkenden Turm etwas Vertrauenerweckendes an sich. Sein anspruchsloser weißgetünchter, nur in den Zwickeln rosa gefärbelter Innenraum erhält eine festliche Note durch den reichen dreisäuligen, aus Rottenbuch stammenden Hochaltar mit einem Blatt von Franz Zwinck (1791), die beiden Seitenaltäre mit Gemälden von Christian Wink (1780) und den Kreuzweg von Januarius Zick. All dies kommt zusammen mit schönen Beichtstühlen und Bänken in diesem sonst so bescheidenen Raum besonders gut zur Wirkung.

Hier in diesem »lieblichsten Gebirgsdorf« in einer weiten Ebene am Fuße des Heimgarten, hatte sich der Maler Friedrich August von Kaulbach sein über alles geliebtes Refugium geschaffen.

Er war 1850 in München geboren, wuchs aber seit seinem sechsten Lebensjahr in Hannover auf, wohin sein Vater Friedrich von König Georg v. als Hofmaler berufen worden war. Mit 22 Jahren kehrte Friedrich August in seine Geburtsstadt zurück, wo nun sein erstaunlicher Aufstieg begann und er neben Franz von Lenbach und Franz von Stuck zum begehrtesten Porträtisten von Aristokratie, Geldadel und Großbürgertum des In- und Auslands heranreifte. »Als Friedrich August Kaulbach im Jahre 1874 mit den ersten Gemälden an die Münchener Öffentlichkeit trat«, so berichtet Klaus Zimmermanns, »hatte der Name ›Kaulbach‹ durch den im selben Jahr verstorbenen Wilhelm von Kaulbach (1805-1874) den Höhepunkt an Popularität

Ein wichtiger Exportzweig des Loisach- und Ammertales war einst die Wetzsteinindustrie, die in Ohlstadt bereits um 1350 aufblühte, seit etwa 1500 auch in Unterammergau betrieben wurde und erst gegen 1950 zum Erliegen kam. Als praktisch konkurrenzlose Unternehmen lieferten die Ohlstädter und Ammergauer ›Wetzsteincompagnien‹ ihre Erzeugnisse in 150 Sorten ins In- und Ausland, vor

allem in den Balkan, wozu die floßbaren Gebirgsflüsse zur Donau die besten Verkehrsverbindungen boten. Die hier gezeigte Zotzn-Schleifmühle, einst oben an der Kaltwasserleine, existiert nicht mehr, aber eine 1984/85 aus alten Bauteilen am Dorfbach in der Nähe des Ohlstädter Rathauses errichtete museale Mühle hält die Erinnerung an dieses mühevolle und gefährliche Handwerk aufrecht.

erreicht. Friedrich August wußte diese zu halten und zu mehren.« 1883 wurde er an die Akademie der bildenden Künste berufen, an deren Spitze er drei Jahre später dann trat, nachdem er 1885 den persönlichen Adel verliehen bekommen hatte. 1887 bis 1889 ließ er sich von Gabriel von Seidl in der später nach ihm benannten Kaulbachstraße eine neoklassizistische Villa erbauen – jenes Haus, in dem dann nach dem Zweiten Weltkrieg der amerikanische Soldatensender AFN untergebracht war –, die wie die Künstlerresidenzen von Lenbach, Hildebrand und Stuck zum Treffpunkt der Münchner Gesellschaft wurde. Unter den von ihm wiederholt Porträtierten befand sich auch Prinzregent Luitpold, als dessen Jagdgast Kaulbach nach Ohlstadt kam und die Gegend so schätzen lernte, daß er sich dort anzusiedeln beschloß. Er mietete sich 1885 zunächst in einem Bauernhaus im Unterdorf ein, erwarb aber bald ein Grundstück und entwarf sich ein Landhaus mit Atelier, das ganz dem heimischen Baustil verpflichtet ist, 1893 vollendet war und 1903 sowie 1908 Erweiterungen erfuhr. So oft es seine Verpflichtungen erlaubten, zog sich Kaulbach aus dem Stadtleben in die ländliche Stille seines Ohlstädter Besitzes zurück. Hier empfing er seine engsten Freunde, darunter Ludwig Thoma, Ludwig Ganghofer oder Emanuel von Seidl, hier fand der unermüdlich Tätige Zeit und Spielraum für seine Kunst, die sich nicht nur auf Landschaften, Tierbilder und Stilleben in Öl, Zeichnung und Aquarell erstreckte. »Seine Flexibilität ließ ihn von der höfischen bis zur kritischen Kunst alles beherrschen.« Er ist Schöpfer humorvolltiefsinniger Karikaturen und – unter dem Eindruck des Ersten Weltkriegs – von anklagenden Kriegsszenen und einem Totentanz-Zyklus. Daneben entwarf er auch Gebrauchsgraphik wie Einladungen, Bucheinbände, Geldscheine und Briefmarken: Die nach ihm gestaltete Luitpoldserie zum 90. Geburtstag des Prinzregenten 1911 und die Markwerte der Abschiedsausgabe der Bayerischen Post 1920 sind jedem Philatelisten ein Begriff. Ebenso vielseitig wie Friedrich August waren die andern Maler seiner Familie. Von ihnen waren der schon genannte Wilhelm von Kaulbach (1804-1874), Hofmaler Ludwigs I. von Bayern, dann dessen Sohn Hermann (1846-1909), ebenso wie sein Vater Historien- und Porträtmaler, aber besonders bekannt als Schöpfer reizender Kinderbilder, und schließlich Friedrich (1822-1903), Wilhelms Vetter und Vater Friedrich Augusts, die berühmtesten. Friedrich August starb 1920 in Ohlstadt und ist auf dem dortigen Dorffriedhof begraben.

Friedrich August hatte von seinem Vater auch die Liebe zur Musik geerbt. In seinem Hause beherrschte neben der Malerei die Musik sein Leben, war doch seine Frau Frida Scotta eine berühmte Geigerin, und seine ebenso musikalischen Töchter Hedda und Hilde spielten Cello und Geige. »Wir hatten ein wunderschönes Familienleben, Vater war schweigsam, zurückhaltend, er war liebevoll mit uns Kindern – ein Ritter in altmodischem Sinn. Über alles liebte er die Musik«, erinnert sich seine Tochter Hedda Schoonderbeek-von Kaulbach. Hochbetagt hütet sie, 1900 geboren, liebevoll das väterliche Erbe in Ohlstadt und zeigt den Kunstfreunden, die bei ihr in der Boschetstraße 9 läuten, das museal eingerichtete Atelier ihres Vaters an der (Ohlstädter) Kaulbachstraße 22.

Im Jahre 1930 zog in dieses alpine Künstlerheim des Münchner Fin de siècle zeitweise ein anderer Maler ein, dessen Kunst in denkbar stärkstem Kontrast zu der traditionsverbundenen, ästhetisierenden Malkultur Kaulbachs stand: Max Beckmann (1884-1950). Der Expressionist hatte 1925 in zweiter Ehe Kaulbachs Tochter Mathilde geheiratet, fürderhin von ihm Quappi genannt. Nach seiner Vertreibung aus dem Lehramt in Frankfurt am Main 1933 arbeitete nun Beckmann ab 1933 sommers über in Ohlstadt, bis er 1937, als ›entartet‹ verfemt, über Holland in die Vereinigten Staaten emigrierte. Hier in Ohlstadt entstanden zahlreiche Aquarelle und Ölgemälde wie der ›Walchensee‹, die ›Mondlandschaft im Gebirge mit Schnee‹, der ›Große

Steinbruch in Oberbayern‹, die ›Gartenlandschaft im Frühling mit Bergen‹, dann ›Das Moor‹ (eine geradezu anklagende Darstellung des damals erst halb abgebauten, heute gänzlich verschwundenen Moosbergs, von dem wir später noch hören werden), die in diesem Buche wiedergegebene ›Schneelandschaft Garmisch‹ oder das berühmte ›Selbstbildnis im großen Spiegel mit Kerze‹, das 1933 in Ohlstadt begonnen wurde.

An den großen Maler, von vielen als der größte deutsche Kolorist überhaupt bezeichnet, erinnert in Kaulbachs Atelier allerdings nichts, wenngleich sein Name auf ganz andere Weise mit dem ehemaligen Kaulbachbesitz verbunden ist. Anfang der fünfziger Jahre nämlich kam der Arzt Dr. Peter Beckmann, der Sohn aus des Malers erster Ehe, auf der Suche nach einem geographisch und klimatisch gleichermaßen geeigneten Standort für ein neuartiges Therapieunternehmen auch nach Ohlstadt. Ohne zunächst die Zusammenhänge zu ahnen, die seinen Vater mit Ohlstadt verbanden, entschied sich der Sohn für den Ort als optimale Situation seines geplanten Kurhauses. 1954 erwarb die Landesversicherungsanstalt Unterfranken den größten Teil des Kaulbachgeländes und errichtete nach Beckmanns Intentionen ein fortschrittliches Rehabilitationszentrum, das unter dem Namen der ›Ohlstädter Kur‹ weithin berühmt geworden ist und bereits zahlreiche Nachfolger im In- und Ausland gefunden hat.

Auf einer Wanderung durch den Ort, vorüber an dem Haus Kaulbachs in die weiten Wiesenauen der Umgebung kann man das Wallfahrtskirchlein zum ›Boschet‹ besuchen und vielleicht zu jenem Felsenkegel auf der nördlichen Abdachung des Heimgarten emporsteigen, auf dem einst die Schaumburg stand. Hier hausten die Ritter von Kammer.

Daß es zu ihrer Zeit hier gar nicht friedlich zuging, davon gibt Wilhelm Asam eine phantasievoll ausgeschmückte Schilderung im Stil seiner Zeit: *»Hoch oben über*

den steinbeschwerten Firsten der Ortschaft hatte sich dieses Ge-
schlecht sein Nest erbaut, wie der Bartgeier seinen blutdurchdrängten
Horst auf einer unerreichbaren Zacke des Gebirgskammes nieder-
setzt. Nur der blaue Rauch der Kamine, das Gegacker der Hühner,
das Blöken der Schafe und das Brüllen der Herden drang empor, und
der Ort gewährte einen prächtigen ›Lug ins Land‹. Von weiter Ferne
konnte hier der Ritter die Hellebarden und Rüstungen seiner Gegner
blitzen sehen, und er schaute hinab auf die lange Zeile der Handels-
karawane, die, mit Kaufmannsgütern schwer beladen, nordische
Produkte an die venetianische Adria führte oder in italienischer
Sonne gereifte Früchte und mit lombardischem Fleiß geschaffene
Erzeugnisse in deutsche Städte trug.

Dann wurde es lebendig auf der einsamen Höhe; die Ritter langten
das blanke Schwert an der Wand und steckten sich in ihre Rüstungen,
sie zäumten die wiehernden Rosse; rasselnd fiel die Zugbrücke
hernieder und herunter stürmte es in wilder Hast, den Strauß zu
bestehen, welcher in die unüberwindliche Burg neue Schätze und
mit ihnen neues, frohes Leben führen sollte.

Dort wo der Karawanenweg durch das ungastliche Moor zog, dort
lauerte die Meute auf den ahnungslosen Säumer, dessen bewaffneter
Schutz nicht genügte, dem plötzlichen Angriffe und der Übermacht
des ortskundigen Feindes zu widerstehen. Da war ein Entkommen
unmöglich. Die Pferde versanken unter der trügerischen Rasendecke
zu beiden Seiten der Straße; nur wer auf eigenen Füßen am sandigen
Ufer der Loisach sein Heil suchte, der entkam, in Murnau und in
der Heimat das Geschehene zu erzählen.«

Historisch ist das Ende dieses Räuberunwesens, das freilich für die Münchner Herzöge Ernst und Wilhelm III.
nur ein begierig aufgegriffener Vorwand war, um einen
politischen Gegner ausschalten zu können. Der damalige
Burgherr auf Schaumburg, Gebhard von Chamer (1397-
1421), war nämlich oberster Rat des Herzogs Ludwig des
Gebarteten von Bayern-Ingolstadt, der mit seinen Vettern
von der Münchner Linie – es war ja damals die Zeit der
unseligen Landesteilungen! – nicht im besten Einverneh-
men stand. So rückte im Herbst 1413 die Münchner Bür-

germiliz mit zwei Geschützen gegen Ohlstadt vor und belagerte die Schaumburg elf Wochen lang, bis sie sich am 2. Februar 1414, völlig ausgehungert, ergeben mußte und darauf von den wutentbrannten Eroberern zerstört wurde. Der vertriebene Burgherr beschwerte sich ob dieser Behandlung bei Kaiser Sigismund, der ihn 1417 denn auch von der Anklage der Gewalttätigkeit gegen die Münchner Herzöge freisprach und ihn rehabilitierte, so daß er ab 1419, wie schon seit etwa 1406, das Amt des Pflegers von Werdenfels wieder ausüben konnte. Das einzige, was an die Burg und ihr gewaltsames Ende heute noch erinnert, sind der Name ›Die Vest‹, den der Felskegel oberhalb Ohlstadt noch trägt, sowie Pfeilspitzen, eine kleine eiserne und eine große steinerne Kanonenkugel, die man im Werdenfelser Heimatmuseum in Partenkirchen bestaunen kann.

Ganz nahe scheint hier oben auf der ›Vest‹ der Heimgarten zu sein. Wer gut zu Fuß ist, wird ihn vielleicht besteigen und zum Herzogstand hinüber wandern. Sicher ist der Weg heute besser, als zu Zeiten Asams: »*Mancher wagt es nicht den Steg zu betreten, wo er bald wie auf Seiltänzerfüßen über steilen Wänden dahinklettert, bald, ängstlich am Latschengebüsche festgehalten, durch eine jähe Kluft in die schaurige Tiefe hinuntersieht. Und doch ist der Leumund dieses Weges schlechter als er es verdiente, und, wer einmal auf der einen Seite den Heimgarten bestiegen hat, der versäume es nicht, über den Grat auf den Herzogstand hinüber zu wandern.*« Auf diesem Weg soll übrigens Richard Strauss zu seiner ›Alpensymphonie‹ angeregt worden sein.

Ganz anders als die meist im Zentrum ihres Dorfes die einfache Frömmigkeit seiner Bewohner dokumentierenden Gotteshäuser, die wir bisher besucht haben, präsentiert sich das ehemalige *Augustinerchorherrenstift Schlehdorf*. Streng und imposant steht es hoch über der Straße und blickt über den Kochelsee hinüber zu den Höhen des Herzogstandes. Eine Freitreppe führt hinauf zu dem schweren, eisenbeschlagenen Portal der zwischen 1727 und 1780 er-

bauten Klosterkirche Sankt Tertulin. Ernst und würdevoll
ist der helle, durch eingezogene Strebepfeiler, flache Seitenkapellen und Emporeneinbauten im Chor gegliederte
stucklose Innenraum, der durch seine späte Fertigstellung
bereits den Geist des Klassizismus atmet. Lediglich der
zwischen 1773 und 1780 errichtete monumentale Hochaltar
des Johann Georg Miller, dem wir schon in Froschhausen
und Murnau begegnet sind, mit einem Bild der Anbetung
der Hirten von Johann Zick (1735) – ein Geschenk Benediktbeuerns – und die reichen Seitenaltäre des Wessobrunners Tassilo Zöpf im Chor lockern ihn etwas auf. Die
Altarblätter mit den Heiligen Augustin und Johann Nepomuk schufen Christian Wink und Franz Kirzinger 1781
und 1794.

Über die Geschichte Schlehdorfs gibt Pater Karl Meichelbeck in seinem ›Chronicon Benedictoburanum‹ Auf-
schluß. Danach wurde das Kloster in der ersten Hälfte des
8. Jahrhunderts von Landfrid, einem der drei Gründerbrü-
der Benediktbeuerns, zu Ehren des Heiligen Dionysius ins
Leben gerufen und soll von Bonifatius selbst geweiht worden sein. 772 übersiedelte das neun Jahre zuvor gegründete
Scharnitzer Kloster hierher. Es brachte als Morgengabe
die Gebeine des Heiligen Tertulin und die von Herzog
Tassillo III. geschenkte Tiroler Besitzung Innichen. Nachdem Abt Otto von Schlehdorf 783 Bischof von Freising
geworden war und Schlehdorf zum bischöflichen Eigenkloster gemacht hatte, blieb Innichen bis 1803 in unmittel-
barem Besitz Freisings.

Die Spuren dieses ersten Benediktinerklosters Schlehdorf
verlieren sich im Dunkel der Geschichte. Man nimmt an,
daß es auf dem sogenannten ›Aichelspitz‹ stand, wo heute
noch ein Kreuz daran erinnert. Das Kloster wird dann erst
wieder unter dem Reformbischof Otto I. von Freising
faßbar, der nun etwas weiter nördlich dieses Aichelspitz ein
Augustinerchorherrenstift zu Ehren des Heiligen Tertulin
errichtete. Groß und reich ist es niemals geworden. Dem

Hochstift Freising zugehörend, stand es als Enklave inmitten des Territoriums des Bistums Augsburg und besaß nur
die Pfarrei Ohlstadt und eine Kirche in Sindelsdorf. Trotzdem gelang dem äußerst tüchtigen und sparsamen Propst
Bernhard II. Bogner (1674-1724) ein gewisser Aufschwung.

Nicht mit Ettal oder Benediktbeuern messen kann sich das Kloster
Schlehdorf *in seiner Bedeutung, wohl aber mit seiner bezaubernden
Lage auf dem ›Kirchbichl‹ über dem Kochelsee und vor den Ausläu-
fern der Benediktenwand, Kienstein und Jochberg. Zwischen* 732

Er baute 1693 neben dem Kloster die hübsche kleine Votiv-
kirche zu Ehren der Schmerzhaften Mutter, einen quadratischen Zentralbau mit vier Konchen. Sie ist heute Friedhofskapelle; auf ihrem Hochaltar steht ein ehrwürdiges Zeugnis
der frühen Klosterzeit, ein Kruzifixus aus den Jahren um

und 740 als Benediktinerkonvent entstanden und um 1140 als Augu-
stinerchorherrenstift neubegründet, erhielt das Kloster zwischen 1718
und 1780 sein heute noch bestimmendes Aussehen, wie es 1819 Carl
Heinzmann gezeichnet hat.

1200. 1718 konnte sogar ein Neubau des Klosters begonnen werden. Da die Lage der alten Anlage hart am sumpfigen Ufer des Sees sich als wenig günstig erwiesen hatte, wurde der Neubau nun auf den Kirchberg verlegt, wo seit 1348 ein Wallfahrtkirchlein zu den als Gefährtinnen der Heiligen Ursula in Pestzeiten verehrten Heiligen Ainbeth, Vilbeth und Wolbeth stand. An seiner Stelle errichtete man die heutige imposante Kirche. Die Neuplanung wurde bisher dem Münchner Stadtmaurermeister Johann Mayr zugeschrieben, der in Schlehdorf als Bauführer belegt ist, und in dessen Gefolge auch sein Schwiegersohn, der nachmals zu Berühmtheit gelangte Johann Michael Fischer, tätig war. Nach neuesten Forschungen von Gabriele Dischinger aber steckt hinter dem Entwurf Johann Georg Ettenhofer, der Parlier Viscardis. Danach sollte der Kirchenbau ursprünglich gewestet sein und mit seiner Fassade nach Osten schauen. Aus bisher unbekannten Gründen wurde diese ungewöhnliche Lösung dann doch aufgegeben und die Anlage in herkömmlicher Weise orientiert. Zwar konnten die neuen Klostergebäude bereits 1724 bezogen werden, aber für die Fertigstellung des erst 1727 begonnenen Kirchenbaus fehlten immer wieder die Mittel, ja zeitweise schien sogar die Existenz des Konvents in Frage gestellt. Da wurde neben dem Diözesanbischof ein Münchner Bürger zum Retter. Der reiche Wachsbleicher Georg Melchior Honifstingl, dessen Bruder in Schlehdorf Chorherr gewesen war, beglich nicht nur die Schulden des Klosters, sondern stiftete auch die Mittel für die Vollendung des Baus und seinen Innenschmuck. So konnte Sankt Tertulin am 25. August 1780 durch Fürstbischof Ludwig von Freising feierlich eingeweiht werden. Das neue Gotteshaus wurde, nachdem 1785 das alte Kloster mitsamt Kirche und Bräuhaus einem Brand zum Opfer gefallen waren, auch Pfarrkirche des Ortes. In ihr erinnert eine würdige Gedenktafel an Georg Melchior Honifstingl, den Wohltäter und Retter Schlehdorfs.

Nach dem Schicksalsschlag der Säkularisation kauften 1892 die Dominikanerinnen von Augsburg die Konventgebäude und bauten den 1718 geplanten, aber nicht mehr zur Ausführung gekommenen Nordtrakt aus. In vorbildlicher Weise verwalten sie die Gebäude, in denen seit 1902 eine Ausbildungsstätte untergebracht ist, welche die Kräfte für die Missionsaufgaben der Dominikanerinnen in der Dritten Welt, vor allem in Afrika, heranzieht.

Aber auf unserer Fahrt hierher haben wir bereits Schwaiganger passiert und werden vor unserer Rückkehr nach Murnau noch das Freilichtmuseum auf der Glentleiten besuchen. Sein ausgedehntes Gelände bietet für den, der das bäuerliche Leben vergangener Jahrhunderte kennenlernen möchte, allerdings eine solche Fülle von anschaulichen und anregenden Beispielen, daß ein kurzer Besuch nicht ausreicht. Man sollte sich dafür mindestens einen halben Tag Zeit nehmen.

Weltgeschichte in Schwaiganger

Aber nun zuerst Schwaiganger! Schon beim ersten Vorbeifahren hatte uns der Anblick der edlen Pferde das Herz höher schlagen lassen: Schwaiganger ist heute Zentrum der staatlichen Pferdezucht Bayerns. Ungezwungen kann man die zahlreichen Stallungen durchwandern, in denen die Hengste in ihren Boxen stehen, kann zusehen, wie sie zum Training gesattelt oder angeschirrt werden. Und draußen im Gelände kann man dann beobachten, wie ihre Eignung zur Zucht durch vielseitige Übungen einer strengen Prüfung unterzogen wird. Da traben und galoppieren elegante Warmblüter, gedrungene Kaltblüter mit mächtiger Hinterhand, und die kleinen Haflinger jagen mit hellen langen wehenden Mähnen übermütig in scharfem Galopp über die Bahn.

Vollends groß ist die Freude, wenn man das Glück hat, dem Training für die alljährliche Gestütsparade beiwohnen

zu können. Da gibt es Gruppenspringen, Zwei- und Vierer-
gespanne, ein römischer Kampfwagen prescht durch die
Arena, ja sogar eine beinahe circensische Kunst wird geübt,
eine sogenannte Pyramide. Zwei Männer schwingen sich
auf die Schultern dreier nebeneinander trabender Reiter,
auf deren Schultern dann – als Gipfel der Pyramide, Fähn-
chen schwingend und etwas mühsam die Balance haltend
– ein dritter springt. Und das alles in einem traumhaft
schönen Gelände vor der Kulisse des Heimgartenstocks.
674 Hektar umfaßt das Areal von Schwaiganger mit den
Koppeln, auf denen die Stuten und Fohlen weiden, mit
den Reithallen und Ställen, den für die Versorgung des
Betriebes erforderlichen Schuppen, Speichern und Wagen-
remisen. Dazu kommen noch fünf landwirtschaftliche Ne-
benbetriebe von insgesamt 837 Hektar und 424 Hektar
Wald. Das Kernstück des landwirtschaftlichen Betriebes
ist in Schwaiganger eine Grastrocknungsanlage mit einem
Leistungsvermögen von fünf Tonnen Wasserverdampfung
pro Stunde.

In weitem Umkreis umgeben die Stallungen das repräsentative Verwaltungsgebäude, in dem auch eine Gastwirtschaft untergebracht ist. Dieses Verwaltungsgebäude ist eng
verbunden mit der Erinnerung an eine Episode von weittra-
gender Bedeutung für die Geschichte Bayerns und an ein
damit verknüpftes Schicksal zweier Menschen: der Herzogin Maria Anna – Witwe des Herzogs Clemens von Bayern, eines Enkels des Kurfürsten Max Emanuel, – und
ihres Hofkammerrates Andreas Andre, des Bauernsohnes
Andreas Anderl aus Rieden. Beide haben durch ihren leidenschaftlichen Einsatz dazu beigetragen, daß Bayern selb-
ständig blieb, und beide mußten dafür mit einer Verbannung aus der Hauptstadt büßen. Maria Anna zog sich auf
ihr Gut Schwaiganger zurück, wo sie in dem jetzigen Verwaltungsgebäude lebte und 1790 starb. Andre überlebte
sie noch viele Jahre. Wir haben sein Grab in Seehausen
gesehen.

Die groteske Situation, daß einem Landesherrn sozusagen gegen seinen Willen sein Land erhalten blieb, trat
ein, als Bayern im Jahre 1777 nach dem Tod des letzten Kurfürsten aus der bayerischen Linie der Wittelsbacher, Maximilian III. Josef, gemäß alter Familienvereinbarungen an die
Pfälzer Wittelsbacher fiel. Die Pfalz und Bayern, seit dem
Hausvertrag von Pavia 1329 getrennt, waren damit wieder
in einer Hand vereinigt. Karl Theodor aber, bisher Kurfürst
von der Pfalz und nunmehr Kurfürst von Pfalz-Bayern,
verließ nur ungern seine weinselige Pfalz und seinen Regie-
rungssitz Mannheim, um nach den Bestimmungen der Erb-
verträge nach München überzusiedeln. Österreich, schon
lange bestrebt, Bayern seinem Territorium einzugliedern,
nützte die Situation aus, und Karl Theodor zeigte sich nicht
abgeneigt, das ungeliebte Bayern preiszugeben und sich
dafür die österreichischen Niederlande als ›Königreich Bur-
gund‹ einzutauschen. Der erste Schritt hierzu war ein in
Wien am 3. Januar 1778 von seinem Bevollmächtigten ab-
geschlossener Vertrag, der zunächst die Abtretung einiger
von Österreich unter dem Vorwand alter Erbrechte bean-
spruchter niederbayerischer Gebiete vorsah und einen weiteren Austausch in Aussicht stellte. Der kurz darauf bei
Braunau und Schärding beginnende österreichische Einmarsch, die Besetzung Straubings, Kelheims, Chams, Stadt-
amhofs, schließlich die Erklärung Straubings zur Hauptstadt einer neuen österreichischen Provinz, versetzten ganz
Bayern in Panik.

Da ergriff Maria Anna entschlossen die Initiative. In der
Münchener Maxburg, ihrem Stadtsitz, und draußen vor
den Toren Münchens in ihrem Gartenschlößchen, dem
›Clemensschlößl‹, wo heute der Justizpalast steht, versam-
melte sie einen Kreis getreuer Patrioten um sich. Herzog
Karl II. August von Zweibrücken, der präsumtive Erbe
des dreiundfünfzigjährigen Karl Theodor ohne legitime
Nachkommenschaft, sein Minister Hofenfels, Pfalzgraf
Wilhelm von Birkenfeld-Gelnhausen, ab 1799 Herzog in

Bayern, gehörten zu ihnen. In geheimen Verhandlungen wurde beraten, wie dem ›Verrat von oben‹ entgegenzusteuern sei.

»Die entscheidenden Schritte wurden umrankt von endlosen Verhandlungen, Diplomatenschlichen, Intrigen, Bestechungsversuchen, ja kriminalistischen Abenteuern, wenn sich etwa der junge Joseph Utzschneider« — der von uns schon erwähnte Neffe Andreas Andres — *»als Maria Annas Geheimkurier zu Friedrich dem Großen durchschlagen muß oder wenn Friedrichs Unterhändler, Graf Görtz aus Weimar, durch Andre, den Hofkammerrat der Herzogin, in das Clemensschlößl vor dem Karlstor und von dort zu Geheimverhandlungen in die Maxburg geschleust wird.«*

Friedrich des Großen Korrespondenz mit Maria Anna drückt eine große Bewunderung und Hochschätzung ihrer Persönlichkeit aus. Es gelang ihr, seine Unterstützung zu gewinnen. Der König ließ am 5. Juli 1778 seine Truppen in Böhmen einmarschieren, wobei neben seiner unzweifelhaft großen Wertschätzung der Persönlichkeit Maria Annas auch politische Beweggründe eine Rolle spielten. Es würde hier zu weit führen, näher auf sie einzugehen, ebenso wie auf die verwickelten Hintergründe, die Frankreich, Sachsen und Rußland veranlaßten, sich auf die Seite der bayerischen Patrioten und gegen Österreich zu stellen. Jedenfalls wurde Österreich durch das Eingreifen Friedrichs, durch die Neutralitätserklärung des mit Österreich verbündeten Frankreich und eine Intervention der russischen Zarin Katharina II. zum Nachgeben gezwungen. Letzten Endes war es Maria Anna als der treibenden Kraft zu allem, zusammen mit dem König von Preußen, zu verdanken, daß die Pläne Karl Theodors durchkreuzt wurden. »Friedrich II. von Preußen wurde in Bayern fortan wie ein Nationalheros gefeiert«, schreibt Michael Döberl, und der österreichische Gesandte berichtete: »Es ist fast kein Haus, in dem man nicht das in Kupfer gestochene Porträt des Königs von Preußen aufhängt und als Schutzgott verehrt.« Der sogenannte ›Kartoffelkrieg‹ endete am 13. Mai 1779 mit dem

Frieden von Teschen. Bayern verlor zwar das Innviertel zwischen Donau, Inn, Salzach und Traun, ein Gebiet mit 80 000 Einwohnern, aber das entschlossene Eingreifen Maria Annas hatte Schlimmeres verhindert.

Bei allem war Andre ihr engster Vertrauter und treuester Helfer gewesen. Den jungen Bauernburschen aus Rieden hatte es aus der Enge seines heimatlichen Dorfes hinaus in die Welt getrieben. Die Welt, das bedeutete für ihn München, die Haupt- und Residenzstadt. Dorthin war er gewandert, dort hatte er als Lakai und später Kammerdiener des Herzogs Clemens das höfische Leben kennengelernt, in dem er später eine so wichtige Rolle spielen sollte. 1776, nach dem Tod ihres Gemahls, hatte die Herzogin den intelligenten, nunmehr 33jährigen Andre in ihre Dienste übernommen. Rasch war er zum wirtschaftlichen Sachverwalter, Rentenverwalter und Zahlmeister mit dem Titel eines Hofkammerrates avanciert.

Ihn traf nun am härtesten der Zorn des Kurfürsten Karl Theodor über sein mißglücktes Tauschprojekt. Während er die anderen ›Verschworenen‹ mit Amtsenthebung und Verbannung vom Hofe bestrafte, ließ er Andre auf offener Straße in München verhaften und in die berüchtigte Festung Rothenberg bei Nürnberg bringen. Damit rächte er sich zugleich an Maria Anna. Sie war außer sich und scheute kein Opfer für seine Befreiung. Sie mußte sich bereit erklären »fortan den Hof in München zu meiden und auf ihrem Gut in Schwaiganger zu leben, sich jeder Einmischung in die Politik zu enthalten und gleiches für Andre gutzusagen«.

Was mag diese beiden ungleichen Menschen so eng verbunden haben, daß sie in so ungewöhnlicher gegenseitiger Opferbereitschaft füreinander eintraten, ja daß die 58jährige Herzogin sich mit dem zweiundzwanzig Jahre jüngeren Andre nach seiner Haftentlassung schließlich noch in geheimer Ehe verband? Über ihrer Ehe mit dem eigenbrötlerischen, wie es heißt, durch eine Explosion bei einem

seiner wissenschaftlichen Experimente schwer verwundeten und seitdem »kontrakten« Herzog Clemens, dem sie
keine lebensfähigen Kinder geboren hatte, war kein glücklicher Stern gestanden. So ist anzunehmen, daß sie den
bereits als zuverlässig und treu ergeben erprobten Mann
nicht nur aus sachlichen Erwägungen in ihre Dienste nahm
und eine so glänzende Karriere eröffnete, die seinen Ehrgeiz
zu außerordentlichen Leistungen beflügelte. Zu seiner Bewunderung der Persönlichkeit Maria Annas kam Dankbarkeit, und gegenseitige Dankbarkeit war es wohl auch, die
schließlich beider Schicksal untrennbar verband. Horst
Wolfram Geißler hat in seinem historischen Roman ›Die
Dame mit dem Samtvisier‹ den menschlichen Aspekten
des ungewöhnlichen Lebens dieser beiden Menschen eine
liebenswerte Deutung gegeben. Der Titel des Romans
nimmt dabei ein Motiv jenes schönen Porträts auf, das der
bayerische Hofmaler Georges Desmarées um 1760 von
der Herzogin geschaffen hat und das heute in der Alten
Pinakothek hängt.

Auch die Sonnenuhr am Verwaltungsgebäude zeigt in
einem Medaillon Maria Annas Porträt im Profil – die
einzige Erinnerung an sie hier in Schwaiganger. Das Gebäude selbst, durch einen Brand schwer beschädigt, blieb
bei der Wiederinstandsetzung in seiner originalen Gestalt
aus der Zeit Maria Annas erhalten. Die ehemalige Inneneinrichtung ist jedoch teils verbrannt, teils in alle Winde verstreut. Aus ihrem ›Ballsaal‹ in einem der Nebengebäude
wurden, so erfuhren wir von einem der Angestellten, beim
Einbau von Wohnungen für die Betriebsarbeiter die Tapeten herausgerissen, und das Gebäude selbst wird nicht mehr
lange überleben.

Die Pferdezucht in Schwaiganger blickt auf eine lange
Tradition zurück. 955 zum erstenmal urkundlich erwähnt,
wechselte die ›Schwaige Anger‹ als bevorzugtes Jagdgebiet
von Bischöfen und adeligen Herren des öfteren ihre Besitzer, bis sie ab 1611 als Annex des Hofgestütes Schleißheim

der Aufzucht des herzoglichen und kurfürstlichen Marstalls diente. Maria Anna und Andre bauten sie zu einem Musterbetrieb aus, der nach ihrem Tod an das kurfürstliche Krongut fiel. Von da an war Schwaiganger ›Militärfohlenhof und Armeegestüt‹, ›Militärstammgestüt‹, seit 1862 ›Remontedepot‹. 1920 wurde es Stammgestüt des Freistaates Bayern. Als solches hatte es die Aufgabe der Aufzucht von Kaltblut, bis 1963 mit dem Aufbau einer Warmblutstutenherde auf hannoverscher Grundlage begonnen wurde. 1970 kam eine Haflingerstutenherde hinzu, die die Veredelung der Haflinger mit Araberblut zum Ziele hat.

»Das Stammgestüt Schwaiganger hat die Aufgabe« wie es in einer offiziellen Informationsschrift heißt, »aus eigener Zucht und durch Ankauf von guten Hengstfohlen die Landbeschäler für die Bayerische Pferdezucht bei allen drei Rassen aufzuziehen. Dies setzt voraus, daß die Stutenherde bei allen Rassen laufend verbessert und jede einzelne Stute in ihren Leistungsanlagen genau erkannt wird ... Nach Vollendung der Erweiterungsbauten wird das Hauptgestüt Schwaiganger neben den Mutterstutenherden den gesamten Hengstbestand des Landes beherbergen und in einer Reit- und Fahrschule eine umfangreiche Ausbildungsstätte zur Verfügung haben.« Übrigens besitzt Schwaiganger die einzige und letzte Hufbeschlagschule Bayerns. Sie bildet in zwei viermonatigen Kursen jährlich zwölf Hufschmiede aus.

Das Freilichtmuseum auf der Glentleiten

Der Weg zum Freilichtmuseum des Bezirks Oberbayern ist nicht zu verfehlen: Auf allen Zufahrtsstraßen sorgen Hinweisschilder für beste Leitung nach Großweil, wo die direkte Zufahrt abzweigt. Man sieht es dem Ort Großweil heute nicht mehr an, daß hier bis 1962 Bergbau betrieben worden ist. Das seit den sechziger Jahren des vorigen Jahrhunderts geführte Unternehmen war überwiegend freilich ein kleiner Familienbetrieb, der die nächste Umgebung mit Braunkohle versorgte und nur in Notzeiten wie im Ersten und Zweiten Weltkrieg gewisse industrielle Formen annahm. Als das Öl seinen Siegeszug antrat, waren sowohl die Nachfrage erloschen wie auch der Flöz schier erschöpft, so daß der Betrieb eingestellt werden mußte. Nur ein kleines Tor an der alten Murnauer Straße erinnert noch an diese montanistische Vergangenheit des Ortes.

Im *Freilichtmuseum auf der Glentleiten,* dessen erster Bauabschnitt 1976 eröffnet wurde, wird uns dann schon bei der Besichtigung des Eingangsgebäudes – der ehemaligen Thürlmühle aus Weilheim – der Wandel der Zeiten vor Augen geführt. In den mit schweren Holzbalken gedeckten Räumen des ersten Obergeschosses und im Dachgeschoß mit offenem Dachstuhl sind bäuerliche Haus-, Landwirtschafts- und Handwerksgeräte ausgestellt. Die Jugend staunt wahrscheinlich, vielleicht lacht sie auch über die vorsintflutlichen Arbeitsmethoden von Anno dazumal. Die alte Generation jedoch erinnert sich an die Kinderzeit, als diese Museumsstücke noch in Gebrauch waren. Manch einer mag an den Bauern denken, der hinter seinem ochsenbespannten Pflug Furche für Furche zog, er mag im Geiste das Dengeln der Sensen und Stampfen der Dreschflegel wieder hören oder den unbeschreiblichen Wohlgeschmack frisch gemolkener Milch auf der Zunge spüren. Er erinnert sich, daß man damals diese kuhwarme Milch zusammen mit frischen, kunstvoll geformten und durch Eindrücke mit der Messerspitze in verschiedensten Variationen verzierten Butterlaiben noch direkt vom Bauern holte. Vielleicht ist ihm noch nie so deutlich geworden, wie sehr sich das Leben in einer ja doch relativ kurzen Zeit gewandelt hat, wie einfach und anspruchslos und doch auch wieder reich die Menschen damals waren. Und vielleicht wird er sich auch fragen, ob denn wirklich diese ohne Zweifel schwere, aber im Einklang mit der Natur stehende bäuerliche Arbeit von damals so ›unmenschlich‹ schwer war, wie man heute meint, ob das Stadtleben, in das ein großer Teil der heutigen bäuerlichen Jugend drängt, die Mechanisierung, die Arbeit in den Fabriken ›menschlicher‹ sind? – Eine völlige Umschichtung der dörflichen Struktur scheint im Gang zu sein: Städter fliehen aufs Land, Dörfler in die Städte. Und clevere Bauunternehmer haben ein gutes Geschäft entdeckt: Sie bemächtigen sich der verlassenen alten Höfe zu günstigen Preisen, errichten in ihnen Luxus-Eigentumswohnungen und vertreiben diese zu ›Landresidenzen‹ hochstilisierten Anwesen dann an eine potente städtische Käuferschaft.

Ein Tunnel führt unter der von Großweil kommenden Straße vom Eingangsgebäude der Glentleiten in das Freigelände des Museums. Hier empfängt ein 39 Meter hoher Maibaum, dessen von Bezirksheimatpfleger Paul Ernst Rattelmüller entworfene Figuren Trachtenpaare aus allen Teilen Oberbayerns darstellen. Das gegenwärtig 22 Hektar umfassende Gelände soll auf rund 44 Hektar erweitert werden und im Laufe der nächsten Jahre Objekte aus dem ganzen Regierungsbezirk Oberbayern von Berchtesgaden bis Eichstätt und vom Lech bis an die Salzach aufnehmen. 700 Meter über dem Kochelsee, sanft hügelig, nach Norden allmählich abfallend, durchsetzt von Wiesen, alten Baumgruppen, kleinen Mischwäldern und zwei Bachläufen, die in einer romantischen Schlucht zusammenfließen, ist es ein Gebiet von großer Vielfalt, das sich zur Ansiedlung der alten ›Hauslandschaften‹ und Gewerbebetriebe vorzüglich eignet. Sie vermitteln einen Überblick über Jahrhunderte ländlicher Lebensformen im bayerischen Raum in einem Rahmen von seltener landschaftlicher Schönheit. Unten in der weiten Ebene liegt der Kochelsee, an seinem Ufer leuchten die weißen Türme der Schlehdorfer Klosterkirche Sankt Tertulin, im Hintergrund steht die Silhouette der Benediktenwand, man ahnt im Moos Benediktbeuern und Bichl – ein einzigartiges Panorama umgibt das Freilichtmuseum auf der Glentleiten!

Es kann hier nicht auf alle mit größter Sorgfalt und Sachkenntnis auf die Erhaltung oder Wiederherstellung der alten Bausubstanz bedachten, hierher übertragenen Höfe im Detail eingegangen werden. Sie alle sind in reizvollen Gruppen auf das glücklichste in die Landschaft eingefügt, wobei auf eine lebensnahe Gestaltung ihrer Einrichtung und Umgebung besonderer Wert gelegt wurde. Alle Balkone tragen Blumenschmuck; an den Hauswänden aufgeschichtete Holzscheiter für die Winterfeuerung oder die ›Rauchkucheln‹ fehlen ebensowenig wie Hausbrunnen, Misthaufen, Taubenschlag und Bienenstöcke. Und natürlich nicht die Hausgärten, in denen alles blüht und gedeiht, was zu einem richtigen Bauerngarten gehört. Eine Besonderheit ist im Garten des Deichlhäusels zu finden, in dem die Webstube untergebracht ist. Hier wachsen ausgesprochene Textilpflanzen, daß heißt, solche, die zur Textilherstellung oder zum Färben oder ›Kardieren‹ der Hirtenloden verwendet wurden. Alle diese Gärten, die Obst- und Weidewiesen, auf denen Schafe weiden, sind jeweils umgeben von den verschiedenartigsten historischen Zaunformen wie ›Steck-‹ oder ›Flechtzäunen‹.

In der Webstube des Deichlhäusels wird fleißig gewebt; in der Hammerschmiede im Mühlgraben, in der Seilerei beim Mirznhof, der Hafnerei im Zehentmaierhof ist man während der Öffnungszeiten »nach den alten Handwerker-Regeln und in historischer Arbeitsweise« am Werk. Auch ein Kalkofen ist in Betrieb, wo nach Großväter-Art Kalk gebrannt wird, der zum Weißeln der Wände diente und früher auch den Zement ersetzte. Und schließlich kann man im Mesnerhof in einem richtigen alten Kramerladen alles kaufen, was in diesen Läden zu ihrer Zeit feilgeboten wurde.

Stellvertretend für andere sei hier auf einige besonders schöne und als Beispiele früherer Bautechnik interessante Höfe aufmerksam gemacht. So etwa auf den *Zehentmaierhof* aus Sauerlach. Er steht in unmittelbarer Nähe des Maibaums und ist wahrscheinlich das erste Haus, das der Besucher auf seinem Rundgang betritt. Sein Stallteil war zwar nicht mehr vorhanden, doch konnte er nach noch feststellbaren Maßen rekonstruiert werden. Der Wohnteil des Bauernhofes dagegen, im 16. Jahrhundert von Matthäus Zehentmaier errichtet, stellt eine der ganz großen, heute noch erhaltenen Seltenheiten dar. Die hölzernen Erdgeschoßwände sind nicht nur außen als Blockbau sichtbar, sondern auch im Innern unverkleidet. Später ging man dazu über, diese »aus vorgeschichtlicher Zeit stammenden Holzkonstruktionen, bei denen die Baumstämme, rund oder behauen, zu Wänden aufeinandergefügt und durch Eckverbindungen zusammengehalten oder versteift wurden«, dem gemauerten Erdgeschoß als Oberstock aufzusetzen. Ein Beispiel für diese heute noch übliche Bauweise ist der nächste Hof auf dem Weg durch das Ausstellungsgelände, der *Mesnerhof* aus Siegertsbrunn bei München. Bereits 1538 in einem Steuerverzeichnis mit der Bezeichnung ›Mesner‹ erwähnt, stammt sein heutiger Baubestand wahrscheinlich aus dem 17. Jahrhundert. Auch hier war der Stallteil nicht mehr vorhanden und wurde nach den Maßen einer Bauaufnahme von 1912 wieder errichtet. Mit seiner Gesamtlänge von 33 Metern hat der Hof das übliche Maß der bayerischen ›Einfirsthöfe‹, die mit dem meist nach Osten gerichteten Wohnteil, dem anschließenden Stall und der Tenne, oft mit Einfahrt zur Hochtenne durch die westliche Giebelwand, aus einem einzigen großen Gebäude bestehen. Übrigens ist ein maßstabgerechtes Modell des größten bekannten Einfirsthofes in Bayern von 44 Metern Länge in der Eingangshalle des Museums ausgestellt. Es war – muß man leider sagen – der ›Bauer in der Au‹ bei Wiessee am Tegernsee, der im Jahre 1971 durch einen Brand völlig vernichtet wurde. In dem Mesnerhof mit seiner reich gegliederten Fassade ist der Kramerladen untergebracht. Von seinem mit einem graziös gedrechselten Baluster-Geländer umgebenen, mit reich profilierten Säulen versehenen geraniengeschmückten Balkon blickt man hinunter auf das Ensemble eines kleinen Stauweihers mit Fischerhütte. Hier sind Netze und verschiedenartiges Fischereigerät aufbewahrt; im Wasser liegen ein Einbaum, wie er noch im 18. und bis ins 19.Jahrhundert gebräuchlich war, und ein Loisachfloß. Noch bis 1948 wurden solche Flöße im Kochelsee zusammengebaut und die Loisach hinunter bis Wolfratshausen geflößt.

Und immer wieder fesseln einzelne Baugruppen mit der sie umgebenden idyllischen Landschaft und den Ausblicken auf die grandiose Bergwelt am Horizont. So etwa von der Höhe des *Hodererhofes* über die Hauslandschaft der legschindelgedeckten Hofdächer hinweg auf den Kochelsee und die Bergmassive des Jochbergs und der Benediktenwand. Die den flachgeneigten Dächern aufgelegten Holzschindeln – daher die Bezeichnung ›Legschindeldach‹ – werden ohne Nägel nur durch Stangen gehalten, die ihrerseits mit Steinen beschwert sind. Sie waren früher im Oberland allgemein üblich, werden jedoch heute mehr und mehr durch Ziegel, Blech und anderen Ersatz verdrängt. Freilich ist damit auch die Brandgefahr gebannt, der einst allzu oft ganze Dörfer zum Opfer fielen.

Noch viel gefährlicher als die Legschindeldächer waren aber die sogenannten ›Rauchhäuser‹. Ihre wahrhaft brandgefährdete Konstruktion zeigen einige Höfe des Museums: der Zehentmeierhof, das Deichlhäusel und der oben erwähnte Hodererhof.

Zunächst dient eine aus Hasel- und Weidenruten geflochtene sowie mit Lehm-Kalk-Mörtel verstrichene gewölbte ›Rauchkutte‹ über der offenen Feuerstelle als Funkenfang, um das Eindringen von Funken in die ›Rauchhurre‹ zu verhindern. Der ›kalte‹ Rauch wird dann aus dieser Rauchkutte seitlich in die Rauchhurre geleitet und kann durch die hölzernen Spundwände dieses vom Erdgeschoß bis zum Dachraum reichenden, oben offenen Kastens, »ohne Gefahr« in den Dachraum abziehen. Durch die Ritzen in der Schindeldeckung und in der Giebelschalung gelangt der Rauch schließlich ins Freie. Gelegentlich gibt es über der Hurre ein ›Hurluck‹, das heißt eine Klappe, die mittels einer

Zugstange vom Herd aus beliebig geöffnet und geschlossen werden kann.

Später ging man dazu über, die Rauchkutte nach oben zu öffnen und an Stelle der Rauchhurre einen oft aus Holz gezimmerten, meist mit Lehm bestrichenen und so einigermaßen feuerhemmenden senkrechten Schacht auf sie zu setzen, der über die Dachhaut herausragte und unter einem kleinen Schutzdach endete. Noch später mauerte man diese Vorläufer unserer Schornsteine. Aber immer noch wurde in der Küche auf offenem Feuer gekocht. Erst das Industriezeitalter befreite Ende des vorigen Jahrhunderts die Bäuerinnen und Hausfrauen von dem beißenden Rauch, dem sie bei ihrer Arbeit ausgesetzt waren.

Einer der schönsten hierher transferierten Höfe, das Musterbeispiel eines oberbayerischen Einfirsthofes mit Legschindeldach, gemauertem Erdgeschoß, Obergeschoß in Blockbauweise und umlaufendem Balkon sowie einer Tennenauffahrt auf der Westseite, ist das *Hodereranwesen* aus Kochel. Darüber hinaus ist er auch ein Musterbeispiel für die Feuergefährlichkeit eines Rauchhauses, dieser ohne Zweifel ältesten Feuerungsanlage im südlichen Bayern.

Obwohl laut Hausinschriften der heutige Hof 1775 nach dem großen Kocheler Brand im Jahre 1761 errichtet wurde, handelte es sich offenbar nicht um einen totalen Neubau, sondern um einen Wiederaufbau, bei dem erhaltene Teile des bei dem Brand nur teilweise zerstörten Hauses mit übernommen wurden. So auch die an sich seit 1720 wegen der Feuergefahr verbotene ›Rauchhurre‹. Das Haus hatte zwar in späterer Zeit einen vorschriftsmäßigen Kamin bekommen, doch konnte man bei seinem Abbau in Kochel und Wiederaufbau im Museumsgelände einwandfrei Form und Größe der ehemaligen Rauchhurre feststellen, so daß sie unter Verwendung vorgefundener Reste und Spuren rekonstruiert werden konnte. »Im Hodererhof waren sämtliche originalen Sparren und Balken des Dachstuhls schwarz von Ruß, auch die der Tenne, denn zwischen

Wohnhausdach und Tennendachstuhl war keinerlei Zwischenwand und neben der rauchenden Hurre lag offen das Heu.«

Und noch eine Besonderheit hat der Hodererhof aufzuweisen: bei der Einrichtung seiner Räume konnte man weitgehend den Erinnerungen der Hoderer-Marie folgen, die in diesem Haus ihre Kinderzeit verlebt hatte. So ist hier der Grundsatz der Museumsleitung, eine »möglichst weitgehende Naturtreue zu erzielen und zu wahren«, durch die »der Besucher das Gefühl bekommt, er befinde sich in einem noch lebendigen Bauernhof und der Bauer sei eben erst aufs Feld gegangen, könne aber jeden Augenblick ins Haus zurückkehren«, in idealer Weise erfüllt.

Die reizvollsten Häuser des Museums sind ohne Zweifel der Schieblhof und der Mörnerhof mit dem Moosener Kornkasten, denn sie zeigen außer den auch im Zehentmaierhof noch vorhandenen kleinen Schiebefenstern von 23 mal 23 cm und 25 mal 25 cm in ihren Kammern Wandmalereien aus dem 16. und 17. Jahrhundert – ganz große Seltenheiten, und Kostbarkeiten von unschätzbarem Wert! Und für den Betrachter ein ganz großes Vergnügen!

Alle drei Gebäude kommen aus dem Landkreis Traunstein. Der Mörnerhof stand in Heretsham bei Obing; wenige Kilometer von ihm entfernt war der Moosener Kasten angesiedelt, und der Schieblhof kam aus Tyrlbrunn bei Trostberg.

Dieser *Schieblhof* ist besonders aufschlußreich. 1544 wird als Besitzer ein Wolfgang Schipl erwähnt; bis zu seiner Versetzung nach der Glentleiten 1974 wurde der Hof von der Familie Weinmayer bewohnt, deren bezeichnender Name 1678 zum erstenmal auftaucht. Bezeichnend deshalb, weil aller Wahrscheinlichkeit nach der Bauer zugleich ›Gastgeb‹ war, das heißt, in seinem Hause eine Weinwirtschaft mit Herberge und Fuhrstall betrieb. Eine Weinschenke in Bayern, dem Land des Bieres? Diese Frage stellt sich wahrscheinlich mancher Leser erstaunt und ungläubig.

Und doch wurde der Rebensaft in Bayern erst im 18. und 19. Jahrhundert durch den Gerstensaft verdrängt. Die Römer hatten die Weinrebe von Südfrankreich rhôneaufwärts in die Pfalz und die Maingegend gebracht. Schon in der Regel des Heiligen Benedikt heißt es: »Weingenuß ist keine Sünde. Doch wer dem Rebensaft entsagen kann, ist im Besitze einer besonderen Gnade Gottes, die der Herr nur wenigen verleiht.« Die Benediktiner nahmen den Weinbau auf, und Aventin stellte 1580 fest: »Das Bayernvolk ... trinkt sehr viel, und der gemeine Mann sitzt Tag und Nacht beim Wein.« Über diesen bayerischen Rebensaft fällte freilich der Minister des Kurfürsten Max III. Josef, Wiguleus Freiherr von Kreittmayr im 18. Jahrhundert ein vernichtendes Urteil: »O glückliches Land, wo der Essig, welcher anderswo mit großer Mühe bereitet werden muß, ganz von selbst wächst.« Im übrigen belegen noch viele Flurnamen den einstigen Weinbau, wie etwa der ›Weinberg‹ über Schliersee oder die ›Weinleite‹ bei Traunstein.

Viele Weinschenken, in denen dieser »Essig« ausgeschenkt wurde, gingen auf die Zeit Karls des Großen zurück, der seine Bediensteten oft statt mit Bargeld mit Wein bezahlte und damit das Privileg verband, Wein ausschenken zu dürfen. Die Gäste ihrerseits bezahlten ihre Schuld oftmals mit Naturalien, und so waren die Weinschenken der karolingischen Beamten beliebte und gut besuchte Tauschplätze.

Ob auch der Schieblhof auf diese frühe Zeit zurückgeht, ist nicht beweisbar, so gut wie sicher aber ist es, daß er eine Weinschenke war. Darauf weisen sowohl seine einstige Lage unmittelbar an einer ehedem verkehrsreichen Handelsstraße wie sein merkwürdiger Grundriß und die in den Kammern dargestellten Szenen hin. »Seine südlich an der Traufseite gelegene Haustüre führte in einen Fletz, der sich entlang einer völlig ungewöhnlichen schrägen Mauer in der Nord-Ost-Ecke des Hauses zu einem großen Raum erweitert, der seine eigene Haustüre an der Giebelseite

(Ostfassade) des Hauses hat ... Diese Fletz-Erweiterung dürfte als Gaststube gedient haben.« Und oben in einer der Kammern wird der Vorreiter eines herangaloppierenden Schlittens von einer schmucken Magd empfangen, die ihm einen Willkommenstrunk kredenzt. Die ganze Szene ist von schwungvoll gemalten Weinranken und Trauben umgeben.

Drei Kammern im Oberstock zeigen über einem Sockel mit Renaissance-Ornamenten figürliche Darstellungen von köstlicher Naivität. Ein in stolzen Sprüngen fliehender Hirsch wird von einem kleinen Hündchen verfolgt, dem merkwürdigerweise ein hoppelnder Hase und ein Fuchs auf den Fersen sind. Der Heilige Georg hoch zu Roß ersticht den ihn angreifenden Drachen, einen Schäferhund mit Löwenpranken und aufgesetzten Flügeln. Hoch über dieser Szene kniet auf einem Felsen die Jungfrau und betet für einen guten Ausgang des Kampfes. An einer anderen Wand schmachtet pfeildurchbohrt der Heilige Sebastian am Marterpfahl – vieles andere mehr gibt es in dem grazilen Rankenwerk zu entdecken, das alle Darstellungen umgibt. Die kleinen, in ein besonders zartes Rankenwerk eingestreuten Figuren in dem nordöstlichen Raum datiert man um 1650, während das Entstehungsjahr der Malereien in den beiden anderen Räumen durch die Inschriften über den Stubentüren für das Jahr 1691 ausgewiesen sind.

An die hundert Jahre älter sind die Malereien des *Mörnerhofes* und des *Moosener Kastens*. Auch hier erfreuen schwungvoller Rankendekor und ornamentaler Schmuck, figürliche Darstellungen wie ein Paar in Renaissancekleidung oder im Moosener Kasten eine ganze Stadtlandschaft mit Mauern, Spitz-, Zwiebel- und Wehrtürmen, der eine vierspännige Kutsche mit peitschenschwingendem Stangenreiter zustrebt.

Man nimmt an, daß diese Wandmalereien Schöpfungen der, wie damals üblich, auf ›Stör‹ befindlichen Laienmaler sind, die gegen Kost und Logis arbeiteten und von Ort zu

Ort wanderten. Es ist ein großes Glück, daß die Museumsleitung sie vor dem Untergang bewahren konnte. Die großen technischen Schwierigkeiten ihrer Übertragung nach der Glentleiten konnten dank der Zusammenarbeit verschiedener Sachverständiger glücklich überwunden werden. Wohlbehalten und -behütet ergänzen sie nun in herzerfreuend anschaulicher Weise das Bild der Welt unserer Vorfahren.

Nachdenklich verläßt man diese Welt und geht – oder fährt – ein Stückchen höher zur *Kreutalm,* wo die richtige Gelegenheit zu einer wohlverdienten Brotzeit geboten wird. Hier kehrte vor vielen Jahren bei beginnender Dämmerung Max Dingler ein. Wahrscheinlich hat sich hier seit seinem Besuch manches geändert, aber der Blick hinunter in die Landschaft ist derselbe geblieben:

»Die Lieblichkeit des Kochelsees ist in solchen Stunden unvergleichlich. Eingeschmiegt in den Schutz der Berge, die ihn von drei Seiten umgeben, schimmert er wie klares Glas. Wer ihn so sieht, glaubt nicht, daß er auch aufbrausen und Wellen werfen kann, schier wie sein mächtiger Bruder droben hinter dem Kesselberg, der schönste der bayerischen Seen, der traumhaft dunkle, tiefgründige, dem Hochwald eingezauberte Walchensee. Heute aber zeigt er, der stillere, wofür er geschaffen scheint: ein Abendspiegel zu sein für die Felsrinnen des Jochberges, für die Fichtenwälder um das Joch und für das rötlich-blaue, gach abfallende Gestein des Herzogstandes. In dieses Spiegelbild fügt sich am Nordufer ein feiner Schmuck: die Schlehdorfer Klosterkirche mit ihren beiden weißen Türmen. Die Menschen hatten damals, als sie Klöster bauten, ein besonderes Gefühl für die Landschaft. Ich habe oft darüber gestaunt. Auch den Kochelsee sähen wir wehmütig nach Norden hinaus versumpfen und versanden, würde das Auge nicht von diesem Schmuck gebannt. So aber behauptet er sein Eigenleben gegen die Ebene, die, eingeengt zwischen die Tölzer Berge und den östlichen Ausläufer der Murnauer Moräne, der Loisach den sanfteren Teil ihres Weges bereitet. Dämmerig leuchten daraus die Kirchtürme von Benediktbeuern und die bläulichgrauen Rauchwirbel über den Penzberger Essen.«

So hell und liebenswürdig die Landschaft östlich von Murnau ist, so düster und melancholisch zeigt sie sich im Westen. Hier steigen die Nebel aus dem Moos, hier umgibt im Schatten der Sonne dunkel dräuend die Kulisse der Bergkette die weite Ebene des Mooses, und hier begeben wir uns zurück in die früheste Vorgeschichte.

»Die Eismassen des Isargletschers sind unter den Alpenvorlandgletschern am weitesten nach Norden vorgedrungen und haben dem Lande ihre allgegenwärtigen Spuren aufgeprägt«, berichtet Hansjakob Gebhart. *»In seinem Bereich waren vier Einzelströme am Werk, die miteinander verschmolzen und nordwärts drängten ... Da war im Westen der kleine Ammergauer Gletscher, der zwischen Lech und Loisachgletscher eingezwängt seine schmale Eiszunge bis über Peiting hinaustrug, anschließend der mächtige Loisachgletscher, der seine Schuttmassen bis Grafrath schob, ferner der Walchensee-Kochelsee-Strom mit seiner Spitze bei Starnberg und der eigentliche Isargletscher, der bis gegen Holzkirchen vordrang. Alle vier Eisströme schufen vor den Alpentoren deutlich ausgeprägte, tief in den Boden ausgeschürfte Stammbecken: das Ammergauer, Murnauer, Kochelsee- und Tölzer Becken. Sie waren nach dem Rückgang des Eises zu riesigen Schmelzwassern geworden, heute sind sie zum Teil vermoort (Murnauer Becken) oder bergen noch einen Restsee (Kochelsee) ... Höchst skurril ist oft der Lauf der Flüsse. Sie müssen ihren Weg durch ein Wirrwarr von Hügelwellen suchen, sich durch eingeritzte Canyons zwängen, Seen durchfließen und Gebirgsriegel überwinden ... Häufig aber weichen die Gewässer den festen Konglomeraten der Molasseriegel aus. So wird die Loisach vom Murnauer Tertiär-Rücken nach Osten in den Kochelsee gezwungen, durch eine zweite Molasserippe nach Nordosten gedrängt und der Isar zugeführt.«*

Von der Höhe des Molasseriegels, auf dem Murnau liegt, überblickt man die ganze Größe des Mooses, hat man das ganze Panorama der die weite Ebene umgebenden Bergkette am eindrucksvollsten vor Augen.

»*Aus den niedrigen Tölzer Vorbergen im Osten erhebt sich die zweizackige Benediktenwand; ihr schließen sich nach Westen an die Glaswand, das Rabenköpfl und der Jochberg mit ihren in der Abendsonne glänzenden breiten Steinrinnen, die den Abschluß dieses Zuges gegen den Kesselberg bilden. Auf der anderen Seite des Kochelsees die Gruppe Herzogstand und Heimgarten. Ihnen ist links der waldige Röthelstein vorgelagert wie ein Schachbauer dem König und der Königin. Vom Rauhen Eck an zieht sich der Ausläufer des Heimgartens, von der pyramidenartigen Mittagspitz (Hirschgarten) überragt, horizontal gegen Westen und fällt dann nach Eschenlohe ab. Der anschließende Stock, das Estergebirge, trägt die Gipfel: Hohe Kiste (mit dem mächtigen Kistenkar), Rißkopf, Hennereck, Krottenkopf, Fricken, Bischof und als Abschluß den langgezogenen flachen Esterberg. Durch den vom Loisachtal bedingten, vom waldigen Höchenberg verriegelten Ausschnitt der Vorberge glänzt das Wettersteingebirge, von dem in ostwestlicher Richtung zu sehen sind: Hochwanner, Alpspitz, Hochplassen, Vollkarspitz, Höllenthalspitzen, Riffelspitz und Zugspitz; ihr vorgelagert der Waxenstein. Die westlichen Vorberge beginnen mit dem Ettaler Mandl und dem Laber, hinter dem die Not hervorlugt. In breiten Zügen reihen sich an der Aufacker, der Rebreirücken – davor der Aschauer Berg und die Hörnle (von den vier Spitzen sind zwei von Murnau aus zu sehen) mit der großen herzförmigen Geröllnarbe. Die Hohe Bleich, der Trauchberg und die Ausläufer der Allgäuer Berge schließen die Kette ...*«*

Das Moos ist Landschaftsschutzgebiet und mit seinen 40 Quadratkilometern der größte, weitgehend unkultivierte Moorkomplex im gesamten Alpenraum. Ein geheimnisvoller Zauber, »*Anmut und Schwermut liegen über der weiten Fläche, die ihre volle Schönheit im Herbst entfaltet, wenn welkende Riedgräser, Moos, Heidekraut und Pfeifengras ein fein abgestimmtes Farbenspiel von karminroten, violetten und braunen Tönen darüber legen ... Nicht nur bei Tage, auch vor Sonnenaufgang und nach Sonnenuntergang muß man das Moor aufsuchen, um seine geheimen Stimmen zu hören: das Geläut der Unken, die Rufe des Regenpfeifers und des Brachvogels, den tiefen, schwermütigen Laut des Rohrdommels.*

Unmöglich ist's, auch nur annähernd die lebendigen Schätze aufzuzählen, die seltsamen Wesen, die der Moosgrund birgt.«

Hier lebt noch die anderswo kaum noch anzutreffende Sumpfschildkröte, in manchen kleinen Moosbächen der Flußkrebs. Kommt man zu rechter Jahres- und Tageszeit, so schwirren und tanzen unzählige Libellen und Schmetterlinge über das Moos. Der Volksmund hat ihnen viele Namen und Bedeutungen gegeben. Die Schönste fand die Antike. Für sie waren die Schmetterlinge, diese sich aus unscheinbarer Verpuppung lösenden, sich zum Tanz in der Sphäre entfaltenden bezaubernden Geschöpfe, das Sinnbild der Unsterblichkeit der von den Fesseln des Leibes befreiten, in die Unendlichkeit entschwebenden Seele.

Unerschöpflich ist auch die Pflanzenwelt des Mooses. Es zeigt sowohl die Pflanzengesellschaften der ersten Verlandung eines Moores wie die von Flach- und Zwischenmoor bis zu Hochmoor und Moorwald. Hier sind noch Moorbinse und der gelbe Moorsteinbrech am Leben, in anderen Mooren längst verschwundene Eiszeitrelikte.

Die Freude an der Entdeckung immer neuer versteckter Schätze des Mooses darf jedoch nicht dazu verführen, die Wanderwege zu verlassen. Dann kann es passieren, daß man unversehens in einem der kleinen Tümpel, den ›Moosaugen‹, oder ›Schwimmenden Wasen‹ und ›Kühwampen‹ versinkt, wie die Einheimischen die hier einzigartigen, über mehrere Kilometer sich ausdehnenden ›Schnabelbinsen-Schwingrasen‹ nennen, den bei jedem Tritt schwankenden und schwebenden, unverfestigten Grund des Mooses.

Etwas Unersetzliches, etwas, was für Murnau eine große Sehenswürdigkeit hätte werden können, hat das Moos verloren. Obwohl im vorigen Jahrhundert in mehreren geographischen und archäologisch-topographischen Werken ›Rudera‹ auf einem Hügel im Murnauer Moos erwähnt worden waren, hatte man ihnen keine Beachtung geschenkt – erst, als es zu spät war, wurde in aller Eile gerettet, was noch zu retten war.

1925 nämlich kaufte die Bezirksgemeinde Weilheim einen der kleinen ›Köchel‹ genannten, auf die Verkieselung verhärteter Ablagerungen aus der Kreidezeit zurückgehenden Hartsteinhügel mitten im Moos und machte sich daran, dieses für Straßenbeschotterung vorzüglich geeignete Hartgestein abzubauen. Lediglich »für den Bedarf der eigenen Bezirksstraßen« teilte man dem Landesamt für Denkmalpflege beruhigend mit, als es Monate nach Beginn des Abbaus durch die Tagespresse davon erfahren hatte und vorstellig geworden war. Trotz dieser Versicherung war von Anfang an ein Großbetrieb beabsichtigt. Die Meldung von der Auffindung eines beschotterten Prügelweges – wie sich herausstellte, ehemals die Zufahrt zu der durch einen Mauerring geschützten römischen Siedlung – unterblieb. Erst als durch Sprengarbeiten bereits 45 Meter dieses Befestigungsringes zerstört und römische Goldmünzen gefunden worden waren, erinnerte man sich an die von den bayerischen Denkmalschutzbestimmungen vorgeschriebene Meldung. Nach unmittelbar darauf erfolgter Besichtigung kam die aus heutiger Sicht recht merkwürdig anmutende Stellungnahme des Denkmalamtes: »Die Mauern könnten nicht so erhalten werden, daß die breite Öffentlichkeit etwas für das Auge habe, ein Zementüberguß würde den Charakter der Römermauer gründlich zerstören und eine Konservierung durch Überschütten mit Erdreich käme als unzweckmäßig nicht in Frage.« Es wurde lediglich die Bergung etwaiger Fundstücke sowie die Anfertigung von Grabungsfotos und genauen Planzeichnungen angeordnet.

Inzwischen wurden auch die örtlichen Behörden in weitem Umkreis aufmerksam auf das Zerstörungswerk, das hier im Gange war. Empörte Artikel erschienen in allen Zeitungen, die Verhinderung der Arbeiten wurde verlangt. Es war zu spät. Ein Artikel in den Ammersee-Heimatblättern von 1926 beruhigte die aufgeregten Gemüter mit der tröstlichen Nachricht, »daß in nächster Zeit lediglich das Nordtor mit den zwei Ecktürmen fallen wird, während

V

FRANZ MARC (1880-1916)

Hocken im Schnee
Ölgemälde, 1911
München, Nachlaß

Mit dem Murnauer Moos ist uns das größte – und im Gegensatz zum Kochelseemoor – noch weitgehend unkultivierte Moorgebiet im Alpenraum erhalten, ein Biotop, in dem eine Vielfalt seltener Blumen und Tiere vereint ist. Die eigentümliche Stimmung dieser Möser hat besonders die Maler in ihren Bann gezogen, darunter die nahe wohnenden Künstler des ›Blauen Reiter‹, Wassily Kandinsky, Gabriele Münter und Franz Marc.

1911, da Marc bereits ein Jahr in Sindelsdorf ansässig war und inzwischen Kandinsky und Münter kennengelernt und mit ihnen gegenseitige Besuche vereinbart hatte, entstand auch dieses farbsatte Bild, das eine typische Erscheinung dieser Moorgebiete monumentalisiert: Das zur Verfestigung um einen Pfahl zu hohen Hecken oder Haufen – im Volksmund ›Trischen‹ – aufgetürmte Riedgras, das so eingemietet den Winter über (oder auch mehrere Jahre) im Moos bleibt und erst im folgenden Frühjahr eingebracht und als Streu verwendet wird.

Dieses Bild ist um so wertvoller, als sich Franz Marc – nach frühen noch unpersönlichen Landschaften, auch von der Staffelalm über Kochel – später weitgehend von diesem Genre abwandte und der Tierdarstellung verschrieben hat. So sind die ›Hocken im Schnee‹ trotz ihres unscheinbaren Motivs eine bedeutende künstlerische Huldigung an die Moorlandschaft um Murnau und Kochel.

der größte Teil, etwa Dreiviertel des Castells, in den nächsten zehn Jahren voraussichtlich bewahrt bleiben wird, und damit wenigstens der gegenwärtigen Generation reichlich Zeit zur Besichtigung gegeben ist, doch nicht nur Zeit, sondern, wie wohl erwartet werden darf, bereitwilligst gebotene Gelegenheit«. Und das Bezirksamt Weilheim erklärte, »nicht für eine Million« würde es den »Bezirkssteinbruch Moosberg« wieder hergeben.

Kommerzielle Interessen siegten – ob das letzten Endes für den gerade in jener Zeit aufstrebenden Fremdenverkehr des Marktes Murnau vorteilhaft war, sei dahingestellt.

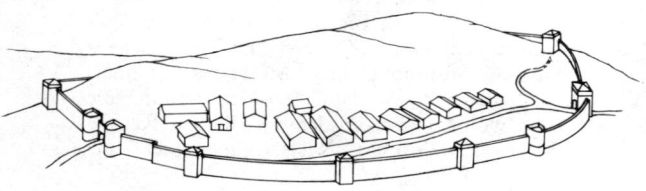

Unwiederbringlich verloren sind die Reste einer vorgeschichtlichen Siedlung, die 1925 auf dem Moosberg südlich Murnau entdeckt und kommerziellen Interessen geopfert worden sind. Die Siedlung dürfte wohl unter dem Eindruck der im Jahr 259/260 zusammenbrechenden römischen Grenzwehr angelegt worden sein, als sich die Bewohner einer römischen Straßenstation aus Sicherheitsgründen auf den 31 Meter hohen Moosberg zurückzogen und ihre Wohnstätten mit Mauern und Türmen bewehrten. Die Abbildung zeigt eine Rekonstruktion, *die der Archäologe Jochen Garbsch von der gegen Ende des 4. Jahrhunderts aufgegebenen Stätte auf dem heute gänzlich abgebauten Moosberg entworfen hat.*

Von dem, was hier verloren gegangen ist, überliefern uns heute nur noch die im Wettlauf mit dem an einem schnellen Abbau interessierten und teilweise in Nachtschicht arbeitenden Bezirksteinwerk Moosberg nach genauen Vermessungen vorgenommenen Planzeichnungen der Archäologen, Grabungsfotos und Untersuchungen von Wissenschaftlern ein »leidlich klares Bild, das den endgültigen Verlust dieses einzigartigen, durch Jahrhunderte fast unberührt gebliebenen Vorzeitdenkmals einigermaßen zu ersetzen vermag«, wie es der Referent im Landesamt für Denkmalpflege, Paul Reinecke, formuliert hat.

Die Ergebnisse dieser hochinteressanten, unter Leitung von Professor Dr. Reinecke durchgeführten Untersuchungen faßt Max Dingler zusammen:

»... *Ein viereckiger Turm bildet im Nordwesten den Anfang der Befestigung. Die Mauer zieht sich dann in mehrmals gebrochener Linie dem oberen Rand des Hanges folgend zum nördlichen, 3,25 Meter breiten Tor, das mit zwei sehr starken Mauerschenkeln versehen ist; sie strebt von hier aus dem Ostrand der Hochfläche entlang, dreimal geknickt und mit mindestens zwei Türmen besetzt, dem mit zwei vorspringenden, halbrunden Türmen bewehrten Südtor zu und endet zwanzig Meter westlich am Steilhang in einem kräftigen, auf der Hangseite durch zwei Pfeiler verstärkten quadratischen Turm. In geringer Entfernung von dem Südtor, an dem Spuren von Umbauten oder Verstärkungen wahrzunehmen waren, war die Befestigung durch einen Graben von dem niedrigen, unbewohnten südlichen Teil des Berges abgeschnürt ... Ein Grabmalbruchstück hatte als Baustein Verwendung gefunden, ein Zeichen für die Eile ... beim Mauerbau.*

Mit der in etwa siebenhundert Meter Entfernung vorüberziehenden Hauptstraße war die Moosbergsiedlung durch eine Seitenstraße verbunden, die als mäßig breiter Prügelweg mit Kiesdecke wiederholt beim Ziehen von Moosgräben angeschnitten wurde und mit einigen Windungen über eine Vorhöhe zum Nordtor emporstieg, um sich innerhalb des Mauerringes als mit Bruchsteinen gepflasterte, einmal platzartig erweiterte Dorfstraße zum Südtor fortzusetzen. Außerhalb des Tores verlor sich ihre Spur.

In dem Raum zwischen der Straße und dem Westhang standen einst mehrere schlichte Holzbauten. Bei sechs Häusern ließ sich mit Hilfe der zahlreichen freigelegten Pfostenlöcher der Grundriß wieder herstellen. Die Schmalseite der Häuser war der Straße zugekehrt. Die vorderen Räume dürften als Werkstätten oder als Läden gedient haben, nach rückwärts schlossen sich die Wohn- und Wirtschafts-räume an. Jedes Anwesen besaß einen kleinen umzäumten Hof mit

einer rechteckigen Zisterne ... Über die Bauten, die sich in dem
schmalen Streifen zwischen der Straße und der Ostmauer befanden,
besitzen wir keine nähere Kenntnis, da hier die Steinbrucharbeiten
schon viel zerstört hatten, ehe die Durchforschung des Bodens vorge-
nommen werden konnte ...«

Eine Unzahl von Kleinfunden, unter ihnen Handwerks-
und Haushaltsgeräte, Keramik, Fibeln, Fingerringe, Glas-
becher, Kämme, Toilettengegenstände, bestätigt den zivi-
len Charakter der Niederlassung. Den Münzfunden zufolge
wurde die Siedlung am Ende des 4. Jahrhunderts oder bald
nachher aufgegeben. Hätte man sie mit den heutigen Mitteln erforscht und bewahrt, wäre sie sicherlich eine höchst
attraktive archäologische Zone für Murnau geworden.
Aber »die Götter haben es anders beschlossen«, stellte ein
Zeitungsartikel resigniert fest.

1934 ging der Moosberg aus dem Besitz der Bezirksge-
meinschaft Weilheim an die Firma Zehendner u. Co. und
wird seitdem von ihr als ›Hartsteinwerk Moosberg‹ geführt, nicht zu verwechseln mit dem ›Hartsteinwerk Werdenfels‹ auf dem Langen Köchel, das im Besitz von Ludwig
und Anton Späth sowie Lothar und Eberhard Gehrmann
ist. Beide Werke bauen Glauko-Quarzithgestein ab, das zu
Schotter für Gleisanlagen – zum Beispiel der Münchner
U-Bahn –, sowie zu Sand und Edelsplit für Herstellung
hochbelastbarer Straßendecken weiterverarbeitet wird.
Auf der Fahrt von Eschenlohe nach Murnau haben wir eine
die Straße kreuzende, quer über unsere Köpfe hinweg ins
Moor führende Seilbahn gesehen. Sie bringt das abgebaute
Material vom Langen Köchel nach Eschenlohe, wo es ver-
arbeitet und verladen wird.

Der Lange Köchel war anscheinend historisch uninteres-
sant, Naturschützer treten aber für seine Erhaltung ein.
Schon seit den fünfziger Jahren ist der Moosberg vollständig verschwunden, der Abbau bohrt sich seitdem in die
Tiefe. Fünfzig Meter unter dem Moorspiegel sind bereits
erreicht.

Noch belebt eine ganze Reihe dieser Köchel das Landschaftsbild. Im Sommer oder Frühjahr während der Schneeschmelze kann es sein, daß sie aus dem das Moos überschwemmenden Hochwasser aufragen wie einst aus dem späteiszeitlichen riesigen See, aus dem in langsamer Verlandung das Moos hervorging. Fast bis zu Füßen des im Volksmund ›Ähndl‹ genannten kleinen *Ramsach-Kirchleins* reicht dann das Wasser. Einsam und still wie eh und je steht es am Rande des von Murnau zum Moos hinunter führenden Hanges nahe der das Moos durchquerenden Ramsach und blickt hinüber auf die sich bei Hochwasser in einzigartiger Schönheit in ihm spiegelnden nahen und fernen Berge. Es soll die Urahnin, eben das ›Ähndl‹, christlichen Lebens der Gegend sein. Nach der Legende wurde es an Stelle eines vorchristlichen Heiligtums gebaut, 750 dem Heiligen Georg geweiht. Sankt Georg dem Drachentöter, dem symbolischen Sieger des Glaubens über das in Abgründen dunkler Wasser der Hölle hausende Böse, hat die naive Volksseele hier am Rande des unheimlichen, moorigen Sees eine durchaus reale Bedeutung gegeben mit der Legende, in seinen dunklen Fluten habe tatsächlich ein Unheil stiftendes Ungetüm, ein Drache, gehaust – eine Auslegung, die den Drachen im Wappen Murnaus erklärt. 1740 war das Urähndl altersschwach geworden und wurde durch einen sein ursprüngliches Rechteck und den dreistufigen Antritt bewahrenden Neubau ersetzt. Bewahrt blieb auch die nun von einem barocken Altaraufbau mit einem Bild des Kirchenpatrons umkleidete Mensa, wie es heißt, ehemals der vorchristliche Opferstein. Erinnerungen an das erste Urähndl hütet ein Schrein neben dem Altar des stimmungsvollen kleinen Raumes, dessen Deckenfresko von 1740 des Murnauers Augustin Bernhard die ›Leiden des Heiligen Georg‹ darstellt.

Wie das Ramsach-Kircherl, blickt auch das sogenannte *Russenhaus* vom Hang über die weite Ebene auf den Kranz der Berge um das Moos. Hier lebten Wassily Kandinsky und Gabriele Münter von 1909 bis zum Ausbruch des Ersten Weltkrieges, und hier starb die Künstlerin am 19. Mai 1962.

Malerlandschaft

Das Moos mit seiner Bergkulisse, der Staffelsee, der beide voneinander trennende Molasseriegel von Murnau bestimmen das Bild dieser Landschaft von ganz einzigartiger Mannigfaltigkeit und Ausdruckskraft. Zu jeder Tages- und Jahreszeit zeichnen die dunklen Nordhänge des Vorgebirges, die in der Ferne zwischen ihnen erscheinenden Hochgebirgsgipfel in unerschöpflicher Vielfalt wechselnde Farbstimmungen über das Land. Die Pflanzenwelt des Mooses, die Wellen des Sees nehmen sie auf und steigern sie zu einer Eindringlichkeit, die Maleraugen und nachdenkliche Gemüter unwiderstehlich in ihren Bann zieht.

Malergenerationen pilgerten in die Berge – kaum einer ihrer Jünger ist nicht auch in Murnau gewesen und hat hier, fasziniert von der Landschaft, gearbeitet. Für keinen aber war wohl diese von einer selten intensiven Farbskala geprägte Landschaft von so entscheidender Bedeutung wie für den schon in frühester Jugend von der Farbe faszinierten *Wassily Kandinsky.*

Kandinsky kam mit *Gabriele Münter* 1908 zu einem ersten Studienaufenthalt, und gemeinsam kehrten sie alljährlich für längere oder kürzere Zeit hierher zurück. Gabriele Münter fand hier Heimat im ›Russenhaus‹, wie die Einheimischen es nannten, es wurde 1909 ihr Eigentum.

In den Jahren bis zum Kriegsausbruch 1914 trafen sich hier die Malerfreunde. Aus München kamen Alexei Jawlensky und Marianne von Werefkin zu gemeinsamen Studien. Es kamen Franz Marc mit seiner Lebensgefährtin und späteren Frau aus ihrem nahe gelegenen Sindelsdorfer Refugium und ihrem späteren Wohnsitz Ried bei Benediktbeuern; aus Tegernsee kam 1910 August Macke mit

seiner Frau. Sie alle suchten, wie damals weltweit das ganze
Kunstleben, neue Inhalte, neue Ausdrucksmittel. In nächte-
langen Diskussionen, in dem Briefwechsel der Freunde
Marc und Macke entspann sich ein lebhafter Gedankenaus-
tausch vor allem über den Stellenwert der Farbe in der
Malerei, denn »... eine Malerei, in der die Überzeugung
von dem seelischen Grundcharakter allen Geschehens zum
Ausdruck gelangen sollte, konnte gar nicht anders, als sich
der symbolhaften Wirkungsmöglichkeiten der Farbe zu
bedienen«. Murnau und seine Umgebung, die heute noch
hier blühende Volkskunst der Hinterglasmalerei, die nach
Johannes Eichner »mit unbekümmerter Vereinfachung der
Naturformen, starken Farben in schwarzen Konturen und
instinktiver Zusammenschau aller Einzelheiten ... vieles
vorweggenommen hatte, worum jetzt die Stürmer der
modernen Kunst rangen«, gaben Kandinsky und seinem
Kreis entscheidende Anregungen für ihren Weg, der von

Begeistert von der Gegend um Murnau, das sie im August-September 1908 erstmals zu einem Studienaufenthalt besucht hatten, kehrten Wassily Kandinsky und Gabriele Münter bis 1914 alljährlich hierher zu künstlerischer Arbeit vor dem Motiv wieder. Sie wohnten dabei in einem Haus, das Gabriele Münter 1909 erwerben konnte und bis zu ihrem Tode 1962 bewohnt hat. Das im Volksmund so genannte Russenhaus – hier in einem Linolschnitt der Münter von 1931 – ist seit 1984 als Museum eingerichtet und allgemein zugänglich.

der Gegenständlichkeit über erste tastende Versuche schließlich hin zur völligen Abstraktion führen sollte. Jeder distanzierte sich auf seine Weise von den überkommenen künstlerischen Formen.

Erinnern die ersten Murnauer Studien Kandinskys »in Farbigkeit und Pinselführung noch an die am ehesten dem Jugendstil verpflichteten sogenannten ›dekorativen Zeichnungen‹«, so unterscheidet sich wenig später der »in viel lebhafter differenzierte farbige Flächen gegliederte Bildaufbau« erheblich von ihnen … In der folgenden Phase »bezeichnet die Farbe zwar noch die Gegenstände, scheint aber bereits eigenen Gesetzen ihrer Verteilung auf der Bildfläche unterworfen zu sein. Ein erster Anflug von Abstraktion deutet sich an und vertieft sich in den Sommerbildern von 1909. Es sind nicht Studien, die den Eindruck einer bestimmten Landschaft vermitteln wollen, sondern Studien, die den Gesetzmäßigkeiten der Farb- und Formstrukturen in der Landschaft nachgehen.« Über eine zusehends »großzügiger und lockerer werdende Flächengestaltung« der Herbstbilder von 1909 führt der Weg zu den »nurmehr letzte Anklänge an Gegenständliches« zeigenden Studien des Jahres 1910.

Marcs Ringen um die Farbe als symbolhafte Kraft dokumentieren vor allem seine zahlreichen Pferdestudien. 1908 versuchte er zum ersten Mal in einem nicht erhaltenen Bild von vier lebensgroßen Pferden seine konstruktiven Vorstellungen mit der Farbe in Verbindung zu bringen. In unermüdlichem Bemühen folgten die ›Lenggrieser Pferde‹ genannten Studien und viele andere. Pferde und immer wieder Pferde, wobei man an die Stutenherden auf den Schwaigangerer Weiden denken muß, die vielleicht ebenfalls Anregungen zu diesen Studien gegeben haben. Marcs ›Weidende Pferde‹ (1910), das ›Blaue Pferd‹ (1911), die berühmten ›Drei roten Pferde‹ (1911) und schließlich der ›Turm der blauen Pferde‹ (1913) sind entscheidende Stationen seiner Auseinandersetzung mit der Farbe.

VI

WASSILY KANDINSKY (1866–1944)

Kirche in Murnau
Ölgemälde, 1910
München, Städtische Galerie
im Lenbachhaus

Vom Fenster seines Ateliers im ›Russenhaus‹, an
der Kottmüllerallee zwischen Ort und Ramsach-
kirchlein gelegen, eröffnete sich ein prachtvoller
Blick auf die Pfarrkirche von Murnau, den Kandinsky wiederholt bildhaft gestaltet hat. Eines dieser Gemälde führte zu einem spontanen Erlebnis,
das der Künstler selbst beschrieb: »... einmal
wurde ich durch einen unerwarteten Anblick in
meinem Atelier bezaubert. Es war die Stunde der
einziehenden Dämmerung. Ich kam mit meinem
Malkasten nach einer Studie heim, noch ver-
träumt und in die erledigte Arbeit vertieft, als ich
plötzlich ein unbeschreiblich schönes, von einem
inneren Glühen durchtränktes Bild sah. Ich stutzte
erst, dann ging ich schnell auf dieses rätselhafte
Bild zu, auf dem ich nichts als Formen und Farben
sah und das inhaltlich unverständlich war. Ich fand
sofort den Schlüssel zu dem Rätsel: es war ein von
mir gemaltes Bild, das an die Wand angelehnt auf
der Seite stand. Ich versuchte den nächsten Tag
bei Tageslicht den gestrigen Eindruck von diesem
Bild zu bekommen. Es gelang mir aber nur halb
...« Das Ergebnis weiterer Malexperimente ist das
hier wiedergegebene Werk, das somit den ersten
Markstein auf dem Weg zur Abstraktion darstellt.

Nach Differenzen mit der ›Neuen Künstlervereinigung München‹, die den Austritt Kandinskys, Marcs und verschiedener ihrer Mitglieder zur Folge hatte, eröffneten beide am 18. Dezember 1911 in der Münchner Galerie Tannhauser die erste Ausstellung des ›Blauen Reiter‹. Sie wanderte durch die meisten Städte Deutschlands. 1912 folgte eine zweite, ausschließlich der Graphik gewidmete Ausstellung in München; im selben Jahr erschien ein in weiteren Folgen geplanter Almanach. Beides sollte den richtungsweisenden Kräften geistiger Erneuerung nach außen hin eine größtmögliche Wirkung verleihen. Der Gedanke, diese Kräfte unter dem Namen ›Blauer Reiter‹ zu sammeln, hatte eine tiefe Bedeutung: »Die blaue Farbe – blau als Farbe des Geistigen – gibt dem Pferd, das in seiner vereinfachten Form Symbolkraft für jugendliche Kraft und Vitalität besitzt, einen jedem Materialismus geradezu entgegengesetzten Charakter.«

Der Kriegsausbruch 1914 setzte allem ein Ende. Kandinsky kehrte in seine Heimat Rußland zurück, Marc und Macke fielen 1916. Der ›Blaue Reiter‹ aber ist ein Begriff in der Geschichte der Malerei des 20. Jahrhunderts geworden.

Anläßlich ihres 80. Geburtstages am 19. Februar 1957 stiftete Gabriele Münter der Bayerischen Landeshauptstadt den größten Teil der ihr 1916 nach endgültiger Trennung ihrer Lebensgemeinschaft mit Kandinsky von ihm überlassenen Werke. Sie sind heute mit Gemälden des Freundeskreises Marc, Macke, Jawlensky, Werefkin und anderen bedeutenden Werken dieser Periode in der Münchner Städtischen Galerie im Lenbachbau vereint.

Nach dem Tod Gabriele Münters am 19. Mai 1962 wurde ihrem Letzten Willen gemäß das hinterlassene Vermögen einschließlich des Murnauer Hauses und der noch darin befindlichen Kunstgegenstände in die 1966 rechtskräftig gewordene ›Gabriele Münter- und Johannes Eichner-Stiftung‹ eingebracht. Sie »dient ausschließlich und unmittelbar gemeinnützigen Zwecken durch Förderung der Kunst, der

Kunstwissenschaften sowie der Erziehung und Volksbildung – hier mit dem Ziel, das Verständnis der Allgemeinheit für das Anliegen der modernen, bildenden Künste zu wecken und zu vertiefen sowie das Schaffen dieser Kunstrichtungen zu fördern«. Anliegen, welche die Stiftung seither in diesem Geist unter anderem durch Förderung von Forschungsvorhaben, Unterstützung junger Künstler und Ergänzung der Sammlungsbestände erfüllt.

1984 konnte das Murnauer Haus Gabriele Münters an der Kottmüllerstraße 6 der Öffentlichkeit zugänglich gemacht werden. Damit ist der Kunstwelt und kunstinteressierten Laien ein wertvoller Einblick in jene Atmosphäre eröffnet, in welcher ein großer Teil der für die Entwicklung der Malerei des 20. Jahrhunderts so entscheidenden Werke geschaffen wurde. In dem privaten Charakter dieser Räume

Im ›Russenhaus‹ zu Murnau war die Avantgarde der modernen Malerei, der Freundeskreis des ›Blauen Reiter‹, zwischen 1909 und 1914 zum Teil wiederholt zu Gast: Franz Marc und August Macke, Alexej von Jawlensky, Marianne von Werefkin oder Erma Bossi, die 1912 im angeregten Kunstgespräch mit Kandinsky *von Gabriele Münter gezeichnet worden ist.*

mit den von den Eigentümern zum Teil selbst mit Malereien verzierten Einrichtungsstücken, dem Bildnis des Heiligen Georg in der beide so faszinierenden Hinterglastech-
nik, ihren Augenblicke persönlicher Erlebnisse und Eindrücke festhaltenden Skizzen und Gemälden, den Linol-
und Holzschnitten Gabriele Münters, der Sammlung bäu-
erlicher Kleinkunst lebt der das Werk beider so befruch-
tende Geist der Murnauer Farbigkeit. Kunstliebhabern, die
auf den Spuren des Blauen Reiters wandeln wollen, bietet
das Vertriebsamt Murnau inzwischen einen kleinen Führer
zu allen jenen Stellen und Winkeln, die durch Kandinskys
Gemälde berühmt geworden sind, zur Grüngasse, zum
Griesbräu, zum Turm der Pfarrkirche.

II

IM AMMERGAU

Kloster Ettal

Ettal, hoch oben in den Bergen, umgeben von den Wäldern des Laber und des Mühlbergs, bekrönt mit der ›Glockenblume des Paradieses‹, wie Wilhelm Hausenstein die Kuppel der Klosterkirche genannt hat, repräsentiert die kaiserliche Majestät seines Gründers, Ludwig des Bayern. Um 1330 gegründet, ist es das zweitjüngste der bayerischen Benediktinerklöster; nach ihm kam im Jahre 1455 nur noch Andechs.

In frühen Zeiten war das Hochtal zwischen Loisach und den Ammergauer Bergen, wo später die erste Kirche Ettals gebaut wurde, noch ein unheimliches Waldgebiet, ein idealer Schlupfwinkel für Räuber. Sie lauerten den hier auf Saumpfaden durch das lange, das Ammergebirge durchquerende Tal kommenden oder von der alten Römerstraße bei Oberau abzweigend den steilen Ettaler Berg heraufziehenden Kaufleuten und Warenzügen auf und raubten sie aus. Im Laufe der Jahre, als der Handelsverkehr zunahm, gewann der Weg über den Ettaler Berg immer mehr Bedeutung. Neben den Händlern zogen auf ihm nun auch Scharen von Pilgern und hochgestellte Persönlichkeiten mit ihrem Troß von Nord nach Süd und zurück − eine reiche Beute für Räuber.

Die Gründung

Die Legende verklärt die Gründung Ettals in romantischer Weise. Sie erzählt: Ludwig der Bayer habe, auf seinem

Romzug 1327 bis 1329 in eine sehr schwierige Lage geraten und von schweren Sorgen niedergedrückt, der Muttergottes im Gebet sein Leid geklagt. Da sei ihm »durch eine verschlossene Tür ein eisgrauer alter Mönch erschienen, der ihm erklärte, ein von Gott gesandter Engel zu sein«. Dieser Engel habe Ludwig prophezeiht, »wenn er gelobe, zu ›Ampherang‹ in seinem Erblande zu Ehren ›Unserer Lieben Frauen Schiedung‹ (Mariä Heimgang, Mariä Himmelfahrt) zu gründen«, werde er von aller Unbill befreit. Er werde von einem »welschen Großen« überreiche Geldmittel erhalten, das römische Volk werde ihn zum Kaiser krönen, und er werde mit Ehren in seine Heimat zurückkehren. Ludwig folgte sogleich dem Begehren des Mönches und dieser übergab ihm ein »wunderschönes Marienbild aus weißem Stein« mit dem Befehl, Maria des Klosters Stifterin zu nennen und dem Bild »für immer« einen Platz im Mittelpunkt der Kirche zu geben. Und alsbald wendete sich das Schicksal Ludwigs. Aus den Händen des römischen Volkes erhielt er die Kaiserkrone, ein »welscher Großer« befreite ihn von seinen finanziellen Sorgen, wie der Mönch vorausgesagt hatte. In sein Land zurückgekehrt, erbot sich der Jäger Heinrich Vent aus Partenkirchen, den Kaiser zu dem Walde Ampherang unweit der alten Römer- und Handelsstraße zu geleiten. Dort sank im dichten Wald das Pferd des Kaisers vor einer Tanne dreimal in die Knie zum Zeichen, daß hier das Kloster gebaut werden solle.

Der Romzug Ludwigs des Bayern hatte folgende Hintergründe: 1314 gegen den Habsburger Friedrich dem Schönen zum deutschen König gewählt, war über Ludwig von dem in Avignon residierenden und auf seiten Habsburgs und Frankreichs stehenden Papst Johannes XXII. am 23. März 1324 der Bann verhängt worden, weil er ohne päpstliche Approbation kaiserliches Herrschaftsrecht in Italien beanspruchte. Ludwig nahm nach schweren siegreichen Kämpfen und gütlicher Einigung mit seinem Rivalen den Kampf mit dem Papsttum auf. Mit einem kleinen

Nur *33 Zentimeter in der Höhe mißt das* Gnadenbild von Ettal,
*das Kaiser Ludwig der Bayer 1330 auf der Rückkehr von seinem
Romzug mitgebracht hat. Die Skulptur aus Carraramarmor wird
teils Giovanni Pisano, teils Tino da Camaiano zugeschrieben. Sie
war nicht nur mit ein Anlaß zur Gründung des Klosters, sondern
auch zum Aufblühen einer vielbesuchten Wallfahrt. Als Pilgeran-
denken gab es schon in der Barockzeit kunstvoll gestochene Andachts-
bildchen, auf denen der strenge Ausdruck des — bei festlichen Anlässen mit Barockgewändern bekleideten — Bildwerks deutlich gemildert
erscheint.*

Söldnerheer und der Hilfe oberitalienischer Papstgegner
gelang es ihm, nach Rom vorzudringen. Dort aber kam er
tatsächlich in große, hauptsächlich finanzielle Schwierigkeiten. Hier setzt die Verflechtung der Legende mit der
Realität ein. Nach Meinung der Forschung war der »eis-
graue« Mönch ein Abgesandter des nach der Belehnung
mit Mailand strebenden Azzo Visconti. Tatsache ist, daß
Ludwig in Mailand die lombardische Eiserne Krone
erhalten hatte, und 1328 Azzo gegen eine Summe von
60000 Gulden zum Reichsvikar von Mailand ernannte.
Tatsache ist auch, daß er am 17. Januar 1328 im Lateran zu
Rom von dem römischen Volk zum Kaiser gekrönt wurde.
Und Tatsache ist schließlich auch, daß am 28. April 1330
der Grundstein für Kirche und Kloster ›ze Unser Frawewn
e-tal‹ (›e-tal‹ bedeutet soviel wie ›Tal des Gelöbnisses‹) gelegt wurde, und die Marmorstatue der ›Frau Stifterin von
Ettal‹ – eine italienische Arbeit wohl von Giovanni Pisano
oder seiner Werkstatt, nach anderen von Tino da Camaiano
– noch heute auf dem Hochaltar der Ettaler Kirche steht.

Die Belehnung Azzo Viscontis mit Mailand, die Gründung Ettals an einem strategisch wichtigen Punkt nah der
großen Straße nach dem Süden und die außergewöhnliche
Organisation des Klosters weisen auf die politischen Ab-
sichten des Kaisers hin. Sie galten der Vorbereitung eines
neuen Romzuges, dessen letztes Ziel, ebenso wie das vieler
Vorgänger Ludwigs, die Erneuerung des Heiligen Römischen Reiches Deutscher Nation war. Die Beherrschung
Norditaliens, ein sicherer Zugang nach dem Süden waren
daher von großer Wichtigkeit, ebenso die Festigung der
Position des Kaisers in seinem Erbland. Hierzu gehörte
auch sein Bestreben, die oberbayerischen Reichsklöster, wie
Benediktbeuern, zu Landesklöstern zu machen.

Unter diesen Gesichtspunkten ist die Gründung Ettals,
eines Klosters »von neuer und unerhörter Art«, wie es von
Johannes von Viktring, einem Zeitgenossen des Kaisers,
genannt wurde, zu verstehen. Außergewöhnlich war nicht

nur die erste Kirche Ettals, ein zwölfeckiger Zentralbau von 25,3 Meter lichter Weite in seinem Inneren, um den außen doppelgeschossig ein Umgang lief, der durch die das Zwölfeck stützenden und das Dachgesims tragenden massiven Strebepfeiler in zwölf durch kleine spitzbogige Durchgänge miteinander verbundene Abschnitte geteilt wurde. Außergewöhnlich war auch die Einbeziehung eines Ritterkonvents von zwölf Rittern unter einem ›Meister‹ und eines Frauenkonvents von zwölf Ritterfrauen und sechs Witwen in die klösterliche Gemeinschaft von zwanzig Benediktinermönchen. Das Vorbild hierzu sollen der Deutsche Ritter-Orden, die Gralsburg von Mont Salvat oder der Templer-Orden gewesen sein. Wie dem auch sei, jedenfalls berief der Kaiser zuverlässige alte Kampfgenossen hierher, die hier eine Altersversorgung finden, durch ihre Anwesenheit dem Räuberunwesen in dieser sowohl strategisch wie handelspolitisch wichtigen Gegend ein Ende setzen, vor allem aber in der Landesverwaltung eine wichtige Rolle spielen sollten. Denn der geschickten Politik des Kaisers gelang es, fremde Hoheitsrechte, auch Reichsrechte, in Gebieten wie dem Ammergau, Eschenlohe, Tölz zu beseitigen und sie in der Form geistlicher Stiftungen der hohen Gerichtsbarkeit des Ettaler Meisters zu unterstellen. Nach den Satzungen der Ritterregel war der Meister landesfürstlicher Beamter, de facto unterstanden diese Güter also der Landeshoheit. Damit gelang es dem Kaiser, die territoriale Grundlage seines Herzogtums zu festigen.

Diese Festigung territorialer Rechte gehörte mit zu den Voraussetzungen des geplanten kühnen Unternehmens. Aber es kam nicht dazu; der Kaiser starb 1347 auf der Bärenjagd bei Puch unweit Fürstenfeldbruck, wo heute noch ein Denkmal an ihn erinnert.

Kaum ins Leben gerufen, entzogen die Söhne des Kaisers dem jungen Kloster einen Teil der Dotationen ihres Vaters, unter ihnen Tölz und die Vogteien über die Klöster Steingaden, Rottenbuch, Habach. Das Ritterstift ging ein, vermutlich starb es aus und wurde nicht mehr neu besetzt. Erst zwanzig Jahre nach dem Tod des Kaisers, dank des tatkräftigen Einsatzes des von Ludwig dem Brandenburger, dem ältesten Sohn Ludwigs des Bayern, mit der Neuorganisation des Klosters beauftragten Abtes Konrad Kummersbrucker (1354-1390) erhielt es 1368 endlich die kirchliche Bestätigung durch Papst Urban v., 1389 die Pontifikalien. Am 5. Mai 1370 war die Kirche in Anwesenheit der herzoglichen Familie, der Äbte von Tegernsee und Ebersberg, der Pröbste von Rottenbuch, Polling, Schäftlarn, Schlehdorf, Beuerberg, des gesamten Domkapitels von Freising und einer unzähligen Menge gläubigen Volkes durch den Bischof von Freising, Paul von Jägerndorf, feierlich eingeweiht worden.

In den folgenden Jahrhunderten verstand es Ettal, trotz mancher Rückschläge, Brandkatastrophen und Plünderungen, vor allem zur Zeit des Dreißigjährigen Krieges und des Spanischen Erbfolgekrieges, seine wirtschaftlichen Existenzgrundlagen zu festigen. Dieser Rückhalt ermöglichte ihm eine seinen Ruf weit über die Grenzen des bayerischen Landes hinaustragende Pflege von Wissenschaft und Kunst. Die mächtigen Gebäudetrakte, das prächtige Gotteshaus erzählen heute davon und von der in überquellender Lebensfülle gleicherweise dem Göttlichen wie dem Irdischen hingebungsvoll zugewandten Schöpferkraft, die diese bayerische Landschaft in ihren Menschen hervorgebracht hat und sie befähigte, alle Katastrophen immer wieder zu überwinden.

Im Dreißigjährigen Krieg, am 4. Juni 1632, plünderten die Schweden Ettal und ermordeten den mit dem Klosterorganisten zurückgebliebenen Pater Joseph Höß. Im Hof vor der Kirche »beim unteren Klostertor« erinnert noch heute die ›Schwedensäule‹ an diese Greueltat. Der Abt war mit dem ›Gnadenbild der Frau Stifterin‹ in die Berge geflohen.

Seit Ende des 15.Jahrhunderts waren immer größere Scharen von Wallfahrern, selbst ausländische Fürstlichkeiten, zur Muttergottes von Ettal gepilgert. »Alle, welche dieses wundertätige Bild Mariä etwas genauer betrachten, bekennen freimütig, daß sie durch eine geheime Gewalt zu einer herzinnigen Liebe gegen sie angetrieben werden«, heißt es in einem alten Wallfahrtsbüchlein. Es wird berichtet, daß im Jahre 1551 der spanische König Philipp II. hier »mit glänzendem Gefolge in malerischen spanischen Trachten« an dem Fronleichnamsfest teilnahm und die schwedische Königin Christine, die Tochter Gustav Adolfs, nach ihrer Abdankung und ihrem Übertritt zur Katholischen Kirche auf ihrer zweiten Romreise 1656 hier einer heiligen Messe beiwohnte.

Besonders verehrt wurde das Gnadenbild von dem bayerischen Herrscherhaus. Alle kamen sie, beteten in Nöten und Bedrängnissen zur Frau Stifterin von Ettal und statteten sie mit kostbaren Gaben aus: allen voran der fromme Kurfürst Maximilian I. mit seiner Gemahlin, dann sein Sohn Ferdinand Maria, Max II. Emanuel und alle, die ihnen folgten.

Heute fährt man von Oberau (660 m) zu dem in 877 Meter Höhe gelegenen Kloster auf einer gut ausgebauten, alle Anforderungen unserer Zeit erfüllenden Straße. Der alte Saumpfad hatte sich zwar wahrscheinlich schon im 13.Jahrhundert in eine »fürnemme Landstraß« verwandelt, blieb aber »so gefehrlich, böß ze fahren vnd reiten, das sich nit allain die Kaufleith mit ihren güetern, sonder auch andre Fuhrleith dessen Eusserten vnd sondere [andere] Straßen, obwohl sie für dieselbe abliegender waren, wählten, weilen der Perg so tief aussgefahren, auch durch Schnee und Re-

Mit seinem Gründungsjahr 1330 ist Ettal eines der jüngsten bayeri-schen Benediktinerklöster, gefolgt nur noch von Andechs, das 1455 errichtet worden ist. Eingebettet in einen von Dramatik wie Lieblich-keit gleichermaßen gezeichneten Talgrund inmitten der Ammergauer Alpen und überragt von den Rappenköpfen (links), dem Oberam-mergauer Kofel (Mitte) und dem Laber (rechts), hat die Stiftung Kaiser Ludwigs des Bayern erst in der späten Barockzeit das Ausse-

hen gewonnen, wie es auf dieser Lithographie von Carl Heinzmann
aus dem Jahre 1821 trotz gewisser Einbußen nach der Säkularisation
von 1803 noch in Erscheinung tritt. Die Reste der Klosteranlage hat
1898 Freiherr von Cramer-Klett erworben, der die Wege für einen
monastischen Wiederbeginn im Jahre 1900 und die Erhebung zur
Abtei 1907 ebnete. Erst die Erweiterung der Jahre 1972-76 hat der
Klosteranlage wieder die alte Geschlossenheit gegeben.

genwasser viel Gries vnd große Stain runter in den Weg
fallen, das Leibs vnd lebensgefahr zu gewärttigen ist«. Noch
zu Anfang des 17. Jahrhunderts hieß es, der Weg sei »sehr
hoch, gech und geuerlich vnd peß [böse] fürnemblich an
den hiervnderhabenden zwayen Riben [Reiben = Kurven) allda man auch allenthalben an die Exen [Achsen]
Roß sezen vnd den Wagen herumbruckhen mueß vnd
um deßwillen muessen zu ainem wagen von 6 Rossen
gemainelich 14-18 Roß fürgespannt werden«, wobei die
Fuhrknechte in große »leibs vnd lebensgefahr« kämen und
»greulich schwören und goteslestern«. Nach langem Feilschen um Baukosten und Weggeldeinnahmen zwischen
dem Abt und dem Herzog Maximilian, nach Einholen von
Plänen zur Umleitung der Straße, schrieb Abt Otmar I.
Goppeltsrieder (1615-1637) 1617 nach München, er habe
»zur Prob« auf der vorgesehenen Umleitung »zu gunsten
der Zureisenden und der in- und ausländischen Kirchfahrer
ein Anfang mit einem gelegentlichen Gang gemacht«. Aber
das Feilschen ging weiter, bis Abt Otmar am 30. September
1628 »nach Beratung mit dem Konvent« beschloß, den Bau
allein durchzuführen. 1629 konnte er an den inzwischen
Kurfürst gewordenen Maximilian I. schreiben: »Nun aber,
Gott und seiner hochgebenedeiten Mutter Maria sei höchstens Dank gesagt«, ist der neue Weg, »mit Brechen der
Felsen und Steinplatten, Aufmauern einer steinernen
Brücke, wie auch mit nötigen Schlachten (Holzkonstruktionen bei Straßen- und Uferbauten) und Polbrettern (Boh-
len) zu Ende geführt.« Am 31. Juli 1640 kam der Kurfürst
in einer Atempause des Dreißigjährigen Krieges mit seiner
Gemahlin und einem Gefolge von hundert Personen und
170 Pferden nach einer Übernachtung in Murnau und einer
mittäglichen Rast in Eschenlohe zur Besichtigung des
neuen Weges nach Ettal. Wenn sich nun erlauchte Wallfahrer im Kloster anmeldeten, wurde der Abt jeweils gebeten,
die nötige Anzahl Vorspannpferde bereitzustellen. Zum
Beispiel mußten 1657 für die Kurfürstin Maria Anna und

ihren kleinen Sohn Maximilian Philipp »zu Vorspann be-
dürftige 50 Pferd von den negstgelegenen Ettaler Under-
thanen mit Khödten (Ketten) und anderem so zu Vorspann
erfordert werden« zur Verfügung stehen. Von einer Wallfahrt des Kurfürsten Ferdinand Maria mit Gemahlin und
einer Prinzessin am 14. Juli 1668 wird berichtet, daß 14
Kutschen, 4 Kaleschen, 2 ›Seda Rollanda‹, 2 Leibsänften
und 32 Wagenfuhren mit Kücheneinrichtungen, Speisen,
Getränken und Kammergütern, zusammen 54 Gespanne,
nach Ettal hinaufgezogen wurden.

Im Spanischen Erbfolgekrieg rettete man die Muttergottes von Ettal nach München, um sie vor den Übergriffen
der Österreicher zu schützen.

*»An einem Apriltag des Jahres 1704 zog unter dem Geläute der
Glocken eine große Prozession von der Münchner Hofkapell,* wo
das Gnadenbild zunächst mit großen Zeremonien unter der
Teilnahme des Kurfürsten Max Emanuel und seiner Familie
der öffentlichen Verehrung ausgesetzt worden war, *in die
Theatinerkirche. Voraus gingen die Patres Kapuziner, diesen schlossen sich an die Augustiner, Franziskaner, die Kanoniker von der
Frauenkirche und Sankt Peter, dann die Hofkapläne, alle mit brennenden Kerzen. Darnach kamen Trompeter und Paukenschläger,
welche mit ihren Instrumenten die vom Domchor gesungenen maria-
nischen Gesänge begleiteten. Hinter ihnen schritt unter einem Trag-
himmel, gefolgt vom Kurfürsten Max Emanuel und seiner Familie,
vielen Vornehmen, dem gesamten Hochadel und einer ungeheuren
Menge Volkes, Abt Romuald von Ettal, auf den Händen – das
Gnadenbild der Frau Stifterin* ... In der Theatinerkirche wurde
es auf den blumengeschmückten Marienaltar niedergesetzt.
*Brennende Kerzen in den Händen und mit dem Chorrock bekleidet
umknieten die Patres Theatiner den Altar und begrüßten so das
ehrwürdige Bild in ihrer Kirche. Die Hofmusiker brachten dann die
lauretanische Litanei zur Aufführung, nach welcher Abt Romuald
den zahlreichen Anwesenden mit dem heiligen Bilde den Segen
erteilte* ... *Einige Tage nach der Übertragung unseres Gnadenbildes
in die Theatinerkirche begann eine neuntägige Andacht zu Ehren*

der Muttergottes ... In diesen Tagen mußte Kurfürst Max Emanuel auf einige Zeit verreisen – das heißt, auf dem Schauplatz des Spanischen Erbfolgekrieges waren als Folge der auf Seite 60 geschilderten Scharnitzer Kämpfe Ereignisse eingetreten, die den Kurfürsten zwangen, zu »verreisen«. *Bevor er aus der Residenzstadt fortzog, ließ er noch eine feierliche lauretanische Litanei vor unserem Gnadenbilde abhalten, an welcher er sich mit seiner Gemahlin, den jungen Prinzen und dem ganzen Hofadel beteiligte. Nach empfangenem Segen mit dem ehrwürdigen Bilde trat er noch am nämlichen Tage seine Reise an* – von der er erst zehn Jahre später, 1715, in sein Land zurückkehrte.

Weiter berichtet der Chronist der Wallfahrten zur Muttergottes von Ettal, Pater Ludwig Babenstuber, ausführlich von dem ›Triumphzug‹ des Gnadenbildes durch Oberbayern, wobei es auch in die Bischofsstadt Freising gelangte.

Nach einem neuerlichen Aufenthalt in München nahm die Hauptstadt am 20. April 1705 mit einem feierlichen Pontifikalamt in der Frauenkirche Abschied von dem Gnadenbild. Unter ungeheurem Andrang des Volkes wurde es in feierlicher Prozession von der Geistlichkeit, den Äbten von Ettal, Andechs und Tegernsee, allen voran der Fürstbischof, durch die Neuhauser Straße geleitet. »Es war ein allgemeines Schluchzen und Weinen, als schieden Glück und Wohlfahrt von der Stadt.« Am Neuhauser Tor (jetzt Karlstor) nahm ein Ettaler Pater das Gnadenbild in Empfang. »Alle Orte, an denen man vorüberfuhr, begrüßten das ehrwürdige Bild mit Glockengeläute.« Vor Weilheim und Murnau kamen die Reiter, *welche in beiden Orten des Krieges wegen als Besatzung lagen ... dem Gnadenbilde ein Stück Weges entgegen und begrüßten es mit Gewehrsalven oder senkten ihre Waffen. Geistlichkeit und Volk beider Orte geleiteten es in Andacht zu ihren Pfarrkirchen; Abt Romuald, der es unter einem Baldachin einhergetragen hatte, feierte dann jedesmal ein Pontifikalamt. In den Straßen Murnaus waren vier Triumphbögen aufgestellt und vier Ratsherren trugen den Baldachin ... Im nächsten Orte, in*

Eschenlohe, brachte man es unter Glockengeläute zu einer kurzen Verehrung in die dortige Kirche … In Oberau erwarteten es die Ober- und Unterammergauer auf festlich geschmückten Rossen und begrüßten es durch wiederholte Gewehrsalven. In feierlicher Prozession trug man es dann die Bergstraße hinauf. An der Spitze zogen die Ammergauer Reiter, hinter diesen die Ettaler Pfarrkinder und die Bewohner der umliegenden Orte mit vielen Fahnen, die Musiker, die Ettaler Patres und die Pfarrherren der nächsten Dörfer. Gefolgt von einer ungeheuren Menschenmenge und begleitet von sechs Jünglingen mit brennenden Fackeln trug Abt Romuald das Bild unter einem Baldachin. Auf dem Wege sang man in feuriger Begeisterung und unter herrlicher Musikbegleitung ein marianisches Loblied. Durch Predigt und Pontifikalamt feierte man am nächsten Tage die Rückkehr der Frau Stifterin aus ihrer an Ehren so reichen Verbannung. Seitdem hat das Gnadenbild Ettal nicht mehr verlassen.

Die tüchtigen Ettaler Äbte hatten die Wallfahrten zur Muttergottes von Ettal eifrig gefördert. Sie bauten 1619 wie gesagt die neue Fahrstraße, einen Klostergasthof und eine Brauerei; im 18. Jahrhundert folgten eine Mühle und die Modernisierung der Brauerei. Und die Pilger waren immer zahlreicher gekommen. Etwa 70 000 jährlich sollen es nach Zählungen des 18. Jahrhunderts gewesen sein. Ihre Stiftungen und Vermächtnisse, die Gunst der bayerischen Herrscher trugen neben den Erträgnissen der großen Ettaler Besitzungen, die das Ammer- und Graswangtal, das Gebiet um den Staffelsee bis nach Huglfing, einige vereinzelt liegende Hofmarken bei München und einen größeren Landstrich im Lechrain umfaßten, gewiß nicht wenig zur wirtschaftlichen Konsolidierung Ettals bei.

Die barocke Klosteranlage

Unter Abt Romuald Haimlinger (1697-1708) konnten die Klosteranlage des 15. Jahrhunderts saniert und 1697 eine Schreibstube gegründet werden. Mit Abt Placidus Seitz (1709-1736), einem Bauernsohn aus Pössing bei Landsberg, der vor seiner Abtwahl Prorektor und Professor für Syntax, Rhetorik, Moral und Geschichte an der Benediktineruniversität in Salzburg gewesen war, setzte ein glänzender Aufstieg des Klosters ein. Es gelang dem Abt 1710 mit Hilfe von Dotationen aus den Nachlässen des Herzogs Max Philipp, des jüngeren Bruders des Kurfürsten Ferdinand Maria, und einer Gräfin Arco, eine *Ritterakademie* ins Leben zu rufen. Junge Menschen aus dem ganzen deutschsprachigen Raum, vor allem aus den österreichischen Erbländern, kamen, um sich hier durch universale Bildung auf ihre künftigen Lebensaufgaben vorzubereiten. Nicht wenige Männer der militärischen, politischen und geistlichen Führung des mittleren 18. Jahrhunderts gingen aus dieser in der Hauptsache von Lehrkräften aus den Reihen des eigenen Konvents geleiteten Akademie hervor. Sie konnte bis zu neunzig Zöglinge aufnehmen.

Abt Placidus hatte noch ein weiteres großes Projekt: Er plante eine völlige Umgestaltung des Klosterkomplexes. Für die Anfertigung eines Entwurfes hierzu konnte der kurfürstliche Hofbaumeister Enrico Zuccali gewonnen werden, und 1710 wurde an vier Stellen zugleich mit den Bauarbeiten begonnen. Ettal schien seiner glanzvollsten Epoche entgegen zu gehen.

Die Geschichte der von diesem bedeutenden Abt Placidus Seitz 1710 mit so viel Elan noch im Spanischen Erbfolgekrieg begonnenen Neugestaltung Ettals ist die Geschichte immer neuer widriger Umstände, katastrophaler Rückschläge und eines immer wieder neu erstarkenden Willens zur Vollendung dieses im bayerischen Raum einzigartigen Kunstwerkes.

Vierunddreißig Jahre hatte man schon gebaut, da vernichtete am 29. Juli 1744 eine Brandkatastrophe große Teile der Gebäude. Kirche und Bibliothek brannten aus. Dazu kam, daß Maria Theresia kurz vorher, 1743, alle Zöglinge aus den österreichischen Erblanden und damit einen sehr großen Teil der Schüler abgerufen hatte – eine Folge des

Österreichischen Erbfolgekrieges. Der bayerische Kurfürst Karl Albrecht hatte die Anerkennung der Pragmatischen Sanktion verweigert und auf Grund eines Testaments Ferdinands I. (1555-1564) aus dem Jahre 1547 Anspruch auf die Erbfolge in der ganzen österreichischen Monarchie erhoben. Wieder wurde Bayern von den Österreichern besetzt, wieder herrschte Not im Lande und wieder mußte sein Herrscher fliehen.

Unter diesen Umständen konnte die Akademie nicht aufrecht erhalten werden, sie wurde 1745 geschlossen. Das Kloster mußte jetzt seine knappen finanziellen Mittel auf die Wiederherstellung der zerstörten Gebäude und die Fortsetzung der Arbeiten an dem großen Bauprojekt konzentrieren. Schon 1747 war die Kirche wieder notdürftig benutzbar, 1753 auch das Konventgebäude. Bald konnte in bescheidenem Rahmen ein ›Klosterseminar‹ eingerichtet werden.

Vor allem galten in diesen und den folgenden Jahren die Bemühungen des Klosters der *Innenausstattung des Kirchenraumes*. Von vielen Seiten kam Hilfe. Zum Beispiel trug ein in den Konvent eingetretener ehemaliger Zögling der Ritterakademie, P. Joseph Franz Graf von Gondola, in aufopferungsvoller Weise erheblich zur Finanzierung der Arbeiten bei. Er bereiste fast ganz Europa, um Spenden zu sammeln. So konnten die bedeutendsten Meister der Zeit gewonnen werden. Von ihnen seien hier nur die größten mit ihren wichtigsten Werken genannt: der Tiroler Johann Jakob Zeiller (1708-1783) schuf zwischen 1748 und 1751 das grandiose Fresko der Hauptkuppel ›Die Heiligen und Seligen des Benediktinerordens in der Himmelsglorie‹, 1752 das Fresko der Gründungslegende Ettals im Wandfeld über dem Chorbogen und 1761 das Blatt eines Seitenaltars, des sogenannten Sakramentsaltars. 1752-1753 entstand die dem Hauptraum seine schwebende Leichtigkeit verleihende Stuckierung. Sie ist zwei Wessobrunnern, Johann Georg Übelher (1700-1763) und Franz Xaver Schmuzer

Kriegerisches Getümmel in der stillen Berglandschaft von Ettal:
Dies gab es – freilich nur zum Schein – hin und wieder bei Festveran-
staltungen der Ritterakademie im Benediktinerkloster. Auf dem

Lehrplan dieser von 1710 bis 1745 florierenden Hochschule für Adelssöhne standen neben den geistes- und naturwissenschaftlichen Fächern auch Tanzen, Fechten, Fortifikations- und Kriegskunst.

(1713-1762) zu verdanken. Letzterem wird der bezaubernde Schmuck der Empore, der Portalzone und der Ora-
torien zugeschrieben. Der Münchner Hofbildhauer Johann
Baptist Straub (1704-1784) stattete 1757 bis 1762 den Raum
mit einer Kanzel, sechs Seitenaltären und den sie jeweils
flankierenden Figuren aus. Diese Altäre wurden 1762 von
Joseph Franz Graf von Gondola, inzwischen Weihbischof
von Paderborn, geweiht.

Es folgte ab 1769 die Freskierung des Chorovals durch
den ebenfalls in Tirol geborenen Martin Knoller (1725-
1804). Er hatte bereits 1763 und 1765 die Bilder zu dem
Katharinen- und Sebastiansaltar Straubs gemalt und schuf
nun in der Chorkuppel und in seinem Hochaltarbild eine
sinnvolle Verbindung zu dem in der Tabernakelnische des
Altars, wie Ludwig der Bayer es gewünscht hatte, im
Mittelpunkt der Kirche stehenden Gnadenbild der Frau
Stifterin von Ettal. In Knollers Hochaltargemälde ›Mariä
Himmelfahrt‹ schwebt sie empor zu Christus, ihren Sohn,
der ihr im Fresko der Kuppel, umgeben von alttestamentli-
chen Gestalten, entgegeneilt. Der Hochaltar wurde nach
einem Entwurf Ignaz Günthers (1725-1775) aus dem Jahre
1772 von dem Salzburger Steinmetzen Joseph Lindner um
1785 unter Verwendung einer älteren Rahmung gefertigt.
Die von Günther vorgesehene plastische Gruppe der Himmelfahrt Mariens kam nicht zur Ausführung; an ihre Stelle
trat das Gemälde Knollers von 1786. Am 15. August 1790
konnte der Chorraum eröffnet werden, die Ausstattung des
Kirchenraumes war abgeschlossen.

Aufhebung und Neugründung

Doch die Gesamtanlage nach dem 1736 von Josef Schmuzer (1683-1752), dem Vater Franz Xavers, übernomme-
nen Plan Zuccalis, vor allem die Fassade der Kirche und
die Türme, waren noch längst nicht vollendet, da brach
1803 die zweite große Katastrophe über Kloster Ettal herein:

die *Säkularisation*. Das Ende schien gekommen. Das Schicksal fast aller Klöster im bayerischen Raum traf auch diese Schöpfung Ludwigs des Bayern. Sie kam in Staatsbesitz, das Inventar wurde verschleudert, der Abbruch der Gebäude begonnen. Geistliche und private Initiative retteten aber auch jetzt Ettal vor dem Untergang. 1898 hatte Freiherr von Cramer-Klett das, was von den Gebäuden übrig geblieben war, erworben. Zusammen mit dem an einer Wiederaufnahme klösterlichen Lebens in Ettal interessierten Kloster Scheyern setzte er sich für dessen *Neubeginn* ein. Am 6. August 1900 war es so weit: Vier Patres und acht

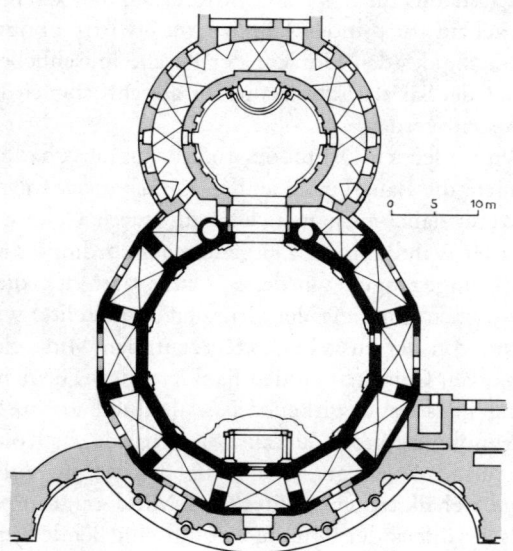

Der Grundriß der Klosterkirche Ettal läßt die Entwicklung zur heutigen Erscheinung deutlich erkennen: An den 1370 geweihten Kernbau der Gotik, ein in seiner Zeit ungewöhnliches Zwölfeck (Vollton), fügte Enrico Zuccali 1710-1726 einen querovalen Chor sowie eine aufwendige Doppelturmfassade, die zunächst unvollendet blieb und leicht verändert in drei Bauperioden – 1853/54 Nordturm, 1894-1901 Fassade, 1906/07 Südturm – ausgebaut wurde.

Laienbrüder konnten in die Mauern Ettals einziehen. Aus diesem bescheidenen Anfang wurde 1907 wieder eine Benediktinerabtei mit einem Erziehungsinstitut und in zäher, mühsamer, in der Zeit des Dritten Reiches schwer gefährdeter, von 1941 bis Kriegsende unterbundener Aufbauarbeit das Ettal von heute: eine Abtei mit einem Gymnasium, dem ein Internat angeschlossen ist, einer der größten Wirtschaftsbetriebe im Landkreis Garmisch-Partenkirchen mit großer Ökonomie, einer Likörbrennerei, einer Bierbrauerei und zahlreichen anderen Unternehmungen.

In all den Jahren wurde schrittweise, soweit es die Umstände und die finanziellen Mittel erlaubten, unentwegt weitergebaut. Erst in den Jahren 1972 bis 1976 konnte die letzte Lücke des den Hof vor der Kirche umschließenden und nach der Säkularisation zum Teil abgebrochenen Trakts geschlossen werden.

Noch im letzten Drittel des 19. Jahrhunderts hatte man begonnen, die Bauarbeiten an der *Kirchenfassade* fortzusetzen. Wenn dabei auch mancher teils durch Geldmangel, teils durch Wandlung des Zeitgeschmacks bedingter Kompromiß eingegangen wurde, so präsentiert sich die vor den gotischen Umgang der Gründerzeit gestellte, wie ein niederes, von der ausgebuchteten zentralen Mitte elegant in konkaven Gelenken zu den flankierenden Türmen ausschwingendes Band wirkende Fassade durchaus im Sinne der Grundkonzeption Zuccalis. Sie wird durch Kolossalpfeiler und -säulen gegliedert, die das auf ihr ruhende schwere Gebälk tragen. Hinter ihrer Mitte steigt imposant der das Zwölfeck der Gründerzeit umschließende Zentralbau mit seiner mächtigen breiten Barockkuppel und einer sie krönenden hohen Laterne auf.

Es ist eines der beeindruckendsten Erlebnisse dieser an Erlebnissen so reichen Fahrt durch das Werdenfelser Land, wenn man den auf drei Seiten von Konventgebäuden umgebenen weiten ›Kirchhof‹ betritt und auf der vierten, gegenüberliegenden Seite etwas erhöht über dem leicht

ansteigenden Gelände diese breit, ernst-feierlich und dabei
unerhört elegant gelagerte Komposition aus Stein erblickt.
Jeder Schritt steigert dieses Erlebnis. In der Vorhalle steht
man in dem gotischen Kreuzrippengewölbe des von hier
zu beiden Seiten noch zu begehenden Umgangs des Gründerbaus, blickt man auf zu dem Tympanon des Eingangs-
portales aus der Gründungszeit und sieht in seiner Mitte
Christus am Kreuz, ihm zu seiten in Blendarkaturen Maria
und Johannes und die Stifterfiguren Ludwigs des Bayern
und seiner Gemahlin Margarethe von Holland.

Ein Wunder an pietätvoller Erhaltung des Gründerbaus
ist hier vollbracht. Die ihn umschließende neue Hülle ver-
geistigt das Alte in genialer Weise. Vollends deutlich wird
das in dem in eine Rotunde verwandelten ehemaligen
Zwölfeck des Innenraumes. Über alle irdischen Grenzen
hinaus führt dieses »Werk des Geistes – in schon metaphysi-
schem Sinn«, wie Wilhelm Hausenstein sagte, in eine Welt,
in der sich die Vision Kaiser Ludwigs des Bayern von
dem Heiligen Römischen Reich Deutscher Nation und
die Träume seines späten Nachfahren und Namensvetters,
Ludwig II. von Bayern, von Parsifal, »dem Helden der
Zukunft« zu begegnen scheinen.

Ausflug ins Graswangtal

»... *Längst sank die Tagesleuchte herab, verschwand hinter den
hohen Bergketten: Friede herrscht in den tiefen Tälern, das
Geläute von Herdenglocken, der Gesang eines Hirten drang
herauf zu meiner wonnigen Einsamkeit; der Abendstern entsendet
sein mildes Licht der Ferne, am Ende des Thales ragt die Kirche
von Ettal empor aus dunklem Tannengrün. Nach dem Plane des
Gralstempels zu Mont Salvat soll Kaiser Ludwig der Bayer
diese Kirche erbaut haben; – und da belebt sich die Gestalt des
Lohengrin meinem Blicke auf's Neue, und Parcival, den Helden
der Zukunft, sehe ich im Geiste, nach dem Heile forschend,*

nach dem einzig Wahren ...«, schrieb Ludwig II. an Richard Wagner am 21. Juni 1865 von der ehemaligen Jagdhütte seines Vaters auf dem Pürschlingkopf unweit von Linderhof. Hier in den Wäldern ringsum hatte sein Vorfahre, der glücklose Kaiser Ludwig der Bayer gejagt, ihn hatte wahrscheinlich schon die alte Linde von Linderhof unter ihrem Laubdach gesehen. In ihrem Schatten und auf Bergeshöhen träumte der unglückliche König seine utopischen Träume. Auch er scheiterte an seiner Zeit.

In seiner geliebten Bergwelt vollzog sich zum großen Teil das von einer überschwenglichen Schwärmerei für Richard Wagner und seine Werke geprägte Schicksal Ludwigs II., hier entstand die vielleicht vollkommenste Realisierung seiner Traumspiele: Schloß Linderhof. Wenn von ihm und den Refugien Ludwigs in den Bergen die Rede sein soll, kann sein Schicksal nicht unbeachtet bleiben, selbst wenn damit der hier gegebene Rahmen gelegentlich nicht unerheblich überschritten werden muß – Traumspiele sind grenzenlos ...

Traumspiele:
Hommage à Ludwig II.

Auf der Treppe seines Schlosses steht der König. Von seinen Schultern wallt der blaue hermelinbesetzte Seidensamtmantel des Sankt-Georg-Ritterordens; in weichen Falten liegt der goldbestickte Saum auf den Stufen. Gleich wird sich der König umwenden – die Höhe, zu der er emporstrebte, verschließt eine kahle weiße Wand. Er blickt zurück. Über die zu ihm pilgernde Menge hinweg suchen seine rätselhaften Augen die Welt seiner Träume.

Und die kleinen Menschengestalten zu seinen Füßen wenden sich ebenfalls um und durchwandern Saal für Saal die Traumvisionen ihres Märchenkönigs.

Aus mystischem Dunkel leuchten Szenen der Werke Richard Wagners, umwoben von leisen, wie aus unirdischen Sphären kommenden betörenden Klängen seiner Tonschöpfungen.

Säle prunkvoller Schlösser glitzern im Schmuck eines Zeitalters, von dem Talleyrand sagte: »Wer nicht in ihm gelebt hat, kennt nicht die Schönheiten dieser Welt.«

Das Farbenspiel maurischer Pavillons versetzt in die Welt des Orients, der feierliche Ernst gotischer Hallen in die deutscher Minnesängerromantik. Bis zu byzantinischen und chinesischen Palästen reicht das Spektrum dieser Traumvisionen, dokumentiert durch Modelle, Zeichnungen, Entwürfe, durch originale Einrichtungsgegenstände. Ein orientalischer Pfauenthron, goldene Prunkbetten, Prunkkarossen und Prunkschlitten blenden die Augen. Und überall der Schwan oder die französische Lilie, eingewebt in Wandbespannungen oder Möbelbezüge, als Leuchter, Schreibtisch-, ja als Waschtischgarnituren.

Und schließlich, im letzten Saal, steht einsam, zu weißem Marmor erstarrt, der Jüngling, der in dieser Traumwelt lebte und an ihr zugrunde ging. Auf seiner Hand liegt eine rote Rose.

Das Märchen eines Märchens? Man konnte es erleben im Jahre 1968 in der Münchner Residenz anläßlich der Ausstellung ›König Ludwig II. und die Kunst‹. Den Anlaß dazu hatte der 100. Jahrestag der Uraufführung von Richard Wagners ›Meistersingern von Nürnberg‹ im Münchner Hof- und Nationaltheater am 21. Juni 1868 geboten.

»Er ist leider so schön und geistvoll, seelenvoll und herrlich, daß ich fürchte, sein Leben muß wie ein flüchtiger Göttertraum in dieser gemeinen Welt zerrinnen«, schrieb Richard Wagner nach seiner ersten Begegnung mit dem jungen König am 4. Mai 1864.

Seine Zeitgenossen stempelten ihn zum Geisteskranken; für die Nachwelt ist er heute noch der ›Märchenkönig‹. Ein Märchenkönig, dessen Leben die Nachwelt immer wieder zu deuten versucht und der dennoch ein Rätsel, für

viele in der Verklärung ein Märchen geblieben ist. »Ein
ewiges Rätsel bleiben will ich mir und anderen«, sagte er
selbst einmal 1876 zu Marie Dahn-Haussmann.

DER FÜRSTLICHE MÄZEN   »In Rosenglühen von Alpen-
glühen erstand die Burg mit Staffelzinnen, Zwingmauern
und Ecktürmchen, thronend auf einem Wipfelfelsen.
Überm Schwan der höchsten Krönung flatterte das
Rautenbanner ... Epheu aus Jahrhunderten rankte die
Mauern hoch zu den Brüstungen der Erker. Wie gotische
Kapellen, mit Wappen, Waffen und Glasgemälden, fromm
und wehrhaft war das Schloß. Aber erst der Blick hinaus
in die weite Lechlandschaft oder über die Buchenwipfel
auf den Schwansee, auf den romantischen Alpsee, hinüber
zur silbertriefenden Felswand des großen Säulings ... ließ
ahnen, wer der Mann war, der hier unter Sagen hauste«
(Richard Euringer). Dieser Mann war der Vater Ludwigs II., Maximilian II., und beschrieben ist hier Hohenschwangau bei Füssen, die von ihm wiederaufgebaute Burg
der Herren von Schwansee, die den Schwan in ihrem Wappen führten.

Dort in Hohenschwangau verlebte Ludwig II. seine
Kindheit. »Es gibt kaum eine neugotische Burg, in der
mittelalterliche Geschichte und Sagenwelt in so umfassen-
der Weise bildhaft beschworen wird.« Nach dem Willen
Maximilians sollte »aus dem Hintergrund der Local- und
der deutschen Helden- und Stammsagen das Bild der deutschen Geschichte in vollem Glanz ihrer Majestät hervortre-
ten«. Und das tut sie. Sämtliche Wände der relativ kleinen
Räume sowie des ›Schwanenrittersaales‹ und des ›Helden-‹
oder ›Rittersaales‹ sind bedeckt mit Kolossalgemälden von
Lorenzo Quaglio, Moritz von Schwind, Wilhelm Lindenschmit und anderen, welche diese ›Helden- und Stammsagen‹ verherrlichen. Die in jener Zeit aufkommende Wiederbelebung der Sagenwelt des Schwanenritters Lohengrin
und Tannhäusers wurde verwoben mit der Sage des ersten

Ritters Driant, der in einem Kahn über den Alpsee hierher gekommen sein soll; Konradin, der letzte Hohenstaufe, der, wie es heißt, auf seiner letzten, zu seinem tragischen Ende führenden Fahrt nach Italien hier Aufenthalt genommen hat, blickt von den Wänden herab, und vieles, vieles andere mehr erdrückt den heutigen Besucher geradezu beim Betreten eines jeden Raumes. Diese ersten Eindrücke seines Lebens mußten ein sensibles, phantasievolles Kind wie Ludwig entscheidend prägen.

Mit zwölf Jahren las er Wagners Abhandlungen ›Das Kunstwerk der Zukunft‹ und ›Zukunftsmusik‹, mit sechzehn traten die Gestalten der Lohengrinsage von den Wänden der Gemächer Hohenschwangaus lebendig vor seine Augen, als sein Vater ihm am 2. Februar 1861 den Besuch einer Aufführung von Wagners ›Lohengrin‹ im Münchner Hoftheater erlaubte, nicht ahnend, welch große Gefahr das für das weiche, schwärmerische Gemüt des Jünglings bedeutete.

Zwei Jahre später, 1863, erschien Wagners Dichtung zum ›Ring des Nibelungen‹. In seinem Vorwort richtete Wagner einen Aufruf an einen »fürstlichen Mäzen«, die Aufführung seines großen Bühnenfestspieles zu ermöglichen und damit »einen unberechenbaren Einfluß auf den deutschen Kunstgeschmack, auf die Entwicklung des deutschen Kunstgenies, auf die Bildung eines wahrhaften, nicht dünkelhaften nationalen Geistes, seinem Namen aber unvergänglichen Ruhm« zu gewinnen.

Ludwig erinnert sich 1865: »... Hier war es, wo ich noch als Knabe jubelnd durch Wald und Wiesen schritt, stets Sein Bild in Geist und Herzen tragend. Auf dem Spiegel des Alpsees las ich den Ring des Nibelungen ...«

Der ›fürstliche Mäzen‹ fand sich bald. Mit achtzehneinhalb Jahren – nach dem Tode seines Vaters – am 10. März 1864 zur Regierung gekommen, rief der junge König kaum zwei Monate später Richard Wagner nach München. Am 4. Mai 1864 standen sich beide zum erstenmal gegenüber.

»IM WONNIGEN WEBEN DES WALDES« Er liebte sie sehr, die ihm von Jugend an vertraute Bergwelt seines Landes. Das Paradies seiner Kindheit, den ›Wipfelfelsen‹ von Hohenschwangau, das Jagdhaus Linderhof seines Vaters am Fuße des Hennenkopfes im Ammergebirge, aus dem später Schloß Linderhof wurde, und die zahlreichen sehr einfachen väterlichen Pirschhäuser im Ammergebirge und im Gebiet des Karwendel besuchte er alljährlich für längere oder kürzere Zeit. In späteren Jahren zog er sich immer mehr in seine Berge zurück.

Hier gab er sich mit aller überschwenglichen Begeisterungsfähigkeit seinen zum nicht geringen Teil von Wagner inspirierten Träume hin. Hier im »Wald« suchte er die Kraft zur »That«. Und hier in den von ihm während der Zeit von Wagners Münchner Aufenthalt bevorzugten Hütten auf dem Hochkopf über dem Walchensee und dem Pürschling unweit von Linderhof schrieb er aus übervollem Herzen seine zahlreichen Briefe an sein vergöttertes Idol, als schon ab Februar 1865 die Widerstände seiner Umgebung und weiter Kreise der Bevölkerung ihn zwangen, persönliche Begegnungen zu vermeiden.

Einmal versuchte auch Wagner, im ›Wald‹ Erholung seiner »überangespannten Nerven« zu finden. Der König hatte ihm sein *Hütte auf dem Hochkopf* zur Verfügung gestellt. Aus Wagners Tagebuchaufzeichnungen erfährt man Einzelheiten von dieser mißglückten Unternehmung und der Einfachheit jener Berghütten: »Gestern Abend spät« – am 9. August 1865 – »während des mühseligen Aufsteigens, blickte ich – todtmüde – sehnsüchtig nach der Höhe um endlich das Ziel der Wanderung gewahr zu werden ... Es wurde völlig Nacht, ehe ich, allen Leuten weit voraus, allein oben ankam, mit einem großen Bund Schlüssel um die Hütte aufzuschließen: glücklich traf ich den letzten Schlüssel, suchte mich im Finstern zu orientieren, fand des Königs Schlafstätte, streckte mich, in Schweiß gebadet, todtmüde aus: die Leute kamen. Gott, ehe Franz« – der

Diener Wagners – »Licht zu Stand brachte! Es war eine wundervolle Confusion. Nun mit Franz allein. Vollständige Wildnis. Kein Wasser aufzufinden. Wo ist der Brunnen? Wir hatten nicht gefragt. Das war ein Tappen auf dem Berge, im Walde. Vergebens. Mühsames Umkleiden – ach! welche Verwirrung. Endlich, Brod, Wein, Wurst. Aber kein Wasser. Da mußte Mineralwasser – zur Cur mitgenommen – ausgepackt werden. Nun kam die gute Laune. Franz hatte meinen weißen Schlafrock mitgenommen. In seinen Glanz gehüllt durchwandelte ich nochmals die waldige Höhe, nach Wasser suchend. Nun schien der Mond: ich muß mich himmlisch ausgenommen haben! Der Schlaf des Todtmüden gelang. Des Morgens neue unsägliche Confusion: lächelnd unterbrach Franz ›aber Ew. Gnaden, 's ist schön draußen‹. Himmlischer Morgen, schönstes Wetter. Wanderung um die Höhe. Alle Erwartungen übertroffen: ganz unvergleichlich. Mein treues Asyl für die Zukunft ist gefunden ...«

Aber schon vier Tage später ist alle Begeisterung verflogen. Am 13. August 1865 vertraut er seinem Tagebuch an: »Krank und elend. Große Erkältung: Fieber. Hier einsam – ich kann mich nicht von der Stelle bewegen ... Ach! wie elend ist der Mensch! – Auch der Himmel ist trübe ...« Und so geht es weiter: »Aufflackern – Entzünden – gute Laune – wunderbare Lust. – Dann langes Leiden; Alles schien umsonst«, schreibt er in der Nacht vor seiner Rückkehr nach München am 22. August.

Hatte Ludwig am 15. Mai 1865 noch versucht, dem Freund mit geradezu rührend kindlich anmutenden Worten über seine Depressionen hinwegzuhelfen: »... doch stets wollen wir bedenken (nicht wahr Geliebter), daß es doch auch edle und gute Menschen gibt, für welche zu leben und zu schaffen es wahre Freude ist. – Und doch sagten Sie, Sie taugten nicht für diese Welt? – Verzweifeln Sie nicht, Ihr Treuer beschwört Sie: Fassen Sie Muth: ›Die Liebe hilft Alles tragen und dulden, sie endlich führt zum

Sieg‹ …«, so klangen bald darauf am 29. Juni 1865 aus Linderhof bereits bei ihm selbst verhängnisvolle Töne an: »Der ›Welt‹ wollen wir nicht mehr gehören …«

Am 4. August sprach aus seinen Worten vom Pürschling oberhalb von Linderhof seine tiefe Frömmigkeit: »… Gegenwärtig bin ich wieder hoch in einsam stehender Berghütte und denke an den Stern, der meinem Leben strahlt, an den Einzigen! Möchte ihn froh und glücklich wissen und beitragen können zu Seiner Ruhe und Seligkeit! – Heil Ihm! – Segne Ihn, mein Herr und Gott, gib Ihm den Frieden, den Er bedarf, entziehe Ihn den profanen Augen der eitlen, leeren Welt, bekehre sie durch Ihn von dem Wahne, der sie gefangen hält.«

Vergebliches Flehen! Kein Gott konnte, ja durfte dem ›Einzigen‹ dauernde ›Ruhe und Seligkeit‹ schenken. Nur das Hin- und Hertaumeln zwischen Extremen befähigte ihn, seine Werke zu schaffen. Er selbst war sich früh dessen bewußt. Bereits am 14. Juni 1853 hatte er an Liszt geschrieben: »Immer mehr gewinne ich die Überzeugung, daß Leute wie wir sich eigentlich immer unwohl befinden müssen, außer in den Augenblicken, Stunden und Tagen produktiver Aufregung: dann genießen wir aber auch mehr, als jeder andere Mensch.« Eine Parallele zu Lovis Corinth, der am Walchensee eine Reihe seiner schönsten Werke schuf. Seine Frau, Charlotte Berend-Corinth, erzählt davon: »Heute früh zwischen Aufwachen und Wachwerden ist mir klar geworden, daß die Melancholie und die grausigen Verzweiflungszustände Corinths als Schattenseite seiner Seele eine notwendige und logische Ergänzung zur triumphalen Sonnenseite gewesen sind. Ein Mensch, der wie er im höchsten Ausmaße zu lieben und sich ohne Schonung seiner selbst an sein Werk hinzugeben vermag, ein Mensch, der wie er im Schöpferischen grenzenlos ist, muß auch die Verzweiflung (der ja kein wirklicher Künstler entgeht) ins Extreme gesteigert erfahren …«

Dem Aufenthalt Wagners auf dem Hochkopf waren

Ereignisse vorausgegangen, die seine Position in München bereits sehr ins Wanken gebracht hatten.

Nur mit größter Mühe war es gelungen, die Uraufführung seiner bisher von allen Theatern als unaufführbar erklärten und deshalb abgelehnten Oper ›Tristan und Isolde‹ am 10. Juni 1865 unter der Leitung von Hans von Bülow zu ermöglichen. »Heute noch! wie ertrage ich die Wonne?«, jubelte Ludwig – und unmittelbar nach der Aufführung schrieb er in tiefster Ergriffenheit: »Einziger! – Heiliger! – Wie wonnevoll! – vollkommen ... – Ertrinken ... versinken ... unbewußt ... höchste Lust ...«

Bei der Münchner Presse dagegen hatte die Aufführung zum Teil wütende Empörung ausgelöst: »... Sie sind gegenwärtig der böse Genius unseres jugendlichen Königs ... Das Libretto, namentlich im zweiten Akt, ist eine große Schamlosigkeit ... Die Musik ist ein Chaos von Tönen ... Die Zeit wird richten. Es wird kein Menschenalter vergehen, und man wird von Ihnen und Ihrer Musik nur noch als von einer Curiosität reden ...« Nun – die Zeit hat gerichtet! ...

Wagner, durch »schändliches Intrigenspiel« der Möglichkeit beraubt, in persönlichen Begegnungen auf den König einzuwirken und seine Wünsche vorzutragen, »verzehrte sich in Unruhe«. »... So viel, so viel habe ich Ihnen zu sagen, zu beraten, zu entscheiden: es schwinden die Tage, die Unruhe meines Herzens vermehrt sich! ...« hatte er am 28. Juni 1865 an den König geschrieben. Am 13. und 16. Juli war es dann zu Audienzen gekommen, die beide in eine übererregte Stimmung versetzten. Drei Tage danach, am 19. Juli, hatte Ludwig vom Hochkopf geschrieben: »Nun bin ich wieder in den herrlichen Bergen, in Gottes freier Natur und denke stets des Geliebten. Mit welch inniger Freude und Begeisterung denke ich der für mich wonnigen Stunden, die wir neulich zusammen im Gespräch verlebten. Noch an demselben Tage ließ ich an das Ministerium des Cultus den Befehl des Musicconservatoriums ertheilen und

an das Handelsministerium wegen des provisorischen
Theaters ...« Aber dann verliert er sich in Schwärmereien:
»Da wegen der unerträglichen Sonnenhitze das Reiten am
Tage in Wahrheit eine Qual statt einer Freude wäre, so
verließ ich neulich nach Mitternacht Schloß Berg und zog
auf treuen Rossen nach meinen lieben Bergen. Strahlende
Sterne erhellten den Pfad, magisch schien das Mondenlicht
durch die düsteren ehrwürdigen Bäume ... Als ich an den
Ufern des malerisch gelegenen Walchensees vorüberzog, da
begrüßte mich der erste goldene Strahl der majestätischen
Sonne, und machte die Gipfel der Berge in rosigem Lichte
erglühen. Hier wohne ich in einer stillen und trauten Hütte,
umgeben von herrlichen Tannen mit frischem Grün geschmückt. Durch eine Lichtung blicke ich in herrliche
Fernen, Berge und Täler liegen vor mir ausgebreitet. –
Die Töne der Verklärung des ›Tristan‹ umschweben mich,
entzücken das geistige Ohr! –

> Dein Wille muß erfüllet werden,
> Und müßt' ich d'rob zu Grunde gehn,
> Mich Dir zu weih'n kam ich auf Erden,
> In Deinem Dienst soll sie mich seh'n,
> Stets mehr und mehr Dich zu erkennen,
> Dahin geht meines Geistes Brennen ...«

DIE TRENNUNG   Der Leser möge verzeihen, wenn wir
im folgenden mehrmals – doch in möglichster Kürze – zu
Ereignissen abschweifen, die sich außerhalb des uns interes-
sierenden Gebietes vollzogen, aber doch eng mit ihm verbunden sind. Sie gehören zur logischen Entwicklung der
Weltflucht des Königs, aus der seine uns wieder zu unserem
eigentlichen Thema zurückführenden Phantasmagorien
von Linderhof und des Königshauses auf dem Schachen
erstanden sind.

Wagner hatte in den beiden persönlichen Aussprachen
wohl nicht das erreicht, was ihm – zugegebenermaßen –
neben anderem – am Herzen lag. Jedenfalls hatten ihn seine

»überangespannten Nerven« nicht daran gehindert, am 8. August 1865, einen Tag vor seinem Aufbruch zur »trauten Hütte« in einem Brief an den König alle Register seiner Rhetorik aufzuziehen. An überschwengliche, geradezu Gift in die begeisterungsfähige junge Seele Ludwigs träufelnde Worte, die versuchten, ihn einzunebeln, schloß er ganz nüchterne, sehr detaillierte, den König vor drei Alternativen stellende Forderungen nach ›Ordnung seiner persönlichen Verhältnisse‹. Dem König blieb nur eine Wahl. Sie zwang ihn unter anderem zur Deckung von Wagners Schulden, eine für die aufgebrachte bayerische Volksseele willkommene Gelegenheit, dem verhaßten »bösen Genius« ihres jungen Königs einen boshaften Streich zu spielen. Die Affaire ist bekannt: Cosima, die ›Seelenfreundin‹ – Ludwig erfuhr erst 1868 den wahren Charakter ihrer Beziehung zu Wagner, nachdem er noch 1866 eine Ehrenerklärung für sie veröffentlicht hatte –, mit der Abholung der Summe von 40 000 Gulden beauftragt, stand vor einem Riesenberg kleinster Geldmünzen und mußte in aller Eile Säcke beschaffen, um sie zum Gespött der Menge in einer Droschke abtransportieren zu können.

Die Situation spitzte sich immer mehr zu, doch Wagner versuchte noch am 16. Oktober 1865 mit suggestiven Worten den König sozusagen zum Vollzieher seines, Wagners, Willens zu machen und ihn durch »Mittheilungen« auch in Fragen der Verwaltung und Politik zu beeinflussen. »... So lassen Sie mich immer dafür sorgen, daß fern vom Getriebe der wunderlichen Tageswelt der Freund für sie wacht. Was ich Ihnen mittheilte, sollte es selbst als ein Rath für Sie zu erscheinen sich erkühnen, ist nur der innerste Gedanke Ihrer eigenen großen Seele, in der ich lebe, aus der ich dichte und trachte. Bezweifeln Sie dieß nie, und wollen Sie ein Zeugnis für die Wahrhaftigkeit dieser Aussage, so blicken Sie nur auf das, was ich durch Sie bin. Vor zwei Jahren verzweifelte ich an meiner Kunst: – seit einem Jahr lege ich Ihnen Plan für Plan vor, im Glauben an dieses Gedeihen;

vor einem Jahr verzweifelte ich an der Möglichkeit einer edlen Zukunft Deutschlands: jetzt zeige ich Ihnen, auf welchem Wege dafür das Schönste zu erhoffen ist. Bin ich es nun, der aus mir spricht, wenn ich Ihnen rathe? Ist es nicht nur, was Sie sind, was Sie wollen, sage ich Ihnen, was ich aus Ihnen errathe? – Nie, nie vergessen Sie dieß, mein herrlicher Freund. Bin ich dessen sicher, so behalte ich immer Muth: – aber nur dann! ...«

Vergeblich, der König ließ sich nicht zum willenlosen Werkzeug Wagners machen, und die versuchten Übergriffe Wagners auf Verwaltung und Politik blieben der Öffentlichkeit nicht verborgen. Die Presse empörte sich: »... der Barrikadenmann von Dresden, der einst an der Spitze einer Mordbrennerbande den Königspalast in Dresden in die Luft sprengen wollte, beabsichtigt nunmehr, den König allmählich von seinen Getreuen zu trennen, deren Plätze mit Gesinnungsgenossen zu besetzen.«

Da griff Wagner zum letzten Mittel: er lancierte einen von ihm selbst verfaßten ›anonymen‹ Artikel mit scharfen Angriffen auf das Kabinetts- und Hofsekretariat in die ›Münchner Neuesten Nachrichten‹ vom 29. November 1865, der sich als Bumerang erwies und eine unhaltbare Situation herbeiführte. Am 6. Dezember 1865 läßt der König Wagner durch seinen Oberappellationsgerichtsrat Lutz ersuchen, München für »einige Monate« zu verlassen.

Über alle menschlichen Enttäuschungen hinweg ist Ludwig seinen am 11. September 1865 in einem Brief an Wagner ausgesprochenen Worten von der Degelberghütte über Hohenschwangau treu geblieben: »Mein Teurer, nie sollen Sie aus dem seligen Traum geweckt werden, der Ihnen das Abbild zeigt, von welchem Sie Ihre Kunstwerke schaffen; das irdische Leiden soll Ihnen auf immer fern bleiben. – Leben Sie im goldenen Reiche der Wolken! Sie in diesem Zustande zu erhalten, die Erdensorgen und -schmerzen von Ihnen zu scheuchen, das lassen Sie meine Sorge sein! ...«

Wagner erhielt auch in der Ferne das ihm in München

bewilligte Gehalt, und als der Bau des Bayreuther Festspielhauses in eine Finanzkrise geriet, versagte er seine Hilfe nicht.

Der König kam zwar zu Aufführungen des ›Ring des Nibelungen‹ vom 27. bis 30. August 1876 nach Bayreuth, doch den ›Parsifal‹ ließ er sich erst nach Wagners Tod in jeweils drei Separatvorstellungen 1884 und 1885 in München vorführen. Hierzu wurden die Bayreuther Dekorationen in zwölf Güterwagen nach München transportiert. Der erste Kapellmeister der Münchner Hofoper, Hermann Levi, von dessen Besitz auf dem Riedberg in Garmisch die Rede war, schrieb 1885 an den König: »Niemals bei einer früheren Aufführung des Werkes in Bayreuth hat der alleruntertänigst Unterzeichnete ein solches Gefühl der inneren Beseeligung und der Befriedigung auf die Aufführung empfunden als während dieser drei unvergeßlichen Tage: das Bewußtsein, ihre Kräfte ganz ausschließlich dem erhabenen Monarchen zu weihen, ohne dessen gnädiges und liebevolles Eingreifen der Meister – wie dieser wohl hunderte Male versichert hat – im Elende verkommen wäre, hob alle Mitwirkenden weit hinaus über die gewohnte alltägliche Leistung, hinauf in jene ideale Sphäre, in welcher Kunst und Religion zu identischen Begriffen werden.«

NACH DER TRENNUNG   Die Entfernung Wagners aus seiner Nähe hatte den Lebensnerv des Königs getroffen, er überwand sie nie. Weitere tiefe Enttäuschungen in den folgenden Jahren trieben den König immer tiefer in eine völlige Vereinsamung, zu seinen Traumspielen.

In seiner Braut, Herzogin Sophie in Bayern, fand er nicht seine ›Elsa‹, wie er sie nannte. Er kam zu der Einsicht, »daß sie nicht die mir von Oben Bestimmte ist, nicht ›das Weib, das Gott mir angetraut‹, daß sie nicht die Liebe besitzt, die ich von meiner künftigen Gattin verlange, daß sie mein Wesen nur oberflächlich zu beurteilen versteht, daß aber momentan mich ihr Liebreiz, ihre Anmut, die mehr äußerlich sind, geblendet haben«, schrieb er an Wag ner. Vielleicht hätte eine Frau, die ebenso wie er aufging in der Welt Wagners, oder eine ihm so wesensverwandte Frau wie seine von ihm sehr verehrte Tante Elisabeth – ›Sissi‹ – ihn retten können aus der tiefen Gewissensnot in die ihn seine als tiefste Sünde empfundene homosexuelle Veranlagung brachte. Feierliche Gelübde, an sich selbst gerichtete Dekrete in seinen Tagebuchaufzeichnungen zeugen von seinem verzweifelten Ringen um ›Läuterung‹.

»Sie werden ein machtvoller, herrlicher König, der Heiland Deutschlands, der Abgott seines Bayerns«, hatte Wagner dem König am 8. Januar 1866 zugerufen. Er selbst hatte sich schon einige Monate vorher, am 26. August 1865, begeistert: »... Wie wahr ist es, wenn Sie sagen, daß die deutschen Fürsten verlernt haben, den Geist der deutschen Nation zu verstehen! ... Deutschland, Du wirst befreit von den Ketten der Schmach und Not! ...« Bayerns Niederlage im schleswig-holsteinischen Krieg 1866, der Krieg von 1870/71, die Gründung des Deutschen Kaiserreiches unter Führung Preußens vernichteten auch den Traum, der »Heiland Deutschlands« zu werden.

Nach dem Verlust der Souveränität Bayerns betrachtete sich Ludwig nur noch als »erblichen Chef einer Selbstverwaltungsbehörde«. Zwar erledigte er bis zuletzt gewissenhaft die unumgänglich notwendigen Regierungsgeschäfte, aber diese »Staatsfadaisen«, wie er sie nannte, langweilten ihn. Oftmals beorderte er Kabinettschef und Hofsekretär zu sich auf ›Bergeshöhen‹ in die Forsthäuser von Vorderriß und Altlach oder in seine Hütten auf dem Hochkopf und Herzogstand. Bei schönem Wetter fanden Vorträge und Vorlage der nötigen Unterschriften im Freien statt.

Der »Heiland Deutschlands« ist Ludwig nicht geworden, aber der »Abgott seines Bayerns« ist er noch heute. Ihr junger schöner König mußte damals für die Bewohner der einsamen Bergtäler eine überirdische Erscheinung sein, wenn er hoch zu Roß durch das Land galoppierte, oder in späteren Jahren, bekleidet nach der Mode Ludwigs XIV. in einen blausamtenen Königsornat, das Haupt bedeckt von einem Barett mit wehender weißer Straußenfeder, nächtliche Fahrten in reichgeschnitzten, vergoldeten Prunkkarossen oder -schlitten unternahm. Voraus sprengte dann ein Reiter »mit einer Laterne, die neben dem linken Steigbügel in einem Schaft befestigt war und an der Spitze einer etwa anderthalb Meter langen Stange ihr Licht ausstrahlte. Der Schlitten« – oder die Karosse – »wurde von vier Pferden gezogen, auf den Sattelpferden saßen zwei Reitknechte, die ebenso wie der Vorreiter in schwerem Rokokokostüm blau- oder rotsamt gekleidet waren, mit weißen Zopfperücken, Stulpstiefeln und Schiffhüten. Das Geschirr der fünf Pferde bestand aus prunkvollen Schabraken, Sätteln und Zaumzeug, die Köpfe trugen wehende Straußenfedern ... Die nächtlichen Fahrten glichen in ihrer blitzartigen Geschwindigkeit einem nächtlichen Spuk, einem Märchenbild, das den wenigen Augenzeugen ein unvergänglicher Anblick, ein überirdisches Begegnis war.« (Theodor Hierneis)

Immer mehr scheute der König die »tückische Tagessonne«, immer mehr zog er sich aus der Welt einer Zeit zurück, die für sein Wesen kein Verständnis hatte, und baute sich seine eigene Welt auf. »Wie hätte diese von unaufhaltsamen Fortschritt überzeugte optimistische Welt auch sehen können, daß hier ein Mensch, dem das Leben in ihr unmöglich geworden war, sich mit der Gewalt eines Erstickenden eine andere erbaute –, daß hier ein logischer Vorgang sich vollzog.« (Werner Richter)

Ein Gespräch des Königs mit Felix Dahn im August 1873 auf seinem 1870 erbauten ›Königshaus‹ auf dem Schachen gibt einen erschütternden Einblick in die völlige Vereinsamung des Königs.

BESUCH AUF DEM SCHACHEN »Selig weltfern am schroffen Gewände des Wetterstein« steht dieses Königshaus zwischen Schachenalpe und der Felsspitze des ›Teufelspasses‹. ».. . im Erdgeschoß zweckmäßig eingerichtet für diese auch im Sommer kühle Höhe von 1800 Metern, mit Zirbelgetäfel, schlichten Vorhängen und Teppichen, bayerisch blau-weiß, führte eine Wendeltreppe mit einem Schlag in die theatralische Märchenpracht eines maurischen Saales im Oberstock, strotzend von Seide und Gold. Wollte der König in den unteren Gemächern sich nur als Einsiedler fühlen in tiefer Bergabgeschiedenheit, so mußte der raffinierte Gegensatz beim nächtlichen Heraustreten aus dem rosa-violetten Lichte dieses phantastischen Prunkes auf den Altan, in die kalte Erhabenheit der mondbeglänzten Felsenwelt, seiner Seele manfredische Gefühle bereiten. Und aus dem Dunkel von unten steigerte eine Stimme mit dieser Byronschen Dichtung und den Schillerschen Begeisterungsversen seine Einsamkeitswonnen zur Ekstase.« (Walther Siegfried)

Alljährlich feierte der König ab der siebziger Jahre hier seinen Geburtstag, begleitet von seinen Büchern, seinen Träumen. Immer von neuem korrigierte und veränderte er die Pläne zu seinen Traumbauten, kümmerte sich um jedes kleinste Detail ihrer Ausstattung. ».. . Wie er sich in alle Grundrisse, unaufhörlich ändernd und experimentierend, versenkte, so gab es unter den Tausenden kunstgewerblicher Einrichtungsgegenstände kaum eines, das er nicht selbst geprüft . . . hätte. Er war imstande, das Muster eines Stoffes, die Fassung eines Edelsteines so genau anzugeben, daß Handwerker danach arbeiten konnten . . .« Daneben blieben Bücher seine Leidenschaft. Es ist ».. . mein höchster Genuß, der sich nie erschöpft, in das Studium fesselnder Werke mich zu vertiefen und darin Trost und Balsam zu finden für so manches Herbe und Schmerzliche, das die traurige Gegenwart, das mir so sehr zuwidere 19. Jahrhundert mit sich bringt«, schrieb Ludwig 1874 an Frau von Leonrod. Waren es in seiner Jugend Werke großer dramatischer Dichtung gewesen, so bevorzugte er jetzt mit seiner wachsenden Leidenschaft für das Ancien régime, in dem er die Verkörperung königlicher Macht und Majestät sah, Werke der französischen Literatur.

»Wir nahmen Platz auf einem der Diwane, die in türkischer Weise alle Wände des kioskähnlichen Achtecks umzogen ...«, beginnt Felix Dahn die Schilderung seines sechsstündigen Gesprächs mit dem König anläßlich seines Besuches auf dem Schachen im August 1874. In dieser hier auszugsweise wiedergegebenen, sehr erregten Aussprache scheint sich Ludwig die ganze Verzweiflung über die Vernichtung seiner durch seine Kindheit und von Wagner hochgezüchteten Ideale von der Seele geredet zu haben. »... Bald begann ein politisches Gespräch, das mit seinen Erörterungen über eine große Anzahl von Persönlichkeiten, über seinen eigenen Entwicklungsgang und seine leidenschaftlichen Zu- und besonders Abneigungen im höchsten Grade spannend, aber auch bei der Hitze, in die wir beide uns hineinredeten, ebenso aufregend war ... Mit ganz überraschender Sachkenntnis stellte der König die eingehendsten Fragen oft über die kleinsten Einzelheiten der Versailler Verträge ... Er zeigte sich ebenso genau wie grundgescheidt, scharf, ja sogar ein wenig rabulistisch, dialektisch, spitzfindig in seinen Erwiderungen: es ergötzte ihn offenbar, sich im Streite gewandt und glatt zu erweisen, dergleichen hatte ich von diesem schwärmerischen Wagnerverehrer nicht erwartet.«

Gleich zu Beginn hatte Dahn gebeten: »Majestät müssen verstatten, wenn ich über diese Dinge sprechen soll, daß ich spreche wie Mann zu Mann, nicht wie Untertan zum König.« »Versteht sich, versteht sich!«, hatte der König erwidert. Trotzdem befürchtete Dahn mehrmals »alsbald ungnädig entlassen« zu werden, denn er vertrat freimütig seine dem Standpunkt des Königs oft entgegengesetzten Ansichten, besonders, als sich der tiefe Haß offenbarte, in den sich der König gegen das »elende deutsche Reich« und insbesondere gegen den deutschen Kronprinzen Friedrich Wilhelm hineingesteigert hatte. »Der Kronprinz – er ist das

Haupt der Militärpartei in Preußen. Diese Partei erstrebt die Einverleibung von ganz Bayern«, rief er aus. Dahn widersprach heftig. Die nachfolgende hitzige Debatte erreichte ihren Höhepunkt, als der König in tiefer Verbitterung an den Siegeseinzug des Kronprinzen an der Spitze der bayerischen Truppen in München am 16. Juni 1871 und dessen – entstellt hinterbrachte oder von Ludwig falsch verstandene – Äußerung, er wolle Bayern annektieren, erinnerte: »Der Kronprinz hat – nach jenem Einzug mit meinen – meinen! – Truppen in meiner Hauptstadt: ah, die Stunde vergeß ich ihm nie; auf dem Bahnhof in Augsburg zu seinen Offizieren gesagt: ›Sehen Sie, meine Herren, ein schönes Land. In ein paar Jahren werde ich das alles annektiert haben‹«. »Das ist nicht wahr«, entfuhr es Dahn, und gleichzeitig dachte er: »So!, jetzt hast du's gründlich verschüttet bei diesem stolzen König.« Aber anschließend entstand noch ein Gespräch, in dessen Verlauf Dahn sagte: »... auf Bayerns und Preußens Eintracht vor allem beruht das Reich ...« und dieses Reich »ist das höchste Gut der Deutschen«. »Lang, ernst ruhte sein Blick auf mir ... Dann reichte er mir die Hand, mich – endlich! – verabschiedend. Es war 9½ Uhr vorbei. ›Es ist spät geworden‹, sagte er. ›Sie können nicht mehr hinunter. Sie sind mein Gast für die Nacht. So wie Sie hat noch kein Mann zu mir gesprochen. Ich danke Ihnen. Ich werde Ihnen das nie vergessen. Leben Sie glücklich‹.«

»Ich ging in heißer Erregung. So hatte er meinen schroffen Widerspruch gegen seine Lieblingsgedanken echt königlich aufgenommen.«

Schloß Linderhof

Nach der Trennung von Wagner war das Jagdhäuschen Maximilians im Graswangtal – das spätere Schloß Linderhof – der Lieblingsaufenthalt Ludwigs geworden. Auf diesem traditionsträchtigen Boden umgab ihn die Erinnerung an seinen Vorfahren Ludwig den Bayern; in dem kleinen Garten vor dem Haus oder im Schatten der alten Linde versenkte er sich in die Lektüre meist historischer Werke und ließ seiner Phantasie freien Lauf. Die Traumschlösser der Zukunft erschienen vor seinem geistigen Auge.

Bis auf Linderhof und das Königshaus auf dem Schachen blieben sie unvollendet oder kamen über jahrelange Planungen auf dem Papier nicht hinaus. Zu letzteren gehören ein Byzantinisches Schloß im Graswangtal (1869), ein Rokokotheater und eine Rokokokapelle, ebenfalls im Graswangtal (1870), Wiederaufnahme des byzantinischen Projekts (1883), im selben Jahr der Plan zu einer Burg auf dem Falkenstein nahe Hohenschwangau, und schließlich als letztes bekanntes Bauprojekt ein chinesischer Sommerpalast (1886), der am Plansee, unweit Linderhof, erbaut werden sollte.

Die Grundsteinlegung zu Neuschwanstein, hoch über der Pöllatschlucht nahe Hohenschwangau, der Sagenwelt Tannhäusers, Lohengrins und Parzivals geweiht, hatte 1869 stattgefunden. Bis zum Tode des Königs wurde gebaut, die Burg blieb unvollendet. Gleichzeitig mit dem Bau von Neuschwanstein beschäftigte sich der König mit dem Gedanken, seiner Schwärmerei für den französischen Absolutismus Ludwigs XIV. und seiner Nachfolger durch ein kleines Schlößchen nach dem Vorbild von Marly Ausdruck zu geben. ›Meicost Ettal‹ nannte er dieses Projekt – ein Anagramm nach dem Wahlspruch Ludwigs XIV.: ›L'état c'est moi‹, ›Der Staat bin ich‹. Dieses Schlößchen sollte nur wenige hundert Meter entfernt von dem nun ›Königshaus‹ genannten väterlichen Jagdhäuschen stehen. Im Verlauf jahrelanger Planungen, mit denen der Architekt Georg Dollmann beauftragt worden war, nahm dieses Projekt jedoch Versailler Dimensionen an. Das durch Berghänge beschränkte Graswangtal bot hierfür nicht die erforderliche repräsentative Weite. Der König entschloß sich daher 1873 für den Bau auf der Herreninsel im Chiemsee, wo am 21. Mai 1878 die Grundsteinlegung erfolgte. Auch hier wurde bis zum Tode des Königs gebaut, auch sein ›Versailles‹ blieb unvollendet.

Im Graswangtal jedoch, in dessen Wäldern und Höhen Ludwig der Bayer gejagt hatte, wo er sich nach der Überlieferung an einem heute nach ihm benannten und in Erinnerung an ihn mit einer Inschrift versehenen ›Kaiserbrunnen‹ am westlichen Ufer der Ammer labte, in diesem Tal entstand die alle Bereiche der Traumwelt des Königs umfassende Phantasmagorie von Schloß Linderhof, so wie es sich heute dem Besucher präsentiert. »Ist es ein Zufall, daß sich von jedem dieser zwei volkstümlichen Wittelsbacher ein gut Teil ihrer Lebensgeschichte gerade hier in dem einsamen Graswangtale abspielte? Klingt es nicht wie eine Ironie, daß im Graswangtale eine wilde rücksichtslose Natur, höfischer Prunk des ausgehenden Mittelalters, noch zu Ende des 19. Jahrhunderts der letzte Ausklang der glänzenden Barock- und Rokokokultur, in der Schöpfung eines bayerischen Trianon sich vereinen?« (Josef Wirth)

Der ›Linderhof‹, ursprünglich ein Zehenthof des Klosters Ettal, soll im 15. Jahrhundert seinen Namen nach seinem Besitzer Linder, nach einer anderen Version nach der neben dem Hof stehenden alten Linde erhalten haben. Jedenfalls verkaufte ein späterer Eigentümer, Josef Gindhart, 1815 sein Anwesen mit allen Äckern, Wiesen und Wäldern an den Militärfohlenhof Schwaiganger, während sein Bruder Johann Michael bis 1828 in einem nahe gelegenen Häuschen verblieb. Dieses Häuschen ließ sich Ludwigs Vater in den fünfziger Jahren durch seinen Hofbauinspektor Friedrich Ziebland für seine Zwecke einrichten. Ludwig erneuerte 1868 zunächst die Ausstattung, kaufte 1869 den Grund von Schwaiganger zurück und erwarb weitere Ländereien und Wälder ringsum hinzu, so daß sein Besitz nahezu hundert Hektar umfaßte.

Ab 1870 erfolgten zunächst Anbauten an der Nordseite

des Königshäuschens: »Es sollten sich nach einem von dem König selbst erfundenen Grundriß um einen Hof ein halbrund geschlossenes Schlafzimmer mit einem ovalen Arbeitszimmer, einem ovalen Speisezimmer und vier hufeisenförmigen Eckkabinetten anschließen.« In den folgenden Jahren nahm *Schloß Linderhof* Gestalt an. 1874 mußte das Königshäuschen dem Einbau eines Vestibüls und eines Treppenhauses weichen. Es wurde abgebrochen, pietätvoll ungefähr zweihundert Meter weiter westlich sorgfältig wieder aufgestellt und diente später gelegentlich dem Prinzregenten als Jagdunterkunft. Heute sind in seinen Räumen, deren Ausstattung aus der Zeit Ludwigs teilweise noch vorhanden ist, Büros und Dienstwohnungen untergebracht. Auch der alte Hof des Josef Gindhart wurde abgebrochen. Er verschwand gänzlich; an seiner Stelle steht heute der Springbrunnen.

Die Südfront des Schlosses wurde nach dem Einbau von Treppenhaus und Vestibül durch den Spiegelsaal über letzterem und zu seinen Seiten durch die beiden Gobelinzimmer ergänzt, an der Nordfront das zentral zwischen den Anbauten von 1870 liegende Schlafzimmer des Königs um eine Achse verlängert, und damit hatte Schloß Linderhof seine äußere endgültige Form erreicht. Jetzt konnte der in Anlehnung an die heimische Bauweise auf gemauertem, weiß verputztem Sockel stehende schlichte Holzständerbau nach dem Willen des Königs mit der von Georg Dollmann entworfenen prächtigen Hausteinfassade »in Rococostyl« umkleidet werden. 1878 waren die Arbeiten an dem einzigen Schloß, dessen Vollendung der König erlebte und das er mehrere Jahre bewohnen konnte, abgeschlossen. Parallel mit ihnen erfolgte die *Innenausstattung* der Räume. Sie umfängt »in einem Rausch von Farben und Formen, die in der Üppigkeit ihrer geschnitzten Wandvertäfelungen, vergoldeten Stuckierung, der Gobelins und Seidenvorhänge als Rahmen für das prunkvolle Mobiliar und den Reichtum an Porzellan einen fast bestürzenden Effekt machen«. Dabei ist, nach Heinrich Kreisel, »gemessen am Rokoko, besonders im französischen Dekorationsstil, wozu der Vergleich am nächsten liegt, diese Zierweise viel dichter im ornamentalen Netz, viel plastischer, indem ihre Zierbildungen stark aus der Fläche hervorstoßen in den Raum, viel mehr durchsetzt mit naturalistischen Bestandteilen wie Blatt- und Blütenzweigen (Eichlaub im 18. Jahrhundert so gut wie unbekannt, dann Schilf und ein naturalistischer Akanthusstengel treten besonders hervor) und dazu auch bis zur Überfüllung durchsetzt mit vollplastischen Figuren und Emblemen, wobei die Vergoldung zuweilen mit der Fassung in den natürlichen Farben abwechselt ...«

Die Dekorationsentwürfe fertigten meist der Hoftheaterdirektor Franz Seitz und der Bühnenmaler Christian Jank, doch der König gab sehr genaue Anweisungen und kümmerte sich um jede Einzelheit. Zum Beispiel sollen im Spiegelzimmer »die Tapeten, das heißt der blaue ›moirée antique‹ mit schönen Rococoverzierungen eingefaßt werden, diese Verzierungen sollen annähernd die Form jener im Münchner Spiegelzimmer haben«, schrieb er am 30. Januar 1874 an Hofrat Düfflipp. Oftmals äußerte sich der König sehr kritisch. So mußte Düfflipp anläßlich der Vorlage eines für das Schlafzimmer Ludwigs bestimmten, das ›Lever‹ und ›Coucher‹ Ludwigs XIV. darstellenden Supraportenentwurfs von Julius Benczur ‚und Karl Otto den beiden 1872 mitteilen: »Die Skizze gefällt Majestät einigermaßen, nur der Herr, welcher den Hut überreicht, hat eine falsche Bewegung, wie am Theater, Seine Majestät glauben wie wenn er Kegel schieben wollte.«

Überall in allen Räumen spiegelt sich das Leben am französischen Hof und die Verehrung des Königs für Ludwig XIV. Im Vestibül steht auf schwarzem Marmorsokkel seine bronzene Reiterstatuette nach dem Vorbild des 1699 in Paris errichteten Standbildes von Desjardin. Im Speisezimmer mit einem versenkbaren ›Tischlein-deck-dich‹ – analog der ›table volante‹ Ludwigs XV. im Petit

Trianon – konnte der König an einsamer Tafel träumen, in Gesellschaft der Gestalten des französischen Hofes zu sein, die ihn auf den Pastellen der angrenzenden Kabinette umgaben. »Bieten Sie alles auf, um ein Bild der Marquise von Crequi zu erhalten … ich brauche nothwendig ein Pastellbild von ihr, ich lese gegenwärtig in ihren sehr interessanten 7 bändigen Memoiren«, schrieb er am 17. August 1871 an Düfflipp. Und für das Pastell der Marquise de Pompadur erhielt Düfflipp die Anweisung, dafür zu sorgen, daß der Maler Heigel »das Kleid der Frl. Ziegler aus dem Stück Narziß bekommt und daß es genau auf dem Bilde ausgeführt wird«.

Die hervorragende Stellung des Sonnengottes Apoll in den Deckenbildern gehört zur leidenschaftlichen Schwärmerei des Königs für Ludwig xiv., ebenso – analog dem Schlafzimmer Ludwigs xiv. – die zentrale Lage des größten Raumes von Linderhof, seines, des Königs, Schlafzimmers. Von seinem Bett blickte er auf die nördliche *Kaskadenanlage* von dreißig Marmorstufen, über deren oberem Becken ein Pavillon steht. Unmittelbar hinter ihm steigen die Hänge des Hennenkopfs empor. Unten schließt ein Bassin mit einer wasserspeienden Neptungruppe die Anlage ab.

Aus einer Flora- und Puttengruppe inmitten des Bassins vor dem Schloßeingang auf der *Südseite* sendet eine Fontäne ihren Wasserstrahl in eine Höhe von dreißig Metern. Hinter ihr steigen drei Terrassen auf, deren symmetrisch angelegte Flügeltreppen zu einem Rundtempel mit überlebensgroßer Venusfigur führen, während eine ebenfalls überlebensgroße Büste der von Ludwig sehr verehrten unglücklichen Königin Marie Antoinette von Frankreich in der Mittelnische der die erste Terrasse abschließenden Schachtmauer steht. Am Jahrestag ihrer Hinrichtung, dem 16. Oktober, pflegte der König in der alten Kapelle von Linderhof eine Messe für sie lesen zu lassen.

Wenn man auch der Mär, die Linde rechts vor der unteren Terrasse sei noch dieselbe, die zu Zeiten des alten Zehenthofs der Siedlung den Namen gab, keinen Glauben schenken kann, so ist die Erinnerung an diese Urmutter Linderhofs durch wahrscheinlich zahlreiche Nachkommen doch lebendig erhalten geblieben.

Als Krönung der Kaskaden- oder der Terrassenanlage sollte ursprünglich an Stelle des Pavillons auf der nördlichen oder des Rundtempels auf der südlichen Anlage ein Rokokotheater mit mehreren Rängen und einer Königsloge stehen, ähnlich dem Münchner Cuvilliés-Theater. »Angesichts der dringenden Vorstellungen Düfflipps über die verheerende Lage der königlichen Finanzen« wurde dieses Projekt jedoch 1875 aufgegeben.

1877 war die 50 Hektar umfassende, von dem Hofgartendirektor Karl von Effner genial in das Gelände eingefügte *Parkanlage* fertiggestellt. In diesem von stilisierten Parterres um das Schloß in einen Englischen Garten und die freie Bergwelt übergehenden Park ließ sich der König in den Hang des Hennenkopfs eine ebenfalls 1877 vollendete Venusgrotte bauen; ein ›Maurischer Kiosk‹ kam 1876 aus dem Park von Schloß Zbirow in Böhmen, ein ›Marokkanisches Haus‹ 1878 aus der Pariser Weltausstellung; 1876 und 1877 waren nahe der österreichischen Grenze zwischen Neualp und Ammergries eine ›Hundinghütte‹ und eine ›Einsiedelei‹ errichtet worden – Bauten, die in der Tradition des romantischen Schloß- und Gartenbaus stehen und nichts Außergewöhnliches waren. Daneben wurde an den anderen Projekten gebaut, unentwegt Neues geplant – immer mehr versank der König in Traumspiele, Traumspiele eines völlig Vereinsamten, die letzten Endes eine hoffnungslose Betäubung waren und ihn jedes Maß vergessen ließen.

In die Welt des Orients versetzte sich der König in dem *Maurischen Kiosk* und dem *Marokkanischen Haus*. In beiden ließ er sich – wie seine Diener in entsprechende orientalische Gewänder gekleidet – Mokka und Sorbet servieren, während das Personal, Nargilhe rauchend, ringsum auf Teppichen und Kissen zu lagern hatte. »... dabei dufteten Räucherpfannen und wurden große Pfauenfächer durch die Luft geschwenkt, um die Illusion täuschender zu machen« (Louise von Kobell). Mit seiner vergoldeten Mittelkuppel und vier minarettartigen Ecktürmchen steht der Maurische Kiosk im Park von Linderhof und blendet in seinem Inneren mit einer durch raffinierte Beleuchtungseffekte gesteigerten orientalischen Farbenpracht und einem 1877 von Leslanc-Granger für den König in Paris angefertigten Pfauenthron. Das Marokkanische Haus dagegen, nahe Hundinghütte und Einsiedelei aufgestellt, steht ebenso wie diese nicht mehr – oder genauer: noch nicht wieder. Es wurde 1891 nach Oberammergau verkauft, wo es als Gartenhaus verkümmerte. Noch rechtzeitig vor dem gänzlichen Verfall vom Freistaat Bayern Ende der siebziger Jahre zurückgekauft, wurde es inzwischen sichergestellt, soll restauriert und näher bei Linderhof wieder aufgebaut werden. ›Hundinghütte‹ und ›Einsiedelei‹ wurden in den Wirren nach dem Zweiten Weltkrieg ausgeplündert und abgebrannt.

Zu der 1875 begonnenen Planung der *Venusgrotte* hatte Georg Dollmann die Entwürfe gefertigt, die Ausführung war dem Landschaftsplastiker August Dirigl übertragen worden. Vom Abhang des Hennenkopfes führt ein künstlicher Felstunnel in das Innere des Hörselberges, einer zehn Meter hohen künstlichen Tropfsteinhöhle mit einem See, in den ein künstlicher Wasserfall stürzt, und einem Monumentalgemälde der Venusszene Tannhäusers an der ›Felswand‹ im Hintergrund. Louise von Kobell schildert einen königlichen Besuch: ».. . zuerst fütterte der Monarch zwei aus dem Schloßbassin herbeigeschaffte Schwäne, hernach bestieg er mit einem Lakai einen vergoldeten und versilberten Kahn in Form einer Muschel und ließ sich auf dem durch einen unterseeischen Apparat bewegten Wasser herumrudern. Unterdessen hatten sich der Reihe nach fünf farbige Beleuchtungen abzulösen, jeder waren zehn Minuten zugemessen, damit der König den Anblick genügend genießen konnte. Phantastisch schimmerten Wellen, Felsenriffe, Schwäne, Rosen, das Muschelfahrzeug und der dahingleitende Märchenkönig.«

Zur Darstellung seiner Traumwelt zog der König alle seiner Zeit zur Verfügung stehenden Mittel heran. Unmöglich Scheinendes mußte möglich gemacht werden. Der das Wasser in Bewegung setzende Apparat – heute eine Selbstverständlichkeit in unseren Bädern – war damals eine einzigartige technische Konstruktion. Um die Temperatur der Grotte auf der gewünschten Höhe von 16 Grad Réaumur zu halten, mußten bei einem Besuch des Königs sieben Arbeiter unsichtbar angebrachte Öfen heizen. Beleuchtungseffekte hatten den König von Jugend an fasziniert, und so wurde auch hier in der Grotte der größte Wert auf sie gelegt, wobei unter anderem der Gedanke an die ›Blaue Grotte‹ von Capri eine große Rolle spielte. Zweimal wurde Stallmeister Hornig dorthin geschickt, um sich die richtige Blautönung einzuprägen. Er schreibt von einem der zahllosen Linderhofer Experimente: »Gestern wurde die Beleuchtung der Grotte wiederholt und mit roten gebrannten Gläsern und mit Anilin-Blau überzogenen Platten, deren Guß ein viel dunklerer war, vorgenommen. Auf den weiß getünchten Stellen wirkten beide Farben eminent, zweifellos wird daher der Wille der Majestät erfüllt werden können.«

Das zur Speisung der Wasserspiele benötigte Naß wurde von dem Gebiet des Brunnenkopfes aus 1300 Meter Höhe in einen 900 Kubikmeter Inhalt fassenden Sammelbehälter geleitet, dessen Wasserspiegel 300 Meter über dem Wasserbecken vor dem Schloß liegt. Von diesem Behälter wurden mit natürlichem Gefälle ohne zusätzliche Energie alle Auslaufstellen der Wasserspiele erreicht – eine damals enorme technische Leistung, geplant und ausgeführt von einer Stuttgarter Wasserleitungsbaufirma.

»Ich will nicht wissen, wie es gemacht wird, ich will nur die Wirkung sehen«, sagte zu alldem der König. Was würde er heute sagen, heute, wo der perfekten Illusion keine Grenzen mehr gesetzt sind, wo es möglich ist, alles, was kühnste

Phantasie sich erträumt, im Spiel des Lichts und der Farben hervorzuzaubern und verschwinden zu lassen.

Doch die »wilden Felsengebirge« und »blumigen Auen« seiner geliebten Bergwelt umgaben ihn als natürliche Kulissen seiner Traumwelt. Die Hundinghütte verkörperte den Schauplatz des ersten Aktes der Walküre, die Einsiedelei ließ er, wie er an Wagner schrieb, »... an einen Felsen gelehnt errichten, wie jene des Gurnemanz, nahe einer Wiese, die im nächsten Jahre zur blumigen Au sich verschönen wird; eine Quelle fließt dicht dabei. Alles mahnt mich dort an jenen feierlichen Charfreitagmorgen Ihres wonnevollen ›Parcifal‹, der mit überwältigender Macht mir bis in die tiefste Seele drang ... Dort auf geweihter Stätte höre ich ahnungsvoll schon die Silberposaunen aus der Gralsburg erschallen; dort höre ich im Geiste die heiligen Gesänge aus Montsalvat hierniedertönen; dort ist mir wohl zu Mute, bei jener Quelle, wo Parcifal des wahren, ächten Königtums Weihe empfing, das durch Demuth und Vernichtung des Bösen im Inneren erworben wird ...«

Parsival! Am Karfreitag des Jahres 1864 hatte Richard Wagner zum erstenmal ein Bildnis des jungen Königs gesehen: »... mich fesselte die unsägliche Anmut dieser unbegreiflich seelenvollen Züge ... So traurig ich war, feierte ich an diesem Charfreitag den Empfängnistag meines ›Parsifal‹ –, ja, das Bild hatte mich unwillkürlich wieder zu meinem Helden geführt: der junge König und Parsifal verschwammen mir in Eines ...«

Ein Zitat aus dem ersten Entwurf zu der Dichtung des ›Parsifal‹ begleitete Ludwig sein ganzes Leben: »Stark ist der Zauber des Begehrenden, doch stärker der des Entsagenden‹. Welche Größe, welch eine erschütternde Wahrheit in diesen Worten! ...« hatte er schon 1865 an Wagner geschrieben, 1873 findet es sich wieder in seinem Tagebuch.

In der Sankt-Anna-Kapelle, dem von Ludwig fürsorglich erhaltenen Relikt der frühen Zeit Linderhofs, nahm der König am 30. Mai 1886 morgens um 7 Uhr »in tiefster

Sammlung und Andacht« an der heiligen Messe teil. »Es soll ergreifend gewesen sein, den König in Andacht versunken in seinem Betstuhl kniend zu sehen« (Josef Wirth). Es war der letzte Gottesdienst seines Lebens.

Die »Welt« griff zu; sie erklärte ihn für geisteskrank, brachte ihn am 12. Juni 1886 gewaltsam von Neuschwanstein nach Schloß Berg am Starnberger See. Dort erwartete ihn ein Leben hinter verschlossenen Türen, ausgeliefert dem Willen seiner Wächter. Wie hätte er – wenn nicht tatsächlich geistesgestört – das hinnehmen können?

Als er das Verhängnis auf sich zukommen sah, lehnte er eine von Neuschwanstein aus noch mögliche Flucht ab, er zögerte, sich vom Turm Neuschwansteins in die Tiefe zu stürzen – für ihn gab es nur noch eines: »ertrinken – versinken – unbewußt – höchste Lust –«. Am 13. Juni 1886 erfüllte sich sein Schicksal.

»O mei, Herr: hat jetz insern Kini dees passieren müassen, hänts? Voar zwoa Jahr an sein Tog« (Namenstag) »ischt er no heroben gwes'n,« erzählte der Sepp. »Zechen Tog. Und Fuir hob'n ma g'macht auf olle Spitz, wo fischt koa Mensch it auigeäht. Und guat ischt er gwes'n, unser Kini! Grüaßt hat er an jeden, bal er oan an Holz dauß 'troffen hat.« »Den häbb's sechen suin«, fügte der Jackl hinzu, »so groaß und scheä, und daherganga als wia-r-a richtige Majeschtät:« Ein Gesprächsthema in dem damals noch gebräuchlichen altbaierisch-tirolerischen Dialekt, das, wie Walther Siegfried erzählt, »in Hütten und Stuben in den anderthalb Jahren seit dem Tode König Ludwigs nicht mehr ausging«. Es hatte in einer solchen Hütte angesichts des gegenüber am Schachen im scheidenden Strahl der Sonne goldgelb leuchtenden Holzwerks des Königshauses begonnen. »Schauggs'n Schachen!« hatte ein Bub gesagt, und der »lange Jackl« hatte gemeint: »Wer a sölles Schloß auf d'Berg aui stellt, ischt mei Lebtag koa Narrater it gwes'n! Der woaß, wos dees Scheascht ischt auf da Welt.«

Oberammergau

Das Passionsspieldorf

Das Leben ein Spiel – ein Spiel der Freude an der Vielfalt der eigenen Kreativität. Dieser Gedanke stellt sich unwillkürlich ein, wenn man die Lüftlmalereien an fast allen Häuserfronten, die Holzschnitzereien in fast allen Schaufenstern, die Hinterglasbilder, Weihnachtskrippen, Wachsarbeiten, mechanischen Spiele im Heimatmuseum Oberammergaus sieht. Und wenn in den Jahren der Passionsspiele fast die ganze männliche Bevölkerung mit mehr oder minder langwallenden Bärten und Haaren ihren täglichen Pflichten nachgeht. Da bringt vielleicht ein dunkelgebarteter Judas gerade eine Fuhre Heu ein, ein blondgelockter Christus steht an einem Bankschalter, andere bedienen in Gaststätten, oder Maria kehrt das Pflaster vor ihrer Türe. Und an den Tagen der Passion vereinen sich alle zum frommen Spiel vom bitteren Leiden und Sterben Jesu Christi, wie es die Vorväter 1633 während schwerer Heimsuchung in Pestnot gelobten: »Allen Leidenden zum Trost, allen Übermütigen zur Einkehr, allen Sündern zur Buß.«

Die Freude am Spiel ist seit alters im ganzen Oberland zu Hause, sie liegt seinen Bewohnern im Blut. Schon um die Jahrtausendwende wurden in den Klöstern Texte zu geistlichen Schauspielen geschrieben, später wurden an kirchlichen Feiertagen in den Gotteshäusern von Geistlichen und Laien Krippenspiele, das Spiel vom Antichrist oder die Passion Christi aufgeführt. Bald wurden die Spiele des großen Andrangs wegen auf die Marktplätze verlegt, wo die Menschen ihnen von den Fenstern und Balkonen der umliegenden Häuser zuschauen konnten. Großen Beifall fanden hier auch oft recht derbe Schwänke, und gelegentlich drückte sich selbst in den frommen Spielen eine durchaus weltzugewandte Lebensfreude aus:

»Krämer, gieb die Farbe mir,
Die mein Wängel röthe,
Damit ich die jungen Mann
Wider Will zur Minnenliebe nöthe«,

rief die lebenslustige Magdalena in einem der allerfrühesten
Passionsspiele aus, und dieser Vers stammte aus den ›Carmina Burana‹, der im Kloster Benediktbeuern aufgefundenen Liedersammlung aus dem 13. Jahrhundert, von der wir später noch hören werden

Als die Pest ins Land kam und während des Dreißigjährigen Krieges (1618–1648) auch in die abgelegenen Gebirgstäler Oberbayerns vordrang, wurden in allen Dörfern zur Abwehr des Schwarzen Todes Pestfeuer entzündet, den Pestpatronen Sankt Sebastian und Sankt Rochus Kapellen, Pestsäulen und -kreuze errichtet, Prozessionen abgehalten und Darstellungen der Passion Christi gelobt. Überall im Land findet man die steinernen Zeugen dieser Schreckenszeit, von allen damals gelobten Passionsspielen hat sich die Oberammergauer Passion »durch alle Jahrhunderte nicht nur erhalten, sondern als lebendige, von der Volksanschauung begehrte und tief empfundene Darstellungskunst entwickelt, verändert, ja, zu äußersten Möglichkeiten emporgehoben« (Pius Fischer).

Oberammergau, das einsame Dorf im Ammertal, stand seit dem 13. Jahrhundert unter dem Patronat des Stiftes Rottenbuch, seit 1348 unter der Gerichtsbarkeit des Klosters Ettal. Zwar war ihm von Kaiser Ludwig dem Bayern das Rottrecht zwischen Oberau – an der umstrittenen Grenze zur Grafschaft Werdenfels – und Schongau verliehen worden, doch der Rottverkehr kam nie recht zur Blüte. Die Straße von Oberau den Ettaler Berg hinauf war damals noch kaum befahrbar, und fast noch mehr gefürchtet war die heute von der Echelsbacher Brücke überspannte Ammerschlucht. Man muß annehmen, daß Oberammergau ein recht bescheidenes, selbstgenügsames Dasein führte.

Landwirtschaft scheint nie eine große Rolle in seiner Geschichte gespielt zu haben. Im Bannkreis von Rottenbuch und Ettal gelegen, erhielt es schon in früher Zeit von dorther Anregung und Förderung künstlerischer Impulse. Von dem 1073 gegründeten Augustiner-Chorherrenstift Rottenbuch ist bekannt, daß seine Mönche eine große Fertigkeit in der Herstellung von holzgeschnitzten Gegenständen hatten. Von dort kam der Antrieb zur Holzschnitzerei, die in Oberammergau eine geradezu künstlerische Höhe erreichte. Schon 1520 ist in der ›Geschichte von Ettal‹ des Abtes Andreas Althammer erwähnt, daß die Oberammergauer Holzschnitzer das Leiden Christi in einer halben Nußschale darzustellen vermochten. Ettal unterstützte 1563 diese Kunst durch Erlaß einer eigenen Zunftordnung für das Ammergauer Schnitzerhandwerk zum Schutze der zu jener Zeit bereits etwa vierzig Oberammergauer Meister.

Aber dann brach die Katastrophe des ›Schwarzen Todes‹ über den Ort herein und raffte binnen weniger Monate vierundachtzig der kaum sechshundert Köpfe zählenden Gemeinde hinweg. Trotz aller Vorsichtsmaßnahmen wurde sie von einem Einheimischen, Kaspar Schisler, eingeschleppt, der sich in Eschenlohe als Taglöhner verdingt und alle Pestwachen umgangen hatte, um zum Kirchweihfest im Oktober 1632 seine Familie in Oberammergau zu besuchen. Am Kirchweihmontag waren er selbst und seine ganze Familie Opfer des Schwarzen Todes. Die Seuche griff rasch um sich. In ihrer großen Not legten die Ratsmitglieder des Ortes am 27. Oktober 1633 vor dem Kreuzaltar

Folgende Seiten: *Wie Wasserfälle und Schluchten erfreuten sich auch Höhlen in der Zeit der Romantik großer Beliebtheit, waren sie doch Ausdruck der Erhabenheit der Natur und Gegenstand andächtiger Bewunderung, der sich hier noch ein frommer Schauer vor der Urkraft der Schöpfung beimischte. Diese Stimmung bringt auch Carl Heinzmann in seiner Lithographie von der* Bärenhöhle *in der Kapellenwand bei* Oberammergau, *einem beliebten Ausflugsziel des 19. Jahrhunderts, zum Ausdruck.*

ihrer Kirche das feierliche Gelübde ab, fortan alle zehn Jahre das fromme Spiel vom Leiden und Sterben Christi aufzuführen, so Gott Erbarmen habe und ihr Dorf von der unheimlichen Seuche befreien würde. Und von Stund an, so berichtet die Chronik, ist kein Mensch mehr an der Pest gestorben.

Zwischen Ostern und Pfingsten 1634, noch mitten im Dreißigjährigen Krieg, lösten die Oberammergauer zum erstenmal ihr Gelübde ein, und getreulich erfüllen sie es seitdem gegen alle Widerstände der Zeiten: 1770 – ab 1710 waren die Spiele auf die Zehnerjahre verlegt worden –, 1770 also widersetzten sie sich erfolgreich einem allgemeinen Verbot von Passionsspielen, das die Regierung im Aufklärungseifer erlassen hatte; 1800 unterbrach die Besetzung Oberammergaus durch die napoleonischen Truppen die Aufführungen, sie wurden 1801 fortgesetzt; nach der Säkularisation mußten sie 1810 ganz unterbleiben, konnten aber 1811 nachgeholt werden. Dann zwang der Kriegsausbruch 1870 abermals zu einem Abbruch der Spiele, sie wurden 1871 wieder aufgenommen. Der Erste Weltkrieg 1914 bis 1918 und die nachfolgende schwere Zeit machten die Aufführungen bis 1922 unmöglich. Zum dreihundertjährigen Jubiläum wurde 1934 ein zusätzliches Spieljahr eingelegt, das letzte vor der Katastrophe des Zweiten Weltkrieges mit seinen Folgen. Erst 1950 war das Jahr des Neubeginns, und seitdem ist die Passion wieder in regelmäßigem zehnjährigen Turnus aufgeführt worden bis zu ihrem dreihundertfünfzigjährigen Jubiläum, das 1984 mit zusätzlichen Spielen gefeiert wurde.

Welch ein buntes Spiel des Lebens spiegelt sich in den Schicksalen und Wandlungen des Oberammergauer Spiels vom Leiden und Tod Christi in dieser langen Zeitspanne! Welch ein langer Weg von den ersten Aufführungen im Oberammergauer Kirchenraum und auf dem Friedhof zur Passionswiese und zu der heutigen Festspielbühne! »Jedes Zeitalter, jede sprachliche und schriftdeutsche Entwicklungsstufe bemühte sich, ihr Bestes zu tun, um nach ihrer Meinung den veralteten Text in die zeitgemäße Form zu bringen. Es wurde geändert, ausgelassen, verbessert, neue Gleichnisse gesucht und gefunden.« Diese Sätze von Pius Fischer über die Textgestaltung gelten natürlich ebenso für die szenische Gestaltung, die Dekorationen, die Kostüme und nicht zuletzt für die Musik.

Da war zuerst der wahrscheinlich von Ettal beschaffte Text gewesen, nach Meinung der Forschung zusammengestellt aus einem etwa 1460 entstandenen Passionsspiel des Augsburger Benediktinerklosters Sankt Ulrich und Afra und einer 1566 erstmals unter dem Titel »Eine schöne Tragedij auß der heyligen Schrifft gezogen, Vom Leyden vnd Sterben und die Auferstehung vnseres Herrn Jesu Christi« im Druck erschienenen protestantischen Passion des Augsburger Schneidermeisters und Poeten Sebastian Wild. Mehrfache Überarbeitungen durch Rottenbucher Chorherren brachten 1680 erstmals Gesangseinlagen auf das Podium. Es war, wahrscheinlich wegen des zunehmenden Andrangs von Besuchern, auf den Friedhof verlegt worden und blieb dort bis 1820.

Dann schrieb 1750 der Ettaler Pater und Schauspieldichter Ferdinand Rosner für Oberammergau, dem gewandelten Zeitgeschmack entsprechend, ein »nach dem Muster der italienischen Oper auf religiöser Basis gegründetes Schauspiel mit viel Musik und Arien verziert«. Und mit allerhand Derbheiten zur Kurzweil der Zuschauer während der zehnstündigen Dauer des Spiels. Zum Beispiel wurde die Szene nach dem Text der Apostelgeschichte 1,18: »Mit dem ungerechten Lohn erwarb er [Judas] ein Grundstück. Dann aber stürzte er vornüber, sein Leib brach auf, und alle Eingeweide fielen heraus«, nach Pius Fischers Erzählung folgendermaßen dargestellt: Nachdem Judas sich an einem Baum erhängt und Belzebub ihm die Gedärme aus dem Leib gerissen hatte, »hängen diese auf die Bühne herab und werden dort von einer Schar kleiner Teufel, den Abkom-

men Satans, mit Begier verschlungen. Es entstand eine
regelrechte Rauferei, die auch die Erschütterung und angst-
volle Lähmung der Zuschauer zu lösen mochte, denn die
kleinen Burschen auf der Bühne waren mit Leib und Seele
bei ihrem Spiel, und auf die Gedärme des Judas hatten sie
bereits mit Spannung gewartet. Diese bestanden nämlich
aus einem von der Dorfjugend sehr begehrten Leckerbissen,
Strauben, in Schmalz gebackenen, streifenförmig gezoge-
nem Pfannkuchenteig«.

Wie erwähnt, ließen sich die Oberammergauer vom
Verbot der Passionsspiele 1770 nicht abhalten, und nach
einer nur wenig verändernden Neubearbeitung durch den
Ettaler Professor der Rhetorik, Magnus Kipfelsberger,
erhielten sie offiziell die Genehmigung zu weiteren Aufführungen. Die allegorischen Figuren blieben erhalten, sie
sangen jetzt Arien und Duette mit dem Teufel, »und im
übrigen ließ man den an der Rosnerschen Fassung gerügten
Derbheiten noch genügend Raum« – das Spiel der Barockzeit hielt sich bis 1800.

Längst hatte sich der Ruf der Oberammergauer Passion
weit ins Land hinaus verbreitet; von überallher kamen die
Gläubigen gepilgert, scheuten nicht die Strapazen weiter
Fußmärsche oder halsbrecherischer Wagenfahrten auf den
immer noch gefährlichen Bergstraßen. Längst zogen nicht
mehr die sogenannten ›Kraxnträger‹ – Hausierer, die ihre
Ware in Holzgestellen, den ›Kraxn‹, auf dem Rücken
schleppten – mit den Oberammergauer Holzschnitzereien
durch das Land. Längst hatten Verleger den Vertrieb übernommen, auswärtige Niederlassungen gegründet und den
Ruf der Oberammergauer Kunst weit über die Landesgrenzen hinaus verbreitet. Und am Ende des 18. Jahrhunderts waren die Oberammergauer Handelshäuser über die
ganze Welt verstreut. Im Jahre 1816 etwa vertrieben in
Sankt Petersburg das Handelshaus Hett & Daser, in Kopen-
hagen, Gothenburg und Drontheim Linder & Hohenleitner
sowie Veit & Echtler; im spanischen Cadiz Bauhofer, Sam &

Hohenleitner; in Bremen und Holland die Vilshofer und Faistenmantel, in Gröningen und Amsterdam die Buchwieser ihre heimatliche Kunst. Der 1801 gestorbene Sebastian Hohenleitner hatte mit seinem Gesellschafter Schretter sogar bis Lima in Peru gehandelt.

Der Spätbarock hatte die Häuser von Oberammergau nicht nur mit der liebenswerten Kunst der Lüftlmaler geschmückt, sondern seinen Bewohnern auch die Künste der Hinterglasmalerei und Wachsbildnerei zugebracht und an Stelle der baufälligen und abgebrochenen gotischen Kirche das neue Gotteshaus, ein Fest der Farben und Formen, entstehen lassen.

Die Pfarrkirche

1736 hatte Josef Schmuzer (1683-1752) den Um- und Neubau der Ettaler Klosterkirche nach den Plänen Enrico Zuccalis übernommen, und im selben Jahr wurde auch nach Schmuzers Plänen der Grundstein zum Neubau von *Sankt Peter und Paul* in Oberammergau gelegt. Manche Anregung mag dem, wie anzunehmen ist, schon längere Zeit vorher in Ettal Beschäftigten von dort gekommen sein. Die von einer breitgespannten Flachkuppel überwölbte Architektur des Zentralraumes strömt eine ungewöhnliche Ruhe und Harmonie aus; der Komposition seiner von zartem, zurückhaltenden Stuck gezierten, weich schwingenden Linien und Rundungen gibt die in sich geschlossene Pracht der Altäre mit den leidenschaftlich bewegten Figuren wirkungsvolle Akzente. Und über allem schwebt in der Kuppel das Leben, das Martyrium und die Glorifikation der Kirchenpatrone, in dramatischen Szenen von lebhafter Farbigkeit dargestellt von Matthäus Günther (1705-1788). In zwei Monaten soll er 1741 dieses Meisterwerk geschaffen haben. Sein ebenfalls diesen beiden Heiligen gewidmetes, ebenfalls 1741 datiertes Kuppelfresko der Mittenwalder Kirche haben wir bereits dort bewundert.

Zwanzig Jahre später, 1761, hat er auch die Chorkuppel in Oberammergau freskiert, zwei Jahre vorher das Blatt des Hochaltars gemalt; beide Werke zeigen Maria als Königin des Rosenkranzes. Auch dem vielbegehrten Meister Franz Xaver Schmädl sind wir schon begegnet: in Garmisch, Habach und Murnau. Hier in Oberammergau fesseln ganz besonders die eindrucksvollen Gesten der Figuren seiner Altäre, die sie umschwebenden Engel und reizenden Putten. Mit dem zarten Gewebe des Chorstucks von 1739/40 kündigt sich der Meister des bezaubernden Stucks von 1752/53 der Ettaler Basilika an: Franz Xaver Schmuzer (1713-1762), der Sohn Josef Schmuzers. Und noch ein großer Meister Ettals ist in Oberammergau vertreten: Johann Jakob Zeiller (1708-1783), der Schöpfer des großartigen Freskos der Ettaler Hauptkuppel 1748-51, malte 1756 für Oberammergau das Blatt des Antoniusaltars.

Und schließlich konnte sich der Oberammergauer Franz Seraph Zwinck (1748-1792), dank der engen Verbundenheit Ettals mit seinem Heimatort, als Farbenmischer Martin Knollers die Grundlagen seiner Kunst erwerben, als dieser in Ettal 1769 die meisterhafte Himmelfahrt Mariens der Chorkuppel schuf. Zwinck besuchte dann die Augsburger Akademie, deren Direktor Matthäus Günther war, und wurde, in seine Heimat zurückgekehrt, der berühmte ›Lüftlmaler‹, wie er sich nannte – einerseits, weil er im Hause einer Familie namens ›Lüftl‹ wohnte, andererseits, so meint man, weil seine Arbeit im Freien oft von recht kräftigen ›Lüftln‹ umweht wurde. Jedenfalls wurde seitdem diese Bezeichnung für die liebenswerte Kunst der Fassadenmalerei überall im Land populär. Zurückverfolgen läßt sie sich bis ins Mittelalter, doch ist aus dieser Zeit praktisch nichts mehr original überliefert, dagegen haben sich aus der Zeit ihrer Wiederbelebung in Oberbayern zu Anfang des 18. Jahrhunderts zahlreiche Beispiele erhalten. Wir haben uns in Mittenwald an ihnen erfreut und erfreuen uns jetzt in den Straßen Oberammergaus an den Werken

Zwincks, seiner Phantasie, seiner lebendigen Darstellungs-
kraft, der humorvollen Mischung frommer Bilder mit
durchaus weltlichen Szenen. Höhepunkte seines Schaffens
in Oberammergau sind die Dekorationen des *Geroldshauses*
(1778), des *Forstamtes* (1785) und vor allem die monumentale Scheinarchitektur des *Pilatushauses* (1784). Beispiele
vieler anderer Meister finden sich zuhauf – bis heute hat
sich die Freude an der Lüftlmalerei erhalten.

Oberammergau ist das Zentrum der liebenswerten Kunst der ›Lüftl-
malerei‹, der farbenprächtigen Fassadenfreskierung, die auch auf
Mittenwald, Garmisch, Wallgau, Bad Tölz und das Leitzachtal
ausgestrahlt hat. Ihren Namen hat sie von einem ihrer Hauptmeister,
Franz Seraph Zwinck (1748-92), der im Haus ›Zum Lüftl‹ wohnte
und über diesen Hausnamen seinen Beinamen ›Lüftlmaler‹ empfing.
Sein Hauptwerk ist das – hier nach einer Zeichnung von Paul Ernst
Rattelmüller wiedergegebene – Pilatushaus in Oberammergau,
das noch 1784, als anderwärts bereits der Klassizismus triumphierte,
seine Palastfassade à la rococo erhielt.

In Oberammergaus Heimatmuseum, von dem Verleger Guido Lang 1910 gestiftet, ist eine Fülle von Beispielen verschiedener heimatlicher Kleinkünste ausgebreitet, die sich im 17. Jahrhundert als ›Nebenzweige‹ der Holzschnitzerei zu entwickeln begannen. Da gibt es ›Fatschenkinder‹ im ›Paradies‹, das heißt, in Glaskästchen, die sogenannten ›Oberammergauer Kästchen‹, gebettete wächserne Christkindln, von einem Kranz zarter bunter Wachsblumen umgeben. Da gibt es die schönsten Weihnachtskrippen, kleine mit höchstens sechs Zentimeter hohen Figuren, große, in jedem Detail mit bewundernswerter handwerklicher Kunst aufgebaute Szenen, deren bis zu 40 Zentimeter messende Figuren Gewänder im Stil des 18. Jahrhunderts tragen. Sie geben eine Vorstellung von den Kostümen der barocken Oberammergauer Passion. Von ihr sind übrigens noch einige originale, prunkvoll handbestickte und -verzierte Brokatgewänder bei einer Besichtigung des heutigen Theaters zu sehen. – Auch der Lüftlmaler Franz Seraph Zwinck muß Freude an den Krippen gehabt haben. Von ihm ist im Heimatmuseum eine große Papierkrippe mit siebzig auf Pappe gemalten, ausgeschnittenen und aufgestellten Figuren erhalten. Und natürlich ist die Holzschnitzerei mit zahlreichen Werken vertreten, von den ersten Kruzifixen, welche die Oberammergauer ›Herrgottsschnitzer‹ berühmt machten, über die ›Mechanischen Spiele‹ bis heute. Solche Spiele erfreuten sich schon im 18. Jahrhundert großer Beliebtheit. 1750 wurde zum Beispiel im Park des Salzburger Erzbischöflichen Schlosses Hellbrunn ein ›Mechanisches Theater‹ aufgestellt, das durch Wasserkraft betrieben wurde und das Leben und Treiben aller Berufe und Stände einer kleinen Barockstadt höchst anschaulich und amüsant noch heute in Bewegung setzt. In Oberammergau kam der Mechaniker Aloys Lechner Anfang des 19. Jahrhunderts auf die Idee, historische Belagerungen und Eroberungen von

Festungen, ja ganze Schlachten mit Hilfe einer selbstkon-
struierten Mechanik darzustellen. Er hatte großen Erfolg,
unter anderem wurde die ›Einnahme der Porta Claudia in
Scharnitz‹ an König Max I. Joseph verkauft, ein zweites
Exemplar an Napoleon I.

Und schließlich geben die Oberammergauer Hinterglasbilder, 1955 ergänzt durch die Sammlung Körtz/Murnau,
einen umfassenden Überblick über alle Phasen dieser besonders in Murnau bis heute gepflegten Kunst. Nach Oberammergau kam sie durch Georg Lang, einen Bruder des erfolgreichen Verlagsgründers Georg Lang. Auch hier erreichte sie eine große Blüte.

Alle diese wohl weniger aus Not oder gar Gewinnsucht
als vielmehr aus ›Spaß an der Freud‹ angefertigten kleinen
Kunstwerke der Oberammergauer wurden bald überall
begehrt. Durch Verleger vertrieben, haben sie Oberammergaus Namen und damit den Ruf seiner Passion, weit
über die Grenzen der Heimat in die Welt bis nach Übersee
getragen.

Die Passionsspiele
im 19. und 20. Jahrhundert

Im Spieljahr 1800 war zum letztenmal die barocke Passion
über die Bühne gegangen. Für 1810 erfolgte erneut ein
Verbot, diesmal durch den bayerischen Minister Montge-
las. Erst ein neuer Text und ein an den bayerischen König
Max I. Joseph unmittelbar gerichtetes Gesuch hatten Er-
folg. 1811 konnten die Spiele mit dem neuen Text des in
Bayersoien unweit von Oberammergau 1770 geborenen
letzten Konventualen Ettals, Pater Othmar Weis, und der
Musik des 1779 in Oberammergau geborenen und hier
tätigen Lehrers Rochus Dedler nachgeholt werden. Dieser
Text – für die Spieljahre 1850 und 1860 von dem 1799 in
Oberau geborenen, uns dort schon begegneten späteren
Oberammergauer Pfarrer Alois Daisenberger überarbeitet
– blieb mit einigen zeitbedingten Korrekturen bis heute

erhalten, ebenso die Musik Dedlers. Sie wurde durch den ebenfalls in Oberammergau geborenen Professor Eugen Papst für 1950 von Eingriffen späterer Zeit befreit und im Geiste Dedlers bearbeitet. Weis, Dedler, Daisenberger, Papst – vier Namen, vier Kinder Oberammergaus oder seiner nächsten Umgebung, denen die Passion ihre heutige Form verdankt! Und noch ein fünfter Name gehört dazu: Nikolaus Unhoch. Dieser Sohn eines Oberammergauer Schreinermeisters hatte schon 1815 die Szenerie auf dem Friedhof geschaffen. Als dann 1830 die Aufführungen auf die weite ›Passionswiese‹ nördlich des Dorfrandes verlegt wurden – wo übrigens heute das große Haus des Theaters steht –, holten sich die Oberammergauer ihren bewährten Theaterfachmann, der inzwischen Pfarrer in Garmisch geworden war, zum Aufbau der neuen Bühne am neuen Platz zurück. Auch sein Konzept wurde im Prinzip weiter beibehalten, selbst wenn Karl Lautenschläger vom Münchner Hoftheater 1850 einen Neubau des Passionsspieltheaters unternahm.

Mit der um die Jahrhundertmitte heraufziehenden neuen Zeit hatte auch eine neue Epoche für Oberammergau begonnen. Der Zustrom von Gästen aus allen Gesellschaftskreisen wuchs; in den Erzählungen ihrer Eindrücke und Erlebnisse gewinnt die Passion Farbe und Leben. So hat Eduard Devrient (1801-1877), der berühmte Schauspieler und Direktor der Dresdener und Karlsruher Hofbühnen, dem es nach Meyers Konversationslexikon von 1894 gelang, »den Beweis von der Ausführbarkeit alles dessen zu liefern, was er in seinen dramaturgischen Schriften als Aufgabe der Schauspielkunst hingestellt hatte«, sehr anschaulich von seinem Besuch im Jahre 1850 erzählt:

»Den Anbruch des festlichen Tages verkündete schon um drei Uhr die Trommel der Musikbande durch das ganze Dorf. Nicht lange, so begann das Glockengeläute ... Um sechs Uhr strömte alles zur Kirche ... Großes Amt mit vollständiger großer Messe ..., die ganze Gemeinde heiligt sich zum Vorhaben des Tages.

Draußen im Dorf dringt nun erst der vollste Strom der Zuschauer herein, der geradenwegs zum Theater zieht. Es wird Zeit sich anzuschließen, schon fallen die ersten drei Böllerschüsse von der Theaterwiese. Hie und da schlüpft noch eine halb morgenländisch, halb ammergauisch gekleidete Gestalt vor uns her. Die Jugend von Jerusalem, in vollem bunten Staate, springt mit den gelben Schuhen durch den Kot und jubelt ...

Wieder drei Böllerschüsse, wir sind zur Stelle. Der Bretterverschlag, welcher den Zuschauerraum umgibt, hat freilich vor den Equilibristenbuden der Jahrmärkte nichts voraus als den enormen Umfang, tritt man aber ein, so fühlt man auf der Stelle, daß es sich hier um ein großes und feierliches Volksschauspiel handelt. Wir befanden uns in der Mitte von drei Logen, welche ganz im Hintergrunde des Zuschauerraums angebracht und gegen Regen und Sonnenschein bedeckt sind. Vor uns senkten sich die Bretterbänke amphiteatralisch bis zum Orchesterraum hinab, wir konnten bequem das bunte Gewühl der Landleute, in den verschiedensten bayrischen und Tiroler Trachten, übersehen, die im Begriff waren, sich auf ihren Plätzen einzurichten.

Dieser Zuschauerraum ist völlig unbedeckt ... Im Frühsommer dieses Jahres hat es bei einigen Vorstellungen unaufhörlich geregnet, so daß die Schauspieler zum Schutze der Kostüme ganz unbefangen unter roten Regenschirmen agiert haben ... Die Masse des Publikums ist dann gänzlich schutzlos, da die Hintensitzenden keinen Regenschirm vor sich dulden, der ihnen die Aussicht verdeckt, ja große Hüte selbst bei solchen Wetterbedrängnissen nicht auf den Köpfen gelitten werden. Eine solche Passionsvorstellung zu überdauern gehört daher oft zu den bedenklichsten Strapazen, gleichwohl wird sie immer ausgehalten und schreckt keinen späteren Besuch zurück.

Die Bühne, wie sie so frei und offen im hellen Morgensonnenscheine vor uns lag, machte mir einen fremden und wunderbaren Eindruck ... Die Vorderbühne ... ist ein neutraler Boden, auf dem nicht nur der Chor, sondern auch die dramatische Handlung der Leidensgeschichte sich abwechselnd bewegt. Das Theater, welches im Mittelgrunde das Proszenium abschließt, ist der einzige überdachte

Raum und ganz nach Art unserer gewohnten Bühnen eingerichtet. Auf das Giebelfeld hat der Zeichenlehrer des Dorfes, namens Flunger, welcher den Christus spielt, Glaube, Liebe und Hoffnung in kolossalem Maßstabe gemalt. In diesem Theater werden die lebenden Bilder gestellt, spielen aber auch alle Szenen der Leidensgeschichte, welche besondere Ortsbezeichnung durch Dekorationen oder sonstige Vorbereitungen hinter dem Vorhange nötig machen. Diesem Mitteltheater schließen sich rechts und links schmale Gebäude mit Balkonen an. Das uns zur Linken steht, ist das Haus des Pilatus, das zur Rechten das des Hohenpriesters Annas. Neben diesen Gebäuden, gegen die Seitenwände des Proszeniums zu, sind rechts und links offene Torbogen, durch welche man in Straßen von Jerusalem hineinsieht. Da nun das Mitteltheater durch einen Vorhang geschlossen ist, auf welchem ebenfalls eine Straße gemalt, so repräsentiert der ganze Hintergrund Jerusalem in mannigfacher Weise. Die geschlossenen Seitenwände des Proszeniums sind mit architektonischen Bogen bemalt und fügen sich ganz vorn an aufgestellte Kulissen, die mit ihrer Pfeilerstellung die Breite des Bühnenraums überhaupt abschließen.

... Man sieht den feststehenden Lokalbestimmungen dieser Bühne die Abstammung von dem altgriechischen, wie von dem mittelalterlichen Mysterientheater auf den ersten Blick an; zugleich aber auch die Vorteile, die sie für die Darstellung großer geschichtlicher Schauspiele haben muß ...

Schweift nun der Blick über dieses offene Theater hinaus, so sieht man rechts sanfte Bergesformen, ganz Wiese und Gehölz bis obenan, über das Frontispiz der Mittelbühne ragen ... Die Bergnatur mit all ihren Reizen scheint das Volkstheater zu ihrem Schoßkinde gemacht zu haben. Die Morgensonne breitete sich über das Proszenium und sandte ihre Streiflichter durch die Straßen von Jerusalem. Die Lerchen schmetterten in der klaren Luft, fernher war zuzeiten das Brüllen der Kühe vernehmbar, doch alles das wurde dem Verlauf dieses Volksschauspieles nicht störend, das seine künstliche Welt nicht abzuschließen braucht, sondern sich unbefangen an die freie Natur, an das helle Tageslicht hingeben darf ... Den Maßstab eines erlesenen und eleganten Geschmacks, den man zur Beurteilung der

Leistungen unserer Hoftheater glaubt mitbringen zu dürfen, den muß man für das Ammergauer Spiel zu Hause lassen. Er hat hier gar keine Berechtigung. Wer aber eine Kunstleistung von Landleuten für Landleute sucht, ein gottesdienstliches Schauspiel, ernst und eifrig gemeint, von innigem, aber beschränktem Kunstsinn geleitet, von Menschen ausgeführt, die, ehe sie das Kostüm angelegt, erst ihren Garten begossen, ihr Vieh gefüttert haben, der wird vor dieser ländlichen Bühne die schönsten und erhebendsten Wirkungen an sich erleben ...«

Von der Anzugskraft der Passion geben Erzählungen der Strapazen eine Vorstellung, welche die in- und ausländischen Besucher – deren Zahl mit jedem Spieljahr sprunghaft anstieg – auf sich nehmen mußten, um nach Oberammergau zu gelangen.

1850 gab es noch nicht einmal eine Bahnverbindung bis Murnau: »Da warteten in frühester Morgenstunde vor dem Gasthof ›Zum Oberpollinger‹ in München einige hundert Menschen auf die ›Stellwagen‹ nach Oberammergau. Die Fahrgäste übernachteten in Murnau. Am frühesten Morgen ging es nach Oberau, wo sie aussteigen und den steilen Kienbergweg«, die alte Straße, »hinaufsteigen mußten ...« Ob es 1880, als dann die Bahn bis Murnau ging, weniger beschwerlich war, sei dahingestellt: *»Abend für Abend dampfte, gezogen von zwei Lokomotiven, ein langer Zug vom Münchner Hauptbahnhof in Richtung Murnau ab. Alle Abteile waren überfüllt, und bei jedem Halt preßten sich neue Scharen herein. Trachten aus ganz Bayern mischten sich mit einem internationalen Reisezivil. Kühn karierte Hosen und weiße Schleier vor Damenhüten ließen englische Touristenpaare erkennen, deren stoische Ruhe noch die redefaulsten Münchner übertraf ... Endstation der Eisenbahn war Murnau. Hier begann ein Hasten und Rennen nach Übernachtungsmöglichkeiten, zu denen auch Bänke und Fußböden in Gasthäusern samt nahen Heustadeln zählten. Nicht aber für Engländer und Amerikaner! Dank ihrer Tickets wurde jeder samt Begleitung und allen Collis von Reiseagenten ›übernommen‹. Ebenso selbstverständlich waren am nächsten Morgen in ›Mietwa-*

gen‹ Plätze für sie reserviert, während für alle anderen ein Suchen nach billigeren Post-›Omnibussen‹ begann, die damals von natürlichen Pferdekräften bewegt wurden …« (Anton Sailer). In Oberau angekommen, begann aber erst das eigentliche Abenteuer: *»Im Gasthaus ›Unterm Berg‹ stand immer eine Anzahl schwerer Vorspannpferde bereit … Die eigenen Pferde wurden ausgespannt und durften sich frei im Bergsteigen üben. Vor unseren Wagen kamen vier der Cyklopenpferde, die Ketten wurden rasselnd unter den Achsen durchgezogen und nun gings langsam, immer wieder rastend den Berg hinauf … Schrecklich war der Zustand, wenn hunderte von Wagen im gleichen Geleise den Berg hinauf und vor allem wieder hinunter mußten. An ein Ausweichen war nicht zu denken, wie die Wagen in die Reihe kamen, so mußten sie auf einer Seite hinauf, auf der anderen hinunter. Wie oft kam es beim Hinunterfahren vor, daß ein leichter Einspänner nicht mehr zu halten war und, aus der Wagenreihe ausbrechend, allgemeine Verwirrung nach sich zog. Natürlich wollten die anderen Gäule auch mit … die Damen schrien, die Kutscher fluchten, der Durchgeher sauste an den anderen Wagen so knapp vorbei, daß er fast deren Räder streifte, bis endlich weiter unten Roß, Wagen und Kutscher in einem Knäuel geballt liegen blieben …«* (H. Diemer). War man dann endlich in Oberammergau angekommen, herrschte dort »ein unvorstellbares Gewühl ausgespannter Wagen, ständig kamen neue Extraposten, auch aus Innsbruck und dem Zillertal, hinzu. Gleich Wallfahrern irrten auch Gruppen umher, die von Murnau zu Fuß gekommen waren, meist vergebens Quartier suchten und sich auf alle mögliche Weise arrangierten …« (Anton Seiler).

Auch Eduard Devrient mußte sich auf Quartiersuche begeben, obwohl er »von guter Hand« an Georg Zwinck, »einen der vorzüglichsten Schnitzer« empfohlen war. *»Ich fand das Haus meines unbekannten Gastfreundes seitab von der Dorfstraße, nahe der Ammer. Solch ein Ammergauer Künstler wohnt nicht übel! In einem Gärtchen voll Obstbäume und sorgsam gepflegter Blumen. Wie sauber das Haus, Flur und Zimmer, wo ich eintrat! Wie ländlich und doch wie gemütlich und künstlerisch die Einrichtung! Vor und hinter dem weit vortretenden Kachelofen* *behagliche Winterplätze eingerichtet, die Türen mit bunten Bildern bemalt, die Fenster mit Blumen verstellt. An dem einen der Werktisch, links und rechts die aufgerichteten Bretter mit den Messern, Meißeln und Sticheln. Dicht dabei in der halbdunklen Ecke, unter einem kleinen Glasgehäuse, das Ettaler Muttergottesbild, in Wachs nachgebildet, in bunte Blumen und zierlichen Flitter eingebaut. Der Atem heiteren Friedens und sinniger Stille zog durch das Zimmer; wer wäre hier nicht gern geblieben!«* Doch: »*Mir wurde es nicht so gut«* – die Gastzimmer waren schon vergeben. Devrient fand aber durch Empfehlung Zwincks noch ein anderes, ihm zusagendes Quartier.

Es wäre dringend erforderlich gewesen, an eine Verbesserung dieser schwierigen Verhältnisse zu denken. Vor allem war der veraltete Kienbergweg über den Ettaler Berg den Anforderungen des ständig wachsenden Verkehrs in keiner Weise mehr gewachsen. Aber ehe man eine Umgehung seiner Gefahren in Erwägung zog, verging noch eine ganze Reihe von Jahren, und vorher passierte noch ein großes Unglück.

Unter den vielen prominenten Gästen der Passionsspielzeit 1870/71 war auch König Ludwig II. gewesen. Er hatte sich am 25. September 1871 in einer Separatvorstellung das Spiel vorführen lassen. »Am genannten Tag kamen S. Majestät vom Linderhofe hier an und wohnten der ganzen Vorstellung von 8 bis 11 und von 1 bis 5 Uhr mit sichtbarem Wohlgefallen bei. Der einsame König saß in dem rohen Oberammergauer Theater, niemand neben ihm, niemand vor oder hinter ihm, außer seinem eigenen Gefolge. Er gab sich selbst vollkommen dem Geist des Spiels hin und seine Gefühlserregungen erwachten bei den Scenen auf der Bühne unter freien Himmel ...« (Johann Nepomuk Müller). Einige Tage später empfing Ludwig alle Darsteller in Linderhof, ließ jedem einen silbernen Löffel überreichen, nur Judas bekam einen Blechlöffel »als Zeichen der Geringschätzung für den Verräter«. 1875 stiftete er »Den kunstsinnigen und den Sitten der Väter ge-

Die Passionsspiele von Oberammergau *waren bis in die Mitte des 19. Jahrhunderts eigentlich nur von lokaler Bedeutung. Erst die Spielzeit von 1850 mit ihren – durch Entwicklung des Eisenbahn- wesens – verbesserten Verkehrsbedingungen brachte den großen Durchbruch zur Popularisierung der Spiele im In- und Ausland. Dazu trug auch die neue Bühne bei, die Karl Lautenschläger, der*

Maschinerie-Direktor des Hof- und Nationaltheaters zu München, auf der Festspielwiese errichtet hatte und die in dieser Lithographie von 1860 – der künstlerisch besten Graphik der ganzen zweiten Jahrhunderthälfte – dokumentiert ist. Dieses Souvenirblatt erschien unverändert auch für die Spielsaison von 1870, die der Deutsch-Französische Krieg jäh unterbrach und erst 1871 endigen ließ.

treuen Oberammergauern zur Erinnerung an die Passionsspiele 1871« ein gewaltiges, zwölf Meter hohes Denkmal
aus Kelheimer Marmor, eine Kreuzigungsgruppe mit Maria und Johannes des Münchner Bildhauers Johann Halbig.
Die Oberammergauer gedenken ihres ›Märchenkönigs‹
noch heute am Ludwigstag, dem 24. August, mit Bergfeu-
ern an den Hängen des Kofels und der anderen Berge
ringsum und mit Fackel- und Musikzügen im Ort. Auf ihn
blickt heute die Kreuzigungsgruppe von der Höhe des
Osterbichls, wo sie auf Wunsch des Königs aufgestellt
wurde. Ihr Transport von München kostete damals zwei
Menschen das Leben.

Die ausführlich überlieferte Beschreibung dieses Transports ist als Zeitdokument höchst aufschlußreich: »... *Die
Brücken des Transportweges erhielten Balkenstützen und die steile
Ettaler Bergstraße wurde überall verbessert. Eine bisher nie gesehene
Straßenlokomotive ... zog Anfang August den 480 Zentner schweren Sockel samt Kreuz ... nach Süden. Staunende Bevölkerung
bekränzte und begleitete diesen von der Presse als größten des
19. Jahrhunderts bezeichneten Transport. Auf der regendurchweich-
ten Straße hatte es schon bei Hechendorf lang aufhaltende Behinde-
rungen gegeben. Am Ettaler Berg reichte dann die Zugkraft der
40-50 Schritt ihrer Last vorausfahrenden Lokomotive – übrigens das
erste ›automobile‹ Fahrzeug, das die Kienbergstraße befuhr – nicht
mehr aus. Deshalb wurde die Feuerwehr von Oberammergau alar-
miert, die achtzig Mann stark ausrückte und mit Flaschenzügen
nachhalf. In vier Tagen langer Arbeit wurde so der Kienbergweg
ohne ernsteren Zwischenfall bewältigt. Die anderen zwei Statuen
der Gruppe, Maria mit 116 und Johannes mit 156 Zentnern Gewicht, waren auf der Eisenbahn bis zu der damaligen Endstation
Weilheim gebracht worden. Dort wurden sie auf eigens dafür eingerichtete und mit zehn Pferden gezogene Wagen umgeladen. So
kam man Samstag, den 14. August, in Oberau an. In der ersten
Sonntagsfrühe war der Bergtransport der beiden Sockel und der
Marienfigur bereits gelungen. Trotz der Warnung wegen Übermü-
dung der Pferde und der zur Sonntagsarbeit unlustigen Knechte*

drängte der Steinmetzmeister Hauser auch noch auf die Bergfahrt der vierzig Zentner schweren Johannesfigur, die sich auf dem dritten und letzten Wagen befand, dem sechzehn Pferdepaare vorgespannt wurden. Hinter der sogenannten ›langen Höhle‹ nach der ersten Hälfte der Bergstraße rastete man noch für das letzte Steilstück. Dort erwies sich der Vorspann als zu schwach und der Wagen ging zurück. Die eingelegten Radschuhe bremsten den Rückgang zwar gleich ab, aber durch den Rückgang riß ein Befestigungsseil der Statue. Diese rutschte nach rückwärts und fiel auf den hinter dem Wagen hergehenden Meister Hauser, der ... zu Tod gequetscht wurde ... Die Figur kam zunächst regelrecht zum Stehen, neigte sich dann aber und traf im Umstürzen den Steinmetzgesellen Kofe-lenz. Das geschah, als man gerade in der Ettaler Kirche zur Wand-lung des Festgottesdienstes Mariä Himmelfahrt läutete. Um 14 Uhr erlag auch der Geselle im ehemaligen Klostergebäude seinen Verlet-zungen« (Hildebrand Dussler).

Erst 1884 begann endlich die Planung einer die Gefahren des alten Weges vermeidenden neuen Trasse, und drei wei-tere Jahre dauerte es, bis ihr Bau 1887 in Angriff genommen wurde. Bei den Sprengungen »flogen die Sprengstücke oft 150-200 Meter weit und übersäten die ganze Bergflanke, weil die größere Zahl der Bohrlöcher sich auf fast senkrecht abfallenden und oft überhängenden Felsen befanden und deshalb nicht abgedeckt werden konnten ...« (Hildebrand Dussler). Am 22. September 1889 konnte dann die neue Ettaler Bergstraße endlich feierlich eingeweiht werden.

Es scheint, daß die Oberammergauer sich wenig für bessere Straßen oder gar eine Bahnverbindung interessier-ten. Die Passion, ihre kleinen und großen Kunstwerke wa-ren seit vielen Generationen ihr Lebensinhalt, ihre Welt – sie brachten die materielle Existenzgrundlage mehr oder weniger von selbst zu. Diese Einstellung hat wahrscheinlich auch ihre sich noch heute erweisende »innere Politur« ge-prägt, wie sie 1890 hervorgehoben wird: »... Sie sind sehr freundlich und dienstgefällig; sie gerieren sich, als ob es ihnen selbst ein Vergnügen mache, wenn sie uns ein solches bereiten oder überhaupt einen Dienst oder eine Gefälligkeit erweisen können« (Franz Joseph Bronner).

Jedenfalls lehnte der Oberammergauer Gemeinderat 1895 eine Beteiligung an einem Bahnbau Murnau–Kohlgrub–Oberammergau ab. Hinter diesem Projekt stand der Münchner ›Realitätenbesitzer‹ Heinrich Baumgartner, der in Bad Kohlgrub das heutige Kurhotel, damals ›Lindenschlößchen‹, besaß. Ihm war 1892 von dem »Königlich bayerischen Staatsministerium des königlichen Hauses und des Äußeren im Einverständnisse mit dem königl. Staatsministerium des Inneren und des königl. Kriegsministeriums ein ›Projektierungskonzession‹ mit dem Hinweis erteilt worden, daß eine Verwirklichung des Vorhabens durch den Staat nicht in Aussicht gestellt werden kann, ebensowenig wie eine Subvention für das Projekt« (Ralf R. Rossberg).

Im Gegensatz zu den in einer anderen Welt lebenden Oberammergauern versprach sich der geschäftstüchtige Baumgartner – mit Recht – von seinem Projekt einen gewaltigen Aufschwung der Passion und damit auch seines »höchstgelegenen Stahlbades Deutschlands« Kohlgrub. Es gelang ihm schließlich, die ›Actien-Gesellschaft Elektrizitätswerke vorm. C.L.Kummer & Co.‹ in Dresden für den Bahnbau zu gewinnen. 1897 erhielt diese Firma »im Namen Seiner Majestät des Königs, Luitpold, von Gottes Gnaden königlicher Prinz von Bayern, Regent« die Baukonzession.

Am 11. April 1900 bestiegen die zur Eröffnungsfeier geladenen Gäste »... *einen von zwei Lokomotiven gezogenen, aus fünf bequemen und hübsch eingerichteten Wagen bestehenden Zug und fuhren durch die in hellem Sonnenschein liegende herrliche Winterlandschaft nach Oberammergau. Die neue Bahn ist knapp vierundzwanzig Kilometer lang und hat zehn Zwischenstationen. Sie wird gemischten Dampf- und elektrischen Betrieb erhalten. Der Dampfbetrieb wird nötig für die Bewältigung des in der Passionszeit eintretenden starken Verkehrs ... Mit einem solchen Passionsspielzug werden, je nachdem er Schnellzug ist oder auch Wagen III Klasse führt, 250 bis 500 Personen befördert werden können. Bis zum 1. Mai verkehren täglich vier bis fünf Personenzüge, und vom Beginn des Passionsspieles etwa dreißig Züge an Tagen vor dem Spiel und an den Spieltagen«* (Ralf Roman Rossberg). Die 1903 in den Besitz der Lokalbahn-Aktiengesellschaft München übergegangene und 1938 durch Reichsgesetz verstaatlichte Linie ist eine gemütliche Kleinbahn geblieben – man steigt heute in Murnau auf sie um und hat Zeit, die Schönheit der vorübergleitenden Landschaft zu genießen.

Exkurs: Bad Kohlgrub und Unterammergau

Das kleine Bad Kohlgrub *in einer hellen Talmulde am Fuße des Hörnle ist ebenfalls gemütlich geblieben. Seine Hotels und Pensionen liegen meist verstreut im Umkreis des alten Ortskerns, in den das Kurzentrum mit einem kleinen Kurpark eingefügt sind. Es gibt schöne alte, auch von Franz Seraph Zwinck mit Lüftlmalereien geschmückte Häuser und eine hübsche, von Josef Schmuzer 1727-1729 zu ihrem 400jährigen Jubiläum um- und ausgebaute Kirche.*

Gut eine Generation lang blühte in Kohlgrub das Gewerbe der Glasschleiferei, das Martin Wörle noch im Mathematisch-mechanischen Institut in Benediktbeuern gelernt und 1835 in seine Heimat verpflanzt hat. Nach erfolgreichen Jahren mußte die von ihm gegründete optische Fabrik 1870 schließen. Ihre Gebäude erwarb der Münchner Universitätssyndikus Simon Spengel, dem wir später noch in Krün begegnen werden. Er machte sich zunutze, daß das 1868 aus den Quellen beim Brunnenackerl in Gagers vor Kohlgrub geschöpfte Wasser den stärksten Gehalt an Eisen und Mangan in Deutschland hatte. Spengel richtete im alten Fabrikgebäude ein Kurhaus ein und wurde damit zum Begründer von Bad Kohlgrub, das seit 1948 auch offiziell diesen Namen führt. Später wurde noch die Heilkraft des Badetorfs aus dem nördlich des Ortes gelegenen Moor entdeckt, so daß heute das Moorbad den Stahlwassern den Vorrang genommen hat.

Auch Sankt Nikolaus in Unterammergau, *1709/10 erbaut an Stelle einer alten Kapelle, der Kaspar Feichtmayr 1688/89 den heutigen Turm vorgesetzt hatte, lohnt einen Besuch. Sie besitzt*

Hochaltarfiguren Franz Xaver Schmädls, Emporenbilder Franz Seraph Zwincks und in den von Francesco Marazzis schwerem italienischen Stuck gerahmten Deckenfresken Johann Jakob Würmseers die ausführlich erzählte Legende des Kirchenpatrons. Unterammergau stand immer etwas im Schatten Oberammergaus. Sein Haupterwerbszweig war jahrhundertelang die Wetzsteinfabrikation – ein heute so gut wie ausgestorbenes Handwerk. Auf dem Gelände des Freilichtmuseums auf der Glentleiten wird der Betrieb einer solchen Wetzsteinschleiferei gezeigt, die aus Unterammergau dorthin versetzt worden ist, und im ›Werdenfelser Museum‹ in Garmisch-Partenkirchen kann man sich über die Geschichte dieses Erwerbszweiges eingehend informieren.

1900 also, rechtzeitig zum Spieljahr, hatten die Oberammergauer eigentlich ganz gegen ihren Willen eine Bahn bekommen. Sie brachte ihnen den Verkauf von 160000 Eintrittskarten, der Bayerischen Staatsbahn eine Mehreinnahme von sechs Millionen Mark und der Privatbahn Murnau-Oberammergau einen Überschuß von 500000 Mark. Und – »Das Kurhotel ›Kohlgrub‹ mit Moor- und Stahlbädern, früher eine einfache Badehütte, jetzt dreistöckig und mit allem Komfort ausgestattet, mit zwei Dependenzen: Lindenschlößchen und Almwirtschaft, ist für Baumgartner zur ›Goldgrube‹ geworden« (Franz Joseph Brunner). Trotz alledem ging die Bahn in Konkurs und kam wie erwähnt in den Besitz einer Münchner Aktiengesellschaft.

Inzwischen hatten sich die Oberammergauer ganz der Fürsorge für ihr Theater gewidmet. Das Festspielhaus, dessen Bühne bereits 1890 durch Verlegung der Häuser von Pilatus und Annas aus der Mitte zu den Seiten verändert worden war, erhielt 1900 eine überdachte Halle, die 4500 Zuschauer aufnehmen konnte. Die Zuschauer waren nicht mehr wie in den Dezennien des höchst primitiv und ungenügend zeltüberspannten alten Raumes den Unbilden des Wetters ausgesetzt; sie saßen zum erstenmal in einem von sechs eisernen Halbkreisbögen bis zur Höhe von 27 Metern überspannten, überdachten Raum mit amphitheatralisch angeordneten Sitzreihen. Und die Darsteller wurden durch einen nach rückwärts abgeschlossenen Rundhorizont über der Mittelbühne geschützt. Die Vorderbühne blieb freilich im Freien. Sehr geschickt blieben der Eindruck einer Freilichtbühne und die Grundkonzeption des Bühnenaufbaus erhalten. So ist es auch nach der Modernisierung durch Georg Johann Lang 1930 geblieben, der die Kapazität des Zuschauerraums auf 5200 Personen erweitert, die Bühne gänzlich umgestaltet und durch eine Senkvorrichtung bereichert hat. Noch immer blicken die Zuschauer — heute auf Grund der verschärften Sicherheitsbestimmungen auf maximal 4752 begrenzt — auf eine natürliche Kulisse über der biblischen Szenerie, noch immer kommt gefiedertes Volk geflogen, um an dem Spiel teilzunehmen.

Viele Seiten könnte man mit der Aufzählung berühmter Persönlichkeiten füllen, die zur Passion von Oberammergau kamen und kommen. Alle bayerischen Könige und Mitglieder ihres Hauses waren natürlich darunter, ebenso Vertreter aller Dynastien Europas, die späteren Päpste Pius XI. und Pius XII., die Präsidenten der Vereinigten Staaten William H. Taft (1909-1913) und Herbert C. Hoover (1929-1933), Staatsmänner wie Ramsey Macdonald, Lloyd George, Bundespräsident Theodor Heuss, Bundeskanzler Konrad Adenauer, aus Kunst, Wissenschaft und Industrie alles, was Namen und Rang hat — die Aufzählung nähme kein Ende und bliebe dennoch unvollständig. Nicht der Spiele wegen kam Thomas Mann, der sich 1906 für drei Sommermonate in der Villa Friedenshöhe einquartierte, um in Ruhe an seinem Erfolgsroman ›Königliche Hoheit‹ arbeiten zu können. Auch sein Bruder Heinrich kam zu Besuch und arbeitete an seinem Roman ›Zwischen den Rassen‹, den er im Vorjahr in Roßholzen auf dem Samerberg begonnen hatte. Und vierzehn Jahre später, im Mai und Juni 1920, suchte Thomas Manns Frau Katja Erholung in der Pension Waldhaus.

Wir beschränken uns darauf, noch drei Männer zu nennen, die jeder in seiner Weise mit Oberammergau verbunden sind: der berühmte bayerische Schriftsteller und Dichter Ludwig Thoma, der Bildhauer Konrad Eberhard und der russische Komponist Sergej Prokofjew.

Ludwig Thoma ist am 21. Januar 1867 hier im Hause des Schnitzereiwaren-Verlegers Georg Lang geboren, wo seine Mutter, Tochter des Oberammergauer ›Schwabenwirts‹, jetzt Hotel ›Zur alten Post‹, während eines Besuches ihres Heimatortes wohnte.

Konrad Eberhard, ein Allgäuer und in den zwanziger Jahren des vorigen Jahrhunderts Lehrer der Bildhauerkunst in München, strebte ins Kolossale. Er wollte mit seiner Kunst die Kunst der Oberammergauer ›Kleinkünstler‹ und das von dem Professor der Münchner Akademie Ludwig Schwanthaler (1802-1848) geschaffene, neunzehn Meter hohe Erzbild der Bavaria vor der Münchner Ruhmeshalle noch übertreffen. Es gelang ihm, den bayerischen König Ludwig I. für die absurde Idee zu gewinnen, den hinter Ettal weithin ins Land aufragenden riesigen Felsen des Ettaler Mandls in eine Patrona Bavariae zu verwandeln. Doch das Mandl widersetzte sich. Sein brüchiges Felsgestein erwies sich als nicht geeignet für eine solche Prozedur. So wacht es weiter über das Land, wie Franz von Kobell es in einer Variation des an Variationen so reichen bayerischen Dialekts besungen hat:

> *'s Ettaler Mannl is schwaar un stark,*
> *Hat in den Knochen a stoaners Mark;*
> *Kümmert si nöt um Wetter un Wind,*
> *Is a wahrhaftigs Felsenkind.*

> *'s Ettaler Mannl schaugt weit ins Land,*
> *Hat zum Schaug'n an prächtiga Stand.*
> *Was's nur draußen derschaug'n will?*
> *Alleweil ernsthaft un alleweil still.*

I will's enk sag'n; es schaugt un sinniert,
Wos der Boar für a Leb'n führt,
Ob er no brav wia sunst, un guat,
Ob er's no hot sei tapfers Bluat.

Ob er no treu sei'm Herrn un Land –
Drum schaugt's Mannl so umanand.
Un wur's anders, no 'pfüat die Gott,
Nacha wohl kömmat a große Not.

's Ettaler Mannl, es steiget ro
Werfat sei'n grab'n Mant'l o,
Nacha wohl sechats, es is a Ries',
Wia gar nia oana g'wes'n is.

Un mit die stoanere Füß un Arm,
Schlogat's un hausat's, daß Gott erbarm –
Hausat gar bös im ganz'n Land,
Bis wieder sauber von Schimpf un Schand.

Übrigens war Eberhard nicht der erste, der mit einem Kunstwerk der Bergwelt zu einem besonderen Akzent verhelfen zu müssen glaubte. Daisenberger berichtet von einem ähnlichen Unternehmen fast 300 Jahre zuvor: »Ein froher Tag war für die Dorfbewohner der 30. Mai 1580, an welchem auf der Spitze des Kofelfelsens eine kolossale Bildsäule von Stürz, einen geharnischten Mann vorstellend, aufgestellt wurde, die der Kaufmann Georg Pabst von Nürnberg hatte machen lassen: zehen Männer vereinigten ihre Kräfte, den Koloß den Berg hinaufzutragen.«

Sergej Prokofjew (1891-1933) schreibt von seinem Aufenthalt in Deutschland nach dem Ersten Weltkrieg: »*Im März 1922 übersiedelte ich nach Süddeutschland, in die Nähe des Klosters Ettal an den Ausläufern der bayerischen Alpen, drei Kilometer von Oberammergau, das durch seine traditionellen, alle zehn Jahre stattfindenden Passionsspiele berühmt ist, eine malerische und ruhige Gegend, zum Arbeiten geradezu ideal. Ich machte mich an den ›Feurigen Engel‹, und gerade irgendwo in der Nähe spielten sich*

auch Hexensabbate ab, wie sie in dieser Oper beschrieben sind …«
Worauf sich diese Bemerkung bezieht, sei dahingestellt –
vielleicht auf die ›Hexensabbate‹ des 16. Jahrhunderts im
Werdenfelser Land?

Prokofjew besuchte das Passionsspiel, das 1922 zum ersten Mal nach dem Ersten Weltkrieg außerhalb des Zehn-
jahresrhythmus wieder aufgeführt wurde, und arbeitete
nicht nur am ›Feurigen Engel‹, sondern auch an der sym-
phonischen Suite des ›Schutt‹, in die er, wie er selbst schrieb,
»alles das hineinbrachte, was als sinfonische Musik gelten
konnte«, sowie an der Reinschrift des Klavierauszugs zu
seiner bekanntesten Oper ›Die Liebe zu den Drei Orangen‹.
Von hier aus fuhr er auch zu seinen großen Konzertreisen
nach Frankreich, England, Belgien, Italien oder Spanien –
nur der nahen Musikstadt München widmete er keinerlei
Aufmerksamkeit. 1923 übersiedelte er nach Paris. Seine
im wesentlichen hier zwischen Ettal und Oberammergau
vollendete Oper ›Der feurige Engel‹ wurde erst 1955 in
Venedig uraufgeführt und kam in Deutschland zunächst in
Köln und Frankfurt sowie 1984 mit großem Erfolg in Bonn
auf die Bühne.

In allen Jahrhunderten ist Oberammergau sich selbst treu
geblieben. Es hat trotz mancher heftiger Auseinandersetzungen um zeitbedingte Änderungen von Text, Ausstattung und Musik immer den richtigen Weg gefunden.

Luis Trenker legt in seinem Roman ›Das Wunder von
Oberammergau‹ dem Geistlichen, der – nicht nur im Roman, sondern tatsächlich! – im Auftrag eines cleveren Ma-
nagers aus den USA gekommen war, um den Oberammergauern eine Million für die Erlaubnis zur Verfilmung ihres
Spiels zu bieten, die Worte in den Mund: »… *Ich fürchte,
daß die Vorstellungen, die wir uns von Oberammergau gemacht
haben, nicht ganz mit der Wirklichkeit übereinstimmen. Dieses
Theater ist nämlich kein Theater wie die Bowl in Hollywood oder
andere. Es ist vielmehr eine Bühne für biblische Vorgänge, eine Art*

Andachtsstätte. Auch sind die Leute hier keine Schauspieler, die durch einen Vertrag gebunden sind, sondern Menschen, die nur ein frommes, seit über dreihundert Jahren bestehendes Gelübde erfüllen ... Wenn Sie ... auf dem Bildschirm einen Mann sehen, der ein Mahl verzehrt — werden Sie davon satt? Nein! Wenn Sie auf dem Bildschirm die fromme Handlung des ›Passion Play‹ sehen — werden Sie davon gewandelt? Kaum! Was bliebe davon? Eine ›biblische Revue‹, nicht mehr. Wer dieses Spiel wirklich miterleben will, muß als Pilger nach Oberammergau kommen; denn das Dorf gehört dazu und der Wald und die Luft und der Atem der Berge. Es ist alles eins ...«

III
LOISACHGRUND UND
ISARWINKEL

Rund um die Benediktenwand

Kochel und sein See

»Blauer Himmel, grüne Erde überall: Nur fern, ganz fern am Horizont im Norden hängt trüb eine waagerechte Rußwolke – der ganze traurige Dunst von Geschwätz, Lärm, Tumult des aufgewühlten Lebens, der aus dem öden Steinmeer der Großstadt aufsteigt ... Altbayern ist, seit es besteht, ein Bauernland gewesen: städtearm seit der Zeit, da die alten ummauerten Römer- und Keltensiedlungen in den Unruhen der Völkerwanderung zerfielen, städtearm während des ganzen Mittelalters – bis zum heutigen Tag ... Welche Wonne, die Augen schweifen zu lassen über das alte Land, über die lieblichen Wiesenhügel und die dunklen Forste ...« (Karl Alexander von Müller).

Welche Wonne, durch dieses Land zu fahren, wenn im ersten Frühjahr ein goldener Löwenzahnteppich die Wiesen bedeckt, ein wenig später der würzige Duft des ersten Grasschnittes, der ersten Heumahd in der Luft liegt, oder im Spätsommer die letzte Kraft der scheidenden Sonne die Erde noch einmal aufblühen läßt in der ganzen Farbskala des Spektrums, ehe sie abschiednehmend das Land in einen silbernen Schleier hüllt.

Nirgendwo, so scheint es uns, kann man die Vielfalt altbayerischer Landschaft, den Reiz der in sie eingebetteten kleinen Ortschaften, ihr aus uralter Tradition herausgewachsenes lebendiges Leben so intensiv erfahren, wie im Land um Benediktbeuern, vollends, wenn dem aus den

Gebirgstälern des Werdenfelser Landes, den von den dunklen Wäldern und Höhen umschlossenen Ufern des Walchensee Kommenden die eleganten Serpentinen der heutigen Kesselbergstraße plötzlich Ausblicke auf eine tief unten liegende, unendlich scheinende Ebene. Da strahlt das helle Blau des Kochelsees, da leuchtet das Weiß der Türme von Kloster Schlehdorf drüben an seinem Ufer in hellem Sonnenschein, da lockt, breit gelagert im saftigen

Obwohl bereits 1120 ein ›Königsweg‹ über den Kesselberg erwähnt wird, ging der mittelalterliche Handelsweg von München über Mittenwald nach Tirol und Italien durch den Isarwinkel, ein Umstand, dem Tölz mit seinen wirtschaftlichen Aufschwung verdankte. Erst die Hoffnung auf Bergsegen und das damit verbundene Transportproblem haben Ende des 15. Jahrhunderts im Verein mit der Erwartung höherer Zolleinnahmen auf der kürzeren und attraktiveren Strecke das Schwergewicht wieder auf die alte Route verlegt, auf der Heinrich Barth 1492 die Kesselbergstraße neu angelegt hat. 1781 wurde sie dem angewachsenen Postkutschenverkehr angepaßt, und so erlebte sie noch Gustav Kraus, als er 1837 den Blick von der Straße nach Überwindung der Paßhöhe auf den Walchensee und den Altlacher Hochkopf lithographierte.

Grün des Landes, der mächtige Komplex der alten Benediktinerabtei Benediktbeuern.

Unser Wunsch, sie und ihr Umland kennenzulernen,
war groß gewesen, und wir hatten darum auf der Fahrt
dorthin beschlossen, uns jetzt noch nicht an den Ufern des
Walchensees aufzuhalten, sondern dieser »traurig schönen
Perle der Berge«, wie Karl Stieler den See nannte, erst am
Ende unserer Rundfahrt durch das Benediktbeurer Bauernland vor der Weiterfahrt in den Isarwinkel Aufmerksamkeit zu widmen.

Vom Kesselberg herunter kamen wir zunächst an den
200 Meter unter dem Walchensee liegenden Kochelsee,
dessen Südufer in den Armen der Ausläufer des Herzogstandes und des Sonnenspitz geborgen ist, während seine
übrigen Ufer in das Kocheler Moor und die während seiner
Verlandung entstandene weite Ebene übergehen. Links
führt eine Abzweigung von der Kesselbergstraße nach Alt-
joch, wo Ende des 15. Jahrhunderts Heinrich Barth, der
erfolglose Metallschürfer und Initiator der Kesselbergstraße, ein Schmelzwerk errichtet hatte, und auf einem steil
abfallenden Felskegel bei Joch Befestigungsanlagen und
Siedlungsspuren aus der Frühhallstadtzeit entdeckt wurden.
An einem Campingplatz vorüber kommt man zu den Gebäuden des Walchenseekraftwerks, von dem später die
Rede sein wird. Folgt man jedoch der Kesselbergstraße
rechts entlang des Seeufers, so ist man bald im Ortszentrum
von *Kochel am See* und steht vor dem 1900 aufgestellten
Denkmal des sagenhaften ›Schmieds von Kochel‹, das der
Münchner Bildhauer Kaindl geschaffen hat.

Diese Heldengestalt wird seit gut 150 Jahren mit dem Aufstand
der Oberländer Bauern und der Sendlinger Mordweihnacht 1705 in
Zusammenhang gebracht. Ihr Kult gehört seitdem zur Pflichtübung
bayrisch-patriotischer Gesinnung, sei es bei den Gedenkfeiern des
Bauernaufstands oder beim Oktoberfest-Trachten- und Schützenzug.
Obwohl niemand den ›Schmied von Kochel‹ mit einem bestimmten
Teilnehmer am Aufstand identizifizieren konnte, so zweifelte man

doch später letztlich nicht daran, daß hinter dieser Figur ein Stück Wahrheit stecken müsse und ein besonders tapferer Recke Anlaß zur Sagenbildung gegeben habe. Aber auch dieser vorsichtigen Interpretation hat inzwischen die moderne Geschichtsforschung den Boden entzogen. Die Rückbesinnung und Hochstilisierung des Aufstands von 1705 und die Gestaltbildung des Haupthelden sind demnach ein Werk geschickter nationaler Propaganda, die ja bekanntlich nicht erst eine Erfindung des 20. Jahrhunderts ist. 1805, also genau hundert Jahre nach den Geschehnissen, hatte Christoph von Aretin unter dem Pseudonym Johannes Rastlos in seinem Buch ›Die Österreicher in Bayern zu Anfang des 18. Jahrhunderts‹ dieses Ereignis der bayerischen Geschichte in einem Augenblick reaktiviert, als das mit Napoleon verbündete Bayern wieder einmal auf eine antiösterreichische Politik eingeschwenkt war. Im Gefolge des sich von nun an weiterspinnenden Mythos der Sendlinger Bauernschlacht beschloß 1829 der aus Mainz stammende, national gesinnte Maler Wilhelm Lindenschmit, der unter Peter Cornelius eben am historischen Bilderzyklus der Hofgartenarkaden arbeitete, an die Außenwand der Sendlinger Kirche auf eigene Kosten eine Darstellung der Mordweihnacht zu malen. Als zentrale Figur führte er einen alten bärtigen Kämpen mit Keule ein, den Hans Ferdinand Maßmann, ein Freund des Malers, 1830 als ›Schmied von Kochel‹ publizistisch verbreitete. Von nun an wurden malerische Erfindung und phantastische Namengebung zu jenem Nationalheros verwoben, als der uns der ›Schmied von Kochel‹ in Wort und Bild, Denkmal und Drama immer wieder begegnet. Neben zahlreichen anderen patriotischen Schriftstellern hat sich auch Josef Ruederer, der Antipode Ludwig Thomas, 1911 an diesem Stoff versucht. In Kochel selbst ging 1882 erstmals ein Volksschauspiel über die Bühne, das der Benediktbeuerer Schreinermeister Michael Schuster vulgo Glasschuster verfaßt hatte und das noch in den Jahren 1938 und 1939 seine Wirkung nicht verfehlte. Inzwischen wurden 1955 und 1980 Neufassungen erarbeitet, die eine von Friedrich Forster-Burggraf, die andere von Hans Demleitner. Die 1938 errichtete Heimatbühne wurde 1974/75 modernisiert und bringt neben dem ›klassischen‹ Schmied-von-Kochel-Spiel auch Bauernstücke, die der ›Theaterverein Kochel am See‹ aufführt.

Kochel ist heute das Zentrum des Fremdenverkehrs um den Kochelsee. Schon zu Ludwig Steubs (1812-1888) Zeiten war der Ort ein »*beliebter Sommerplatz* …, *für Bergsteiger höchlich empfohlen wegen der Nachbarschaft besonders schöner Voralpen, die mit herrlicher Fernsicht in die Ebene hinaus und in die Berge hinein begabt sind. Dicht ober Kochel liegt nämlich die Benediktenwand, die auch von hier aus auf der gangbaren Rückseite am leichtesten zu ersteigen ist, und die Jocheralm, weiter gegen Westen aber der Herzogstand und der Heimgarten. Diese vier Alpengipfel möchten unter den bayerischen Alpen wohl diejenigen sein, die am öftesten erklettert werden. Der Benediktenwand zumal sagt man rühmend nach, daß von ihrer Höhe aus sieben Seen zu erblicken seien.*«

Der Aufstieg Kochels zur Fremdenverkehrsattraktion begann eigentlich 1836, als der Rechtsanwalt König Ludwigs I., Georg von Dessauer, sich in Kochel niederließ. Er hatte zunächst das ›Kochler Haus‹, einen ehemaligen Sommersitz der Benediktbeurer Mönche oben auf dem Aspenstein, erworben, kaufte dann noch weitere Gründe zur Errichtung von zwei Gutshöfen dazu und erbohrte zu allem Überfluß 1846 noch eine heilkräftige Natronquelle, die zu Ehren der Gemahlin des Kronprinzen und späteren Königs Max II. Marienquelle benannt wurde. Zu deren wirtschaftlicher Auswertung etablierte Heinrich von Dessauer, der Sohn des königlichen Advokaten, 1861 das ›Kurhotel Bad Kochel‹, dem zwei Jahre später auch die offizielle Anerkennung als Badebetrieb erteilt wurde. Doch das Unternehmen prosperierte nicht wie erwartet, wurde deshalb 1887 verkauft, brannte 1897 teilweise ab und stellte um 1912 den Kurbetrieb ganz ein, zumal auch die Schüttung der Quelle weitgehend nachgelassen hatte. Nach mehreren Besitzerwechseln kaufte 1926 die Vereinigung der Sankt-Anna-Schwestern das Anwesen und eröffnete das heute bestehende Erziehungsheim. Das Schlößchen auf dem Aspenstein aber blieb zunächst im Besitz der Dessauer, ging 1936 an den Reichsjugendführer Baldur von Schirach und 1949 an die Sozialdemokratische Partei Deutschlands über, die dort die Georg-von-Vollmar-Akademie einrichtete. Der gastliche Salon der Dessauer und ihre Kuranstalt hatten seit Ende der dreißiger Jahre des 19. Jahrhunderts illustre Gäste nach Kochel gelockt, darunter die Könige Ludwig I., Maximilian II. und Ludwig II., Bismarck, Liebig, die Maler Schwind, Neureuther und Wilhelm von Kaulbach, die Musiker Franz von Lachner und Franz Wüllner, den Dichter Hoffmann von Fallersleben, der auch den Kochelsee besungen hat.

Besonderen Zustrom erlebte der Ort 1943. Er hatte allerdings, wie schon die Jahreszahl vermuten läßt, nichts mit Touristen und Urlaubern zu tun, sondern mit den Auswirkungen des Krieges, der damals in seine Endphase einzutreten begann. In der Nacht vom 17. auf 18. August 1943 war die deutsche Raketenversuchsstelle in Peenemünde von der Royal Air Force bombardiert, aber wegen Zielfehler nur teilweise zerstört worden, so daß die Evakuierung der geretteten Einrichtungen dringend geboten war. Vor allem die wertvolle Versuchsanlage mit ihren beiden, damals einzigartigen Überschall-Windkanälen wurde zwischen September 1943 und Ostern 1944 samt dem zur Bedienung und Forschung notwendigen Personal – wozu wiederholt auch Wernher von Braun kam – nach Kochel verlegt und im Ortsteil Herrenkreuth, als Wasserbau-Versuchsanstalt getarnt, eingerichtet. Der ausschlaggebende Grund für diese Ortswahl war die Nähe des Walchenseekraftwerks gewesen, dessen Energiereserven für die Durchführung der Versuche wichtig waren. Diese konnten hier auch unbehelligt von Luftangriffen weiterbetrieben werden, den Verlauf des Krieges vermochten sie freilich nicht mehr zu beeinflussen. Die Anlagen fielen den Amerikanern unzerstört in die Hände, wurden demontiert und 1946 unter Begleitung einer ausgewählten Schar deutscher Wissenschaftler in die Vereinigten Staaten überführt, wo einer der beiden ›Kochler Windkanäle‹ in der Nähe von New York noch seinen Dienst tut.

Aber nun von der jüngeren Geschichte zurück zu den Anfängen. Die erste Kunde von Kochels Existenz vermittelt eine Überlieferung, nach welcher Gailswind, die Schwester der Stifterbrüder Benediktbeuerns, Schlehdorfs und des Staffelseebistums auf der Insel Wörth, hier ein Nonnenkloster gegründet hat. Dorthin soll Karl der Große entthronte Fürstinnen verbannt haben, unter ihnen Luitgard, die Gemahlin des abgesetzten Herzogs Tassilo III. von Bayern (748-788). Von dieser Benediktinerinnen-Abtei sind keine Spuren mehr zu finden, sie ist wahrscheinlich im Ansturm der Ungarn untergegangen. Man nimmt an, daß an ihrer Stelle heute der Maierhof von Kochel steht und das Grab der unglücklichen Luitgard deckt.

Der Anblick der 1680 bis 1690 von Kaspar Feichtmayr erbauten Pfarrkirche Sankt Michael versetzt in eine etwas näher liegende Vergangenheit. Sie hat das Michaelspatrozinium der Benediktinerinnen-Abtei übernommen, ist erstmals 1071 erwähnt und birgt noch heute Reste eines Baus von 1521. Ihre heutige barocke Gestalt, deren dreijochiges Langhaus im 20. Jahrhundert verlängert wurde, erfreut vor allem durch die 1725 gleichzeitig mit den Stukkaturen der Wessobrunner Brüder Zimmermann in Benediktbeuern geschaffene Dekoration ihres Innenraums. Sie wird daher dem Wessobrunner Künstlerkreis zugeschrieben. Bemerkenswert sind die Skulpturen Josef Anton Fröhlichs, und der Hochaltar von Johann Georg Miller – nach einer anderen Version von dem Kistler Johann Georg Mautter – wird als das schönste Werk im Umkreis bezeichnet.

Der besondere Stimmungsgehalt des Friedhofs mit seinen vielen schmiedeisernen Kreuzen ergreift nicht nur den heutigen Besucher, er hat auch schon Wassily Kandinsky und Gabriele Münter zu einigen Gemälden inspiriert, als sie 1909 bei dem Komponisten Thomas von Hartmann zu Besuch waren. Und ein weiterer Maler aus der Phalanx der großen Neuerer in der Künstlergemeinschaft des ›Blauen Reiters‹ ist hier begraben: Franz Marc. Er war 1916 in

Braquis bei Verdun gefallen und zunächst im Park des Schlosses Gussainville begraben worden. 1917 wurden seine Überreste exhumiert und auf dem Dorffriedhof von Kochel beigesetzt.

Mit Kochel und seinem Umland war der am 8. Februar 1880 in München geborene Marc in besonderer Weise verbunden, da seine Eltern ihn schon in früher Jugend auf ihren Wanderungen durch das Voralpenland mitgenommen und dabei mit Vorliebe die Gegend um Kochel und die Vorberge durchstreift hatten. So war es nichts Ungewöhnliches, daß Franz Marc schon bald nachdem er sich 1900 entschlossen hatte, Maler zu werden, auch nach Kochel fand, um diese Landschaft mit den Augen des Künstlers neu zu entdecken. Zunächst war es vor allem die Staffelalm am Rabenkopf, einem westlichen Ausläufer der Benediktenwand, auf die er sich im Sommer 1902 zur Arbeit zurückzog und die er wiederholt aufsuchte, so 1905, 1906 und 1908, wobei er der Sennerin sogar den Herd bemalte. Im Herbst des Jahres 1908, das auch den eigentlichen Durchbruch zu persönlicher Form brachte, unternahm Franz Marc mit seiner zukünftigen Frau Maria Franck verschiedene Ausflüge, um ein Domizil für den kommenden Sommer zu suchen. Ihre Wahl fiel schließlich auf ein Landhaus im rustikalen Stil, das sie in Sindelsdorf, am Nordrand des Kochelseemoores zwischen Bichl und Habach gelegen, ausfindig gemacht hatten und wo sie nun bis 1914 leben sollten. In dieser Zeit reifte Marc zu jener Meisterschaft, die ihm für immer einen bedeutenden Rang in der Kunstgeschichte zuweist. Hier in Sindelsdorf entstanden so berühmte Bilder wie ›Der Turm der Pferde‹, ›Tierschicksale‹, ›Wald‹, ›Stallungen‹ oder ›Bild mit Rindern‹. Hier auch besuchten ihn die Malerfreunde Alexej Jawlensky, Marianne von Werefkin, Adolf Erbslöh und Alexander Kanoldt sowie Wassily Kandinsky und Gabriele Münter, mit denen sich seit 1911 eine engere Freundschaft entwickelt und der ›Blaue Reiter‹ Gestalt gewonnen haben. Im Frühling desselben Jahres besuchte Helmuth Macke, der Vetter des Malers August Macke, Franz Marc in Sindelsdorf und berichtete über dessen Lebens- und Arbeitsstil:

»Er hatte sein Atelier in der Schellingstraße aufgegeben und war nach Sindelsdorf gezogen. Dort besuchte ich ihn und war sehr überrascht seine Bilder vollständig von der Münchner Freiluftmalerei befreit zu finden. Im Januar zog ich selbst nach Sindelsdorf heraus und wohnte bis zum März mit Marc in einem Hause. Marc führte ein sehr regelmäßiges Leben. Um halb neun, nach dem Frühstück war er auf seinem Atelier oder besser seinem Dachboden und malte genau bis zum Glockenschlag zwölf, bei dessen Schall zu gleicher Zeit auch der große weiße Schäferhund zu jaulen anfing. Spätestens halb zwei Uhr stand Marc wieder vor seiner Staffelei, auf dem zugigen Boden mit unverputzten Pfannen, auf welchem eigentlich dieselbe Temperatur herrschte wie draußen. Er war eingehüllt in einen alten schwarzen Mantel, dessen mit Persianerpelz besetzten Kragen hochgeschlagen. Unter seiner vor Kälte feuchten Nase hing als Wärmespender die Zigarette zwischen den schmalen Lippen. Aber im übrigen war er vollständig absorbiert von seiner Arbeit, denn zu dieser Zeit erfolgte der Durchbruch zu seiner eigenen Form. Er hatte immer eine Folge von Bildern zu gleicher Zeit in Arbeit. Damals gehörte zu diesen Bildern als das Führende das jetzt im Folkwang befindliche Pferdebild.« Es handelt sich dabei um das berühmte Gemälde ›Die roten Pferde‹, das 1937 als entartet beschlagnahmt wurde und sich heute in den Vereinigten Staaten befindet.

»Dann und wann kam ein neues Bild hinzu, das er den Abend vorher in seinem Skizzenbuch entworfen. (Ein Skizzenbuch, das zugleich eine Art künstlerisches Tagebuch war.) Nachmittags malte Marc bis zum Dunkelwerden. Nach dem Tee machten wir einen kleinen Gang, dann erledigte Marc seine Post und nach dem Abendbrot saß er zeichnend und spintisierend in seinem Rohrstuhl und zu dieser Stunde entstanden die meisten seiner Bildentwürfe. Oft beschäftigte er sich allerdings auch mit seinen Plastiken. Damals stand eine große weibliche Figur in Wachs immer auf seinem Modellierbock in der Ecke, die aber nie fertig wurde und die tollsten

Metamorphosen durchmachte. Um zehn Uhr war Schluß des Tages. Dieser Rhythmus wiederholte sich mit geringen Unterbrechungen und änderte sich in seiner Grundstruktur auch nicht, als seine Frau im März aus Berlin zurückkehrte. Außer seiner Vorliebe für Zigaretten, seine schönen Pfeifen mit gutem Tabak war Marc gradezu spartanisch einfach in allem was er sonst für sich brauchte. Er aß sehr wenig …«

Der Verkauf des elterlichen Hauses in München-Pasing ermöglichte Franz Marc dann 1914 ein eigenes Haus zu erwerben, das er in Ried bei Benediktbeuern entdeckt hatte. Anfang des Jahres schrieb er an Alfred Kubin: »Unsere Sehnsucht eines eigenen Häuschens wird sich in diesem Frühjahr erfüllen, Nähe von Kochel; Sie können sich denken, in welcher fieberhaften Aufregung wir sind.« Und am 4. Mai schickte er eine Ansichtskarte mit den stolzen knappen Worten: »hier unser Besitz. Seit 8 Tagen sind wir schon drin, nach allen Schrecknissen des Umzuges … Wir fühlen uns sehr glücklich; mein Malen soll auch wieder neu beginnen, nach einer längeren Pause.«

Die Tage des Glücks waren allerdings gezählt, denn ein Vierteljahr später gingen in Europa die Lichter aus. Im idealistischen Überschwang seiner Generation, die den Ausbruch des Weltkrieges als Befreiung aus den Fesseln einer erstarrten, erstickenden Konvention, als Akt der Reinigung einer morschen Gesellschaft und als Geburtswehen eines neuen Europa betrachtet, ja geradezu herbeigesehnt hatte, meldete sich auch Marc als Freiwilliger in einen Krieg, dessen ganze Grauenhaftigkeit, Sinnlosigkeit und Verlogenheit ihm nur allzubald bewußt werden sollte. Aus den Stahlgewittern vor Verdun schrieb er am 4. März 1916 seiner Frau noch erwartungsvoll: »… *Ja, dieses Jahr werde ich auch zurückkommen in mein unversehrtes, liebes Heim, zu Dir und zu meiner Arbeit. Zwischen den grenzenlosen schaudervollen Bildern der Zerstörung, zwischen denen ich jetzt lebe, hat dieser Heimkehrgedanke einen Glorienschein, der gar nicht lieblich genug zu beschreiben ist. Behüte nur dies mein Heim und Dich selbst …«*

Am Nachmittag desselben Tages fiel Franz Marc auf einem Erkundungsritt. Er war 36 Jahre alt geworden.

Seine Bilder hängen heute in den bedeutendsten Galerien der Welt, ein großer Teil in der Städtischen Galerie im Lenbachhaus zu München, wo auch die Kunst des ›Blauen Reiters‹ exemplarisch dokumentiert ist. In der Landschaft seiner letzten Schaffensjahre freilich fand sich kaum mehr als die Erinnerung an ihn: Zum Wohnhaus in Sindelsdorf muß man sich mit Mühen durchfragen, und Ried hat wenigstens seinen Namen durch Benennung eines Weges geehrt. Doch das soll sich in den nächsten Jahren ändern. In dem 1955 bis 1980 vom Goethe-Institut belegten Landhaus Heckert auf dem Rothenberg, herrlich inmitten eines Parks hoch über dem Kochelsee gelegen, soll ein Franz-Marc-Museum eingerichtet werden, in das als Stiftung des Münchner Galeristen Otto Stangl die in seinem Besitz befindlichen Bilder Franz Marcs – darunter auch die ›Hokken im Schnee‹ (Farbtafel Seiten 208/209) – und das Franz-Marc-Archiv eingebracht werden sollen.

Es reizt uns, Franz Marcs Haus in Ried zu sehen, zumal der Ort sowieso an unserer Route, der Bundesstraße 11 nach Bichl, liegt. Zuvor aber mag uns vielleicht der kleine Ort ›Ort‹ zu einem Abstecher verführen, die Straße dazu biegt bald hinter Kochel links ab. In der wohlgesicherten Kapelle, wozu man beim Bauern Lautenbacher Schlüssel und Begleitung erhält, überrascht eine schöne Thronende Madonna mit Kind aus dem Weilheimer Kunstkreis. Die etwa 1625 entstandene und noch mit originaler Fassung gut erhaltene Figur von Hans Degler zeigt die für den Umbruch von der Renaissance zum Barock typische Formgebung, wie sie auch bei Hans Krumper und Martin Zürn aufscheint, und eine herbe Schönheit mit verhaltenem Ausdruck, die einen ganz eigenen Zauber ausstrahlt.

In *Ried*, das wir kurz vor Benediktbeuern rechts liegen sehen, können wir dann abbiegen, um am Franz-Marc-

Weg 1 das Haus des Malers wenigstens von außen zu sehen,
denn als Stiftungseigentum ist es innen nicht zu besichtigen.
Hier wohnte Maria Marc, die Witwe des Künstlers, bis
zu ihrem Tode 1955. Sie gewährte seit 1920 einem Bekannten ihres Mannes Unterkunft in ihrem Haus: Heinrich
Kaminski. Der am 4. Juli 1886 in Tiengen im Schwarzwald
geborene Komponist fand erst nach Irrwegen einer Bank-
lehre und eines Studiums der Nationalökonomie zur Musik, der er sich dann seit 1909 in Berlin mit vollem Einsatz
hingab. Die Bekanntschaft mit Franz Marc brachte ihn
1914 – im selben Jahr, da der Maler sein Haus bezog –
ebenfalls nach Ried, wo er sich in einem Bauernhof einmie-
tete und 1916 heiratete. Er gab Unterricht in München,
hielt Vorträge, musizierte mit einem Liebhaberorchester
und vollendete in jener Zeit seinen ›69. Psalm‹, »ein Werk
von unerhörtem Ausmaß und außergewöhnlichen Schwierigkeiten, in einer bisher nicht gehörten musikalischen
Sprache«.

*»Als äußeres Ereignis haben wir anfangs der zwanziger Jahre
die Übersiedlung der jungen Familie … in das Haus Franz Marcs
in Ried. Eben noch vor dem Krieg hatte der rasch berühmt gewordene
Maler der gelben und roten Pferde, der in neue Bereiche vorstoßen-
den farbigen Visionen, ein eigenes Haus in Ried erwerben können.
Marc und Kaminski kannten und schätzten einander als Weggenos-
sen, die dem nämlichen Ziele zustrebten. Während Franz Marc im
Felde stand und erst recht, nachdem er im März 1916 vor Verdun
gefallen war, gestalteten sich freundnachbarliche Beziehungen zu
Frau Maria Marc, die schließlich zu einer Vereinigung der beiden
Haushalte führten. Hier, in dem freundlichen, geräumigen Haus
mit dem großen Garten und dem freien Blick auf die Berge hat
Heinrich Kaminski mit den Seinen eine Heimat gefunden. Hier
lebte und schaffte er inmitten einer großen und fröhlichen Familie – fünf Kinder wuchsen ihm heran … Von Walter Braunfels
wurde eine kleine, aber solid gebaute Holzhütte erworben und an
einem stillen, abseitigen Platz im Garten aufgestellt …«* (Karl
Schleifer).

Die besondere Anmut der Gegend um den Kochelsee – die ein anonymer Künstler kurz nach 1820 mit dieser Dorfidylle aus Kochel belegt – hat schon 1804 Johann Georg von Dillis – sozusagen den

Erstentdecker der bayerischen Gebirgslandschaft – veranlaßt, hier mit seinem Freund Georg von Stengel – einem hohen Beamten und Zeichnerdilettanten – einen kleinen Sommersitz zu erwerben.

In dieser Arbeitshütte – die mit ihrem Steinwayflügel erstaunliche Parallelen aufweist zu jenen hölzernen ›Komponist hytten‹, in die sich Edvard Grieg in Lofthus am Hardangerfjord und in Troldhaugen bei Bergen zur Arbeit zurückzog – sind fast alle seine »mächtigen, für die Entwicklung der europäischen Musik wichtigen Werke entstanden«, Lieder, Orgelwerke, Kammermusik, Orchesterstücke und seine beiden Opern ›Jürg Jenatsch‹ und ›Spiel vom König Aphelius‹. Der Freund Walter Abegg hat einen Besuch bei Kaminski geschildert:

»Er lebte dort in einer gut gebauten Holzhütte außerhalb des kleinen Dorfes, in der ein Flügel stand, sein Arbeitstisch und das Bett. An den Wänden hingen Bilder von Emil Nolde, mit dem er befreundet war, und von Franz Marc, den er noch persönlich gekannt hatte. Hier bewirtete er mich an diesem ersten Nachmittag mit Tee, und wiederum wurde über religiöse Themen gesprochen, über christliche und fernöstliche. Es wurde streng darauf gehalten, ihn hier in keiner Weise zu stören. Die Familie, seine Frau und die fünf Kinder, wohnte in dem geräumigen Haus [von Maria Marc] wo auch die gemeinsamen Mahlzeiten eingenommen wurden, die immer etwas Feierliches hatten. Eins von den Kindern sprach das Tischgebet, das er selbst verfaßt hatte, und man saß an einem langen schmalen Tisch, an dem er mit selbstverständlicher Autorität präsidierte wie ein Patriarch der alten Zeit. Dann folgten die übrigen, genau der Reihe nach: seine Frau, die völlig in der Fürsorge für ihn und die Kinder aufging, die jeweiligen Gäste und am unteren Ende die Haushalthilfe und die Kinder. Frau Maria Marc war niemals dabei. Sie lebte ganz für sich in zwei Zimmern des oberen Stockwerks. Gegessen wurde rein vegetarisch, aber reichlich und abwechslungsreich, so daß Walter Braunfels, mit dem er sehr gut stand, einmal die launige Bemerkung machte, er komme sich hier immer vor ›wie in einem asketischen Schlemmerlokal‹. Das Gespräch bewegte sich fast ausschließlich zwischen ihm, den Gästen und den Schülern. Nur selten hörte man ein Wort von den Kindern, deren Leben fast ebenso in sich geschlossen war wie das seinige. Sie wurden frei erzogen, sehr behütet und durften spielen, was und wie sie

wollten. Nachmittags fanden oft gemeinsame Spaziergänge statt. Er trug dabei bayrische Lederhosen, der Hund Michal wurde mitgenommen, und er war entspannt, zugänglich und humorvoll aufgeräumt. Nach dem Nachtessen, zu dem bald dieser, bald jener Schüler eingeladen wurde, versammelte man sich wieder bei ihm, es wurden vierstimmige alte Madrigale gesungen, er spielte mit uns Schach, simultan auf vier bis fünf Brettern, und oft wurde der Tag dann mit einem kurzen Spaziergang beendet.«

Kaminski war sein Leben lang ein Außenseiter, der die Oberflächlichkeit und Unwesentlichkeit der Welt verabscheute und an sich und seine Kunst unerbittlich die höchsten Anforderungen stellte. Er hatte für sich »*die Entscheidung getroffen: nicht dem Erfolg, sondern allein seinem Werk, dem aber ganz zu leben. Er hat der Versuchung widerstanden, eine Berühmtheit zu werden. Er ist niemals in die Salons gegangen und hat sein Leben lang keinen Frack angezogen. Er ließ es ruhig zu, daß man ihn etwas mitleidig als unzeitgemäßen Außenseiter, als weltfremden Sonderling ansah. Er stand mit beiden Füßen und mit wachen Sinnen in der Welt. Aber er wußte mit voller Klarheit: diese Welt, dieses Berlin ist nichts für ihn. Sein Werk muß in der Stille reifen. Draußen in Ried, in der schönen bayerischen Landschaft zwischen Benediktenwand, Herzogstand und Heimgarten fühlte er sich wohl. Hierher kehrte er nach kürzeren und längeren Unterbrechungen immer wieder zurück*« (Karl Schleifer).

1930 wurde Kaminski, zu dessen Schülern übrigens auch Carl Orff zählte, als Nachfolger von Hans Pfitzner Leiter einer Meisterklasse für Komposition an der Preußischen Akademie der Künste in Berlin, legte aber bereits drei Jahre später sowohl aus Abneigung gegen den aufkommenden Nationalsozialismus wie gegen jede feste berufliche Bindung sein Amt nieder, um nach Ried zurückzukehren und ungeteilt seinem Werk zu leben.

»*Für Kaminski war das Komponieren eine Weihehandlung. Es vollzog sich in gemessenen Tagwerken. Er schuf nicht in großen Würfen, sondern, wie er einmal selbst erklärte, in kleinen Abschnitten, schrittweise, indem er sich immer und immer wieder in das schon*

Aufgeschriebene versenkte und nach dessen Wachstum und innerem Wollen spürte. Er legte viel in jede Einzelheit hinein, Geste, Gewicht, Idee, die der Spieler nun zu entschlüsseln hat. Seine Musik gehört nicht zu jener glücklichen Kunst, die so aus Handwerk und Übung gewachsen ist, daß mehr aus ihr klingt, als in sie gelegt ist« (Erich Doflein).

In wirtschaftlicher Bedrängnis und unter vielen Prüfungen überstand er die Zeit des Dritten Reiches. Unter Aufbietung aller inneren Kraft rang er mit »seinem letzten und gewaltigsten Werk«, dem ›Spiel von König Aphelius‹. Am 25. Mai 1946 schloß er die Partitur ab, am 21. Juni nahm ihm ein gnädiger Tod die Feder aus der Hand. Sein Grab ist im Klosterfriedhof von Benediktbeuern.

Kloster Benediktbeuern

»Benediktbeuern liegt köstlich und überrascht beim ersten Anblick. In einer fruchtbaren Fläche ein lang und breites weißes Gebäude und ein breiter, hoher Felsrücken dahinter.« Mit diesen Worten hat Goethe im Vorbeifahren seinen Eindruck vom großen Klosterareal zu Füßen der Benediktenwand umrissen, einen Eindruck, der auch heute noch durchaus gültig ist.

739/40 von den Huosi gestiftet, ist Benediktbeuern das älteste Kloster Bayerns. Der Heilige Bonifatius weihte seine erste Kirche. Von seinen Gründern mit reichem Grundbesitz ausgestattet, war der Rodungsarbeit seiner Mönche, der Bodenkultivierung und Kolonisierung zwar 955 durch die Ungarneinfälle, denen der Abt und der größte Teil des Konvents zum Opfer fiel, ein jähes Ende bereitet worden. Doch das Kloster erholte sich bald. Besonders, als 1031 auf Ansuchen Augsburgs – Benediktbeuern war um das Jahr 800 zum Bistum Augsburg gekommen – der berühmte Tegernseer Abt Ellinger mit zwölf Mönchen zur Reorganisation des Klosterlebens nach Benediktbeuern zog, kehrte neues Leben in die Klostermauern ein. Unter dem von ihm eingesetzten Abt Gothelm (1032–1062) wurden eine neue Kirche gebaut, eine Bibliothek eingerichtet und eine Schule ins Leben gerufen. Benediktbeuern blühte auf. Zu seinem heimatlichen Grundbesitz kam 1218 der Weinzehnt von vier Weingütern im Südtiroler Obermais, eine Schenkung der Grafen von Andechs–Meranien, die nach alten Urkunden auf Benediktbeuerner Rechte in Südtirol aus der Zeit seiner Gründung durch die Huosi zurückgehen soll. 1298 übertrug ein Meraner Bürger den Poschenhof in Untermais dem Kloster. Bis zur Säkularisation 1803, also 505 Jahre lang, blieb er in seinem Besitz und wurde das wichtigste Weingut des sich in dieser Zeitspanne ständig vergrößernden Südtiroler Klosterbesitzes.

1248 reichsunmittelbar geworden, erhielten die beiden Äbte Ortolf II. (1271–1283) und Heinrich III. (1283–1289) die Reichsfürstenwürde; 1277 hatte der Papst den Äbten das Recht der Pontifikalien erteilt. Im 14. Jahrhundert, zur Zeit Kaiser Ludwigs des Bayern, des Gründers von Ettal, kam das Kloster, wie bereits im Ettaler Kapitel erwähnt, im Zuge der Hausmachtpolitik des Kaisers unter die Oberhoheit des bayerischen Landesherrn, bewahrte jedoch für sein Klostergericht, das sich von der Jachenau bis vor Königsdorf erstreckte, eine bedeutende Rechtsstellung, die es bis zur Säkularisation 1803 behielt.

Am 19. Mai 1632, im Dreißigjährigen Krieg, kamen die Schweden, raubten das Kloster aus und ermordeten den zurückgebliebenen Prior Pater Simon. Seinen größten Schatz, die Armspindel des Heiligen Benedikt, hatte der Abt mit anderen Kostbarkeiten auf die Insel Sassau im Walchensee retten können. Diese von Karl dem Großen geschenkte Reliquie hatte Benediktbeuern zu dem bedeutendsten Kultort dieses abendländischen Mönchsvaters in deutschen Landen gemacht. Aus seinem ursprünglichen Namen ›Buron‹ wurde ›Benedictoburanum‹, schließlich Benediktbeuern, und der höchste Berg der Umgebung (1801 m) erhielt den Namen Benediktenwand.

Trotz unruhiger Zeitläufe gelang es dem Kloster, seine wirtschaftlichen Existenzgrundlagen immer weiter auszubauen. Dies geschah zunächst durch weitere Rodung und Kultivierung des Heimatbodens. Die Jachenau, ein Tal, »das sich ungefähr vier Stunden weit ausdehnt …, nach dem Gebirgsbach ›Jachna‹, der, ein Abfluß des Walchensees, durch dieses Tal in die Isar fließt, Jachenau genannt, vorher ganz waldig und unbebaut«, wurde im Laufe der Zeit bewohnbar. Schritt für Schritt machte man den Talboden für die Landwirtschaft nutzbar, unterstützte seine Besiedlung durch unentgeltliche Lieferung von Saatkorn und Zuchtvieh. Allenthalben entstanden »schmucke Häuser, eine Mühle, eine Schenke und anderes derartige, was für das Zusammenleben nötig ist«, schreibt P. Karl Meichelbeck (1669-1734) in seinem berühmten ›Chronicon Benedictoburanum‹. Und weiter: »Die Einwohner treiben zwar Akkerbau, leben aber meist vom Holzhauen und von der Viehzucht; überdies erfreuen sie sich einer sehr gesunden Luft: sie sind von sehr freundlicher Art, kennen fast keinen Falsch.« Und dann erzählt Meichelbeck, nachdem man sich mit dem Kloster Schlehdorf, das seit den Ungarneinfällen den Bischöfen von Freising unterstellt war und Anteile an dem Walchensee besaß, geeinigt habe, sei »der einst gänzlich unwirtliche und unbebaute Ort durch die weise Fürsorge des Abtes Conrad von Benediktbeuern (1090-1120) in der Folgezeit außerordentlich anmutig« geworden. Im Jahre 1679 befaßte man sich mit einer Art ›Walchenseeprojekt‹, nämlich, »ob man nicht am Abfluß des Sees Schleusen einbauen könne, so daß der See anschwelle und so das gefällte Holz, das man von den ringsumliegenden Bergen hineinwerfe, durch die Wucht der herausbrechenden Wassermassen, wenn man die Querbalken entferne, von der ›Jachna‹ bis in die Isar mit fortgeschwemmt werde, damit auf diese Weise Kosten und Mühe beim Holztransport gespart würden. Nach sorgfältiger Überlegung hat man erkannt, daß die Sache vielleicht nicht unmöglich sei, daß aber durch den Anprall der Wassermassen Häuser und Wiesen und Felder der ganzen Jachenau vernichtet würden. Deshalb wurde der Plan aufgegeben« (Hans Scharold).

Die Fischerei in Kochel- und Walchensee wurde von dem Kloster sorgfältig gepflegt. So wird als besonderes Verdienst des Abtes Wilhelm Diepolzkircher (1440-1483) hervorgehoben, daß er Renken aus dem Würmsee dort einsetzen ließ, wo es im Walchensee bisher nur Hechte und »kleine Fischlein« gegeben habe. Diese Aktion war mit erheblichen Schwierigkeiten verbunden, da Renken außerhalb des Wassers nur kurze Zeit leben. Man versuchte daher, sie zugleich mit Wasser in hölzernen Gefäßen aus dem See zu heben. Aber trotzdem überstanden sie den Transport über die Berge nicht. Erst als man die Holzgefäße innen mit weichen Stoffen verkleidet hatte, so daß die Fische sich an der harten Wand nicht mehr totstoßen konnten, gelang der Versuch. Zur Zeit von Meichelbeck gab es reichlich Renken, »was nicht nur alle Nachbarn wissen, sondern auch alle erfahren, die an den Walchensee reisen und sich in dem anliegenden Hospiz derartige edle Fische vorsetzen lassen«.

In den benachbarten Bergen und den weitausgedehnten Wäldern mit reichem Wildbestand aller Art stand dem Kloster das Jagdrecht zu. Es vergab die Jagd auf Raubvögel an seine adeligen Ministerialen. Unter den vielen passionierten Jagdgästen Benediktbeuerns war auch Kurfürst Max Emanuel, der 1688 zur Biberjagd hierher kam. Nicht selten jedoch richteten noch bis zum Jahre 1675 Wölfe und Bären großen Schaden in den Herden an.

Benediktbeuern wußte schon seit dem 12. Jahrhundert die Heilquelle von Heilbrunn zu nutzen. Der eigentliche Aufschwung des Bades begann im 16. Jahrhundert, als Herzog Wilhelm IV. dort einen erfolgreichen Kuraufenthalt genommen hatte. Von diesem heute noch idyllischen kleinen Kurort wird im weiteren Verlauf unserer Rundfahrt noch ausführlich die Rede sein.

VII

LUDWIG NEUREUTHER (1770?–1832)

Kloster Benediktbeuern

Aquarell, um 1800
München, Staatliche Graphische
Sammlung

Während der junge Dillis, Dorner, Wagenbauer
und Warnberger und auch später noch Karl Rottmann die Motive der oberbayerischen Gebirgslandschaft zum Anlaß nahmen, in der malerischen
Übersteigerung der Wirklichkeit zeitlose Ideal-
landschaften à l'italienne oder à l'hollandaise zu
komponieren, die kaum mehr Bezug zur topographischen Gegebenheit haben, geht Ludwig Neureuther betont auf eine realistische Wiedergabe
aus, wie sie auch die Wiener Schule der Zeit nach
1800 auszeichnet. Daneben interessiert sich Neureuther bereits intensiv für die Volkstrachten, die
er – noch vor Quaglio, Heinzmann und Heß – mit
großer Liebe und Sorgfalt aufnimmt. In diesem
duftigen Blatt vereint er beide Themen nicht nur
zu einem harmonischen Kunstwerk, sondern zu
einem volks- und landeskundlichen Lehrbild,
dem besonders die genau beobachtete geologische
Struktur von Herzogstand und Heimgarten im
Hintergrund zugute kommen.

Zu all den sorgfältig und erfolgreich bewirtschafteten heimatlichen Gütern Benediktbeuerns kamen seine Besitzungen in Tirol: Salzpfannen in Hall und Weingüter bei Meran, in Terlan und bei Bozen. Das Kloster konnte vor allem die Weingüter trotz der Kriegswirren, von denen beide Länder betroffen waren, erheblich vergrößern und zu einem der größten und erfolgreichsten, wenn nicht zu dem erfolgreichsten Südtiroler Weingutsbesitz bayerischer Klöster ausbauen.

In den ersten zwei Jahrhunderten seines auf die Gründungszeit zurückgehenden Südtiroler Besitzes war Benediktbeuern auf den mühseligen Transport seines Weines in von Saumtieren getragenen Ziegenschläuchen angewiesen gewesen. Denn von der großen Handelsstraße aus dem Süden führte ab Mittenwald nur eine einzige direkte Verbindung auf einem Saumpfad über Wallgau am Ufer des Walchensees entlang nach Urfeld, von dort die Schluchten des Kesselberges hinunter zum Kochelsee und weiter nach Benediktbeuern. Da kam Ende des 15. Jahrhunderts ein Münchner Ratsherr, Heinrich Barth, mit einem Vorschlag. Er hatte mit Erlaubnis des sich wahrscheinlich Gewinn erhoffenden Klosters in jener Gegend ziemlich erfolglos nach Metallen gegraben. Die dabei erworbene genaue Kenntnis des Terrains hatte ihn auf den Gedanken gebracht, daß sich der alte Saumpfad zu einer Fahrstraße ausbauen ließe. Der Abt von Benediktbeuern ging sogleich darauf ein, und auch Herzog Albrecht IV. stimmte diesem Plan zu, denn er versprach eine erhebliche Kürzung der Verbindung seiner Hauptstadt mit dem Süden. Am Beginn der alten Straße ist in einen Felsen der Abguß einer Marmortafel angebracht, die an den Baubeginn im Jahre 1492 erinnert:

> *Nach dem Maria Christum gepar*
> *anno domini 1492 jar*
> *albrecht der durchleuchtig erkorn*
> *pfalzgraf pey rein herzog geporn*

in ober und nieder peyren landt
durch den kestpberg also genandt
hat er den weg und auch dy strassen
um seine kostung machn lassen
von münchen hainrich part erdacht
den sin da durch er hard gemacht

Das brüchige Original befindet sich heute im ersten Stock
der Obersten Baubehörde des Bayerischen Staatsministeri-
ums des Inneren in München. Der Höhenunterschied von
200 Metern wurde in neun Kehren bewältigt, und 1494
verpflichtete sich Benediktbeuern die neue Straße von Königsdorf bis zur Nordseite des Kesselberges».... zu verwarn
und in gutem wesen zu halten«, damit man sie »mit Kauf-
manns gutt und anderer ware und notdurfft auf wagen,
karren und Rossen besuchen möge«. Außerdem überließ
das Kloster dem Herzog ein ›Zollhausgütl‹ in Kochel. Als
Gegenleistung übernahm dieser seinerseits die Verpflich-
tung, die neue Straße ab dem Südende des Walchensees »zu
verwarn« und befreite Benediktbeuern für seinen eigenen
Fuhrverkehr von Zoll und Weggeld. Diese Abgaben waren
damals entlang der Hauptverkehrsstraßen sogar innerhalb
des eigenen Staatsgebietes üblich und verdoppelten im
Fernhandel und Ferntransport die Warenpreise. Zoll- und
Weggeld-Privilegien waren daher für die Rentabilität von
Benediktbeuerns Weingütern von großer Wichtigkeit. Das
Kloster hatte sie für das Tiroler Gebiet bereits 1334 von
Margarete Maultasch erhalten und behielt sie, bis 1762
sämtliche Privilegien fielen.

Vieles andere war natürlich für die erfolgreiche Bewirt-
schaftung eines Weingutes von großer Bedeutung. Von
dem, was zum Beispiel auf dem Gebiet der Weinpflege
dazu gehörte in einer Zeit, welche die heutigen Möglichkeiten des Frost- und Pflanzenschutzes, der Bewässerung
und Düngung nicht kannte, wie man damals versuchte,
mit den naturgegebenen Bedingungen fertig zu werden,

seien hier nur einige uns heute fast seltsam anmutende
Beispiele herausgegriffen, wie sie Dietmar Stutzer in seinem
aufschlußreichen Buch ›Weingüter bayerischer Prälatenklöster in Südtirol‹ aus alten Verträgen mit den sogenannten
›Baumännern‹ zitiert. Diese Baumänner waren jeweils mit
der Verwaltung eines Weinhofes beauftragt; Art und Umfang ihrer Arbeitsleistung und Vergütung waren in aus-
führlichen Verträgen festgelegt. So gehörte es zu ihren
Pflichten, »*höchst schädliche Käfer und anderes Ungeziefer, welches dem Weinlaube Abbruch zu tun vermag, fleißig abzuklauben,
wobei dem Baumanne für eben dieses Abklauben ein Extralohn,
nämlich 30 Kreuzer für die Pergel*« [= Laube] »*zu gewähren ist.
Wenn aber das schädliche Geziefer in ekelhaften schleimigen Pilzen
bestehe, gegen welche der Baumann durch Abklauben nichts auszu-
richten vermag, so soll er Bedacht darauf nehmen, denselbigen Re-
ben, welche von diesem schädlichen Geziefer befallen, im darauf-
folgenden Jahre ein mehreres an Dung zuzuwenden, damit sie sich
vielleicht eben dieses Geziefers besser zu erwehren vermögen.*«

Damit wird ein anderes wichtiges Problem berührt. Die
Weinlagen wurden damals noch nicht wie heute künstlich,
sondern natürlich gedüngt. Es mußte daher darauf geachtet
werden, daß ein Weingut auch immer genügend Futterflä-
chen für ausreichende Viehhaltung besaß. Und der Dung
mußte gut verrottet sein, »so daß er nicht stinket und nicht
mehr rauchet«. Man wußte also, daß ›rauchender‹ Dünger
geringere Wirkung hat, aber man wußte noch nicht, daß
mit diesem ›Rauch‹ ein Teil seines für den Pflanzenwuchs
so wichtigen Stickstoffgehaltes entweicht. Auch für eine
sachgemäße Bewässerung der Kulturen und vieles andere
mehr war der Baumann verantwortlich.

Selbstverständlich mußte zur Rationalisierung des Wein-
baus eine größtmögliche Konzentration der einzelnen Betriebe angestrebt werden. Benediktbeuern erreichte sie
durch klugen Ankauf von Weinhöfen und Austausch ein-
zelner kleinerer Reblagen. Seit 1695 konnte es mit drei
etwa gleich großen Gütern, dem Poschenhof in Untermais

bei Meran, dem Burgstallerhof in Terlan und dem Hörwar-
therhof in Sankt Quirin bei Bozen seine günstigste Ertrags-
lage erreichen. Sie ermöglichte auch eine optimale Zusam-
menfassung seiner Weine in einheitliche Lager- und Trans-
portpartien – eine sehr wichtige Vorbedingung zur
Rationalisierung der trotz Zollprivilegien immer noch hohen Transportkosten. Denn Gegenfuhren nach dem Süden
erlaubten die bei Weintransporten benötigten Faßwagen
nicht. Die Fuhrleute brachten jeweils 36 Eimer (ein bayerischer Eimer Wein = 64 Liter, ein Tiroler Eimer = 56,6
Liter) pro Wagen in drei Fässern nach Benediktbeuern und
kehrten leer, ohne Zuladung, zurück.

Unter anderem belieferte das Kloster die zahlreichen
Schenken seines Herrschaftsgebietes mit Wein – eine nicht
unerhebliche Einnahmequelle, wenn man hört, daß allein
die Weinschenke des heutigen Ortes Benediktbeuern, der
bis 1865 Laingrub hieß, im 16. und 17. Jahrhundert jährlich
eine Einnahme von mehr als zweitausend Gulden gebracht
haben soll.

Da mag wohl manches fröhliche Gelage gefeiert worden
sein, wenn in früheren Zeiten die Sämer nach mühseliger
Wanderung auf dem alten Saumpfad mit weingefüllten
Ziegenschläuchen ankamen oder die Fuhrleute nach glücklicher Fahrt auf der neuen Straße ihre Fässer abluden, die
mit den auf ›Weinwapperln‹ oder Plaketten gemalten Wappen des Prälaten, des Hofgutes und dem Namen der Wachs-
tumslage versehen waren!

Benediktbeuern war in der glücklichen Lage, alleiniger
Grundherr in seinem Umkreis zu sein. Sein gesamter Ge-
richtsbezirk unterstand ohne jede Unterbrechung durch
Hofmarken, Edelsitze oder einschichtige Güter dem Klo-
sterrichter, der seinen Sitz in Häusern und seit dem Beginn
des 18. Jahrhunderts in Laingrub hatte. Eine annähernde
Vorstellung von dem Umfang dieses Bezirks kann man
sich machen, wenn man hört, daß im Jahre 1752 von dem
heutigen Landkreis Bad Tölz die Gemeinden Bichl, Bad

Heilbrunn, Jachenau, Kochel, Oberbuchen und Schönrain sowie ein Teil der Siedlung Buchberg zu ihm gehörten, dazu von dem heutigen Landkreis Weilheim die Gemeinde Sindelsdorf, ein Teil der Gemeinde Penzberg und von dem heutigen Landkreis Garmisch-Partenkirchen die Siedlung Obernach am Walchensee. Das Kloster war im 18. Jahrhundert eine der reichsten Abteien des Oberlandes.

Aus der Reihe der bedeutenden Äbte Benediktbeuerns seien hier besonders hervorgehoben Eliland ii. (1690–1707) und Karl Klocker (1796–1803). Ersterer wurde 1698 zum Generalabt der bayerischen Benediktinerkongregation gewählt; Karl Klocker war vor seiner Wahl zum Abt von Benediktbeuern Privatdozent für Kirchenrecht an der Universität Ingolstadt und Professor dieser Fakultät an der Reichskanzlei zu Regensburg. Für das Klosterseminar wurden die besten Lehrkräfte herangezogen; aus der Reihe seiner Schüler gingen namhafte Gelehrte hervor.

Alle Äbte sorgten für eine vorbildliche Verwaltung der Klosterbesitzungen. Ihre ganz besondere Fürsorge galt dem Schulwesen und der Unterstützung Hilfsbedürftiger. Arme Kinder erhielten zum Beispiel in den von Abt Armand ii. (1784–1796) errichteten Schulen von Laingrub, Kochel und Jachenau Freistellen; an die Insassen des für die Aufnahme armer Kranker erbauten Hospitals des Klosters wurden an Feiertagen besondere Geschenke, an die Armen des Umkreises reichlich Lebensmittel verteilt.

In dem seit frühesten Zeiten für seine Gastfreundschaft berühmten Kloster fanden noch bis kurz vor Toresschluß, das heißt bis kurz vor der Säkularisation, zwanzig bis dreißig Studenten auf ihrer Ferienwanderschaft drei bis vier Tage freundliche Aufnahme. Rund zweihundert Jahre früher waren drei hochgestellte Studenten auf ihrer, wie es damals hieß, Kavaliersreise nach Benediktbeuern gekommen. Wie Hans Scharold berichtet, kündigte Wilhelm v. von Bayern 1590 dem Kloster den Besuch zweier seiner jüngeren Söhne und des Erzherzogs Carl von Österreich an und empfahl sie der Obhut des Abtes: »*Nun Wir aber Vätterlich woll leiden mögen, das sich dieselben mit raisen und dergl. Übungen dise Vacanz etwas erlustigen, Als seind Wir bedacht, Sie alle drey etlich wenig unserer Clöster vorm Gebürg besuechen zu lassen, damit neben zuelesslichen und gebürenden Khurzweillen, die etwan jeden Orths sein khönnen, darauf Ihr dann, Euren thails, Unns und Inen zu diemietigen Gefallen, gedenckhen wellet, Sie, und sonderlich unnsere 2 Söhn, als selbst Geistliche, auch das Geistliche sehen, und die Geistliche khunfftig desto lieber haben.*«

Nachdem Benediktbeuerns *Klosterkirche* bereits dreimal abgebrannt war, suchte 1490 abermals ein verheerender Brand Kirche und Kloster heim. Ebenso wie nach den vorhergehenden Katastrophen wurde unverdrossen wieder aufgebaut. 1494 standen die Kirche, 1498 das Kloster – schöner und prächtiger als je zuvor – und es konnte im Jahre 1500 Kaiser Maximilian 1. als Gast in seinen Mauern aufnehmen. Dann kam die Baulust der Barockzeit. In den Jahren zwischen 1669 und 1675 wuchsen – zum Teil unter Benutzung mittelalterlicher Bausubstanz – die Klostertrakte empor, und 1681 bis 1685 folgte die Kirche, deren Türme bereits 1672 erneuert worden waren. Breit, tief verwurzelt in jahrhundertelange Tradition, lagert der mächtige Komplex des Klosters in den satten Wiesengründen des heimatlichen Bodens. Sein Gotteshaus bleibt im Schema mittelalterlicher Wandpfeilerkirchen, und die seinen Innenraum überziehende schwere Stuckdekoration bringt dem Klosterpatron, dem Heiligen Benedikt, Früchte heimatlichen Bodens dar. Blumenranken umrahmen die Deckenbilder, quellen in üppigen Gehängen von Gemüse und Früchten, von Äpfeln, Birnen, Kürbis, ja von Kohl und Rettichen, und natürlich auch von Weintrauben die Wände herab.

In der Mitte des weiten, auf drei Seiten von einem breitgewölbten Kreuzgang, auf der vierten von der Eingangsfassade der Kirche und dem anschließenden Konventgebäude umgebenen Innenhofes der Klosteranlage plät-

schert leise ein Springbrunnen. Beeindruckt von der friedlichen Stille dieses gepflegten, wohlerhaltenen, auf älteste
geistliche Tradition im bayerischen Lande zurückgehenden
Komplexes betrachtet man die das Kirchenportal umrah-
mende, wuchtig gemalte Barock-Architektur, darüber den
schwungvollen Giebel des Gotteshauses, hinter dem die
beiden Zwiebeltürme hervorlugen.

Vielleicht sind sich manche Besucher nicht bewußt, welche Fülle von historischen, kultur- und kunstgeschichtli-
chen Zeugnissen aus allen Jahrhunderten hier zu finden
ist. Da gibt es einen Schmuckfußboden der Basilika des
12. Jahrhunderts mit den in Inkrustationstechnik eingeritz-
ten Bildnissen des Heiligen Benedikt und der beiden Klo-
stergründer Landfried und Eliland – 1970 bei Grabungsar-
beiten unter dem Niveau des heutigen Fußbodens entdeckt.
Da ist der auf die romanische Zeit zurückgehende *Kreuzgang*, dessen Gewölberippen später durch Stuckleisten im
Renaissancestil ersetzt wurden, in seiner Südostecke das
ehemalige *Refektorium* mit einer flachen holzgeschnitzten
Decke von 1493, eine seltene, kulturhistorisch besonders
wertvolle Arbeit. Über romanischen Grundmauern und
Gewölben steht das von 1669 bis 1675 von Kaspar Feichtmayr erbaute *Konventgebäude* mit dem ›Alten Festsaal‹, dessen Stuck ebenfalls Feichtmayr schuf. Zwischen den durch
Renaissanceleisten geteilten, in dem niedrigen Raum besonders schwer wirkenden Deckenstuck ist ein Bilderzyklus frühbarocker Deckenmalerei eingefügt. Sein in Öl auf
Leinwand gemaltes zentrales Programm, ein allegorischer
Trionfo im Mittelbild und vier Elementbilder in den Ecken,
hält sich eng an radierte Illustrationen einer 1664 in Dillin-
gen erschienenen Dissertation zweier Freiherrn von Taxis
mit dem Titel: ›Philosophia sacroprofana logicam, physi-
cam et metaphysicam disputationem complexa‹. Das Mittelbild wird dem aus der Jachenau stammenden Münchner
Hofmaler Kaspar Amort d. Ä. zugeschrieben, während die
Schöpfer der anderen Bilder nicht bekannt sind. Unter

ihnen ist der in die seitlichen Schrägen der Decke eingefügte Jahreszeitenzyklus als »Fundgrube in volkskundlicher
und kulturgeschichtlicher Hinsicht« besonders interessant.

Und weiter ist – um nur das Wichtigste zu nennen – von
den 1683/84 entstandenen frühbarocken Deckenfresken des
Johann Georg Asam (1649-1711) – dessen Sohn Cosmas
Damian übrigens 1686 hier geboren wurde – in der von
Kaspar Feichtmayr (1639-1704) erbauten *Klosterkirche* über
die eher noch barocke Stuckierung des ehemaligen *Biblio-
theksaales* (jetzt Refektorium) von Johann Baptist Zimmermann (1680-1758) und das leichtbeschwingte, anmutige
Rokoko des rund zehn Jahre später ebenfalls von Zimmermann stuckierten und freskierten ›*Neuen Festsaales*‹, (jetzt
Hauskapelle) mit der 1751 bis 1758 erbauten *Anastasiakapelle* der Höhepunkt dieser letzten Bauperiode Benediktbeuerns erreicht. Hier vereinigen sich große Meister: Johann Michael Fischer (1692-1766) erbaute den lichten ovalen Raum, Michael Feichtmayr (1709-1772) schuf seine
Wandgliederung, den Rocaille-Stuck, den Hochaltar mit
seinem plastischen Schmuck, Johann Jakob Zeiller (1710-
1783) das Deckenfresko mit der Aufnahme der Heiligen
Anastasia in den Himmel. Und schließlich vollendete kein
Geringerer als Ignaz Günther (1725-1775) die Ausstattung
der Kapelle mit Entwürfen zu den beiden Seitenaltären,
deren plastischen Schmuck er selbst geschnitzt haben soll.
Sankt Anastasia wurde seit dem dem 11. Jahrhundert als
zweite Patronin des Klosters verehrt, nachdem ein Mönch
ihre Reliquien aus Verona nach Benediktbeuern gebracht
hatte. Das Kloster hat ihrer mit Edelsteinen reich verzierten Reliquienbüste mit der Anastasiakapelle ein »strahlen-
des Gesamtkunstwerk des bayerischen Rokoko« gewidmet.

Der riesige *Ökonomiekomplex* Benediktbeuerns ist das
größte geschlossene Wirtschaftsgebäude der Barockzeit in
Bayern sowohl wie in Österreich und steht heute unter

Denkmalschutz. Es wurde 1708 bis 1718 nach Plänen des aus Uffing stammenden und in Bichl wohnhaften Michael Ötschmann errichtet. Seine zum größten Teil auf mächtigen korbbogigen Kreuzgratgewölben stehenden und außergewöhnlich langen vier Flügel umschließen einen riesigen Innenhof; in der Mitte des Südtrakts springt der ehemals als Wohngebäude dienende breite, hochgiebelige Meierhof vor – ein imposanter Komplex, dessen Erhaltung aber große Probleme aufwirft. Zwar versuchten die Salesianer Don Boscos, nachdem sie 1930 die Klostergebäude übernommen hatten, den landwirtschaftlichen Betrieb aufrecht zu erhalten. Sie errichteten 1956/57 sogar eine Biogasanlage, die als frühes Beispiel für umweltfreundliche Energiegewinnung von sich Reden machte. Doch 1979 mußten sie aufgeben. Für die Umgestaltung in einen modernen, rationalisierten Landwirtschaftsbetrieb fand sich bei der gebotenen Rücksichtnahme auf die historische Bausubstanz keine annehmbare Lösung. Der ›Palast der Kühe‹ wartet auf eine neue, sinnvolle Verwendung.

Hier geben wir noch den Tagebuchnotizen eines »unbekannten Edelmannes« das Wort, der auf einer »Fußreise durch das bayerische Oberland« im Jahre 1802 Benediktbeuern besuchte. Seine Eindrücke ergänzen das Bild dieser mächtigen Abtei: »Merkwürdig ist in selber … das geräumige Seminar, in dem zum Beispiel 66 Studenten sich befinden; das Armarium, in welchem sehr schöne, im Kloster selbst gearbeitete physikalisch-mathematische Instrumente sich befinden, und besonders eine vorzüglich genaue Waage; die schöne Kupferstichsammlung; das kleine Naturalien- und Vogel-Cabinett; die kleine Bildergalerie mit Stücken der besten Meister, wovon aber noch manche verborgen sind; die Kirche, ein großer, majestätischer Tempel, dessen Verzierung und Stukkaturarbeit erhaben, aber etwas überladen ist; die Bibliothek, ein von dem Hauptgebäude abgesondertes, freies, mitten im schönen Conventgarten stehendes Gebäude, in welchem ein gemalener Saal mit Galerie, enthaltend die wertvollsten alten und neuen Werke, zu sehen ist. Zu dieser Abteilung gestatten sie jedoch nicht gerne Fremden den Zutritt; die Apotheke in demselben Garten und das damit verbundene Bad; die Gärten, welche alle groß, gut angelegt und mit vielen Obstbäumen besetzt sind; die Ökonomie, welche überaus sehenswert und ausgedehnt ist. Es befinden sich in selber große, gewölbte, gesunde Viehställe, Getreidetenne im zweiten Stock, auf welche man bequem mit Wägen fahren und ausweichen kann, viele geräumige Stuben für Bauleute, eine eigens verfertigte große Dörre für Hopfen, eine doppelte Gsottschneidemaschine, welche durch nur einen Mann dirigiert wird, nebst einer Messer-Schneid- und Schleiferei, welches alles durch das Wasser mit einem einfachen Rad getrieben wird; künstliche Bäche durch alle Wiesen geleitet; einen Trift- und Holzgarten und eine Mühle. Außerdem besitzt das Stift noch große Hopfengärten, Ziegelhütten, ein beträchtliches Bräuhaus, mehrere Meiereien, ein sehr ausgedehntes Gebiet, mehrere große Seen und Teiche. Kalk-, Marmor- und Wetzsteinbrüche und viele schöne Almen.«

In allen Wechselfällen seiner Geschichte war Benediktbeuern ein Zentrum des Glaubens; getreu der Regel des Heiligen Benedikt hatte es in unermüdlicher Arbeit der Kolonisierung der ihm anvertrauten Gebiete, der Pflege von Bildung, Wissenschaft und Kunst, der Hilfe für Kranke und Notleidende gedient. Alledem machte die Säkularisation ein Ende. Seine vierzigtausend Bände umfassende Bibliothek mit kostbaren Schriften des 8. bis 14. Jahrhunderts wurde in alle Winde zerstreut, die wertvollsten Handschriften und Druckwerke gelangten in die Bayerische Staatsbibliothek nach München.

Darunter befand sich auch eine Pergamenthandschrift des 13. Jahrhunderts mit Trinker-, Spieler- und Vagantenliedern, ungemein zarten, aber auch derben Liebesliedern sowie mit moralisch-

satirischen Dichtungen und geistlichen Schauspielen, die nicht nur eine Offenbarung für die Germanisten waren, sondern inzwischen sowohl in die Literatur- wie auch Musikgeschichte eingegangen sind: die nachmals nach ihrem Aufbewahrungs- und Fundort benannten ›Carmina Burana‹. Diese Sammlung mittelhochdeutscher und lateinischer Lieder ist nicht in Benediktbeuern entstanden oder zusammengefügt, sondern wohl Mitte des 13. Jahrhunderts in Kärnten angelegt worden und zu unbekannter Zeit in das bayerische Kloster gelangt, wo es die kurfürstliche Bücherkommission 1803 im ›Giftschrank‹ fand, zusammen mit reponierten protestantischen Werken und indizierten Büchern. Die Liederhandschrift bietet einen aufschlußreichen Querschnitt durch das Spielmannsrepertoire West- und Mitteleuropas und weist sogar reichlich Neumierung auf, also mittelalterliche Notenschrift, an Hand deren fast dreißig Melodien und der Teil eines Osterspiels rekonstriert werden konnten. Die Carmina sind verschiedentlich als Textgrundlage für neue Kompositionen verwendet worden, ihren Siegeszug um die ganze Welt aber haben sie durch die Vertonung von Carl Orff angetreten. Dieses wohl stärkste und populärste Werk Carl Orffs ist in einem genialen Wurf im Jahre 1936 entstanden und verbindet eine Auswahl von Freß-, Sauf- und Minneliedern mit Musik, Tanz und Szenen zu einer harmonischen Einheit. Orff selber hat seine rhythmisch ungemein eingängigen und mitreißenden ›Carmina Burana‹ im Untertitel ›Cantiones cantoribus et choris cantandae comitantibus instrumentis atque imaginibus magicis‹ genannt. Es spricht für die hohe Kunst dieser Vertonung, daß sie sowohl als szenische Aufführung wie auch nur in konzertanter Wiedergabe gleich wirksam ist. Seine elementare Musikalität und Zeitlosigkeit lassen das Werk immer wieder begeistert erleben, frisch wie am ersten Tag.

Ähnlich wie die Bibliothek wurde auch die Gemäldegalerie aufgelöst, und der beträchtliche Grundbesitz wurde vom Staat an einen kurfürstlichen Kassierer verkauft. Doch glücklicherweise entging der Komplex der Klostergebäude dem Abbruch. Ein Glücksfall, der uns heute eine bis in früheste Zeiten ihrer Gründung zurückgehende Klosteranlage unversehrt vor Augen führt.

Zu verdanken ist er einem ungewöhnlichen Mann, dem 1763 geborenen neunten Kind des Landwirtes Andreas Utzschneider in Rieden am Staffelsee, Josef Utzschneider. Er war ein Neffe des Andreas Andre, von dessen außergewöhnlichem Leben bereits in Schwaiganger ausführlich die Rede war. Noch außergewöhnlicher war das Leben seines Neffen. Mit fünfzehn Jahren bereits Geheimschreiber der Herzogin Maria Anna, brachte er es einundzwanzigjährig zum Hofkammerrat und wurde im Laufe seines Lebens in den verschiedensten Staatsstellungen mit unzähligen Aufgaben betraut, deren Aufzählung ganze Seiten füllen würde. Er muß ein unruhiger Geist gewesen sein, der in allen Sparten der Staatsverwaltung, aber auch der privaten Wirtschaft zu Hause war. 1801 auf eigenen Wunsch aus dem Staatsdienst ausgeschieden, gründete er zunächst eine Lederfabrik, 1804 das ›Mathematisch-mechanische Institut Reichenbach, Utzschneider und Liebherr‹ in München. 1804 erwarb er Benediktbeuern mit allen Gebäuden, der Ökonomie und den Waldungen in der Absicht, hier eine systematische Kultur der Moose einzuführen und eine Runkelrübenzucker- und eine Tabakfabrik zu errichten. Diesem Unternehmen war kein Erfolg beschieden, dagegen reüssierte das ›Mathematisch-mechanische Institut‹, doch es fehlte dringend ein Optiker, der fähig war, für die dort hergestellten Meßinstrumente die Glaslinsen herzustellen. Utzschneider erinnerte sich an einen Glaserlehrling, dem er unter dramatischen Umständen begegnet war, als er in einer Münchner Gasse an einem eben eingestürzten Haus vorbeikam und der Bub gerade, wunderbarerweise noch lebend, aus den Trümmern gezogen wurde. Seitdem hatte er diesen talentierten und ehrgeizigen Josef Fraunhofer mit mathematischen und optischen Lehrbüchern unterstützt und zu seiner Weiterbildung der Obhut des ihm befreundeten Professors für Astronomie an dem Münchner mathematisch-optischen Institut, Ulrich Schiegg, anvertraut. Ohne höhere Schulbildung und regelrechtes Studium, mit dem Gesellenbrief seines Meisters als ›Spiegelmacher und Zieratglasschleifer‹ wurde der junge Fraunhofer nun 1807 auf Empfehlung Schieggs von Utzschneider eingestellt als »der Mann, den wir brauchen; er wird uns leisten, was uns noch gefehlt hat«. Er hat diese Erwartungen genial erfüllt.

1809 wurde der zweiundzwanzigjährige junge Mann mit der Leitung der 1807 nach Benediktbeuern verlegten optischen Abteilung des Utzschneiderschen Instituts betraut. Die in dem ehemaligen Waschhaus des Klosters eingerichtete Glashütte ist heute als ›Gedenkstätte für Josef Fraunhofer‹ zu besichtigen. Dort kann man sich über alle Details der damals so primitiven Glasherstellung, der Rohstoffbeschaffung und natürlich der Arbeit Fraunhofers von der Glasschmelze bis zur fertigen Optik und ihrer wissenschaftlichen Anwendung orientieren. Das ›Mathematisch-mechanische Institut‹, das internationale Koryphäen wie Karl Friedrich Gauß, William Herschel oder Henry Fox Talbot, einer der Väter der Fotografie, besucht hatten, kehrte 1819 wieder nach München zurück, während die Glashütte in Benediktbeuern verblieb, da sie von einer nur zehn Kilometer entfernten Sandgrube günstig den notwendigen Quarzsand beziehen konnte.

Fraunhofer wurde 1821 außerordentliches Mitglied der Bayerischen Akademie der Wissenschaften, 1822 Ehrendoktor der Universität Erlangen, 1823 Professor und Konservator der mathematisch-physikalischen Staatssammlungen, 1824 Ehrenbürger von München. 1825 beendete ein allzu früher Tod das Schaffen dieses genialen Mannes.

1818 hatte der Staat das Kloster mit allen Besitzungen, mit Ausnahme der Glashütte, zurückgekauft. Benediktbeuern wurde Kaserne, Invalidenhaus, Militärfohlenhof bis 1930 die Salesianer Don Boscos die gesamte Anlage übernahmen. Diese in den Jahren 1857-59 von Johannes Bosco (1815-1888) gegründete Erzieher- und Priestergemeinschaft gab dem Kloster eine neue, die alte Tradition fortführende Bestimmung.

Johannes Bosco hatte sich die Förderung der Jugend, vor allem aus Bauern- und Arbeiterfamilien, zur Lebensaufgabe gemacht. Unter schwierigsten Bedingungen gründete er Abend- und Sonntagsschulen sowie Gymnasien, setzte sich für eine geregelte Arbeitszeit und Entlohnung der Lehrlinge durch Lehrverträge ein, errichtete moderne Lehrwerkstätten. In den Mauern Benediktbeuerns sind heute

die Philosophisch-theologische Hochschule der Salesianer
Don Boscos, ein Aktionszentrum für pastorale Jugendar-
beit, eine Fachhochschule für Sozialwesen, eine Volksbü-
cherei, ein Studentenwohnheim und eine Jugendherberge
untergebracht. Im Sommer werden in der Kirche und im
Barocksaal Konzerte veranstaltet und am 6. November,
wenn er auf einen Sonntag fällt, oder am folgenden Sonntag eines jeden Jahres zieht festlich geschmückt die Leonhardifahrt mit ihren Rossen zur Segnung in das weite
Geviert des Innenhofes vor der Kirche.

Bichl und Bad Heilbrunn

In *Bichl,* unserer nächsten Station, steht auf dem Berg des
Heiligen Georg eine der schönsten bayerischen Dorfkir-
chen. Johann Michael Fischer hat sie gebaut, zur selben
Zeit, als er das Juwel der Anastasia-Kapelle in Benediktbeuern schuf. 1751 wurde nach Abbruch des alten, auf das
12. Jahrhundert zurückgehenden, baufällig gewordenen
Gotteshauses der Grundstein zur neuen Pfarrkirche gelegt,
1753 war der Bau vollendet, 1758 erfolgte die Weihe. An
dieser Stelle stand wahrscheinlich schon in der Rodungszeit
eine Sankt-Georgs-Kapelle, die nach der Überlieferung als
»Verdrängungspatrozinium eines vorchristlichen Kultes«
dem Heiligen Georg als siegreichem Kämpfer für das Reich
Gottes errichtet worden war. Auf dem Hochaltar Johann
Baptist Straubs in der neuen Kirche ist er hoch zu Roß
drachentötend zu sehen. Gemalter Stuck von täuschender
Plastizität umrahmt die Fresken Johann Jakob Zeillers in
der flachen Hängekuppel des Hauptraumes (Martyrium
Sankt Georgs, der im Ornat eines bayerischen Georgiritters
erscheint) und im Chorgewölbe (Überwindung des Hei-
dentums in Gestalt der sich dem heiligen Georg zuwenden-
den Königin Alexandra und eines stürzenden Götzenbil-
des). Der verhältnismäßig kleine Raum bringt das Grund-
thema aller Werke Fischers, nämlich die Zentralisierung der

Architektur, hervorragend zum Ausdruck. Ausstattung und Architektur gehen hier eine beglückende Harmonie ein und zeigen »eines der schönsten Beispiele der Zusammenarbeit von Baumeister und Freskanten« (Hermann Bauer).

Umgeben von den besonders reich und geschmackvoll gepflegten Gräbern des kleinen Friedhofs blickt das Bichler Gotteshaus über das weite Land auf Heimgarten und Herzogstand, ja bis zu Laber und Ettaler Mandl reicht der Blick.

Bald hinter Bichl, bei Untersteinbach, biegt links die Bundesstraße ab und führt über Königsdorf und Wolfratshausen nach München. Wir aber halten uns geradeaus nach *Bad Heilbrunn*. Wenn seine Kirche Sankt Kilian auch nicht an die Meisterschaft von Sankt Georg in Bichl heranreicht, verdient sie Beachtung. Ihr im Rahmen so vieler barockisierter mittelalterlicher Gotteshäuser bleibender Innenraum hat aus früher Zeit drei sehr schöne spätgotische Statuen der Heiligen Kilian, Pankraz und Urban bewahrt. Und mit seiner meist von einheimischen Handwerkern geschaffenen Ausstattung gibt er ein eindrucksvolles Beispiel der Fähigkeiten, welche das fast an keinem Kirchenbau des oberbayerischen Raumes vorübergehende Zeitalter des Barock und Rokoko in ihnen weckte. In den von üppigem Bandwerk- und Akanthusstukkaturen des Markus Hainz aus Bichl umgebenen Decken- und Zwickelfresken glaubt man trotz zahlreicher wenig geglückter Restaurierungen die Hand des Benediktbeurer Malermönches Lukas Zais zu erkennen, der auch 1726 den Riß für den Umbau – nach anderer Quelle Michael Ötschmann – und das Hochaltarbild gefertigt hat. Alle Darstellungen weisen auf die über seine irdischen Wirkungen hinausgehenden, zum Symbol der christlichen Heilsgeschichte gewordenen Segnungen des Wassers. »Alle, die trinken aus den Quellen des Heils, werden schnell geheilt«; dieser Jesaiatext steht auf einem an dem Hauptbild und den Lünetten der Chorfresken angebrachten Spruchband.

Angesichts dieser Glorifikation des Wassers und der Bei-
behaltung des Heiligen Kilian, des Beschützers der Rheu-
ma- und Gichtkranken, als Patron der Heilbrunner Kirche,
wie er es wahrscheinlich schon seit unvordenklichen Zeiten
war – denn Kilianskapellen wurden oft an Quellen vor-
christlicher Kulte errichtet – kann man dem Gerücht wenig
Glauben schenken, das Kloster Benediktbeuern habe das
Ende des 18. Jahrhunderts noch wohlerhaltene große Badehaus »aus Furcht vor zu vielen Gästen zerstört«. Das Kloster
hat als Grundherr von Heilbrunn im 12. Jahrhundert die
zeitweise in Vergessenheit geratene Heilquelle wieder entdeckt und, soweit bekannt, ständig gepflegt und gefördert.
In diesem Zusammenhang sei eine Anekdote erwähnt, nach
welcher im 15. Jahrundert ein Edler von Welsberg zum
Dank für wohltätigen Gebrauch der Heilbrunner Bäder
dem Kloster drei Goldbrokatröcke schenkte, die als verfallene Pfänder des häufig verschuldeten Kaisers Maximilian 1.
in seine Hände gekommen waren. Abt Narziß Paumann
von Benediktbeuern (1483-1504) ließ aus ihnen ein Meßge-
wand und zwei Levitenröcke fertigen. Sie waren als ›Kai-
serornat‹ bis in das 17. Jahrhundert in Gebrauch.

Es mögen wohl andere Gründe gewesen sein, die tatsächlich das große, für den Kuraufenthalt der Kurfürstin Henriette Adelheid 1659 gebaute Badehaus zur Ruine verfallen
und in der Zeitspanne von 1659 bis in den Anfang des
19. Jahrunderts jegliche Nachricht über das Schicksal des
Heilbades verstummen ließen. Vielleicht war es die von
Kriegswirren und Besatzungsnöten heimgesuchte Zeit jener Jahre. Wie dem auch sei, jedenfalls wurde 1806 über
dem Südostfundament des ehemaligen großen Badehauses
das erste Pfarrhaus des nach der Säkularisation zur selbstän-
digen Pfarre erhobenen Ortes gebaut.

Als Abt Walther von Benediktbeuern (gestorben 1168)
nach der sagenhaften Quelle graben ließ, kamen Reste einer
wahrscheinlich auf vorchristliche Zeit zurückgehenden
Quellenfassung zutage. Dabei geschah ein Wunder: Es »ent-

stand über der Quelle unter donnerndem Getöse eine helle Flamme, ein wunderbares Licht. Gleichzeitig erschienen dem grabenden Mönch himmlische Gestalten, die ihn abhielten, dem Quellenursprung weiter nachzugraben ...« (Josef Scharl). Wie so oft, hat auch diese Legende einen durchaus realen Hintergrund. Man weiß heute, »daß sich an der Quelle Methangas gebildet hatte, das durch irgend einen Zufall sich entzündete oder entzündet wurde. Wer heute im Brunnentempel in die Tiefe sieht, erkennt darüber eine bläulich schimmernde Schicht und weiß und erfährt, daß es das Methangas ist, das die heilenden Wasser aus unbekannten Tiefen und uralten Erdschichten an die Oberfläche drückt ...« (Josef Scharl). Es kann hier auf die komplizierten tektonischen Verhältnisse um Heilbrunn nicht näher eingegangen werden. In aller Kürze sei nur gesagt, daß die Heilbrunner Quelle aus dem im Tertiärzeitalter emporgehobenen Meeresboden des Eocän aufsteigt, dessen typischer Bestandteil Jod ist, entstanden aus einstigem Meerwasser, Meerestang und Resten von Meerestierchen. Die Quelle durchbricht die sie überlagernde, in der letzten Eiszeit vom Gletscher zurückgelassene mächtige Molasseschicht des Oligozän und wird durch einen achtzehn Meter tiefen Brunnenschacht an die Oberfläche geleitet. Früher wurde jedes Glas Wasser per Hand heraufgepumpt, heute kommt das heilende Naß aus der zur Wandelhalle hinüberführenden Leitung und wird dort dem Gast verabreicht.

Im Laufe der Zeit scharte sich um die von Abt Walther neu gefaßte Quelle, über der heute der Tempel von 1871 steht, eine kleine Siedlung mit mehreren Badehäuschen und einem Wirtshaus mit Schankgerechtsame. Aus ihr wurde im 16. Jahrhundert das ›Hofbad Heilbrunn‹. Der Landesherr, Herzog Wilhelm IV., und seine Gemahlin Jakobäa kamen ab 1530 des öfteren zum Kurgebrauch oder ließen sich das heilbringende Wasser nach München bringen. Noch in ihrem letzten Lebensjahr, 1580, entschloß sich

Jakobäa, des nunmehrigen Herzogs Wilhelm v. »freundlich geliebte Anfrau anheur abermalin das Wasser aus dem Hailbronnen zu Ihrer Liebden vorhabenden chur herbringen zu lassen« (Alois Mitterwieser). Auch die folgenden Generationen blieben bei diesem Brauch. Schließlich jedoch kam 1659 die Gemahlin des Kurfürsten Ferdinand Maria, Henriette Adelheid von Savoyen, persönlich zu einer fünfwöchigen Kur. Ihre Hoffnung, der Gebrauch des berühmten Wassers werde ihre bereits seit acht Jahren kinderlose Ehe endlich mit Nachkommenschaft segnen, erfüllte sich. Nach einer 1660 geborenen Tochter Anna kam 1662 der ersehnte Thronerbe Max Emanuel zur Welt. In Erinnerung daran heißt die Quelle heute auf Wunsch König Ludwigs 1. ›Adelheidquelle‹.

Der Besuch der Kurfürstin war wohl das größte Ereignis in Heilbrunns Geschichte. Sie kam mit einem Gefolge von etwa hundertfünfzig Personen, darunter die »Leib- und Hofmedici«, Beichtväter, Edelknaben, »Trompeter und andere Musiker wie ein Harfenist« zur Unterhaltung der Gäste und natürlich eine große Zahl von Küchen- und Stallpersonal, von »Barbierern« und »Karabiniers«. Man kann sich vorstellen, daß ein nicht geringer Aufwand für Unterbringung und Versorgung nötig war. Auskunft darüber geben die Hofhaltungsrechnungen jener Zeit. Demnach muß die ganze Umgebung bis nach Tölz hinauf mit der Beschaffung und Lieferung des benötigten Inventars und der Verpflegung beschäftigt gewesen sein. Unter anderem hat ein Schäffler von Tölz das »Padtschür gepunden«, ein Seiler in Tölz die »Strickh zur Aufhengung Ihrer Churfürstlichen Durchlaucht Wösch« geliefert. »Wasserkrieg, Cammergschür, Gießpökh« (Gießbecken) »und dergleichen mehr« mußten aus Tölz beschafft werden. Ein Bräuer hatte wöchentlich an die sieben Eimer »gutes gerechtes Märzenbier« bereitzuhalten und die Bäcker mußten dafür sorgen, daß genügend Roggen- und Semmelbrot geliefert werden konnte. »Tappecerei, Tisch und Penkh« holten drei »Padt-

warterin« in München ab. Aus Kochel, Schlehdorf, aus
Dießen am Ammersee, Benediktbeuern, ja vom Fischmei-
ster in Ambach am Starnberger See kamen Fischlieferun-
gen, aus der ganzen Umgebung Ochsen, Kühe, Kälber,
Lämmer, Kitze, Hirsche, Gamsen, Rehe und natürlich eine
Unzahl »Pfäbl« (Pfauen), Kapaunen, »Gänsl«, »Wild-Aentl«.
Schließlich erfährt man, daß 968 »Hiendl«, 103 Hennen,
157 Tauben, 9703 Eier, 261 Pfund Butter, 1276 Maß Milch
und 15 Maß Rahm verbraucht wurden.

Am 5. Juni 1659 kam das Kurfürstenpaar in Heilbrunn
an, und am nächsten Morgen ist der Kurfürst nach Tölz
gefahren »und aldorten ufs Wasser gesessen«, das heißt, per
Floß nach München zurückgekehrt. Er kam des öfteren
wieder zu kurzen Besuchen, ist »uf den Kochelsee gerütten«
oder hat mit seiner Gemahlin auf dem »Silberschiff«, das
vom Starnberger See »uf den Lettensee nach Hailbrunn«
gebracht worden war, Vergnügungsfahrten unternommen.
Man nimmt an, daß der heutige kleine Lettensee nordwest-
lich von Heilbrunn damals mit dem Karpfsee verbunden
war.

Von all dieser Pracht, von den damals errichteten Gebäuden, dem Badehaus mit Wandelgang, den Räumen für
Unterbringung und Vergnügungen, von den Wagenremi-
sen und der »neu erpauten Hofstallung«, die an die zweihundert Pferde beherbergen konnte, aber trotzdem zu klein
war, so daß etwa ein Dutzend Tiere im Dorf untergebracht
werden mußte, ist nichts mehr vorhanden. Wer nach Über-
bleibseln der Glanzzeiten Bad Heilbrunns sucht, muß sich
mit dem Gedanken begnügen, daß in dem heutigen Kurhaus ein Rest der Badstuben aus der ersten Zeit, das Anwesen ›Zum Kasten‹, steckt und das Pfarrhaus auf Fundamen-
ten des großen Badhauses Henriette Adelheids steht. Ein
Hauch dieses Lebens liegt immer noch über dem Ort,
trotz der schweren Zeiten danach. Heilbrunn kam nach der
Säkularisation in verschiedene private Hände; seit 1912 ist
es im Besitz der Tölzer Jodquellen-A.G. Doch erst nach

dem Ersten Weltkrieg und dem Bau der heutigen schönen Kuranlagen 1935/36 begann ein neuer Aufschwung. Seitdem lockt das immer noch ungemein idyllische Bad mit seiner heute bei vielfachen Beschwerden, vor allem des Alters, beste Erfolge aufweisenden Jodtherapie, seinen gepflegten Kuranlagen und Spaziergängen, dem zu beschaulicher Ruhe einladenden Vorgebirgscharakter seiner Umgebung jährlich in steigender Zahl Heilungsuchende und Streßgeplagte zu heil- und erholsamem Aufenthalt.

Unsere Fahrt geht nunmehr an den waldigen Hängen des Blomberg entlang und vorüber an dem von Badefreudigen viel besuchten Stallauer Weiher. Hier hatten wir ein Erlebnis besonderer Art. Es war Laichzeit der Kröten. Sie verlassen dann ihren Lebensraum am Waldrand und wandern zu ihren Laichplätzen in und am Stallauer Weiher. Ihr Weg zwischen Wald und Weiher wird von der Straße gefährlich gekreuzt, und zu Tausenden werden die Tiere von den Autos überfahren. Zur Rettung dieser höchst nützlichen Ungeziefervertilger sperrten Naturschützer den Übergang am Waldrand in seiner ganzen Länge durch ein niedriges Drahtgitter. Die Tiere konnten teils durch kleine Tunnels unter der Straße passieren, teils wurden sie auch per Hand in Eimern gesammelt und ihrer Fortpflanzungspflicht zugeführt, nach deren Erfüllung auf dem gleichen Weg wieder zurückbefördert.

Übrigens kommt man hier über die frühmittelalterliche Grenze zwischen Huosigau und Sundergau, als das Land noch in Gaue eingeteilt war. Am Stallauer Eck fand sich auf dem Weg zum ›Wiesweber‹ ein alter Grenzstein, ein zweiter am Zwiesel bei Tannern am unteren Ende der Jachenau. Georg Westermayer umschreibt die Grenzen des Sundergaus: »Dieser grenzte gegen Süden im Gebirge an den Tälergau (pagus inter valles), gegen Südwesten an den Walchengau (Walhogoi), gegen Westen an den Huosigau, meist der Isar und Loisach entlang, gegen Norden, von Erching beiläufig gegen Gars am Inn hinüber, an den Westergau, gegen Osten an den Inn bzw. den Chiemgau und an den Tälergau.« Zu Benediktbeuern gehörten also Teile des Huosi- und des Walchengaus, während der Isarwinkel und Tölz im Gebiet des Sundergaus lagen.

Rechts passieren wir die Talstation der Blomberg-Kabinenbahn, die ein reizvolles, gänzlich ungefährliches und kaum Mühe erforderndes Wandergebiet erschließt. Der Blomberg (1248 m) ist ja der nächstgelegene Aussichtsberg der Münchner und erfreut sich entsprechend regen Zulaufs, wozu heute noch als besondere Attraktion für die Kinder – aber auch zum Gaudium nicht weniger Erwachsener – eine lange, schnelle und kurvenreiche Rutschbahn das Ihre beiträgt. Ein angenehmer Spaziergang führt von diesem Hausberg hinüber zu dem genau 100 Meter höher gelegenen Gipfel des Zwiesel, von dem man nun wie von einem Balkon aus die ganze Alpenkette von den Chiemgauer Bergen bis zum Allgäu und bei Föhn noch weiter darüber hinaus vor sich hat, besonders eindrucksvoll aber im Süden die Benediktenwand.

Zu Füßen der Vorberge liegt im Nordosten der Kurort Bad Tölz: am rechten Ufer der silbrig schimmernden Isar sein Kurviertel, und drüben von ihrem anderen Ufer wächst der »wunderbar ins Land hineingebaute uralte Markt, dessen Spuren tief in die graue Vorzeit hineinreichen«, wie Karl Stieler Alt-Tölz besingt, empor zu Mühlfeld und Kavarienberg.

An der Tölzer Isarbrücke angekommen, werfen wir heute nur einen Blick hinüber, denn »von hier aus führt ja der Weg in die Jachenau, in das einsame Bergtal, das noch heute tausendjährige Überlieferung bewahrt, zum mächtigen Walchensee ...« Wir bleiben vorerst in diesem ehemals Benediktbeurer Gebiet und werden zum Abschluß unserer Erkundungsfahrten den Isarwinkel und Bad Tölz besuchen.

Noch im Kurviertel von Tölz biegen wir also rechts ab und kommen zunächst flußaufwärts in die lichte Weite des Isartales. Drüben am anderen Ufer liegen in hellem

Sonnenschein die Häuser von Lenggries vor den Tegernseer
Bergen, herüben führt eine Kabinenbahn zum Brauneck
hinauf, einem winters wie sommers gern besuchten östlichen Ausläufer der Benediktenwand. Und inmitten der
grünen Erde des Tales verstreut ragen hohe Spitztürme in
den Himmel, oder weitausladende Zwiebelhauben hocken
auf ihren Türmen wie Glucken, die ihre Kinder vor der
Unbill des Lebens schützen möchten. Oft streben sie aber
auch elegant in die Höhe, kommen mit ihrer kecken Laterne dem Himmel ein Stückchen näher. Die sich um sie
scharenden kleinen Ortschaften laden zum Verweilen ein.

Die Jachenau

*»Die Jachenau im Vorhof des Hochgebirges ist rings umschlossen
von Waldhöhen, deren Alm- und Felsgipfel nicht über 1800 Meter
hinausreichen. Sie ist eine schiefe Ebene mit einem Gefälle von 110
Metern auf fünfzehn Kilometern Länge und einer Breite von 600-
1200 Metern. Das vom Walchensee aus einer Höhe von 802 Metern
kommende Flüßchen Jachen vereinigt sich in Fleck am anderen Ende
des Jachenauer Tales mit der Isar in einer Höhe von 692 Metern«,*
lassen wir uns von Georg Westermayer belehren.

Auf der Fahrt empfängt uns bei *Tannern* an der ehemaligen Grenze zwischen Sunder- und Huosigau, wo einst die
Stammburg der später auf der ›Hohinpurch‹ bei Lenggries
ansäßigen Hörwarth stand, der langgestreckte Wiesengrund der Jachenau. In weltverlorener Einsamkeit stehen
einzelne Höfe, ein jeder mit einer Kapelle oder einem Feld-
kreuz auf seinem Grund. Fast ist es so, als ob sich nichts
verändert hätte seit der Zeit, da Philipp Apian 1568 die
Jachenau ein »weltfremdes Tal« nannte, das man gar nicht
erreichen könne, außer »über einen See« (den Walchensee)
»oder über beschwerliche Berge«.

Nur am anderen Ende des Tales, gegen den Walchensee
zu, entstand schon um 1100 eine kleine Siedlung, als das
Kloster Benediktbeuern die Rodung seiner Gebiete voran-

trieb und »denen so es gelüstet« gestattete, die Wildnis des Talbodens urbar zu machen und »die Colonias« seiner Besitzungen zu vermehren. Nicht wenige der heutigen stattlichen Höfe, die sich um das Felsplateau mit der Kirche Sankt Nikolaus gruppieren, gehen auf diese erste ›Colonia‹ zurück. Und nicht wenige der hier ansäßigen Geschlechter können ihren Stammbaum bis in früheste Zeit zurückverfolgen. Beim Betreten eines dieser Häuser umfängt den Besucher die Atmosphäre sorgsam gepflegten Familienguts langer Geschlechterreihen, dazu eine geradezu frappierende Aufgeschlossenheit, ja Weltgewandtheit. Schon der Chronist von Benediktbeuern, P. Karl Meichelbeck (1669-1734) sagte, die Kinder der Jachenauer seien »größenteils, wie aus vornehmem Geblüte stammend, schön und sehr bildungsfähig«, allgemein seien die Jachenauer »sehr begabt«. Aus ihren Reihen kam Kaspar Amort (1612-1675), der sich in München einen Namen als Maler machte. In den Kirchen Münchens und seiner Umgebung finden sich zahlreiche Altarbilder von seiner Hand. Auch seine beiden Söhne Kaspar und Ernst Lukas waren begabte Maler; sein Großneffe Eusebius Amort wurde Abt des Klosters Polling und schrieb siebzig Bände über theologische Probleme. Ulrich Riesch (1762-1838) vom Luitpolderhof wurde Doktor beider Rechte, Professor des Kirchenrechts und der Moral in Benediktbeuern und Regensburg. Zwei andere Jachenauer, Alois Thanner zum Vorderthanner (1786-1865) und Nikolaus Ostner (1803-1874) sind durch ihre besonders schönen Bauernmöbel bekannt geworden. Ferner nennt die Chronik: »Paul Oswald, als Bildhauer ausgewandert nach Nikolsburg im Jahre 1751; Christof Öffl, Höfen, als Kunstschreiner ausgewandert in die Gegend von Neapel im Jahre 1657, Christof Amort, als Kunstschreiner ausgewandert nach Hoppenbruch/Danzig, im Jahre 1657.«

Sie haben es schwer gehabt im Laufe der Jahrhunderte trotz tatkräftiger Unterstützung des Klosters Benediktbeuern. Wie schon im Kapitel Benediktbeuern erwähnt, schenkte es den ersten Siedlern Saatgut sowie Rinder und sorgte für eine geordnete Waldwirtschaft. Aber Naturgewalten vernichteten oftmals mühsam erarbeitete Existenzgrundlagen. Verheerende Unwetter, Stürme legten ganze Berghänge nieder, Hochwasser des damals noch ungezähmten Jachen zerstörten Brücken und Wege, rissen Häuser mit sich fort. Kriegsschauplätze rückten in bedrohliche Nähe, im Dreißigjährigen Krieg kam die Pest ins Tal und im Spanischen Erbfolgekrieg verteidigten Jachenauer mit Walchenseer Scharfschützen im Schutz gefällter Bäume den Zugang zum Walchensee gegen die vorrückenden Tiroler. Nach der Besetzung Bayerns durch kaiserlich-österreichische Truppen 1705 versteckten sich die wehrfähigen Männer wochenlang in den Bergen, um der Rekrutierung in österreichischen Kriegsdienst zu entgehen. Jeder Hausvater mußte Kost für zwei kaiserliche Soldaten liefern oder wöchentlich drei Gulden in die Kriegskasse zahlen, was in jener Zeit, da der Bauer kaum Bargeld besaß, eine drückende Belastung war.

Aber trotz dieser und ähnlicher Beschwernisse ging es in zäher Arbeit bergauf, ja wenn man die noch erhaltenen Lüftlmalereien an zahlreichen Häusern sieht, so scheinen die Jachenauer Ende des 18. Jahrhunderts einen gewissen Wohlstand erlangt zu haben. Unter diesen reizenden Werken erregt besonderes Entzücken eine Darstellung der Maria als Guter Hirtin, wie sie der berühmte Franz Karner (1737-1817) aus Mittenwald auf den Eggernhof in *Hinterbichl* malte, ein noch ganz vom Geist des Rokoko geprägtes Spätwerk von 1789. In graziöser Haltung beschützt Maria mit einer Hand ein zu ihr geflüchtetes Schäfchen, in der anderen hält sie den bunt bebänderten, blumengeschmückten Schäferstab. Ein Strahlenkranz umgibt ihr liebliches Gesicht, das mit den kokett niedergeschlagenen Augen und dem leisen Lächeln um den Mund, dem elegant aufgesetzten, mit einer Rose gezierten Schäferhut durchaus dieser Welt anzugehören scheint.

*Die Jachenau galt bis weit ins 19. Jahrhundert hinein als weltabge-
schiedenes stilles Tal, ungeachtet der Tatsache, daß immer wieder
die Flößer die Jachen, Isar und Donau hinabfuhren und Kunde von
›draußen‹ zurückbrachten. Im zweiten Drittel des 19. Jahrhunderts
kamen eben dieser Ruhe wegen die ersten Sommergäste in diese
Gegend, für die auch Gustav Kraus 1837 mit dieser Lithographie
vom Wirtshaus in der Jachenau geworben hat.*

1706 hatte man mit einer Renovierung der auf eine
Holzkapelle von 1192 zurückgehenden, im Jahr 1291 geweihten ersten steinernen Kirche Sankt Nikolaus im
Hauptort *Jachenau* begonnen. Die Umgestaltungsarbeiten
nach dem Plan von Josef Hainz aus Bichl zogen sich fast
das ganze 18. Jahrhundert hin, bis von dem alten Gotteshaus
nur noch die Mauern des Längsschiffes erhalten blieben.
1874 wurde dann noch ein neuer, seitlich angesetzter Turm
gebaut; an die Stelle des abgetragenen alten kam ein Portal-
bau. Der hübsche Innenraum wurde 1787 von dem Wessobrunner Franz Doll stuckiert und von Alois Gaibler freskiert. Diesem Gespann sind wir bereits in Froschhausen
begegnet. Wie dort, hat Gaibler auch hier die Landschaft

in seine Deckenbilder miteinbezogen. Im Chorfresko sieht man Sankt Nikolaus als Beschützer der Armen und Bedrängten in der Jachenauer Landschaft des 18. Jahrhunderts, in den Fresken des Langhauses Pauli Bekehrung und seine Rede in Ephesus, dann Petri Verleugnung sowie die Übertragung des Hauptes der Heiligen Anastasia. Doch der Stuck des Franz Doll fügt sich – so will uns scheinen – mit den Freskenmalereien nicht zu jener Harmonie, die in Froschhausen so beglückt. Berg- und Landschaftsbilder der Jachenauer Gegend zeigt auch die Kanzel. Altäre Johann Georg Millers, der zu seiner Zeit fast alle Kirchen der Umgebung ausstattete, und Skulpturen Josef Anton Fröhlichs schmücken den von der Gemeinde sichtlich liebevoll gepflegten Raum.

Mit dem 19. und 20. Jahrhundert kam die neue Zeit auch in die Jachenau. Dem ersten Wirtshaus – erbaut 1291, im selben Jahr wie die erste steinerne Kirche – folgten jetzt weitere, dem ersten Schulhaus von 1790 im Jahre 1898 ein neues. 1887 war endlich die Forststraße nach Sachenbach am Walchensee fertig geworden, und es kamen Erzbischof Steichele von München-Freising und Prinz Arnulf von Bayern. Prinz Rupprecht von Bayern hielt sich zu einer zweitägigen Jagd in der Jachenau auf. 1890 erschien der erste Postomnibus im Tal.

Aber noch immer erlitt die Bevölkerung großen Schaden durch die Überschwemmungen des Jachen. Erst als dieser natürliche Abfluß des Walchensees 1924 mit Inbetriebnahme des Walchenseekraftwerks – die dem Tal 1925 das elektrische Licht zubrachte – durch eine Schleuse reguliert wurde, war diese Gefahr beseitigt. Freilich nahm damit auch ein wichtiger Erwerbszweig der Jachenauer, die Holztrift, fast ganz ein Ende. Nur während der Schneeschmelze oder in regenreichen Zeiten ist sie noch möglich. Holzhandel und Viehzucht sind noch immer die Existenzgrundlagen der Jachenauer. Von den im Laufe der Jahrhunderte immer wieder auch hier unternommenen Versuchen der

Die Bewohner der Jachenau waren als ursprünglicher, kraftvoller und schöner Menschenschlag bekannt, und Felix von Lipowsky fügt dem ergänzend hinzu: »Die Weiber dieses Tals zeichnen sich durch Witz, einen ihnen eigenen frohen Sinn besonders aus ...« Diese liebenswerten Eigenschaften und die malerische, sehr viel Grün verwendende Tracht haben es sichtlich auch Carl Heinzmann angetan, als er auf einer seiner Wanderungen, die ihn seit 1816 durch das Bayerische Hochland führten, diese fesche Jachenauerin konterfeite.

Erzgewinnung bemerkt der Chronist: »So oft in unseren Bergen Metalle gesucht werden, ist die Mühe und der Aufwand umsonst.«

Die ersten Sommerfrischler kamen, 1903 dachte man an den Bau einer Eisenbahnlinie in das Tal. Doch die Jachenauer sträubten sich, das Projekt scheiterte an »dem Mehrheitswillen der Bevölkerung«: Ein erstaunlich frühes Umweltbewußtsein!

»Glücklich, wer in der Bergesstille etwas von ewiger Ruhe verspürt. Nie soll unnötiger Lärm diesen Frieden stören«, stand auf einem Blatt ›Für den Sommergast‹, das er bei seiner Ankunft erhielt. Zehn Punkte machten ihn aufmerksam auf das, was die Jachenauer ihren Gästen zu bieten oder auch nicht zu bieten hatten. Da stand zum Beispiel unter anderem: »Man lasse den städtischen Zivilisationsballast daheim. Erholung setzt Befreiung von Unnötigem, Rückkehr zum Primitiven voraus. – Der Städter kann sehr viel an der primitiven Lebensform und Lebensweise des Bergmenschen lernen. Es wird ihm bleibender geistiger Gewinn sein und körperliche Gesundung, nervliche Erholung, aufwachende Lebensfreude und Menschlichkeit. – Wer klug ist, beginnt seinen Bergaufenthalt mit einer mäßigen Bergfahrt. Er muß Lunge und Geist befreien, reinigen und frisch erfüllen. Er halte auch bei Sturm, Nebel und Regen aus, wenn er den wirklichen Rhythmus der Berge kennenlernen will. – Der Sommergast stelle an das Landvolk nicht die gewohnten Ansprüche der Stadt. Er entsetze sich nicht über etwaige ›mangelnde Hygiene‹. Immer ist ein Volk in biologischem Abstieg, wenn es auf ›Hygiene‹ ängstlich bedacht wird. Sie vermag nur einen geringen Bruchteil dessen gut zu machen, was die ungesunden Lebensverhältnisse und die unvernünftige Lebensweise der Städte am Menschen sündigen. Die Bilanz an wirklichem Lebens- und Kulturgut wird in den Städten immer passiver. – Der Jachenauer ist derzeit arm. Er heißt den Gast willkommen. Aber er will um seinetwillen kein Krämer werden. Der Fremde, der sein Herz und Wesen einmal entdeckt hat, wird ihn lieb haben.«

Kommt man an einem Vorfrühlingstag aus der Jachenau bei Niedernach an den Walchensee, so findet man seinen Wasserspiegel weit unter jener Höhe, die er im Sommer erreicht. Bis zu sechseinhalb Meter wird er in den wasserarmen Wintermonaten durch Ableitung zu dem zweihundert Meter tiefer gelegenen Walchenseekraftwerk am Kochelsee abgesenkt, um der Stromerzeugung zu dienen. Aus dem trockenen Sand- und Kiesbett am Rand des Sees ragen dann die Steinwälle und dicken Holzpfähle, eingerammt zum Schutz der Ufer vor sommerlichen Stürmen und Überschwemmungen und verleihen der Landschaft ein gespenstisches Aussehen. Es ist die Zeit der Fischer. Auf dem stillen Wasser ziehen sie ihre Netze ein oder warten geduldig, daß der See ihnen einen Anteil seines Fischreichtums schenkt. Drüben liegt die grüne Insel Sassau, das Massiv des Herzogstandes säumt das Ufer, sein Spiegelbild ruht im unbewegten dunklen Wasser.

»Die traurig schöne Perle der Berge« nannte Karl Stieler den Walchensee. Und er fuhr fort: »*Weithin öffnet sich die Flut und dennoch erscheint sie eingeschlossen, gefangen – spielendes Sonnenlicht verklärt die Fläche und dennoch ist sie düster. Und wenn auch der schwarze Spiegel in regungsloser Ruhe liegt, so ist doch eine Leidenschaft in seinen Zügen, die das Gemüt des Wanderers erschreckt.*«

Leidenschaftliche Naturgewalten waren es, die aus der eiszeitlichen Polarlandschaft hervorbrachen, das Becken des Walchensees, die Senke des Kesselbergs zwischen Herzogstand und Jochberg ausschürften und, ungeheure Gesteinsmassen mit sich reißend, in die Talebene hinunterstürzten. Die Moränenhügel, die Moore und Seen entstanden in langsamer Verlandung. Dieser gewaltige Schöpfungsprozeß hat sich in der Legende von dem gefahrdrohenden Untier niedergeschlagen, das im Walchensee hausen soll. Sie erzählt, dieser riesige Waller halte unentwegt mit mächtigem Biß seinen Schwanz fest. Wenn aber Gottlosigkeit und Unmoral auf der Welt überhandnähmen, werde er ihn losschnellen lassen und damit das Wasser in einen so ungeheuren Aufruhr versetzen, daß seine Wogen mit unvorstellbarer Wucht den Kesselberg durchbrächen und, ins Unterland hinabstürzend, ganz Bayern verschlängen und vernichteten. Diese Endzeitvision hat die Technik unseres Jahrhunderts mit dem alljährlichen Aderlaß durch das Kraftwerk abgewendet. Er entzieht dem Ungeheuer sicherlich so viel Kraft, daß es in des Sees tiefste Tiefe hinabgesunken ist und dort 196 Meter unter dem Wasserspiegel elendiglich dahinsiecht. – Unbesorgt können sich im Sommer Badegäste, Sportsegler und vor allem Surfer auf dem Wasser tummeln. Sie beleben heute in Scharen die einst so stillen, kaum besiedelten Ufer des Sees.

Fährt man von Niedernach am südlichen Seeufer entlang, kommt man zu dem ehemaligen Forsthaus *Altlach*. Wie in der Zeit, als Ludwig II. seine Minister zur Erledigung unerläßlicher Staatsgeschäfte in die Berge rief, steht es inmitten einer großen Wiese am Ufer des Sees und wird lebendig, wenn man Louise Kobells Schilderung einer solchen Kabinettssitzung folgt: *»Der Förster hatte Haus und Flur von oben bis unten scheuern lassen, Stühle und Tische auf die Wiese gestellt, eine rote Wolldecke darüber gedeckt, einen riesigen Blumenstrauß darauf postiert, seine Dachshunde in die Hundehütte verbannt, und ehrerbietig wartete dann der Förster der Dinge, die nun kommen sollten. Da sprengte der König mit seinem Pferd und Wagentroß daher. Eisenhart«, der Kabinettssekretär, »erschien mit seinem Portefeuille und der Vortrag fand im Freien statt. Die Szenerie war eigentümlich. Im Hintergrunde der Wiese lagerten die Reitknechte und reihten sich die Fahrzeuge aneinander. Der König setzte sich, die schottische Mütze auf dem Kopf, im Reisekostüm an den Tisch, rückwärts von ihm, stramm aufrecht zwei Lakaien, vor ihm stand sein Kabinettschef im schwarzen Frack, den Claquehut unter dem Arm, und berichtete mit lauter Stimme über die von den verschiedenen Ministern eingesandten Anträge und Vorschläge; dann* *und wann mischte sich das Tönen einer Kuhglocke darein, oder das Gekläffe der über ihre Haft erbosten Hunde. Nachdem der König die letzte Entschließung getroffen und die Unterschriften gefertigt hatte, verabschiedete er leutselig seinen Sekretär, gab ein Zeichen und wie durch eine Zauberformel verschwand die ganze Gesellschaft...«*

Nicht weit vom Forsthaus führt ein bequemer Weg auf den Hochkopf »... *an Wasserfällen vorüber durch prachtvollen Hochwald zu dem königlichen Jagdhaus ... Der um die Kuppe ziehende Steig schneidet durch Waldlücken entzückende Landschaftsbilder aus. Es sind großartige, in grünen Rahmen gefaßte Alpenszenerien, welche hier das Auge erfreuen. Gegen Norden öffnet sich über dem Kesselberg die Fernsicht auf die lichtverklärte Ebene mit dem Starnberger See, darunter breitet sich der flüssige Spiegel des Walchensees aus. In tiefster Ruhe liegt die azurblaue, von Sonnengold überhauchte Fläche und strahlt in seltener Klarheit und bezauberndem Farbenspiel ihren grünen Bergkranz wider. Im Osten schaut in kühnen Formen die Beurerwand« – die Benediktenwand – »herüber. Eine einödsame Hochalpennatur aber rollt sich im Süden vor dem staunenden Blicke auf. Wie ein blinkender Reif thront in greifbare Nähe gerückt der Karwendel über dem Isartale, Mauern auf Mauern und Felsen auf Felsen getürmt und von rosigweißem Dufte umflossen. In den tiefen Klüften und Schluchten lagern noch blaue Morgenschatten. Der Niederblick in die grüne Tiefe eines wogenden Wipfelmeeres, durch das in schwindelnder Tiefe das breite, von Kiesinseln und Auen unterbrochene Flußband der Isar zieht, ist von fesselndem Reize. Berge und Wälder träumen in beseligendem Frieden und flutendem Sonnenglanz«* (Julian Dörr).

Man erinnert sich, dort oben schrieb Ludwig II. viele seiner Briefe an Richard Wagner, und dort oben hat Wagner selbst einmal – vergeblich – Erholung seiner »überangespannten Nerven« gesucht. Am Tag nach seiner Rückkehr, am 22. August 1865, schrieb er in sein Tagebuch: *Als ich gestern über den Walchensee fuhr, sah ich was Schönes. Die seichten Stellen: wie klar, wie licht alles auf dem Grunde; das Wasser war nur ein Glas; schöner weißer Sandgrund, jeder einzelne Stein, da, dort, hier ein Pflanze, dort ein Stamm – alles deutlich. Da kam der tiefe Abgrund: das Wasser dunkel, dunkel, alle Klarheit fort, alles verschloßen? dafür aber plötzlich der Himmel, die Sonne, die Berge – alles zum Greifen hell und klar auf dem Spiegel – seichte Seelen, tiefe Seelen. Ich habe in vieler seichter Seelen Grund geblickt: wie wenige tiefe Seelen spiegelten mir die Welt ab! …«*

Wir sind immer noch in Altlach und schauen hinüber auf das jenseitige, für den Autoverkehr noch nicht freigegebene Ostufer. Davor erkennen wir die kleine Insel Sassau, auf die im Schwedenkrieg der Abt von Benediktbeuern floh, um die wertvollsten Kirchenschätze vor dem Feind in Sicherheit zu bringen. Ein Vorgang von geradezu bestürzender Ähnlichkeit spielte sich Ende April 1945 ab, als trotz der militärischen Agonie und des bevorstehenden Zusammenbruchs hastige Anstrengungen unternommen wurden, die Alpenfestung als allerletzte Rückzugsbasis zu errichten. In diesem Zusammenhang wurde die Deutsche Reichsbank, oder was davon noch übrig war, in das Hotel zur Post in Walchensee verlegt und der Reichsschatz, darunter 20 Tonnen Gold, zunächst in der Zerwirkkammer des Forsthauses Einsiedl vorübergehend eingelagert, dann in Erdgruben auf dem Steinriegel hinter dem Forsthaus verscharrt, schließlich zum Teil wieder hervorgezerrt und zur größeren Sicherheit auf private Kleindepots verteilt. Der vergrabene Goldschatz fiel den Amerikanern in die Hände, die andere Hälfte aber blieb bis heute verschwunden.

Nördlich von Einsiedl ragt aus der Obernacher Bucht die Halbinsel Zwergern in den See. Auf ihrer äußersten Spitze steht *Sankt Margareth.* Die verträumte Stille um dieses einsame Kirchlein auf blühendem Wiesengrund zieht den Besucher in seinen Bann. Es ist, als ob dieser noch auf mittelalterlichen Teilen ruhende Bau mit seinem so anmutigen, etwas altersschwachen Gewand in irgendwie rührender Weise darum werben möchte, sein Schicksal und das dieses geschichtsträchtigen Bodens nicht zu vergessen.

Wann mögen die ersten Menschen in diese von unheimlichen Bergriesen eingeschlossene Gegend vorgedrungen sein? Sie bot ihnen relative Sicherheit, der See reiche Nahrung an Fischen. Waren es versprengte Häuflein der Kelten, der Römer oder Bajuwaren? Der Vermutungen gibt es viele. Pfahlbaureste und der Fund eines jungsteinzeitlichen Steinbeils in der Bucht von Zwergern deuten auf vorgeschichtliche Besiedlung, Sankt Margareth als Kirchenpatronin auf einen sehr frühen Bau. Nach dem 11. Jahrhundert wurden dieser Heiligen kaum noch Gotteshäuser geweiht. Sie »besiegte durch das Kreuz das Heidentum ... Sie erinnert an das keltische und romanische Heidentum des Gebirges«, und der legendäre Gründer von Sankt Margareth, der Heilige Rupert, ›Apostel der Bayern‹, »scheute keinen noch so beschwerlichen Weg durch die Täler und über steile Bergpässe zu den entferntesten Almen, wo er das Volk unterwies und Aberglauben ausrottete« (Erna Melchers). Möglicherweise steht also Sankt Margareth über einem heidnischen Heiligtum, geht ihr Ursprung in früheste Zeiten menschlichen Lebens in diesem Raum zurück. Sichere Kunde von ihr gibt freilich erst eine Einweihungsurkunde von 1344. Vielleicht handelte es sich hierbei um die Erneuerung eines ersten altersschwachen Kapellchens. 1667 nach »Erbauung des Neuen Thurns, der ganz aus Holz bestund«, nach »umfangreicher Reparierung und Erweiterung der Kapelle« im Jahre 1670 erhielt das Kirchlein 1778 die ganz besonders wohlabgewogenen, harmonischen Proportionen seiner heutigen Gestalt. Es wurde »das Kirchen-Vorhaus abgebrochen, der Turm zu diesem gesetzt, erweitert und aufgemauert. Dann ferners die Kirchenmauer gänzlich derum um drey Schuh höher aufgemauert, sodann ein neues Gewölbe, wie auch der Tachstuell, dann Kirchen- und Thurn Deckung, so anders hat gemacht werden müssen.« Weiter heißt es in den alten Kirchenrechnungen, 1782 sei »vor ein gemacht ganz neue Kanzel gezahlt worden dem Johann Georg Miller Küstler zu Weihl 40 fl.« Im Jahr 1903 wurden bei Restaurierungsarbeiten auf das 14. oder 15. Jahrhundert zu datierende Fresken freigelegt. Sie stellen die Verurteilung und Hinrichtung der Titelheiligen dar.

Bei Gottesdiensten soll noch heute ein silberner Kelch gebraucht werden, dessen lateinische Inschrift übersetzt lautet: »Johann Augustin Zwerger, beider Rechte Doktor, Propst zu Wien, gab diesen Kelch der Kapelle der Heiligen Margaretha in Wallersee zum Geschenke im Jahre 1644«. Noch stehen unweit von Sankt Margareth die drei Höfe dieses nachweisbar seit 1395, wahrscheinlich aber noch viel länger hier ansässigen Geschlechts. Sie hatten die Fischereirechte auf dem See, machten sich um die Fischzucht im Walchensee verdient. Auch in Österreich lassen sich an vierzig Gewässern Zwerger-Fischer nachweisen. Darüber hinaus findet man ihren Namen im 17. Jahrhundert als Vertreter der Schliersee-Miesbacher Stukkatorenschule, die unter anderem Meisterwerke wie die Stuckierung der Sankt-Leonhard-Kirche in Fischhausen am Schliersee und der Elbacher Heilig-Blut-Kirche bei Fischbachau im Leitzachtal schufen. Im Reich wirkten sie als Gelehrte, Beamte, Baumeister, Bildhauer, Musiker und Geistliche. Johann B. Zwerger (1867-1893) war Fürstbischof von Seckau, Johann August Zwerger, wie erwähnt, Propst in Wien, und zwar am Stefansdom, außerdem Kanzler der Universität und wurde 1672 in den Reichsadelsstand erhoben. Eine Eva Zwerger war die Mutter des berühmten österreichischen Baumeisters Johann Bernhard Fischer von Erlach (1656-1723).

Bis zur Auflassung des kleinen Friedhofs um Sankt Margareth 1827 haben sie dort ihre Toten begraben. Jetzt deckt das blühende Leben des Wiesengrundes um das Kirchlein ihre Gräber und strahlt einen stillen heiteren Frieden aus.

Welch ein Gegensatz zu dem von einer hohen Mauer umgebenen ernsten, hochgiebeligen Bau des *Klösterls* auf der dem Ort Walchensee zugewandten Seite der Zwerger-Halbinsel! »... eingehüllt in Waldesrauschen und Wellengeplätscher wirkt es wie ein Märchen aus längstvergangenen Zeiten ...«, meint noch 1952 ein überschwenglicher Chronist. Mag sein, nur waren diese »längstvergangenen Zeiten« für das Klösterl alles andere als ein »Märchen«.

1686 in Erfüllung eines Gelübdes von Maria Antonia, der ersten Gemahlin des Kurfürsten Max Emanuel zur Aufnahme von Hieronymitaner-Eremiten aus Schlehdorf gestiftet, war das Klösterl Spielball der seit frühesten Zeiten schwelenden Streitigkeiten zwischen Benediktbeuern und Freising bzw. Schlehdorf um die Walchenseer Besitzrechte. Es dauerte nicht lange, dann mußten die Eremiten weichen, Benediktiner zogen ein, richteten eine Herberge für durchziehende Pilger ein, gründeten für deren Bewirtung eine kleine Brauerei. Aber die Querelen nahmen kein Ende. Schließlich wohnten nur noch zwei Benediktiner im Klösterl, welchen die Seelsorge in Walchensee und in der Jachenau oblag. Als die Jachenau 1726 der Pfarrei Kochel zugeteilt wurde, blieb nur noch der Walchenseer Pfarrer übrig. Er hatte die im Klösterl eingerichtete Walchenseer Schule mitzubetreuen, bis 1920 der Ort ein eigenes Schulgebäude

Auf dem Wege nach Italien befand sich Goethe, als er am 7. September 1786 am Walchensee vorbeikam, und entsprechend eilig hatte er es, endlich in das Land seiner Sehnsucht zu kommen. Das hinderte ihn jedoch nicht, kurz nach seiner Begegnung mit der Tochter des Harfners von der Poststation in Walchensee aus den idyllischen Blick auf das Klösterl mit raschen Strichen festzuhalten.

und einen eigenen Lehrer erhielt. 1938 zog auch der Pfarrer aus, das Klösterl stand verlassen, dem Verfall preisgegeben, »um das verwitterte Gemäuer rankt sich Schlinggewächs, über die halbzerfallenen Klausurmauern ragen die Kronen breitästiger Buchen herüber« (Julian Dörr).

1981 kaufte die Diözese Augsburg das Klösterl und richtete dort nach gründlicher Renovierung ein Jugendbildungsheim ein. In das »verwitterte Gemäuer« ist junges hoffnungsfreudiges Leben eingekehrt. Und wie eh und je »rauscht der stets bewegte, im grellen Sonnenlicht silbern schillernde und flimmernde See, über den der hohe Griesberg seinen breiten Schatten wirft, der sich wieder in den lichtgrünen Baumpartien der das Klösterl tragenden Halbinsel und in der Fläche spiegelt« (Julian Dörr). Im Anblick dieses Panoramas konnte man früher auf der Terrasse des gegenüberliegenden ›Hotels zur Post‹ in *Walchensee* ›stundenlang träumen‹, wie der Chronist schwärmt; Goethe hat es während seines kurzen Aufenthaltes gezeichnet.

Das aus einer Tafernwirtschaft von 1048 hervorgegangene, 1602, als der Fuhrverkehr über den Kesselberg zunahm, massiv und umfangreich umgebaute, 1691 zur Thurn- und Taxisschen Poststation avancierte historische ›Hotel zur Post‹ ist zusammen mit seiner Terrasse am See der Spitzhacke zum Opfer gefallen. Als ›Seehotel zur Post‹ mit angeschlossenem Komplex von Ferienappartements ist es 1984 wiedererstanden. Angesichts dieses neuzeitlichen Komforts ist es doppelt aufschlußreich, wie es noch vor knapp hundert Jahren hier zugegangen ist. Damals wurden die Fremden in einem der vier großen Wirtschaftsgebäude untergebracht, das »unten die Zehn Köpfe starke schöne Viehherde des Posthalters beherbergte«. Eine Stiege führte hinauf zu den beiderseits des langen Ganges befindlichen Gastzimmern. »Hier im Zimmer Nr. 1 wurden wir einquartiert, und beim melodischen leisen Brummen der Kühe, dem Rauschen des Sees und dem sanften Duft aus den unteren Räumen haben wir herrlich den tiefen Schlaf des

Gerechten so manche Nacht geschlafen«, erinnert sich Emil Becker, der Verfasser des 1897 erschienen Buches ›Der Walchensee und die Jachenau‹. Mit der Einrichtung einer regelmäßig verkehrenden Postkutsche zwischen Benediktbeuern und Mittenwald, die bald der ständig steigenden Nachfrage besonders in den Sommermonaten nicht mehr genügen konnte, kam es vor, daß für spät eintreffende Touristen kein eigenes Zimmer mehr verfügbar war, obwohl die Posthalterei bereits über zwanzig Fremdenzimmer verfügte! *»So erging es dem ehrwürdigen Professor S. aus Posen mit seiner Frau. Er mußte im Pferdestall mit dem Bett des Postillons, der in den Heuboden hinaufzog, vorlieb nehmen, während die Frau Gemahlin mit Freuden das Bett der Expeditorin annahm und letztere auf einem Sopha im Wohnzimmer der Frau Posthalter kampierte. Es war noch eine genügsame Zeit, die Lebensfreude ausströmte, offene Augen für die einsamen Schönheiten der Natur und Freude an harmlosen Vergnügungen hatte: Bei gutem Wetter herrscht ein ununterbrochenes geschäftiges Leben und Treiben vor und in der Post. Oft dauert das im großen Gastzimmer bis in die Nacht hinein. Die Schiffer, Kutscher und Postillone, Wirt und Wirtin, Postpersonal und Fremde plaudern beim Bier. Häufig erschallt die Zither und lustiger Liederklang mischt sich hinein. Stimmt aber die Musik einen Walzer an, so hält niemand die Füße länger unterm Tisch. Kellnerinnen, Stuben- und Küchenmädel werden herbeigeholt und sofort drehen sich die Paare, es stampfen die schweren Bergschuhe dröhnend den Boden, helle Juchzer schmettern dazwischen und der urwüchsige Schuhplattler erfreut das Auge der vom Hausgang her durch die Türe schauenden Damen und Herren, die bis dahin im Freien oder im Herrnstübl gar ehrsam gesessen haben.«*

Die Kirche Sankt Jakob von Walchensee liegt heute dicht an der vom Kesselberg kommenden Straße, auf welcher der Verkehr ständig braust. Die weichen, harmonischen Linien des kleinen Gotteshauses erinnern so sehr an die Anmut von Sankt Margareth, daß man meint, ein und dieselbe Hand müsse die Pläne für beide geschaffen haben.

Sankt Jakob entstand jedoch 1712, Sankt Margareth erst 1778, außerdem nennen die Kirchenrechnungen für sie »den Maurer Pallier von Schlehdorf Nahmens Antoni Paumgarten, so den Riß gemacht«, für Sankt Jakob den Benediktbeurer Pater Lukas Zais, dem wir schon in Bad Heilbrunn begegnet sind. Zumindest hat sich aber Paumgarten von dem ›Riß‹ – oder dem Geist – des Lukas Zais inspirieren lassen.

Sankt Jakob, 1291 geweiht, wurde 1603 neu gebaut und 1635 durchgreifend restauriert, 1712-1714 »weillen die höchste Nottdurft erfordert, diesses Gotteshaus sambt dem Thurn völlig biß auf den Grundt außer etlich Stuck an der hindern Mauer abzubrechen, vnd von Neuem aufzumauern, also hat man dieses Werck vor heuer angegriffen jedoch dieses noch nit gar zu seiner völligen Perfection gebracht.« Die »völlige Perfection« wurde im Laufe der nächsten Jahre erreicht. Der kleine, nur etwa zehn Meter lange, von Lukas Zais freskierte und von Josef Hainz stuckierte Raum, dessen ausgewogene Proportionen mit den zwei flachen Ausbuchtungen für die Seitenaltäre kein Gefühl der Enge aufkommen lassen, ist ein Meisterwerk barocker Baukunst geworden.

Weiter nach Norden am Seeufer entlang, wo heute massive Stützmauern und Straßenüberdachungen vor den »geförchteten Schneelähn«, das heißt vor Lawinen und Erdrutschen, schützen, kommt man zur Talstation der Herzogstandbahn. Keiner der Gäste Walchensees sollte es versäumen »durch ausgedehnte Wälder, die manchmal den Blick auf den Walchensee und seine Umrahmung freigeben«, zum Herzogstand (1761 m) hinaufzufahren, wenn er schon den an sich leichten und angenehmen Aufstieg scheut. Bis in die ersten Jahrzehnte des vorigen Jahrhunderts war auf den Karten noch der frühere Name Farchenberg gebräuchlich, bis sich die volkstümliche Bezeichnung Herzogstand durchsetzte: Hier hatten die Herzöge Wilhelm IV. (1508-50), sein Bruder Ludwig und sein Sohn Albrecht V.

Ein früher berühmtes Naturphänomen war das vielfach sich bre-
chende Echo am Walchensee, und der blasende Postillon auf dieser
Lithographie von Josef Anton Sedlmayr aus dem Jahre 1822 scheint
geradezu eine Illustration zu einem Reisebericht des 19. Jahrhunderts
zu sein: »Schwerlich wird in irgendwelchen deutschen Gebirgen ein

majestätischeres Echo gehört werden können. Man entlockt es dabei
unweit des ehemaligen Klösterls [im Hintergrund] durch das Losfeu-
ern einer kleinen Kanone ... Besonders eindrucksvoll ist der Klang
des Posthorns, wenn die Kutsche in die Bucht des Dorfes Walchensee
einbiegt.« Heute ist das Echo am Königssee weitaus bekannter.

(1550-79) gerne und ausdauernd gejagt. Ihren Spuren folgten dann König Max II., der einen bequemen Reitweg anlegen, und Ludwig II., der ihn zum Fahrweg ausbauen und unterhalb des Gipfels dieses seines Lieblingsberges ein ›Königshaus‹ errichten ließ. Von der Terrasse des heutigen Berggasthauses, das um jene einfache, holzverkleidete Hütte herumgebaut worden ist, bietet sich ein Panorama von unvergeßlicher Einmaligkeit. Tief unten liegt opalgrün der Walchensee, aus seinem waldumsäumten Ufer ragt die Halbinsel Zwergern mit Sankt Margareth und dem Klösterl, dahinter sieht man den Hochkopf, und über ihm erheben sich die Schrofen des Karwendel und der Wettersteinkette. Zwischen ihnen tauchen in weiter Ferne Arnspitze und Stubaier Alpen auf. Das grüne Tal von Krün ist sichtbar, und man ahnt im Taleinschnitt zwischen Hochkopf und Karwendel das Isartal, das der Fluß einst mit wilder Kraft durchzog, ehe er durch den Aderlaß zum Walchensee ein kümmerliches Rinnsal wurde. Im Gegensatz zu diesem hochalpinen Panorama und gerade dadurch besonders eindrucksvoll, eröffnet ein kurzer Weg etwas bergauf einen unendlich weiten Blick nach Norden bis hin zum Starnberger See. Eine an sich nicht schwierige, aber doch manchen nicht ganz Schwindelfreien abhaltende Gratwanderung führt hinüber zum dreißig Meter höheren Heimgarten (1790 m). Von dort kann man direkt zur Talstation absteigen, aber auch hinaus ins Loisachtal nach Eschenlohe und Ohlstadt wandern.

Ähnlich der ›Alten Post‹ in Walchensee mußte auch das renommierte Hotel ›Jäger am See‹ in *Urfeld,* bis 1846 eine kleine Bierwirtschaft, eine Verwandlung in den Komplex des jetzigen ›Jägers am See‹ mit Appartementhaus ›Seewinkel‹ hinnehmen. Es war einst, wie der Name sagt, das Haus des Klosterjägers, an das 1707 »zu großer Bequemlichkeit der Reisenden« ein ›Logierhaus‹ angefügt wurde, »damit dieselben forderist zur Winterszeit, da die Schneelähn zu förchten, mit einem Schiff könnten bedienet werden, um der Gefahr zu entgehen«. Ebenso ist aus dem ›Knappen-‹ und späteren ›Fischerhäusl‹, wo ein Zwerger Ende des 18. Jahrhunderts hauste und sein kärgliches Brot mit Erzschürfen und Wurzelgraben verdiente, ein ›Hotel Fischer am See‹ – gleichfalls in der Bucht von Urfeld – geworden.

Am Hang über ihm steht im Wald versteckt das Häuschen des Malers Lovis Corinth, zu dem eine Straße hinaufführt. Sieben Jahre, von 1918 bis zu seinem Tod 1925, kam er hierher in allen Ferien, zu allen Jahreszeiten, auch zu Weihnachten.

Für ihn war der Walchensee »... eine unerschöpfliche Quelle der Inspiration«, erinnert sich seine Witwe. Und Ludwig Justi: »... Am Walchensee ... entstand eine große Zahl von Landschaften, die an Freiheit, Leuchtkraft und Empfindung zum Herrlichsten gehören, das er geschaffen hat ...«

Den weitgereisten, berühmten Mann ließ diese Landschaft nicht mehr los, sie wurde »zum Übermittler aller Empfindungen, zu denen Corinth auf der Höhe seiner Kunst überhaupt fähig ist. Die in ihm wohnenden Kräfte befreien sich auf eine ihn selbst oft verblüffende Weise ohne daß er etwas ergrübeln müßte. Wie im Sturm kommt hier immer neue Schaffenskraft über ihn, reine Freude am Malen« (Horst Keller). »In diesem seinem letzten Lebensabschnitt hat Corinth ungefähr zweihundertfünfzig Ölbilder gemalt ... Daß allein sechzig davon den Walchensee verherrlichen, zeigt, was dieser ihm bedeutet hat. Der Walchensee bot auch die Motive zu zahlreichen Radierungen – insbesondere zu drei Zyklen in kleinem, mittlerem und großem Format – und zu einem lithographischen Mappenwerk.«

Seine Frau Charlotte Berend-Corinth, der wir diese Zeilen verdanken, hatte es übernommen, den Hausbau allein zu organisieren, um Corinths Arbeit nicht zu stören. Nicht ohne Schwierigkeiten konnte sie von der Münchner Baubehörde die Baugenehmigung erhalten. Ein abschlägiger

Bescheid schreckte sie nicht ab, sie ließ sich nicht abweisen, und nach weiteren vergeblichen Versuchen und Vorstellungen, wandte der Beamte nur noch ein: «... mir ist unklar, warum Leut aus Berlin sich gerade hier anbauen wollen – und das in dieser Zeit, wo's keine Arbeiter und keine Materialien gibt«, gab dann aber schließlich nach, als sie geantwortet hatte: »Ich möchte in Urfeld bauen, weil wir den See und das Karwendelgebirge lieben und weil mein Mann diese Landschaft nicht nur als Sommergast malen will.« Es war 1918, das Jahr des Kriegsendes, der Revolution, des Mangels an allem. Doch: »Was ist man zu leisten imstande, wenn man – wie ich es war – von einer Sache besessen ist!«, erinnert sich Charlotte Corinth. Es gelang ihr, alle Schwierigkeiten zu überwinden, und »Anno 1919 war es endlich soweit: Wir zogen ein ... In diesen sechs Jahren hat unser gemeinsames Leben kulminiert.«

Nach Corinths Tod 1925 kam das Haus in den Besitz eines auf ganz anderem Gebiet hochberühmten Mannes: des Physikers, Begründers der Quantentheorie und Nobelpreisträgers Werner Heisenberg, dessen Familie es noch heute besitzt.

Genau in denselben Jahren 1918 bis 1925, da Corinth hier lebte, wurde im Zusammenhang mit dem Bau des Walchenseekraftwerks von Urfeld durch den Kesselberg und fast unter dem Corinthschen Grundstück hindurch ein 1200 Meter langer Stollen zu dem Wasserschloß jenseits des Passes vorgetrieben. Von hier wird das dem Walchensee entzogene Wasser in sechs über der Erde liegenden Rohren von je 2,25 bis 1,20 Meter Durchmesser zu dem 183 Meter tiefer gelegenen Kraftwerk am Kochelsee hinuntergeleitet.

Schon um die Jahrhundertwende war der zunächst utopisch scheinende Gedanke aufgetaucht, den Höhenunterschied zwischen Walchensee und Kochelsee für die Gewinnung elektrischer Energie nutzbar zu machen. Fachleute entwickelten Projekte, die oberste Baubehörde in München schrieb 1909 einen Walchensee-Wettbewerb aus und begann mit der Ausarbeitung detaillierter Pläne; die Bewohner des oberen Isartales, ›Umweltschützer‹ von damals, protestierten gegen einen derartig verwegenen Eingriff in die Natur, Fachleute warnten: »Wohin mit dem vielen Strom?« Aber allen Warnungen und Protesten zum Trotz hatte sich der geniale Oskar von Miller, bereits berühmt durch die erste Stromübertragung der Welt im Jahre 1882 von Miesbach nach München und durch die Gründung des ›Deutschen Museums‹ 1903, leidenschaftlich und weit vorausschauend für das Projekt eingesetzt. Am 21. Juni 1918 erhielt er vom Bayerischen Staat den Auftrag, das Bayernwerk zu errichten und mit dem Bau des Walchenseekraftwerks zu beginnen.

Am 24. Januar 1924 konnte zum erstenmal Walchenseewasser eine Turbine treiben. Die in die Geschichte der Technik als wegweisend eingegangene Meisterleistung war gelungen. Und das in einer Zeit mit – aus heutiger Sicht unvollkommenen – technischen Hilfsmitteln und in schwierigster Wirtschaftslage mitten in der Inflation – im November 1923 stand der Dollar auf sage und schreibe vier Billionen Reichsmark! Weder wurde die Landschaft ›verschandelt‹ noch durch Wasserkatastrophen verwüstet, wie die Bevölkerung befürchtete, und bei dem ständig wachsenden Bedarf an elektrischem Strom war niemals die Rede von einem ›Überfluß‹. Im Gegenteil, zur Erhöhung der Stromerzeugung mußten noch zwei kleinere Kraftwerke gebaut und ein genügender Zufluß zu den Turbinen im Kraftwerk am Kochelsee durch Ableitung von Isar- und Rißbachwasser gesichert werden.

Das 1955 in Betrieb genommene Obernach-Kraftwerk in der Bucht von *Obernach* ist unauffällig in den Altlach-Berg hineingebaut. Es empfängt das vom Stauwehr bei Krün kommende, durch einen 3900 Meter langen Stollen geleitete Isarwasser. Aus dem Rißbachtal wird dreihundert Meter unterhalb der Tiroler Grenze der Rißbach abgezweigt und kommt durch den 3647 Meter langen Grasberg-

und den 3313 Meter langen Hochkopfstollen unter der
Isar hindurch zum Niedernach-Kraftwerk. Nach geleisteter
Arbeit werden beide in den Walchensee entlassen. Dem
Niedernach-Kraftwerk, 1951 in Betrieb genommen, ist
eine Schleuse angegliedert, die den natürlichen Abfluß des
Walchensees, des Jachen, reguliert. Und schließlich gibt das
große Walchenseekraftwerk das ihm zugeflossene Wasser
in den Kochelsee ab, der an dieser Stelle nicht zufrieren
kann. Als Abfluß des Sees nimmt es am gegenüberliegenden Ufer wieder den Namen des Zuflusses, der Loisach,
an, wird kanalisiert durch das Moor geleitet und strebt auf
verschlungenen Wegen nach Norden seiner Vereinigung
mit der Isar bei Wolfratshausen zu.

Aus dem Walchensee, diesem Wunder der Natur, wurde
im Dienste des Fortschritts ein Wunder der Technik, ohne
daß seine naturgegebene Schönheit, die ihn umgebende
geheimnisvolle Aura zerstört worden wären. So wie er jetzt
in der Vorsaison vor uns liegt, scheinen die Jahrhunderte
spurlos an ihm vorübergegangen zu sein.

Zwischen ›Fischer am See‹ rechts und ›Jäger am See‹
links kommt die Kesselbergstraße herunter, die uns am
Beginn unserer Fahrt in entgegengesetzter Richtung zur
Nordseite den ersten unvergeßlichen Blick auf das weite
Land um Benediktbeuern geschenkt hat. Ihre Serpentinen
erreichen von Kochel herauf in einer Höhe von 858 Metern
das Joch des Kesselbergs und senken sich dann wieder zum
Walchensee hinunter. Wie wir schon im Kapitel ›Benediktbeuern‹ gehört haben, war die erste Fahrstraße 1492 angelegt und 1781 so verbreitert worden, daß sie auch Postkut-
schen bequem befahren konnten. Doch die alte Strecken-
führung vermochte mit ihren neun steilen Kehren dem
heraufziehenden Zeitalter der Motorisierung nicht mehr
zu genügen, so daß die Trasse zwischen 1893 und 1897
ganz neu angelegt werden mußte, und auch sie ist in der
Zwischenzeit immer wieder verbreitert und entschärft
worden. Kurz nach der Jahrhundertwende bemächtigte

sich der Motorrennsport dieser Strecke, die für die schwierigen Bergprüfungen gerade das Richtige war. Und wo noch
1871 die frühen Radfahrer bei ihrer ›Velociped-Tour‹ über
den Kesselberg nach Mittenwald mühsam die Steigung auf
der alten Straße überwinden mußten, konnten 1905 beim
ersten ›Internationalen Motorradrennen am Kesselberg‹ die
Teilnehmer bereits elegante Kurven ziehen. Bis 1935, als die
Veranstaltungen auf den ›Schauinsland‹ bei Freiberg verlegt
wurden, sah diese Rennstrecke fast alljährlich spannende
Wettkämpfe und neue Geschwindigkeitsrekorde, die in den
letzten Jahren der Austragungen meist das deutsche Renn-
fahreridol Hans Stuck erzielte. Von 1928 bis 1935 fuhr er
sechsmal die beste Zeit für Sportwagen oder gar die Bestzeit
des Tages, zuerst auf einem Austro-Daimler (1928-1930),
dann auf einem Mercedes (1932) und schließlich auf einem
Wagen der Auto-Union (1934 und 1935).

Sehr viel geruhsamer und beschaulicher, wenn auch bestimmt unbequemer ging es zu, als Michel de Montaigne,
dem wir schon in Mittenwald begegnet sind, am
22. Oktober 1580 die allererste Straße zum Walchensee erklomm: »... *nachdem wir zur rechten Hand auf den Isarfluß*« [er
meint wohl die Loisach] »*und einen großen See*« [Kochelsee]
»*am Fuß der bayerischen Berge gestoßen waren und in einer Stunde
Wegs einen kleinen Gebirgsstock erstiegen hatten, in dessen Höhe
eine Inschrift besagt, daß vor hundert Jahren ein Herzog von Bayern
die Felswand hatte durchbrechen lassen, drangen wir mit einem Male
in den eigentlichen Schlund der Alpen ein. Beim Abstieg von diesem
kleinen Gebirgsstock stießen wir auf einen kleinen See, eine Gasco-
gnische Meile lang und ebenso breit, überall von hohen unzugängli-
chen Bergen eingeschlossen.*«

Gut zweihundert Jahre später kam am 7. September 1786
auf der fünf Jahre zuvor verbesserten Straße ein Kaufmann
namens Philipp Möller aus Leipzig den Kesselberg hinauf.
Hinter dem Decknamen verbarg sich kein Geringerer als
Johann Wolfgang von Goethe. In seiner ›Italienischen
Reise‹ berichtete er über diese Etappe: »*Nach Walchensee*

VIII

LOVIS CORINTH (1858–1925)

Ostern am Walchensee
Ölgemälde, 1922
Privatbesitz

Am Walchensee fand Lovis Corinth in seinen letzten sieben Lebensjahren eine Landschaft von un-
geheuerer Inspirationskraft. Zwischen 1918 und
1925 jede freie Zeit hier verbringend, schuf er in
und bei seinem 1919 bezogenen Haus über Urfeld
rund 250 Ölbilder, von denen allein sechzig die
Landschaft und den See wiedergeben, dazu kommen zahlreiche Radierungen und Lithographien.
Mit seinen Walchenseebildern hatte der Maler –
nicht zu verachten in jener für einen Künstler
äußerst schlechten wirtschaftlichen Situation nach
dem verlorenen Weltkrieg – großen Erfolg, der
seinerseits wiederum zur Popularisierung dieser
Alpengegend beitrug.

gelangte ich um halb fünf. Etwa eine Stunde von dem Orte begegnete mir ein artiges Abenteuer: Ein Harfner mit seiner Tochter, einem Mädchen von elf Jahren, ging vor mir her, und baten mich, das Kind aufzunehmen. Er trug sein Instrument weiter, ich ließ sie zu mir sitzen, und sie stellte mir eine große neue Schachtel zu ihren Füßen. Ein artiges, ausgebildetes Geschöpf, in der Welt schon ziemlich bewandert ... All ihre Reisen habe sie zu Fuß gemacht, zuletzt in München vor dem Churfürsten gespielt ... Sie unterhielt mich recht gut. Hübsche große braune Augen, eine eigensinnige Stirn, die sich manchmal ein wenig hinaufwärts faltete. Wenn sie sprach, war sie angenehm und natürlich, besonders wenn sie kindisch laut lachte; hingegen wenn sie schwieg, schien sie etwas bedeuten zu wollen, und machte mit der Oberlippe eine fatale Miene. Ich sprach sehr viel mit ihr durch, sie war überall zu Hause und merkte gut auf die Gegenstände. So fragte sie mich einmal, was das für ein Baum sei? Es war ein schöner großer Ahorn, der erste, der mir auf der ganzen Reise zu Gesicht kam. Den hatte sie doch gleich bemerkt, und freute sich, da mehrere nach und nach erschienen, daß sie auch diesen Baum unterscheiden könne. Sie gehe, sagte sie, nach Bozen auf die Messe, wo ich doch wahrscheinlich auch hinzöge. Wenn sie mich dort träfe, müsse ich ihr einen Jahrmarkt kaufen, welches ich ihr denn auch versprach. Dort wolle sie auch ihre neue Haube aufsetzen, die sie sich in München von ihrem Verdienst habe machen lassen. Sie wolle mir solche im voraus zeigen. Nun eröffnete sie die Schachtel, und ich mußte mich des reich gestickten und wohl bebänderten Kopfschmuckes mit ihr erfreuen. – Über eine andere frohe Aussicht vergnügten wir uns gleichfalls zusammen. Sie versicherte nämlich, daß es gut Wetter gäbe. Sie trügen ihren Barometer mit sich, und das sei die Harfe. Wenn sich der Diskant hinaufstimme, so gäbe es gutes Wetter, und das habe er heute getan. Ich ergriff das Omen, und wir schieden im besten Humor in der Hoffnung eines baldigen Wiedersehens.«

An der Stelle ungefähr, wo Goethe »etwa eine Stunde« vor Walchensee – es wird wohl eher nur eine halbe Stunde gewesen sein – das »artige Abenteuer« erlebte und die Tochter des Harfners – die später in die Gestalt der Mignon

einging – in seinen Wagen nahm, an einer der letzten
Kehren vor dem Walchensee, erinnert ein Denkmal an
den berühmten Reisenden. Auf einem Vierkantpfeiler aus
Haustein steht die im Oktober 1933 eingeweihte Bronze-
büste des Dichters, die der Bildhauer Hans Schwegerle
(1882-1950) geschaffen hat. Parkplätze und Ruhebänke laden zu kurzer Rast. Der Blick schweift über den tiefgründi-
gen See zu den dunklen Wäldern. Und vielleicht wandern
die Gedanken sogar über die grauen Felsgipfel hinüber in
das »Land, wo die Zitronen blühen«.

Der Isar entlang

Wallgau und Krün

Um vom Walchensee zum Isarwinkel zu gelangen, müssen
wir uns zunächst nach Süden wenden und die 1897 für den
›modernen‹ Verkehr ausgebaute und seitdem wiederholt
verbreiterte und begradigte Straße nach Mittenwald ein-
schlagen. Gut zwei Kilometer hinter Einsiedl passieren wir
die Grenze zum Landkreis Garmisch-Partenkirchen und
damit die mit ihr zusammenfallende alte Grenzlinie zwischen Kurbayern und der Grafschaft Werdenfels. Bald danach lädt rechts ein kleiner Parkplatz zur Rast und zur
Besichtigung der sogenannten ›Isarfälle‹.
   Die eigentlichen Isarfälle lagen einst bei dem Ort Fall im
Isarwinkel und sind 1959 beim Fluten des Sylvensteinspei-
chers verschwunden. Als aber im Zusammenhang mit den
umfangreichen Wasserbauten und Flußumleitungen zur
Speisung des Walchensees zwischen 1919 und 1921 das
›Krüner Wehr‹ entstand und damit den größten Teil des
Isarwassers seinem angestammten Bett entzogen und durch
den Obernachkanal zur Obernach, dem südwestlichen
Zufluß des Walchensees, geleitet wurde, entstand auf hal-
bem Weg zwischen Wallgau und dem Orte Obernach eine
Wehranlage. An dieser im ›Landschaftsverbundenen Was-

serbau‹ erstellten Kunstanlage bildet die gestaute Obernach einen schier ursprünglich erscheinenden Wasserfall. Und da die Obernach zum größten Teil aus Isarwasser besteht, so ist es an sich nicht abwegig, diesen zu Beginn der zwanziger Jahre entstandenen künstlichen Katarakt ›Isarfälle‹ zu heißen, wie es der Volksmund tut und wie ihn auch einige Karten so verzeichnen. Wer jedoch die alten Isarfälle noch kannte, wird diesen Obernachfall freilich nur als schwachen Abglanz und unzureichenden Ersatz empfinden. (Nach dem Zweiten Weltkrieg wurde mit dem Sachensee ein weiteres Ausgleichsbecken geschaffen, von dem aus Isarwasser gleich direkt durch einen Stollen zum Obernachkraftwerk am Walchensee fließt. Die dadurch geschmälerte Wassermenge der Obernach beeinträchtigt hinwiederum die Wirkung des Wasserfalls.) Immerhin: Ein herrlicher Rastplatz ist es allemal.

Wir fahren weiter durch die stimmungsvolle, mit schütteren Bäumen bestandene und teilweise gar nicht so schmale Schneise, welche die Straße hier geschaffen hat, und kommen kurz vor Wallgau hinaus ins Isartal, dessen Landschaft sich in voller Breite öffnet und ein großartiges Panorama freigibt, das durch den Überraschungseffekt und je nach den Witterungsverhältnissen zu einem unvergeßlichen Eindruck gesteigert wird. Den südlichen Abschluß dieses Fernblicks bildet die Alpenkette von der Soierngruppe und Karwendelkette rechts über Solstein, Reiterspitze, Lisenser-Ferner-Kogel, Arnspitzen zur Wettersteinwand und Dreitorspitze.

Der schmucke Ort *Wallgau* (868 m) lehnt sich an die Hänge des Krepelschrofen (1176 m) und Fahrenbergs (1071 m). Auf den Balkonen und in den Gärten blühen Malven, Dahlien, Geranien um die Wette mit den herrlichen Lüftlmalereien – es ist ein Fest der Farben und Lebensfreude. Besonders die ›Alte Post‹, ein auf das Jahr 1621 zurückgehender Bau mit Fresken von Franz Karner 1763, und der schöne ›Neunerwirt‹ erregen unsere Bewunderung. Ein Stückchen weiter isaraufwärts ist auch *Krün* (875 m) ein ebenso freundlicher, zum Verweilen einladender Ort. Beide sollen auf erste Siedlungen der ›Welschen‹ zurückgehen, doch erst, als die vor Mittenwald in die Rottstraße mündende Kesselbergstraße einen Teil des Handelsverkehrs auf diesen kürzeren Weg nach München zog, setzte eine Besiedlung in größerem Umfang ein. In dieser Zeit entstanden die meisten Höfe dieser beiden Orte und auch ihre Kirchen, wie sie sich heute präsentieren. Das spätgotische Gotteshaus Sankt Jakob in Wallgau wurde im 17. Jahrhundert barockisiert, ein sehr reich verziertes spätgotisches Netzgewölbe im Altarraum blieb erhalten. Sankt Sebastian in Krün, an Stelle einer wie es heißt »ungeweihten Kapelle« 1757 bis 1760 von Josef Schmuzer als überkuppelter Rechteckraum mit abgerundeten Ecken und quadratisch eingezogenem Altarraum neu gebaut, enthält schönen Rokokostuck und Deckenbilder von 1761. Beide dokumentieren in liebenswerter Weise den Geist ihres Zeitalters und prägen zusammen mit den diesen Geist wahrenden, sehr geschickt umgebauten und erweiterten, allen heutigen Anforderungen entsprechenden Gast- und Wirtshäusern das Bild dieser beiden freundlichen Orte.

Mit einem Wirtshaus in Krün verbindet sich übrigens eine weithin vergessene Erinnerung an Ferdinand Raimund (1790-1836). Der berühmte Wiener Bühnendichter war im Sommer 1830 erstmals zu einem Besuch nach München gekommen und dabei äußerst freundlich empfangen worden. Dem Antrag der Hoftheaterdirektion, vom Fleck weg in einem seiner Stücke aufzutreten, konnte er zwar nicht entsprechen, aber er versprach dafür, im nächsten Jahre zu einem Gastspiel wiederzukommen. Raimund hielt Wort: Im Februar 1831 trat er seine Gastspielreise durch Deutschland an und begann in München, wo er unter dem frenetischen Beifall des Publikums die Hauptrolle des Fortunatus Wurzel im ›Bauern als Millionär‹ spielte. Mitten in diesem Erfolg überfiel den übersensiblen und hypochondrischen

Schauspielerdichter eine seiner gefürchteten Depressionen, aus der ihn nur ein Homöopath oder – da es einen solchen in München damals nicht gab – Luftveränderung und Zerstreuung erlösen konnten. Zusammen mit seinem Münchner Freund, dem Advokaten Simon Spengel, brach er an einem märzlichen Vorfrühlingstag ins bayrische Gebirge auf. Sein Begleiter berichtete darüber: *»Anfänglich war er ziemlich schweigsam; als aber allmählich unsere herrlichen Berggruppen näher herantraten, frische Luft seine Stirne umwehte und ihn stärkte, begann er mehr aufzutauen; er wurde gesprächiger, und der düstere Schleier, der sich über seinen Geist ausgebreitet hatte, begann sich zu lüften. Der Weg führte uns über Benediktbeuern, Kochel, den Kesselberg hinauf, an dem ernsten Walchensee vorüber; zeitweise stieg er mit mir aus, pflückte sich Erstlinge des Frühlings, die aus dem Schnee hervorsproßten, summte hier und da ein Liedchen und gestand mir, daß ihm nun wohler um's Herz sei. Gegen Mittag, zur Linken und vor uns den Karwendel und das majestätische Wettersteingebirg, kamen wir in die Ebene, durch welche die junge Isar als ein seichter Gebirgsbach über Steingerölle forteilt, und hielten vor dem Wirtshaus zu Krün an. Hier wurde Halt und Mittag gemacht.*

Als wir in die freundliche geräumige Wirtsstube traten, erblickten wir an dem einen der Fenster ein großes Vogelhaus, in welchem ein schönes Exemplar von Steinrötel residierte, der im Moment, als wir eintraten, mit seiner weichen klingenden Stimme ein Liedchen pfiff. Raimund stutzte, blieb auf der Schwelle einen Augenblick stehen – die Tränen traten ihm in die Augen – mit einer unaussprechlichen Wehmut, und doch vermischt mit einem eigentümlichen Ausdruck freudiger Überraschung, rief er, zum Vogel gewandt, aus: ›Du guter Narr! Kennst du auch den armen Raimund? Muß man denn überall, wo ich hinkomme, den armen Raimund kennen?‹ Darauf wischte er sich die Tränen weg, drückte mir tief ergriffen die Hand und sagte: ›Sehen S', da gefällt mir's! Da bin ich jetzt, wie zu Haus!‹

Und was war denn die Ursache der Ergriffenheit? Der Steinrötel ist bekanntlich ein sehr gelehriger Bergsänger; es ist merkwürdig, wie leicht dieser schön gefiederte Vogel Melodien auffaßt und mit

seiner herrlichen Stimme wiedergibt. Der Steinrötel in der Wirts-
stube zu Krün hatte beim Eintreten Raimunds die ersten Takte der
Melodie des Liedchens gepfiffen, mit welchem der Bauer als Millio-
när gleich beim Beginn der siebenten Szene jubelnd hereinkömmt;
es beginnt mit den Worten:

> *›Ja, ich lob' mir die Stadt,*
> *Wo nur Freuden man hat‹, etc.*

Ein dramatisches Märchen Raimunds war also schon unter den
einfachen Gebirgsleuten am Karwendel und Wetterstein bekannt,
und jenes fröhliche Lied ihnen so lieb geworden, daß man die Melodie
einem Singvogel einlernte.«

Die Liedchen, die Raimund hier und da auf dieser Wanderung anstimmte, waren übrigens bereits ›Vorarbeiten‹ zu
seinem nächsten Werk. Nachdem der Dichter seinem Rei-
sebegleiter Spengel auf dessen bohrende Fragen die Bedeutung dieser Couplets zunächst listig verschwiegen hatte,
gestand er ihm vier Jahre später bei einem weiteren Ausflug
auf den Hohenpeißenberg, daß jene Verse und Melodien,
die er seinerzeit gedichtet und ›komponiert‹ habe, in seinen
›Verschwender‹ eingegangen seien. Dieses Volksstück war
am 20. Februar 1834 im Wiener ›Theater in der Leopold-
stadt‹ uraufgeführt worden. Es sollte sein letztes sein: Am
5. September 1836 starb Raimund an den Folgen eines
Selbstmordversuchs – er wähnte, von Tollwut befallen zu
sein – in Pottenstein im Wiener Wald.

Etwa um dieselbe Zeit muß auch der österreichische
Biedermeiermaler Friedrich Gauermann in Krün gewesen
sein und skizziert haben. Jedenfalls gibt es von ihm ein
Gemälde, dessen Vorzeichnung mit dem Titel ›Dorf Krün
im bayerischen Hochgebirge‹ in der Wiener Akademie
noch vorhanden ist. Der sachliche Titel verspricht zwar
eine Dorfansicht, doch vereinigt das Blatt Motive aus Krün
und Mittenwald mit eigener Phantasie zu einem romantischen Alpengenre, wie es damals sehr beliebt war.

Kurz vor Wallgau *gibt die Straße, die vom Walchensee der Obernach aufwärts durch einsame Waldschneisen führt, unvermittelt diesen prächtigen Blick auf das* Obere Isartal *frei, von dem schon Gustav*

Kraus 1837 begeistert war: Links Hochkarspitze und Westliche Karwendelspitze, rechts hinter Krün das Tal von Scharnitz, daneben die östlichen Ausläufer des Wettersteingebirges.

Von Krün aus bieten sich nicht nur Ausflüge nach Garmisch-Partenkirchen und Mittenwald an, die wir auf anderen Routen schon besucht haben, oder auch leichte Fußwanderungen wie zum Beispiel zum idyllischen Barmsee. Eine besonders schöne Wanderung führt in das Gebiet der Schöttlkarspitze im Karwendel. Über ihre Hänge kommt man in rund zwei Stunden zum Sattel der Fischbachalm. Von hier kann man in anderthalb Stunden über den Soiensee das Soienhaus (1613 m) erreichen, ehemals eines der vielen Refugien Ludwigs II. Hat man dann noch Kraft und Lust, so kann man als Abschluß dieser sehr lohnenden, malerische Fern- und Nahblicke vermittelnden Tour zur Schöttlkarspitze (2049 m) aufsteigen.

Kurz hinter Krün muß die vom Scharnitzpaß herunterkommende junge Isar einen schmerzlichen Eingriff über sich ergehen lassen. Die schon erwähnte Ableitung in einen Oberwasserkanal zum Wehr am Sachensee hinter Wallgau und von dort durch einen Stollen zum Obernachkraftwerk und in den Walchensee raubt ihr fast die ganze Lebenskraft. Ihr weitgehend trockenes Flußbett biegt nach Osten ab, und wir folgen ihm auf unserer weiteren Fahrt in den Isarwinkel.

Man kommt in eine Landschaft von ganz eigenem Reiz, sie läßt sich mit allem bisher Gesehenen nicht vergleichen. Links am Straßenrand blühen im ersten Frühjahr zwischen schmelzendem Schnee rosa Erikabüschel, unmittelbar steigen die dunklen Nadelwälder des Altlacher und Risser Hochkopfs in die Höhe. Rechts haben sich Weiden und niederes Gebüsch angesiedelt, man sieht auf das breite Schotterbett der Isar. Sie sucht sich als kümmerliches Rinnsal mühsam in unzähligen, manchmal kleine Tümpel bildenden Mäandern einen Weg. Eine urtümliche Stille liegt über dieser Landschaft. Am liebsten stiege man aus, versetzte sich zurück in die Kinderzeit, als man hingebungsvoll an solchen Wasserrinnsalen Wehre, Seen, Wasserburgen baute.

Kurz vor Vorderriß kommt der Rißbach aus dem Karwendel herunter. »… das königliche Jagdhaus in der Vorderriß liegt hart an der Stelle, wo das im tiefen, steinigen Rinnsal wirklich reißend einherströmende Wasser der wilden Riß in die Isar stürzt«, heißt es in den Aufzeichnungen Friedrich von Bodenstedts, der im Jahre 1858 König Max II. von Bayern auf dessen ›Fußwanderung‹ durch die bayerischen Lande begleitete. Sie stürzt sich nicht mehr »wild« in die Isar: Sie hat schon bei ihrem Eintritt nach Bayern einen Aderlaß erlitten; davon war im Zusammenhang mit dem Walchensee-System bereits die Rede.

Die Mautstraße überquert das Isarbett, sie endet in Vorderriß (809 m), der Heimat Ludwig Thomas (1867-1921). Die Erinnerung an glückliche Tage der Kindheit, als sein Vater hier von 1865 bis 1878 Oberförster war, begleitete ihn sein ganzes Leben. »Wo ich auch war und was mir das Leben auch gab, immer hatte ich Heimweh danach«, schrieb er am Ende seines Lebens. »Aus den Fenstern meines Tegernseer Hauses sehe ich zu den Bergen hinüber, die das Lenggrieser Tal einschließen. Sie tragen vertraute Namen, in den Wäldern, die sich an ihren Hängen hinaufziehen, lief ich neben meinem Vater her, und das stille Forsthaus in der Vorderriß, in dem ich die Kinderzeit verlebte, liegt nicht allzu weit von hier …«

Man kann sich denken, mit welch atemloser Spannung der kleine Bub an den Lippen seines Vaters hing, wenn dieser wieder einmal einem Wilderer auf die Spur gekommen war und zornig auf dieses schändliche Treiben schimpfte! Thoma hat später ein besonders dramatisches Wilderer-Abenteurer in seiner ›Geschichte von dem Halserbuben‹ festgehalten. Da hatten sich einige Jagdgehilfen ohne Wissen des Oberförsters geschworen, den frechen Räubern einen Denkzettel zu versetzen. Sie lauerten ihnen, die ihre Beute nach Lenggries flößen wollten, in einer mondhellen Nacht am Isarufer bei Fall auf und eröffneten ohne Vorwarnung das Feuer auf sie. Der ›Huisenblasi‹ aus Lenggries, Steuermann des Floßes, wurde tödlich getroffen, sein Bruder starb wenig später an seinen Verletzungen, einen Schwerverwundeten setzten die Wilderer beim Sägewerk der Vorderriß ab. Trotz dieses blutigen Ausganges verlief die Sache im Sande; keiner der Beteiligten verriet den anderen. In der über der Straße stehenden Vorderrisser Gastwirtschaft, dem Vaterhaus Thomas, werden viele Erinnerungen an ihn und seine Zeit treulich bewahrt, darunter auch ein Ölbild der dramatisch dargestellten Wilderernacht von 1869.

Erhöht über der Straße nach Hinterriß stehen auch das ehemalige Königshaus und die kleine Kapelle, in der Ludwig II. während seiner Aufenthalte zusammen mit der Försterfamilie, den Holzknechten und Kohlenbrennern andachtsvoll an den sonntäglichen Gottesdiensten teilnahm. Thoma erinnert sich, welch tiefen Eindruck die »hohe majestätische Gestalt« des Königs, sein »reich gewelltes Haar« und seine »merkwürdigen, schönen Augen« auf das kindliche Gemüt des kleinen Buben machten.

Von Vorderriß zweigt nach Süden die Straße nach Hinterriß ab. Obwohl das Dorf bereits auf Tiroler Gebiet liegt, fällt uns der Entschluß zu diesem Abstecher nicht schwer, zumal am Ende dieser Straße auch die ›Eng‹ locken und damit das Naturwunder des ›Großen Ahornbodens‹, der nur von der bayerischen Seite aus bequem zu erreichen ist. Zudem liegt an dieser Straße auch der günstigste Ausgangspunkt für die Besteigung des *Scharfreiters* (2100 m). Er bietet die schönste und lohnendste Aussicht ringsum, die wir uns schlechterdings nicht versagen können.

Von den verschiedenen Aufstiegsvarianten ist der Weg von Süden her zur Tölzer Hütte der kürzeste und empfehlenswerteste. Den Wagen kann man an einem kleinen Parkplatz bei Alpenanger, etwa zwei Kilometer hinter der Grenzstation, gut abstellen. Die Zeitangabe von zweieinhalb Stunden zur Hütte, die der Wegweiser angibt, ist etwas reichlich bemessen, selbst ungeübte Bergwanderer, aber gute Geher, schaffen es in zwei Stunden, von der Hütte bis zum Gipfel in einer halben Stunde.

Der Weg geht zunächst durch schütteren Wald bis zu einem Unterstand (fünfzig Minuten), wo man, wenn es sein muß, etwas verschnaufen kann. Dann etwas mäßiger steil weiter auf schönem Waldweg, wo sich bei etwa 1500 Meter Höhe bereits die ersten herrlichen Aussichten auf Karwendel und die Vorberge auftun. Nach einer halben Stunde kommt eine wohlgeformte grüne Pyramide in Sicht, nicht der Scharfreiter, sondern das niedrigere Baumgartenjoch (1938 m). Dann gabelt sich der Weg und führt links in zum Teil steilen Serpentinen über ein abgeholztes Gelände direkt zur Tölzer Hütte (1825 m), geradeaus weiter geht es etwas gemächlicher über die Matten der Westflanke des Baumgartenjochs, vorbei an formenreichen, rotfarbenen Verwerfungs- und Faltungsschichten. Bei der auch äußerlich, vor allem im Osten schön gestalteten Tölzer Hütte kann man sich dann etwas stärken, bevor man zum letzten Gipfelsturm aufbricht. Oben weist das direkt auf der Grenze stehende Gipfelkreuz mit einem Schild ›Gott segne Bayern‹ nach Norden, ein zweites mit der Aufschrift ›Gott segne Tirol‹ nach Süden. Man genießt einen herrlichen Rundblick auf das Alpenvorland, ins Isartal und zum Sylvensteinsee, auf Wallberg, Risserkogel, Benediktenwand und zum Walchensee mit Herzogstand und Heimgarten, im Westen zum Estergebirge. Im südlichen Rund aber baut sich die Kette des Karwendel mächtig auf: Östliche Karwendelspitze, Ödkar, Birkkarspitze, Bettelwurf-Spitze bis hin zum Rofan, dann davor Schöttelkarspitze und Soiernspitze, neben denen in der Ferne das Massiv der Zugspitze erscheint.

Der Abstieg erfolgt in eindreiviertel Stunden auf derselben Route oder etwas länger nach Norden über die Mooslahner-Alm und Moosenalm; dies aber nur für jene, die nicht zurück zum Wagen müssen, sondern den Bus auch eine Haltestelle weiter besteigen können.

Höchst erfrischend ist nach der Bergwanderung ein kühles Fußbad im munter zu Tal rauschenden Rißbach, dessen Wasser freilich alsbald durch den Düker in den Walchensee abfließen und ein trauriges, mehr oder weniger trockenes Schotterbett hinterlassen.

Die *Hinterriß* (931 m) war seit frühester Zeit bevorzugtes Jagdgebiet hoher und höchster Herren. Hier bauten sie ihre »Herbergen«, von der »Jagdhitten in der Riß« der Herren von Frundsberg zur Zeit Kaiser Maximilians I. (1493-1519) über das Jagdschloß der Herzöge von Coburg des vorigen Jahrhunderts bis zu dem des Königs Leopold III. von Belgien unserer Zeit. Sie alle und die vielen anderen, die hier jagten, unter ihnen auch Paul von Hindenburg, der spätere Reichspräsident, empfanden dabei vermutlich auch das »Pürgsteigen« als »hervorragende Übung für Geist und Körper«, wie der Tiroler Arzt Hippolyt Guarinoni in der ersten bekannten wissenschaftlichen Abhandlung über das Gebirge schrieb, »diesen allerherrlichsten Ort, das allerköstlichste der Natur«.

Anderes ist aus den zahlreichen Chroniken und Beschreibungen dieses besonders von Maximilian I. vielbesuchten Jagdgefildes zu erfahren. Da wird zum Beispiel gefragt, ob das »Gepürg« in einzelnen Teilen leicht und angenehm zu besteigen sei oder ob es »nid sonder lustig, ein rauhes, reisiges, hulziges und unsichtiges Gepürg« ist, ob der Kaiser die Hetze des Wildes ohne Gefahr zu Pferde begleiten kann und ob auch die Damen des Hofes, die »Frauenzimmer«, mühelos an der Lustbarkeit teilnehmen können.

Begehrenswerte Beute der Jäger waren damals neben dem eigentlichen Bergwild Bären, Wölfe und Luchse. Noch um 1770 beklagte sich der Freisinger Bischof, daß in dem damals noch zu der Grafschaft Werdenfels gehörenden Teil des Karwendels die Bären dem Weidevieh bei Scharnitz gewaltigen Schaden zufügten.

In der zweiten Hälfte des 19. Jahrhunderts begann mit Hermann von Barth (1845-1876), dessen Denkmal auf dem *Kleinen Ahornboden* (1403 m) steht, die eigentliche Erforschung des Karwendelgebirges. Dieser fanatische Alpinist bezwang im Alleingang nicht nur fast alle Gipfel des Karwendel, sondern auch des Wettersteins und der Allgäuer Alpen. »Unberührt bleibt keiner unter den Gewaltigen von meinem Eisen, solange noch der Fuß sich regt, die Faust den Bergstock führt, gerichtet wird die Frage: ›Du oder ich‹«, war sein Leitspruch.

Heute ist die von Zweitausendern des Karwendel umgebene langgezogene Hochebene des *Großen Ahornbodens* mit den Engalmen (1216 m) ein attraktives Ausflugsziel. Wie es heißt, bringen im Sommer an die dreißig Busse und 1500 Autos täglich etwa 5000 Menschen auf dem von Hinterriß aus als Mautstraße unterhaltenen Hagelhüttenweg hinauf, dazu kommt noch eine nicht geringe Zahl von Fußwanderern. Sie schwärmen aus, bewundern den einzigartigen Bestand an meist sehr alten, knorrig verwachsenen Ahornbäumen, die vor allem im Herbst ihre schönste Pracht entfalten, bestaunen das zwischen ihnen auf saftigem grünen Wiesengrund weidende Vieh und das wettergebräunte Holz der schindelgedeckten Almhütten, wo ihnen neben Andenken aller Art frische Milch und Käse geboten werden. Und wenn sie Glück haben, dann gibt es von der Terrasse des neuen Restaurants auf den steilen Bergwänden ringsum im wahrsten Sinn des Wortes springlebendige Gamsherden zu sehen.

In den zwanziger Jahren unseres Jahrhunderts wurde das gesamte Karwendel zur Rettung seiner seltenen Flora und Fauna zum Naturschutzgebiet erklärt.

Von diesem Ausflug ins Tiroler Karwendel wieder in die Vorderriß zurückgekehrt, setzen wir unsere Fahrt rechts der Isar auf der nun schön ausgebauten, breiten ›Deutschen Alpenstraße‹ fort, deren Teilstück zwischen Wallgau und Vorderriß noch der Vollendung harrt. Bald erweitert sich der Fluß zum Sylvenstein-Stausee, und an ihm entlangfahrend erreichen wir *Fall*.

Der Ort ist in der deutschsprachigen Welt vor allem durch Ludwig Ganghofers Roman ›Der Jäger von Fall‹ bekannt geworden, der auch wiederholt verfilmt worden ist. Ganghofer hat seinen Romanhelden dem wirklichen

Leben entnommen: Vorbild war der Bauer und Forstwart Franz Paul Riesch (1792–1846), damals eine weitum bekannte Jägerpersönlichkeit, bei dem unter anderem auch Kronprinz Maximilian, der spätere König Max II., und der Maler Karl von Piloty wiederholt zu Gast waren. Auch die Wildereraffäre des Romans geht auf eine wahre Begebenheit zurück, die Riesch 1816 erlebt und in seinem Tagebuch überliefert hat.

Der Name des Orts leitet sich von den Isarfällen ab, die einst gleich hinter der alten Ansiedlung tosten. Auf 150 Meter Länge zwängte sich damals der reißende Bergfluß zwischen den Steilhängen des Falkenbergs im Südwesten und des Hennenkopfes im Nordosten hindurch, mußte sich am Schluß auf eine Breite von nur sieben Metern einengen lassen, bevor seine Wasser in mehreren Katarakten rund acht Meter in die Tiefe stürzten. Jahrhundertelang war diese Stelle mit ihren jäh und sperrig aufragenden Felszinken eine von den Flößern gefürchtete Passage, und oft genug gab es hier Unfälle und Todesopfer. Erst dem frisch erwachten Naturgefühl der Romantik mit ihrer besonderen Vorliebe für Wasserfälle war es vorbehalten, die schönen Seiten dieser wilden Landschaft zu entdecken. Die Anlage des Sylvensteinsees und die gestauten Fluten haben mit dem alten Ort Fall dann auch die Isarfälle zum Verschwinden gebracht, und nur bei Niederwasser sieht man die Spitzen jener Felsen am Nordufer des Sees aus den ruhigen Fluten hervorragen, die einst die Flößerei so bedroht haben.

Der alte Ort Fall, dessen Name schon 1280 bezeugt ist und der bis ins 16. Jahrhundert noch verwegene Bärenjagden sah, ging wie gesagt bei der Flutung des Sylvensteinsees im Jahre 1959 unter. Als Ersatz dafür wurde auf einer Anhöhe südlich des Sees ein Neu-Fall gegründet, das bei den meisten durchreisenden Touristen heute freilich kaum mehr Erinnerungen an seinen Vorgänger weckt. Wie es in diesem verlassenen Winkel einstmals ausgesehen hat, schildert Ludwig Ganghofer in seinem ›Jäger von Fall‹:

»... *Eng eingezwängt zwischen ragende Berge und bespült von den kalten Wassern der Isar und Dürrach, die hier zusammenfließen, liegt dieser schöne Fleck Erde in stillem Frieden. Hier ist nur wenig Platz für Sommergäste; ein kleines Bauernhaus zuvorderst an der Straße, dann ein Wirtshaus, das den Köhlern und Flößern zur Herberge dient, dahinter das langgestreckte Forsthaus mit den grünen Fensterläden und dem braungemalten Altan, das neue weiß getünchte Stationshaus der Grenzwache, eine kleine rußige Schmiede und einige Köhlerhütten, das war um 1880 der ganze Häuserbestand von Fall.*

Im Sommer, zur Zeit der Schulferien, sah man wohl von Tag zu Tag ein paar Touristen, selten einen Wagen. Die Stille des Ortes wurde nur unterbrochen durch das dumpfe Poltern der Holzstämme, die, von den Hebeln der Flößer getrieben, hinabrollten über die steilen Ufer der Lagerplätze und mit lautem Klatsch in das Wasser schlugen. Hie und da durchhallte ein krachender Schuß das kleine Tal, wenn der Förster oder einer der Jagdgehilfen seine Büchse probierte. Am lautesten war es, wenn des Abends die Schatten niederstiegen über die Berge; dann füllte sich die geräumige Gaststube des Wirtshauses mit Köhlern und Flößern, die Jagdgehilfen kamen hinzu und ebenso die Holzknechte, die in den benachbarten Bergen arbeiteten. Durch die offenen Fenster schollen dann vergnügte Lieder hinaus in die Abendluft, die Zither klang, verstärkt durch die schnarrenden Töne einer Gitarre oder einer Mundharmonika, und der Fußboden dröhnte unter dem Stampftakt des Schuhplattltanzes. Dazwischen tönte lautes Gelächter über ein gelungenes Schnaderhüpfel, über irgend einen derben Witz oder über einen mißlungenen Sprung eines Tänzers, der vergebens versuchte, im Tanz den schwerbeschuhten Fuß bis an die Stubendecke zu schlagen. Das Wirtstöchterchen und die Kellnerin hatten dann vollauf zu tun mit Tanzen und Einschenken, und erst in später Nacht endete die laute Fröhlichkeit, wenn entweder das Bier ausging oder wenn die Gäste sich daran erinnerten, daß die frühe Morgenstunde sie wieder zur Arbeit rief.

So war's im Sommer. Im Winter liegt hier alles eingeschneit; oft reicht der Schnee bis hoch an die Fenster, zum großen Leidwesen der Jagdgehilfen, die sich dann mit schwerer Mühe einen gangbaren Weg bis zur Tür des Wirtshauses ausschaufeln müssen. Nur die Isar bleibt auch in solcher Zeit noch munter und lebendig. Jahraus, jahrein, durch Sommer und Winter, rauscht das eintönige Lied ihres hurtigen Wellenlaufes. Früher, vor Jahren, suchte sie nicht so gemütlich ihren Weg. Da grollte und toste sie in ihrem steinernen Bett, warf an den starren Felsen ihre lauten, weißen Wellen auf, mit wilder Gewalt zwängte sie ihre Wassermassen durch die einengenden Steinklötze der beiden Ufer und stürzte sie dann hinab, schäumend und wirbelnd über drei aufeinander folgende Fälle. Da hatten die Flößer schwere Not, wenn sie mit ihren zerbrechlichen Fahrzeugen diese Stelle passieren mußten, und mancher verlor mit seinem Floß auch das Leben. Die meisten Schiffer zogen es vor, eine Strecke oberhalb der Fälle ans Land zu steigen, die steuerlosen Flöße an den Felsen der Flußenge zerschellen zu lassen und dann weiter unten im Strom die einzeln dahertreibenden Stämme wieder aufzufangen. Die Klugheit der neuen Zeit hat sich auch hier betätigt. Pulver und Dynamit haben die ›Steine des Anstoßes‹ zertrümmert, und ungefährdet passieren jetzt die Flöße die einst so gefürchtete Stelle der Isar.«

Mehr als ein Menschenalter später hat auch die Klugheit unserer Zeit sich »betätigt«. Sie begann 1954 den Bau der Sylvenstein-Talsperre zur ›Aufpäppelung‹ und Regulierung der durch die Abzweigung zum Walchensee-Kraftwerk meist fast völlig entwässerten, in Zeiten der Schneeschmelze oder nach Unwettern aber noch immer das Unterland mit Überschwemmungen bedrohenden Isar. 1963 waren die Arbeiten beendet. Mit einem an der begrünten Sperrmauer unauffällig eingebauten Kraftwerk ist fjordartig der Sylvenstein-Speichersee entstanden. Seine Größe schwankt je nach Jahreszeit zwischen einem und sechs Quadratkilometern, seine Tiefe erreicht maximal 35 Meter.

Wir setzen nun unsere Fahrt fort. Die Straße führt auf der eleganten Kurve der Sylvensteinbrücke über den See, überquert kurz dahinter die von der Talsperre entlassenen, nun wieder gekräftigten Wasser der Isar und nimmt mit ihr zur Linken den Weg gen Norden. ›Winkel‹ verkündet das erste Ortsschild. Von Vorderriß bis hierher hat die Isar tatsächlich einen Winkel beschrieben, hier ist der eigentliche Isarwinkel, der dem Land ringsum seinen Namen gegeben hat.

Das Lenggrieser Tal

Der Weg führt diesmal rechts des Flusses isarabwärts. Wie auf der Fahrt in die Jachenau isaraufwärts, schenkt die lichte Weite dieses langgestreckten und breiten Tales eine Fülle freundlicher Eindrücke. Hier weicht der dunkle Nadelwald des Hochgebirges einem zu beiden Seiten der grünen Auen gemächlich ansteigenden helleren Mischwald. Dahinter erheben sich drüben Benediktenwand, Brauneck, Blomberg, und hier auf unserer Seite kommen die Tegernseer Berge zum Vorschein. Senkt man den Blick zum breiten Isarbett, besser, geht man auf einem schmalen Pfad zu ihm hinunter ins Buschland der Isar, so kann dieses meist unbeachtete Dickicht dem staunenden Auge ungeahnte Überraschungen bereiten. Eine entdeckungsfreudige, für die kleinen versteckten Wunder der Natur aufgeschlossene Spaziergängerin kam durch einen kleinen Wald und dichtes Unterholz »mitten in's Buschland. Fast geblendet von der Fülle des Lichts, das ich nach der Dämmerkühle des Wäldchens doppelt stark empfand, blickte ich umher. Der Boden war trocken und steinig geworden, und das Heidekraut stand in mageren Büscheln beieinander. Ermüdend und zugleich erregend waren die ewig gleichen Rundungen der Weiden und die Spitzbögen der Wacholderbüsche. Darüber tiefblauer föhniger Himmel ... Ein Stück Natur lag vor mir, das alle Sehnsucht nach Einsamkeit und Unberührtheit weckte und alle Menschennähe vergessen ließ. Ich war ganz allein im Buschland, nur die Berge schauten — mächtiger und höher als sonst — zu mir herunter, und wenn ich mich ganz still hielt, konnte ich das vertraute Rauschen der Isar vernehmen. Doch nein, ich war nicht ganz allein — eine Eidechse schaute mich mit ihren seltsamen

Augen an und verschwand dann raschelnd in dem dürren Gestrüpp,
ein paarmal rasselten rote Schnarrenheuschrecken an mir vorüber,
die ich bis jetzt nur aus Brehms Tierleben gekannt hatte, Libellen
sausten wie funkelnde Pfeile durch die Luft und Schmetterlinge sah
ich, die schönsten und buntesten des ganzen Sommers ... Und dann
begegneten mir ein paar Buben, die sich auf dem Indianerpfad
befanden oder auf einen ihrer heimlichen Fischzüge ausgingen. Sie
waren sehr erstaunt, einen Eindringling in ihren Jagdgründen anzu-
treffen und warfen mir mißtrauische Blicke zu ... Immer wieder
wechselte der Heideboden mit den blanken Geröllfeldern, die in
ihren Vertiefungen seichte Gewässer bargen, und schließlich, als das
Rauschen der Isar schon ganz nahe war, mußte ich einige Sanddünen
überqueren, die von schmalen, blitzenden Rinnsalen wie von einem
silbernen Netz durchzogen waren. Dann stand ich am Fluß ...«
(Hilde Frey).

Auf den das Tal säumenden Höhen standen einst zu
seinem Schutz zahlreiche Burgen. Auch die Hohenburg
rechts der Isar südöstlich über Lenggries gehörte zu ihnen.
Eine Urkunde des Klosters Tegernsee aus der Zeit zwischen
1090 und 1102 erwähnt ›Hohinpurch‹ zum ersten Mal. Im
16. Jahrhundert saß auf ihr das von der an der Grenze
zwischen Huosi- und Sundergau am Eingang zur Jachenau
liegenden Burg Tannern kommende Geschlecht der Hörwarth. Ein umfangreiches, mit Tafeln und Figuren reich
ausgestattetes Werk ›Von der Hochberhümten Adelichen
vnd Ritterlichen Kunst der Reyterey‹ wurde, wie sein
Titelblatt besagt, »durch Hanns Friderich Hörwarth von
Hohenburg in Truck geben«. Es erschien 1576 als erstes
Werk profanen Inhalts in der wenige Jahre zuvor gegründeten Druckerei des Klosters Tegernsee und erlebte innerhalb
kurzer Zeit fünf Auflagen.

Nach Zerstörung der alten Hohinpurch durch einen
Brand 1707 im Verlauf des Spanischen Erbfolgekrieges
baute ein Ferdinand Joseph von Hörwarth in den Jahren
1712 bis 1718 das neue Schloß Hohenburg, 1726 die Kreuzkapelle auf dem 1694 angelegten Kalvarienberg, stiftete

den Lenggrieser Bürgern eine Isarbrücke, ein Waisenhaus und 1721 ihre Pfarrkirche Sankt Jakobus Maior.

Reste der alten Hohinpurch finden sich noch nordöstlich über den Weihern des neuen Schlosses, dessen repräsentativer Dreiflügelbau 1870 in den Besitz der Großherzöge von Luxemburg gelangte. Hier fand am 7. April 1921 die Hochzeit des bayerischen Kronprinzen Rupprecht mit der luxemburgischen Prinzessin Antonia statt. Das Paar wurde von dem damaligen Nuntius Eugenio Pacelli, späteren Papst Pius XII., getraut.

Seit 1953 ist das Schloß im Besitz des Ordens der Ursulinen. Sie haben dort ein Gymnasium und eine Realschule mit Internat für die Töchter des Landes eingerichtet.

Vor einem schönen Auenspaziergang nach Lenggries

Die Anfänge von Schloß Hohenburg bei Lenggries reichen bis ins 11. Jahrhundert zurück. In der Barockzeit erstreckten sich hier feudale Gartenanlagen, die freilich längst wieder verschwunden waren, als Gustav Kraus 1837 diese Ansicht lithographierte.

hinunter besucht man vielleicht noch die nahe gelegene, 1693 über einer alten Kultstätte errrichtete Dionysiuskapelle. Sie weist auf älteste Besiedlung dieses Landes, wie sie uns auch in der Sankt-Michaelskirche von Gaißach kurz vor Tölz begegnen wird. Zumindest aber den volkskundlich sehr aufschlußreichen Lenggrieser Kalvarienberg sollte man besuchen, dessen kunstvoll geführte Steintreppe von fünf Stationskapellen mit lebensgroßen, äußerst realistisch gestalteten Passionsdarstellungen besetzt ist. Die Schergen tragen die Physiognomie von Türken und Kroaten, also von Völkern, die damals wegen ihrer Kriegsgreuel gefürchtet waren, die einen sowieso als Erbfeinde der Christenheit, die anderen als Sondereinheit des kaiserlichen Heeres. Gerade die letztere sollte die Oberländer bald nach Errichtung dieser Anlage im Verlauf des Spanischen Erbfolgekrieges und der Ereignisse im Zusammenhang mit dem Bauernaufstand von 1705, besonders jedoch 1742 im Österreichischen Erbfolgekrieg, noch zur Genüge kennenlernen. Die Kreuzkapelle am Ende der Treppe weist ähnlich wie die gleichnamige und etwa um dieselbe Zeit entstandene Kapelle auf dem Tölzer Kalvarienberg eine Heilige Stiege auf. Eine Kreuzigungsgruppe, eine Heilig-Grab-Kapelle von 1698 und Klausengebäude vervollständigen diese ländliche Andachtsstätte von barocker Eindringlichkeit und populärer Drastik.

Das bis an die österreichische Grenze reichende Gebiet der heutigen Gemeinde Lenggries umfaßt 242 Quadratkilometer, siebzig Prozent davon stehen unter Landschafts- und Naturschutz.

Lenggries selbst breitet sich in der Talsohle dicht an der Isar, es ist geprägt von seiner einstigen Bedeutung als Isarlände, von seinem seit frühester Zeit mit den Herren auf der Hohenburg verbundenen wechselvollen Schicksal. Es muß ein bedeutendes Geschlecht gewesen sein, das auf der ersten Hohinpurch saß; ein Richer von Hohenburg wird in den Jahren 1174 bis 1178 als Fürstbischof von Brixen genannt. Im 13. Jahrhundert kam die Burg mit allen Besitzungen durch Heirat der Letzten dieses Namens mit Heinricus de Tolnze an Tölz. Davon wird dort die Rede sein. Im Laufe der Zeit wechselten oftmals die Besitzer, unter ihnen waren, wie erwähnt, die Hörwarth. Mit der Stiftung der Pfarrkirche Sankt Jakobus durch Ferdinand Joseph von Hörwarth erhielt Lenggries den das Ortsbild beherrschenden Akzent. Inmitten des alten Zentrums präsentiert sich stolz der aufwendige Bau, auf dessen schlankem Turm eine wohlproportionierte Zwiebel mit hoch ins Land ragender Laterne sitzt. Wenn dieses Gotteshaus auch keine berühmten Namen aufzuweisen hat und nur die Seitenaltäre noch der Erbauungszeit angehören, so fügt es sich mit seinen von Doppelpilastern gerahmten, nischenartig in den Raum komponierten Kapellen, mit seinem durch Stuck in Felder und Medaillons gegliederten Tonnengewölbe und den Szenen aus der Legende des Heiligen Jakobus darstellenden Deckenbildern durchaus in die Reihe der eindrucksvollen Kirchen des Landes. Es ist anzunehmen, daß dieser Bau auf ältere Vorgänger zurückgeht, ebenso, daß die Siedlung schon lange vor ihrer ersten Erwähnung als ›Lenggriesz‹ in einer Urkunde von 1257 existiert hat.

Über die Isar blickt man auf die Wiesenauen gegenüber, von denen langsam, breit und gemütlich das Brauneck aufsteigt, der Hausberg der Münchner Skifahrer. Seit 1956 gibt es die jetzige Brücke dort hinüber, seit 1958 eine Kleinkabinenbahn auf den Berg, dessen Aussicht zu den schönsten am Rande der Alpen zählt. Und neben vielen schönsten Wanderungen und Skipisten gibt es oben eine Startrampe für Drachenflieger. Dort steigen späte Jünger des Ikarus in die Lüfte. Ihre gefiederte Konkurrenz, vom kleinen Zaunkönig bis zum gewaltigen Seeadler, ist dagegen drüben im Lenggrieser Tiermuseum mit einer Vielzahl anderer Tierpräparate zu sehen. In einer sorgfältig ihrem natürlichen Lebensraum nachgestalteten Umgebung geben sie einen umfassenden Überblick über die heute teils ausgestorbene, teils in freier Wildbahn kaum noch anzutreffende Tierwelt des Landes.

Eine etwas makabre, aber dennoch amüsante Anekdote erzählt, wie die schlauen Lenggrieser das aus ›Krowaten‹ (Kroaten) und ›Tolpatschen‹ (Dalmatinern) bestehende Pandurenkorps des Obersten von der Trenck 1742 im Österreichischen Erbfolgekrieg ›übertölpelten‹. Tölz hatte sich bereits den gefürchteten, mordend und plündernd in das Land einfallenden Räubern ergeben, 4000 Gulden Blutgeld bezahlen und den Abtransport von Beutegut auf 23 Flößen hinnehmen müssen; Wackersberg und Gaißach waren gebrandschatzt. Als die Räuber jedoch vor Lenggries erschienen, trat ihnen der furchtlose Benefiziat Kölbl entgegen mit der Warnung, im Ort seien die Toten auferstanden, um sie zu verjagen. Sie lachten und drangen bis zur Kirche vor. Dort aber erhoben sich tatsächlich hinter der Friedhofsmauer drohend Sensen und Schaufeln schwingende, gespenstisch in weiße Leinentücher gleich Totenhemden gehüllte schemenhafte Gestalten. Bei ihrem Anblick erschraken die ›Tolpatschen‹ und ›Krowaten‹ so sehr, daß sie augenblicklich Reißaus nahmen. Sie liefen und liefen und erzählten in allen umliegenden Ortschaften die schauerliche Begebenheit. – Diese List der Lenggrieser Bürger soll, so wird erzählt, den Ort vor Raub und Brand bewahrt haben, und seitdem, so wird ebenfalls erzählt, nennen die Bayern einen Tölpel einen Tolpatsch – jedenfalls ist diese Bezeichnung noch heute hier gebräuchlich.

Das Tal weitet sich zu einer Breite von fünf Kilometern. Drüben auf den Talhängen vor dem Blomberg liegen Arzbach und Wackersberg, herüben kurz vor Tölz auf der Höhe des Rechelkopfes *Gaißach*. Weithin ins Land grüßt der barocke Turm seiner Sankt-Michaels-Kirche. Wie alle diesem Heiligen geweihten Gotteshäuser führt man auch seinen Ursprung auf einen sehr frühen, über vorgeschichtlicher Kultstätte errichteten Vorgänger zurück und sieht in ihm das älteste Symbol christlichen Glaubens im Isarwinkel. Alljährlich am 29. September, dem Sankt-Michaels-Tag, zieht eine feierliche Prozession dort hinauf, angeführt von den ›Roaner Gebirgsschützen‹, einem der vielen Gebirgsschützenvereine des Isarwinkels. Bei allen festlichen Anlässen sind sie dabei; da sieht man sie in ihren Trachten. Jedem Verein wird sein reichgesticktes oder -bemaltes, oft zerschlissenes, altersschwaches Banner vorangetragen, das an Zeiten erinnert, als sie in gefahrvollen Situationen ihre Heimat todesmutig verteidigten.

Situationen zur Verteidigung gab es freilich immer wieder, manchmal auch zweifelhafte oder gar kuriose, wie die Vorgänge im Jahre 1905 erweisen. Damals sah die genau 10,4 Kilometer lange Strecke von Tölz nach Lenggries eine verkehrspolitische Uraufführung, eine Pioniertat der damaligen königlich bayerischen Postverwaltung, die als erste in Deutschland den Kraftwagen in eigenem Betrieb für den Überlanddienst der Post einsetzte. Die Strecke von Tölz nach Lenggries wurde deshalb als Versuchsstrecke gewählt, weil sie nach Länge und Umfang des Verkehrsgebietes, den klimatischen Verhältnissen und der Straßenbeschaffenheit für die Erprobung der Leistungsfähigkeit der zur Verfügung stehenden Daimler-Personen- und Lastwagen besonders geeignet erschien. Am 1. Juni erfolgte bei strahlendem Wetter die erste Fahrt der neuen ›Motorwagenlinie‹, die vierzig Minuten in Anspruch nahm. Doch was den einen Fortschritt dünkte, betrachteten andere als Belästigung. Seien es die Beeinträchtigung des an sich schon schlechten Straßenzustandes, die gewaltige Staubentwicklung, der lästige Benzingeruch oder gar ein konservativer Justament-Standpunkt: Jedenfalls gab es entschiedene Gegner dieses neuen Verkehrsmittels, die nicht vor Anschlägen zurückschreckten, die Warntafeln umbogen und sogar wiederholt auf den Postwagen schossen, Vorgänge, die sogar den Bayerischen Landtag beschäftigten. Doch der Sturm legte sich wieder, und am 30. Juli 1905 folgte bereits die Eröffnung der nächsten Strecke von Bad Tölz bis Bichl.

Damit begann der Siegeszug der Kraftpost, die gut 75 Jahre lang zum Bild von Bayerns und Deutschlands Straßen gehörte, wie vordem die Postkutsche. Erst mit der Aufgabe des Kraftpostbetriebs im Jahre 1981 ist diese Tradition erloschen. Einer der beiden Daimler-Omnibusse der ersten Strecke ist noch – auf Hochglanz gebracht – im Verkehrsmuseum in Nürnberg zu bewundern.

Bad Tölz

Die Fahrt zur Tölzer Isarbrücke, wo sich das Tal zu einer Breite von einem Kilometer verengt, der erste Blick auf den sich zu beiden Seiten des Flusses breitenden Ort, gibt eine Revue Tölzer Vergangenheit und Gegenwart. In seinem Weichbild kommt man zunächst an den ausgedehnten Anlagen und Gebäuden eines Werkes moderner industrieller Holzverarbeitung vorüber, gleich darauf an ihren ältesten Ursprüngen im Gries und an der Isarlände, wo die Flößer, die Holzarbeiter, die Kalk- und Kohlenbrenner ihr Reich hatten. Das erste, was bei der Ankunft an der Brücke ins Blickfeld tritt, ist ein großes, breites, reich freskiertes Gebäude. Es steht an der Ecke der über den Fluß kommenden, unseren Weg kreuzenden und in die Ortsmitte hinaufführenden ehemaligen Salzstraße. Die Darstellungen Professor Wahlers auf diesem von Gabriel von Seidl um- und ausgebauten alten *Marienstift* – ehemals ›Krughaus‹ – erinnern an den blutigen Kampf der Isarwinkler und Loisachtaler Gebirgsschützen, als sich 1705 im Spanischen Erbfolgekrieg die Oberländer gegen die Besetzung Bayerns durch die Kaiserlichen erhoben und ihrem Kurfürsten sein Land zurückerobern wollten. Die Initiative zu diesem aus dem Geist unerschütterlicher Heimatliebe geborenen Unternehmen war von Tölz ausgegangen. Unter dem Tarnnamen einer ›Nutz und Lust erweckenden Gesellschaft der vertrauten Nachbarn am Isarstrom‹ hatten sich ab 1702 führende Männer des Oberlandes, an ihrer Spitze der Töl-

zer Pflegskommissar Josef Dänkhl, zur Planung und Organisation des entscheidenden Schlags zusammengefunden.
Am 18. Dezember 1705 entschloß man sich, nicht länger
zu warten. Im Franziskanerkloster links der Isar wurde die
›Kurbayerische Landesdefension des Oberlandes‹ gegründet und das Land zum Aufstand aufgerufen. Er endete,
wie bekannt, mit der Sendlinger Mordweihnacht. An die
dreitausend Oberländer waren ausgezogen, an die 1100
kehrten nicht mehr zurück, darunter 144 Tölzer. Der Ort
entging nur durch Zahlung von zweitausend Gulden
Brandsteuer den Flammen eines Exekutionskommandos,
doch die Anführer des Aufstandes, unter ihnen ein Hökhen-
sohn aus Tölz, wurden hingerichtet.

Dem berühmten Münchner Architekten Gabriel von
Seidl (1848-1913) ist es auch zu verdanken, daß die *Marktstraße* zur Tölzer Prachtstraße geworden ist. Ähnlich wie
sein Bruder Emanuel in Murnau, hatte er sich hier in Tölz
an der Wackersberger Leite drüben jenseits der Isar einen
Landsitz gebaut und Anfang dieses Jahrhunderts mit einer
sehr einfühlsamen Restaurierung der alten Tölzer Häuser
begonnen.

Seit unvordenklichen Zeiten bis heute vereinigen sich unten auf der Isarbrücke alle Lebensströme von Tölz. Über
sie ging der Salzhandel, und bei ihr war die Lände der
Isarflößerei. Beiden verdankt Tölz seine Existenz.

Oben im Ried, dem heutigen *Mühlfeld,* entstand die
erste Reginried genannte Siedlung, unten bei der Isarlände
im *Gries* eine zweite. Dort stehen noch heute in verwinkel-
ten Gassen alte Häuschen mit steilen Außenstiegen und
Holzaltanen wie in der Zeit, als sich hier im Gefolge der
Flößerei Holzarbeiter, Kalkbrenner und Köhler ansiedel-
ten. Im Ried benötigten die aus den Reichenhaller und
Halleiner Salzbergwerken mit vollbeladenen Maultieren
kommenden Sämer vor ihrem Weiterweg ins Allgäu zum
Beschlag ihrer Tiere Schmiede, später, als der Transport auf

Rädern erfolgte, auch Wagner. Sie siedelten dort. Wetz-
steinmühlen sollen schon im 8. und 9. Jahrhundert gebaut
worden sein, ihre Zahl wuchs ständig, Sägmühlen kamen
hinzu. 1275 wurde zu ihrem Betrieb die Umleitung des
Ellbaches erforderlich. Von daher kommt der Name
›Mühlfeld‹ für dieses Tölzer Viertel.

Bald wuchsen diese beiden Siedlungen zusammen. Tölz
wurde ein bedeutender Umschlagplatz für die sich hier
kreuzenden Handelsstraßen des Salzes und der auf dem
Wasserweg kommenden Güter. Zu beiden Seiten des ursprünglichen Sämerpfades vom Mühlfeld zur Isar hinunter
entstanden Lagerhäuser und natürlich auch Wirtshäuser.
1624 hatte der inzwischen längst zum Markt erhobene Ort
ein staatliches Salzamt erhalten, der Sämerpfad war zur
Marktstraße geworden.

Tölz war also von Anfang an ein Zentrum des Handels
und der Handwerker. Daß hier auch einmal eine Burg
stand, auf der die Herren von Tollenz saßen, die dem Ort
ihren Namen und ihr Wappen gegeben haben, daran gibt
es kaum noch eine Erinnerung. Die Burg ist 1453 durch
einen Brand zerstört worden. Man vermutet, daß der Turm
der heutigen Pfarrkirche Mariä Himmelfahrt auf den
Grundmauern des einstigen Bergfrieds steht, die mächtigen, breitgewölbten Kellerräume des jetzigen Metzger-
bräus auf sie zurückgehen und daß ihre Ringmauern bis
tief zur Isar hinunter reichten. Auch glaubt man, daß die
beim Bau des Knabenschulhauses gefundenen dicken, mit
Schießscharten versehenen Mauern zu ihr gehörten. Ihrem
Erbauer, dem in einer Urkunde von 1180 erstmals genannten Hainricus de Tollenz (gestorben 1230), fielen, wie erwähnt, durch Heirat mit Irmingard von Hohenburg deren
Besitzungen zu. Er ist ein mächtiger Herr gewesen; seine
Unterschrift findet sich in zahlreichen Dokumenten, wo er
»mit seinen Rittern« als Gefolgsmann Ottos I., des ersten
Wittelsbacher Bayernherzogs, auftritt. Sein ältester Sohn
Konrad wurde Bischof von Freising mit Oberherrlichkeit

über die von Hainricus seinen beiden jüngeren Söhnen
vermachten Güter Tölz und Hohenburg, weshalb sich
Konrad ›von Tölz und Hohenburg‹ nannte. Er war ein in
seinen Ländern und bei Hofe hochangesehener Kirchen-
fürst. Nach seinem Tod 1258 und dem seiner kinderlosen
Brüder starb dieses Geschlecht bereits aus. 1266 zog Bischof
Konrad II. von Freising Tölz mit sämtlichen Gütern als
»von Freising innegehabtes Lehen« ein und verlieh sie seinem Vetter Ludwig dem Strengen von Bayern (1253-1294).
Doch schon unter dessen Sohn Rudolf (1274-1319), dem
älteren Bruder Ludwigs des Bayern (1283-1347), gingen sie
1300 als Pfand wieder an Freising. Eine Einlösung erfolgte
niemals – um 1320 gelang es Ludwig dem Bayern nach
dem Tod seines Bruders unter Ausnutzung der damaligen
kirchlichen Wirren, diese Güter seiner Hausmacht einzuverleiben. Es waren schlimme Jahre für Tölz. 1320 zum
Bannmarkt erhoben, heißt es in dem kaiserlichen Freibrief:
»Wir haben angesechen den großen Gebresten, den unser arme
Burger zu Tölltz gemäniglich habent und leident, und durch [zur]
Besserung und Wiederbringung ihres Markts und auch darumb Sye
Uns dester Paß gedinen mügen, haben Wir denselben Burgern und
dem Markt zu Tölltz geben Marktrecht als daß Sye Burger in
ihrem Markt empfahen und nemmen mügen ...«
Tölz blieb von nun an zwar bei Bayern, aber die Verpfän-
dungen nahmen unter den Nachfolgern Ludwigs des Bayern kein Ende. »... es mag nicht viele Märkte und Städte
in Bayern gegeben haben, die von den bayerischen Landesherren so häufig verpfändet wurden, wie Tölz« (Georg
Westermayer). Dazu kamen die vielen Landesteilungen, so
daß die Tölzer Bürger oft selbst nicht wußten, an wen sie
gerade verpfändet waren oder welchem der bayerischen
Landesherzöge sie zugehörten. Erst die Einführung der
Primogenitur 1506 durch Herzog Albrecht IV. machte dem
ein Ende.

1453 brach eine große Katastrophe über Tölz herein. Ein
verheerender Brand vernichtete damals die noch aus Holz

gebauten Häuser der Marktstraße vom Brückenkopf an der
Isar bis hinauf zu dem sie zum Mühlfeld abschließenden
Torturm; auch die Pfarrkirche Mariä Himmelfahrt und
– wie schon erwähnt – die herzogliche Burg gingen in
Flammen auf. Kein Menschenalter später aber war die
Marktstraße, diesmal in Stein, wiedererstanden. Es durfte
kein hölzernes Haus mehr gebaut werden; 1466 mußte
der Lederer Hanns Strützl seine neu errichtete Lohmühle
abbrechen, weil sie »hulzen und nit für feur gepaut vnd
sargsam« war; und zur Verhütung neuer Katastrophen
wurde vom Mühlfeld ein Teil des Ellbachs in einer Wasserleitung durch die Marktstraße geführt. Auch eine neue
herzogliche Burg – jetzt ein Schloß mit weitläufigen Gartenanlagen – entstand auf einem vom alten Rinnsal des
Ellbaches umschlungenen Hügel oberhalb des Marktes. Es
muß sehr groß gewesen sein, aber es war durch seine expo-
nierte Lage Schneestürmen und Unwettern preisgegeben,
und es stand auf unsicherem lockerem Tuffgestein. 1579
mußten nach einem Hagelschauer 459 neue Fensterscheiben
eingesetzt, schon 1588 die Grundmauern des Hauptbaus
gestützt werden. Und als am 20.Juli 1770 abends zwei
Wolkenbrüche niedergingen und die ganze Gegend von
Reutberg her überschwemmten, war die letzte Stunde des
großen dreistöckigen Gebäudes gekommen.

*»Die tosenden Gewässer brachen sich nach Südwesten Bahn,
stürzten sich in das Bett des Ellbaches, rissen die Eichmühle mit sich
fort und oberhalb von Tölz in das alte Rinnsal des Baches sich
ergießend, brandeten sie bald an die morschen Mauern des kurfürstlichen Schlosses. Binnen kurzem waren sie unterwühlt und 3/4 vor 12
Uhr nachts stürzte der östliche Teil des Gebäudes ... dröhnend
zusammen ... Auch im Gries wurden in derselben Nacht mehrere
Häuser zerstört, sechs derselben ganz fortgeschwemmt, und Dächer,
Türen und Hausgerät bis nach Wolfratshausen getragen ...«* (Georg
Westermayer).

Zu jener Zeit hatten nur noch Beamte im Schloß gewohnt, gelegentlich war es auch als Kaserne benutzt wor-

den – die Landesherren hatten kein Interesse mehr an ihrem alten Tölzer Besitz; sie bauten sich größere, schönere, bequemere Schlösser in Nymphenburg, Schleißheim oder Fürstenried. Und auch die herzoglichen Pfleger hatten sich längst anderswo Häuser gebaut und ihre Wohnung im Schloß verlassen. Es war schon vor der Einsturzkatastrophe mehr oder minder dem Verfall preisgegeben, nach ihr wurde es gänzlich abgetragen.

1660 soll zum letztenmal ein Landesfürst hier Aufenthalt genommen haben. »Am 14.Mai dieses Jahres ist die kurf. Durchl.«, (Ferdinand Maria), »anher khomben, das Mittagsmahl im Schloß eingenommen, alsdann auf der Isar abgefahren, ist der Landfahnen in Bereitschaft gestellt gewesen, zum Einzug und Abzug mit Musqueten und Doppelhacken Salva geschossen worden.«

Bis zur schweren Zeit des Dreißigjährigen Krieges (1618 bis 1648) waren sie alle oft und gern gekommen, so Albrecht IV. (1447-1509) zur Jagd auf Bären und Hirsche in den Isarbergen, während andere mit Vorliebe an den Gaißacher Höhen auf Federwild schossen. 1495 wird ein Jagdhaus auf der »vorderen Riß« erwähnt. Zur Zeit von Albrecht V. (1528-1579) wurde »am Grenzgebirg gegen Tirol so eifrig gejagt, daß man oft nicht mehr wußte, ob man sich noch auf bayerischem Boden befinde«. Sein Sohn Wilhelm kam als Erbprinz am 2.Juli 1577 »von Mittenwalt auf dem wasser bis Alher geen Töltzs gefaren«.

Über alle Jahrhunderte, über alle Katastrophen hinweg blühten in Tölz Handel und Gewerbe. Holz war der Reichtum des Isarwinkels, die Isar der naturgegebene Transportweg – in ganz früher Zeit der einzige, aber auch nach dem Ausbau von Straßen blieb er der einfachste und billigste. Auf ihm kam das Holz aus den Wäldern um Vorderriß und Fall, er nahm vom Jachen das Holz der Jachenau auf. Und aus Mittenwald kamen auf der seit dem 13.Jahrhundert nachweisbaren Isarflößerei ›welsche‹ Güter und Tiroler Wein. Die Zufuhr dieser Waren nahm einen großen Auf-

*»Wunderbar schön ins Land hineingebaut« ist nach den Worten
Karl Stielers der »uralte Markt« Tölz, der nach Entdeckung der*

Jodquellen 1846 – zehn Jahre nach Entstehen dieser Lithographie von Gustav Kraus – zum Bad avancierte und seit 1899 Bad Tölz heißt.

schwung, als 1407 dort wegen des großen Andrangs an Kaufmannsgütern eine Wasserrott auf der Isar eingerichtet und 1487 der Bozener Markt dorthin verlegt wurde. In Tölz wurden die Waren gelagert und zum Weitertransport zu Land oder zu Wasser ins ›Ausland‹ umgeladen. Zur gleichen Zeit setzte mit dem Ausbau von München und anderer Städte ein großer ›Holzboom‹ ein, und der Bedarf an Kalk, an Sand- und Marmorsteinen aus den Steinbrüchen des Isarwinkels stieg rapide. Zum Bau des Dachstuhls der Münchner Frauenkirche kamen 2100 Baumstämme auf 140 Flößen zu je 15 bis 16 Stämmen aus den Tölzer Bergen nach München. Um das Jahr 1700, als sich Schleißheim im Entstehen und Nymphenburg im Ausbau befanden, lieferte der Isarwinkel Baumaterial. Noch bis in die neunziger Jahre des vorigen Jahrhunderts kamen jährlich an die sechstausend Flöße nach München, beladen mit Waren aller Art, vor allem mit Brennholz. Dabei durfte kein Floß »anländen und durch den Abrechen fahren, wenn derselbe nicht zwei bis drei Sand- oder Marmorsteine, welche an und nächst den Ufern bei Tölz und Lenggries häufig liegen, aufgeladen und unentgeltlich abgeliefert hatte«.

Die Tölzer Flößer, Kalkbrenner, Steinbrecher, alle damit zusammenhängenden Handwerkszweige hatten ihre große Zeit. Schon im 14. Jahrhundert war die Floßfahrt durch Statuten geregelt, die in den folgenden Jahrhunderten mehrmals ergänzt und revidiert wurden. So heißt es 1480: »Alle die Kalchprenner hie zu Töllntz sein, dieselben sullen inn dem hanntwerch der floßlewt sein«, und 1517: »Es soll khainer auf dem Landt weder Leuth noch Guet aufnemmen nach füren, es seyn dann zu Tölz ein Burger vnnd im Hanndtwerch.« Die Tölzer Flößer hatten das Monopol für den Verkehr auf der oberen und den größten Teil der mittleren Isar.

Charakteristisch für das Tölzer Isartal waren die sich schneeweiß von dem waldigen Hintergrund abhebenden hohen Kalköfen. Ende des 18. Jahrhunderts gab es deren elf bei Tölz, in Lenggries sieben und im übrigen Isarwinkel fünf. Zwei- bis siebenmal jährlich brannten die Öfen; ein Brand dauerte zehn bis zwölf Tage und wurde mit an die vierundzwanzig Klafter Prügelholz geschürt. Der Holzverbrauch war so groß, daß 1476 eine ›Holz- und Kolordnung‹ zur Bekämpfung der »Waldverwüstung« erlassen wurde, 1536 eine zweite, die klagt, daß »die gepürg, wald, vorst und höltzer vast erödet und zerschlagen sind«. Zu Zeiten des zurückgehenden Wasserstandes der Isar sah man noch in diesem Jahrhundert in den ausgedehnten Kiesflächen ihres Bettes merkwürdige weiße Gestalten hocken. Es waren die ›Stoaklauberinnen‹, die aus dem angeschwemmten Geröll die Kalksteine ›herausklaubten‹. Sie trugen über den ihrer mühseligen Arbeit hinderlichen Röcken weiße Beinkleider. Die Ausbeute wurde auf ›Radeltruhen‹ verladen und auf Bretterpfaden das Stromufer hinauf zu den Kalköfen gezogen.

Die goldene Zeit der Isar ist vorüber, als sie noch von der Landesgrenze bis zur Mündung in die Donau auf 274 Kilometer Länge floßbar, in früher Zeit auch mit Zillen schiffbar war und das Tor zur Welt öffnete. Schon Ende des 15. Jahrhunderts war Floßholz aus Tölz bis nach Wien gegangen, und viele Reisende von Namen und Stand hatten sich diesem Wasserweg anvertraut. So heißt es, Kaiser Manuel II. (1391-1425), einer der größten Theologen des Byzantinischen Reiches, sei 1424, von Italien kommend, mit einem Gefolge von fünf Schiffen die Isar und Donau hinunter zu Kaiser Sigismund (1368-1437) nach Ungarn gefahren. Es ist anzunehmen, daß diese Reise im Zusammenhang mit den sich zwischen den Konzilien von Konstanz (1414-1418) und Basel (1431-1439) ergebenden Fragen stand, jedenfalls weiß man, daß Kaiser Sigismund sich bei der Vorbereitung des letzteren Konzils an Manuel gewandt hatte. Eine weitere Rolle in der großen Weltpolitik spielten Isar und Flößer im Türkenkrieg. »Lieber Getreuer«, hatte der damals auf österreichischer Seite stehende bayerische Kurfürst Max Emanuel (1662-1726) am 15. April 1686

an den Tölzer Pfleger geschrieben, »*demnach die unumgängli-*
che Notdurft erfordert, daß für Unsere in Ungarn stehende Armee
nächster Tage die bedörftige Mundierung [Proviant] *auf dem Wasser*
abgeführt werden sollte, und Wir zu solchem Ende bei neunzig
Floßleut ohnfehlbar vonnüten haben, also befehlen Wir hiemit, daß
du verstandne neunzig Floßleut, weil diemal allhier nit zu haben,
somit in dem dir anvertrauten Pfleggericht und dem Markt Tölz
auf den 21. dieses in Bereitschaft halten solltest.« Die von dem
Pflegsverwalter zur Verfügung gestellten 35 Tölzer und
55 Flößer aus der Bauernschaft kamen mit ihrer Ladung
glücklich zu dem Heerlager vor Ofen und zogen nach
siegreicher Erstürmung der Festung mit den Truppen des
›Blauen Kurfürsten‹ in ihr ein.

Auch der nicht zuletzt die Existenz und den Wohlstand
von Tölz begründende Salzhandel hat ein Ende genommen. Kamen zur Zeit des Transports auf Vierbeinern täglich achthundert bis tausend Saumpferde durch den Ort,
lagerten im Jahre 1784 in den Salzstädeln des Marktes oft
über achtzehntausend Fässer und über elftausend Fässln und
warteten auf ihren Weitertransport, so war noch in den
vierziger Jahren des 19. Jahrhunderts der Salztransport so
rege, daß die Fuhrwerke fast aller Bräuer dazu aufgeboten
werden mußten.

Die Bräuer! Sie geben das Stichwort, eines weiteren
Gewerbes zu gedenken, das sehr erheblich zu dem Wohlstand von Tölz beigetragen hat und noch heute beiträgt.
Der Siegeszug des Biers begann erst relativ spät. Wie bereits
gelegentlich des Besuchs des Freilichtmuseums auf der
Glentleiten erwähnt, war der Rebensaft noch bis weit ins
18. Jahrhundert hinein das beliebteste Getränk der Bayern.
1577 gab es in Tölz zehn Wein- und Metwirte, aber nur
vier Bierbrauer, 1631, als die Weinpreise erheblich gestiegen
waren, schon deren zweiundzwanzig. Alle Klöster und
Dörfer im weiten Umkreis bezogen Gerstensaft aus Tölz.
Bald begannen sie, ihn selbst zu brauen, doch inzwischen
erschloß sich den Tölzer Brauereien ein neues Absatzgebiet:

Die Münchner entdeckten ihre Liebe zum Bier, insbesondere zu dem vorzüglichen Tölzer Bier. Seine hervorragende Qualität verdankt es den sich zur Lagerung besonders eignenden, in den Tuffstein des Tölzer Bodens hineingebauten Kellergewölben. »Die Gerste wurde meist auf der Münchner Schranne gekauft, den Hopfen brachten Händler aus Böhmen« (Georg Westermayer). Auch kauften Tölzer Bräuer den böhmischen Hopfen wohl oft persönlich an Ort und Stelle ein. Und die Statistik berichtet, daß noch um das Jahr 1800 gegen den Herbst zu fast alle Münchner Bierzäpfler und viele Privatleute nach Tölz kamen, um Bier einzukaufen, das in die Hauptstadt geflößt wurde.

Ein Gang die Marktstraße hinauf zu dem sie immer noch abschließenden Khanntor ist ein Gang durch viele Phasen des Werdens dieser Metropole des Isarwinkels. Fast ein jedes ihrer heutigen weitdachigen Bürger- und Wirtshäuser geht auf die Zeit nach dem Brand von 1453 zurück und ist seit vielen Generationen im Besitz einer Familie, deren Geschicke meist eng verbunden sind mit den Geschicken ihrer Heimat. Da erinnert zum Beispiel eine Gedenktafel am *Weinhaus zum Hökh* an die Sendlinger Mordweihnacht und an einen Sohn der Familie, den Münchner Jägerwirt, der seine Teilnahme als führendes Glied dieser verhängnisvollen Verschwörung mit dem Leben bezahlen mußte. Viermal in drei Jahrhunderten stellten die Hökh, deren Gewerbe Weinwirtschaft, Lebzelterei und Wachszieherei waren und heute noch sind, den Tölzer Bürgermeister. Von ihnen war es Johann Friedrich Hökh, der 1742, als die Panduren unter Oberst von der Trenck Tölz besetzt hatten, zusammen mit anderen Bürgern, unter Einsatz von Hab und Gut die geforderten 4000 Gulden Blutgeld aufbrachte und damit den Heimatort vor der drohenden Brandschatzung bewahrte. Bereits unter Herzog Wilhelm v. (1548-1626) waren die Hökh in Anerkennung »besonderer Redlichkeit, Ehrbarkeit, guter Sitten und Tugenden« mit einem Wappen ausgezeichnet worden.

Das *Pflegerhaus* von 1485 weist auf ein anderes Geschlecht, das in drei Generationen die Tölzer Geschicke als
Pfleger des Herzogs verwaltete: auf die aus niederbayeri-
schem Ritteradel stammenden Winzerer. Der erste von
ihnen, ein Jahr nach dem großen Brand von 1453 Pfleger
von Tölz geworden, förderte tatkräftig den Wiederaufbau
der niedergebrannten Marktstraße; unter ihm und seinem
Sohn Kaspar Winzerer II., nahm sie ihre heutige Gestalt an.
Den Erker des Pflegerhauses schmückt das Wappen der
Winzerer, an seiner Ostfassade zeigt ein Fresko Professor
Wahlers eine Tochter Kaspar Winzerers III. mit Gemahl.

*Dieser Kaspar Winzerer III. (1475-1542) war »einer der bedeu-
tendsten Männer Bayerns zur Zeit der Reformation, gleich tüchtig
als Krieger wie als Staatsmann« (Georg Westermayer). In Österreich »an Höfen und bei großen Herren« erzogen, erwarb er sich
1500 ersten Kriegsruhm in Niederösterreich im Kampfe gegen die
weit über Wien vorgedrungenen Ungarn. Und in dem Landshuter
Erbfolgekrieg (1504-1505) hatte er als Feldhauptmann der verbündeten kaiserlichen und bayerischen Truppen entscheidenden Anteil an
der glücklichen Beendigung der bayerischen Landesteilung. 1504
wurde er von Kaiser Maximilian I. (1459-1519) zum ›Goldenen
Ritter‹ geschlagen, nachdem der Kaiser ihn in Anerkennung seiner
Verdienste im Kampf gegen die Ungarn bereits 1500 mit der Verlei-
hung der Burggrafschaft Dürnstein in der Wachau ausgezeichnet
hatte. Damit besaß er übrigens die Gerichtsbarkeit über das dortige
Tegernseeische Klostergut Loiben.*

*Mit verschiedenen diplomatischen Missionen zwischen Kaiser
und dem bayerischen Herzog betraut, kaufte er sich 1510 ein Haus
»in der Dienersgasse zwischen der Stadt München Thurn und
St. Margarethen Caplan im alten Schloß gegen der Brobstey über
neben dem alten Stadtgraben bis an den Garten des alten Schlosses
hinten gegen der gewonlichen Rathsstuben über«. Um das Jahr 1515
übernahm er nach dem Tode seines Vaters das Pflegamt in Tölz und
wohnte abwechselnd dort und in Dürnstein.*

*Seinen größten Ruhm errang Kaspar Winzerer III. in einem
europäischen Krieg, nämlich im Kampf Kaiser Karls V. (1500-1558)*

und des französischen Königs Franz I. (1494-1547) um die Vorherr-
schaft in Europa. In der Schlacht um Pavia gelang Winzerer 1525
im Verein mit dem berühmten kaiserlichen Feldhauptmann Georg
von Frundsberg (1474-1528) ein Handstreich auf das französische
Königszelt, der die Gefangennahme Franz I. zur Folge hatte. »Ge-
nediger Herr, der von Frankreich ist warlich ein keker treffentlicher
hüpscher man, Er ist auch wundt, aber nit hart«, berichtete Winzerer
von dem besiegten Feind. Im gleichen Jahr 1525 schenkte Herzog
Wilhelm IV. von Bayern (1493-1550) seinem ruhmreichen Tölzer
Pfleger die Roseninsel im Starnberger See mit dem »nächstgelegenen
Uferort«, also wohl Possenhofen. Und in der oberen Tölzer Markt-
straße steht seit 1887 vor dem Rathaus der Held von Pavia in Erz
gegossen.

Weniger Glück hatte dieser tapfere Krieger in diplomatischen
Diensten. Es kann hier nicht näher auf die oben bereits erwähnten
Auseinandersetzungen und Kriege der Habsburger Kaiser mit den
ungarischen Königen eingegangen werden. Jedenfalls glaubte Win-
zerer 1527 im Interesse seines bayerischen Landesherrn das Angebot
eines Gegners der Habsburger, des ungarischen Königs Johann Za-
polya, annehmen zu müssen, als Geschäftsträger in seine Dienste
zu treten. Dieses aufopfernde, aber undankbare Amt trug ihm natür-
lich im gleichen Jahr den Entzug der Burggrafschaft Dürnstein ein,
außerdem innerhalb von zwölf Jahren fünf Reisen nach Ungarn auf
einem vierwöchentlichen Umweg durch die Mark Brandenburg und
Polen, da eine Reise durch österreichische Lande nicht mehr geraten
war. 1539 erfolgte sein letzter Gesandtschaftsbericht aus Budapest.
Er resignierte bald darauf, empfand den Hof Johann Zapolyas als
den eines Vasallen des Sultans, »wo täglich die Pascha's kamen und
gingen«, und wollte auf seiner Besitzung Brannenburg im Inntal
einen ruhigen Lebensabend genießen. Aber der nun 77 Jahre alte
Haudegen, der sich 1517 in einem im Turnierbuch Freiball des
Kaisers Maximilian I. abgebildeten Kampf mit diesem gemessen
hatte, stieg am 28. Oktober 1542 noch einmal in den Sattel und
empfing im Kampf mit seinem Gast Jörg Frundsberg, dem Enkel
seines einstigen Waffengefährten, eine tödliche Wunde. Seinem
Wunsch gemäß wurde er, der trotz aller seiner den Umkreis seiner

Heimat weit überschreitenden ruhmreichen Taten die ihm anver-
traute Pflegschaft von Tölz gewissenhaft wahrgenommen hatte,
dorthin überführt. Sein Grabstein aus rotem Marmor in der Winze-
rerkapelle der Tölzer Pfarrkirche trägt die Inschrift: »Caspar Win-
zerer von Brannenburg und Sachsenkam, dem sehr edlen Ritter und
Rath des durchlauchtigsten Fürsten Wilhelm von Bayern Pfleger in
Tölz, der oft für das Vaterland mit höchstem Lobe kämpfte und
desshalb nicht nur bei den Seinen sondern auch im Auslande unster-
lichen Namen gewann, der nun mehr in Christo ruht, ihm haben
seine Kinder, ihres Vaters liebend eingedenk, dieses Grabmal errich-
tet. Er lebte 77 Jahre und starb am 28. Oktober 1542.«

Angesichts seines die Marktstraße beherrschenden Standbildes denken wir an ihn und daran, daß die repräsentative
Fassade, vor der es steht, von Gabriel von Seidl gestaltet
wurde, als er 1902 das ›Bürgerbräu‹ zum Rathaus umbaute.
Und wir erinnern uns, daß nach dessen Verlegung in ein
neues Verwaltungsgebäude seit 1982 hier das *Heimatmuseum*
untergebracht ist, das einen umfassenden Überblick über
alle Gewerbe gibt, die im Gefolge des Salzhandels und der
Flößerei hier angesiedelt waren und ihr gut Teil zu dem
Wohlstand von Tölz beigetragen haben. Hier werden wir,
die wir so selbstverständlich und gedankenlos alle heute
maschinell hergestellten Dinge des täglichen Lebens ge-
brauchen, daran erinnert, welche Handfertigkeit einst dazu
gehörte, sie mit Hilfe aus unserer Sicht primitiven Werkzeugen herzustellen – hier lernt man, voller Hochachtung
an die Handwerksmeister von einst zu denken.

Einen besonderen Rang nehmen die Tölzer Kistler ein.
Sie erschlossen sich schon in ganz früher Zeit eine Einnahmequelle durch Verarbeitung des billigen heimatlichen
Holzes zu ›Kästen‹ (Schränken), die sie die Isar hinunter-
flößten und in den Städten verkauften. Diese ›Tölzer Kästen‹ wurden berühmt und begehrt; sie sind praktisch, einfach in der Form, mit Blumen und Früchten meist auf
blauem Grund bemalt und geben jedem Raum einen fröhlichen, bunten Akzent.

Bäuerlichem und bürgerlichem Wohnen, heimatlichen Trachten, sakraler Kunst sind Räume dieses interessanten Museums gewidmet. Und natürlich gibt es auch eine geologische und eine prähistorische Sammlung und man erfährt Wissenswertes über die Tölzer Jodquellen, die heute dem Ort Wohlstand bringen.

Gerade zur rechten Zeit am Beginn des Industriezeitalters erschloß sich den Tölzern diese neue Einnahmequelle. 1846 war Kaspar Riesch, ein Drechslergeselle, der sich beim Jaudbauern am Fuß des Blombergs als Knecht verdingt hatte, auf eine am Sauersberg entspringende Quelle aufmerksam geworden. Er hatte in ihrer Nähe im Flyschgestein Abdrücke von Seetang und ein auf Jodgehalt des Wassers hinweisendes Jodblümchen Hydrococis Jodii gefunden. Die Untersuchung einer Probe durch den späteren Professor für Botanik an der Münchner Hochschule, Dr. Otto Sendtner, bestätigte diese Vermutung. Bald fand sich in Dr. Rohatsch aus Dresden ein Fachgelehrter und Mäzen, der den Quellengrund erwarb und bergmännisch erschließen ließ. Hierbei stieß man in einem der drei in den Sauersberg vorgetriebenen Stollen auf drei Mineralquellen. Rohatsch veranlaßte daraufhin sofort die Veröffentlichung und Verbreitung einer von ihm verfaßten ›Brunnenschrift‹, die 1849 mit Beiträgen der Tölzer Ärzte Dr. Petz und Dr. Höfler bereits die fünfte Auflage erlebte. Die ersten Bäder in dem von Rohatsch ›Krankenheil‹ genannten Mineralbad wurden in den Bauernhäusern am Sauersberg und im Zollhaus verabreicht; schon im selben Jahr 1849 stand dort ein eigenes Badehaus. Auswärtige Gäste kamen, unter ihnen der Freiburger Verlagsbuchhändler Karl Raphael Herder, in dessen Besitz die Quellen 1856 übergingen. Er sorgte für den Bau des ersten Kurhotels und gründete 1860 die ›Aktiengesellschaft der Jodschwefelquellen zu Krankenheil‹, die heutige ›Jodquellen A. G. Bad Tölz‹. Seinem Denkmal und dem des um die ärztliche Versorgung der ersten Kurgäste ebenso wie um die Erforschung der Quellen und ihrer Heilkraft hochverdienten Dr. Höfler begegnet man heute auf einem Spaziergang in dem auf Herder zurückgehenden Kurpark. Autoritäten wie der berühmte Münchner Professor Max von Pettenkofer (1818-1901) und der Chemiker Carl Fresenius (1818-1897)

*setzten sich für das Heilwasser von ›Krankenheil‹ ein und erklärten
es »als jod- und schwefelhaltige Mineralquellen, deren außerordentlicher Wert hauptsächlich in der glücklichen Mischung ihrer Bestandteile liege«* (Georg Westermayer).

Inzwischen wurde die Bahnlinie München–Holzkirchen bis Tölz verlängert und 1874 eröffnet. Damit zeichnete sich bereits das Ende der Isarflößerei ab, die neue Zeit des seit 1899 ›Bad Tölz‹ genannten Kurortes hatte begonnen. 1901 konnte er schon 2847 Gäste verzeichnen. Für die Entwicklung des aufstrebenden Bades war es eine geradezu ideale naturgegebene Fügung, daß es sich von seinen ersten Anfängen am Sauersberg in das weite, ebene und kaum besiedelte Gelände links der Isar gegenüber von Alttölz ausbreiten konnte. Dort finden die Gäste in einer ruhigen Atmosphäre alles, was heute zu einem heil- und erholsamen Kuraufenthalt gehört: weiträumige Parkanlagen, ein von Gabriel von Seidl begonnenes, nach seinem Tod 1913 kurz vor dem Ersten Weltkrieg 1914 vollendetes großzügiges *Kurhaus,* eine 1930 von dem Münchner Stadtbaumeister Theodor Fischer gebaute Trink- und Wandelhalle, eine 1931 fertiggestellte weiträumige Kurverwaltung und natürlich eine große Zahl alle Ansprüche eines modernen Kurortes erfüllender Hotels, Pensionen und Ladenzentren.

Im Kurzentrum steht die 1880 erbaute *Evangelische Kirche,* zu deren Errichtung Stiftungen von Gästen beigetragen haben. Sie besitzt mit ihrem Altarbild ›Kreuzigung‹ von Lovis Corinth eine große Kostbarkeit. Das 1897 in München geschaffene Werk ist kompositionell von Grünewalds Isenheimer Altar beeinflußt und zeigt im rechten Schächer ein Selbstporträt des Malers. Das gleich nach Entstehen auf Ausstellungen in München und Berlin gezeigte Bild wurde von dem Fabrikanten Ernst Heckert erworben und 1901 der evangelischen Gemeinde zur Ausstattung ihres Gotteshauses geschenkt.

Die einzigen hier im neuen Badeviertel auf die alte Zeit zurückgehenden Bauten sind das *Franziskanerkloster* mit seiner *Dreifaltigkeitskirche* und eine ehemalige Flößersiedlung an der Isar in der heutigen Königsdorfer Straße. In dem Refektorium des Klosters fanden die Zusammenkünfte der Verschworenen statt, hier wurde am 18. Dezember 1705 die ›Kurbayerische Landesdefension des Oberlandes‹ gegründet, hier wurde der folgenschwere Entschluß zu dem entscheidenden Schlag gefaßt, der in die Katastrophe der Sendlinger Mordweihnacht führen sollte. Das 1803 säkularisierte und 1829 wieder errichtete Kloster geht auf das Jahr 1624 zurück, seine 1733/34 erbaute Kirche auf einen Vorgängerbau von 1635. Eine Tafel in den sie heute umgebenden Grünanlagen mahnt: »Wanderer, der Du durcheilst allhier den umfriedeten Graben, hemme ein wenig den Fuß, lausche dem redlichen Stein. Hier, so spricht er zu Dir, war einst die Stätte der Toten …« An der Außenwand des Gotteshauses sind Grabsteine Alttölzer Familien eingelassen, seit der Anlage des Friedhofs 1617 wurden sie bis 1913 hier bestattet. Die Jahreszahl 1617 läßt vermuten, daß hier ursprünglich ein Pestfriedhof mit einer Pestkapelle lag. Dem weißgetünchten, breit überwölbten Innenraum der heutigen Kirche geben die braunen Altäre der Erbauungszeit, deren Bildhauerarbeiten Josef Anton Fröhlich fertigte, einen feierlich-ernsten Akzent. Einzig ein Relief neben der linken Sakristeitür ›Tod Mariens‹ aus dem 16. Jahrhundert weist auf einen möglicherweise hier schon in dieser Zeit bestehenden Andachtsort hin. Dicht über der Isar steht diese Dreifaltigkeitskirche und blickt hinüber zu dem Spitzturm der Tölzer Pfarrkirche Mariä Himmelfahrt, zu der etwas schwerfälligen Barockhaube der Mühlfeldkirche und den beiden leichtbeschwingten Türmen der Kalvarienbergkirche drüben in Alttölz am anderen Ufer.

Das Deckengemälde von Matthäus Günther im Chor der 1735 bis 1737 erbauten *Wallfahrtskirche Maria Hilf auf dem Mühlfeld* erinnert an ihre Entstehung. Als nämlich 1634 die Pest das ganze Land bedrohte, versammelten sich die Tölzer Bürger zu einer Prozession nach Gaißach, um in der dortigen Wallfahrtskirche Sankt Michael für Bewahrung vor der Gefahr zu beten. Die Gaißacher verwehrten ihnen jedoch aus Angst vor Ansteckung den Eintritt in ihr Gotteshaus. Daraufhin zogen sie zu ihrer kleinen Mariahilfkapelle auf dem Mühlfeld. Maria half, und oft, in allen Kriegs- und sonstigen Nöten kehrten die Tölzer zu ihr zurück. Aus der kleinen Kapelle wurde 1654 die Wallfahrtskirche Maria Hilf und zwischen 1735 und 1737 das heutige Gotteshaus. Josef Schmuzer soll es gebaut haben. Den Turm hat nach einem Blitzschlag Lorenz Sappel aus München 1755 erneuert. Das erklärt wohl die uns nicht sehr geglückt scheinende äußere Proportion der Kirche. Das Innere wurde leider 1851 purifiziert, Stuck und Fresken des Langhauses sind Zutaten von 1910 bis 1920. Ursprünglich ist noch das Chorfresko mit Maria als Zuflucht der Pestkranken, das Matthäus Günther 1737 zwischen vorzüglichen Stukkaturen aufgemalt hat.

Einen ganz anderen Charakter hat die 1466 nach dem Brand von 1453 gebaute *Pfarrkirche Mariä Himmelfahrt*. Sie steht an Stelle der 1262 erstmals erwähnten Marienkirche, ihr Turm wahrscheinlich, wie bereits erwähnt, über den Grundmauern des Bergfrieds der alten Tölzer Burg. Die Ausstattung des großen dreischiffigen, spätgotisch überwölbten Hallenraumes stammt in der Hauptsache aus der Neogotik des 19. Jahrhunderts. Nur einige frühe Werke sind erhalten, so die um 1611 geschaffene, am Chorbogen schwebende ›Madonna in goldener Gloriole‹ des Weilheimer Bildhauers Bartholomäus Steinle, die frühbarocke Holzgruppe ›Anna Selbdritt‹ sowie einige originale Glasgemälde des frühen 16. Jahrhunderts. Die besondere Note aber geben dieser Kirche zahlreiche Grabmäler Tölzer Familien, vor allem der Winzerer. Kaspar Winzerer II. liegt unter einer roten Marmorplatte vor der Marienkapelle, sein berühmter Sohn, der Held von Pavia, hinter dem Hochaltar in der Winzererkapelle. Sein Grabstein zeigt ihn in Lebensgröße geharnischt mit Schwert und Feldherrnstab, die Augen in dem energisch-kantigen Gesicht drohend gerichtet auf den Feind, den es zu besiegen gilt.

Die eigenartigste der Tölzer Kirchen ist die doppeltürmige Barockkirche auf dem *Kalvarienberg*, eine Stiftung des kurfürstlichen Salz- und Zollbeamten Friedrich Nockher (1679-1754). Dort oben hatten die Tölzer Zimmerleute 1718 eine vor ihrem Auszug in die Sendlinger Schlacht im Falle glücklicher Heimkehr gelobte Kapelle gebaut und den Handwerkspatronen Sankt Joseph, Sankt Johann Baptist sowie dem Heiligen Leonhard gewidmet. Im gleichen Jahr begann Friedrich Nockher den Berg hinauf einen Kreuzweg mit Kapellen zu den drei Kreuzen von Golgatha mit überlebensgroßen Figuren anzulegen. Seitdem heißt dieser einstige Galgen- und Weideberg Kalvarienberg. In den nächsten Jahren folgten – zunächst unter freiem Himmel – eine Heilige Stiege mit achtundzwanzig Stufen nach dem Vorbild der Scala Sancta im Lateran zu Rom und eine Kapelle. Diese Anlage wurde 1726 mit dem Bau der heutigen *Kreuzkirche* zu einer Doppelkirche vereinigt; 1732 kamen die beiden Türme hinzu. Ernst und nachdenklich, ein Blatt mit Entwurfsskizzen seiner merkwürdigen, einzigartigen Stiftungen in der Hand, blickt ein Porträt Friedrich Nockhers in den Kirchenraum.

Die kleine *Leonhardskapelle* der Tölzer Zimmerleute in unmittelbarer Nähe ist inzwischen Ziel der Tölzer Leonhardiwallfahrt geworden. Im ganzen Land ringsum wurde dieser Heilige, ursprünglich Patron der Lahmen und Kranken, zum Beschützer der Bauern und ihres Viehs, vor allem der Pferde, als sich im 18. Jahrhundert verheerende Tierseuchen ausbreiteten. Daraus entwickelten sich die Wallfahrten zum Heiligen Leonhard. Allüberall ziehen zu ihm alljährlich in feierlicher Prozession die Landwirte mit ihren Pferden, erbitten für sie Schutz und Segen des Heiligen. Sie ziehen noch heute zu ihm; trotz der weitgehenden Motorisierung der bäuerlichen Betriebe hat sich dieser schöne Brauch erhalten – es gibt noch erstaunlich viele

Rösser im Lande, wobei heute, das darf man nicht vergessen, ein großer Anteil den Reitsportvereinen zukommt. Von allen Wallfahrten zum Heiligen Leonhard ist die größte und berühmteste die von Tölz.

Diese Wallfahrt ist nicht mehr nur ein Bittgang um Segen für Tier und Feld; die Tölzer bringen in ihrem Zug dem Heiligen Leonhard ihre Vergangenheit und Gegenwart dar, man möchte meinen, es ist ein Fest der Dankbarkeit geworden für alles, was ihre Heimat zu dem gemacht hat, was sie heute ist und zugleich ein Bittgang um den Segen des Heiligen für die Zukunft ihres Landes, das ihm hier oben auf dem Kalvarienberg zu Füßen liegt. Über Alttölz und das neue Badeviertel, über die weit auseinander gerückten, in Terrassenwäldern und Wiesen sanft zu dem breiten Isarbett abfallenden Gaißacher und Wackersberger Höhen, über das sich bei Lenggries verengende Isartal reicht der Blick, bis der Fluß nach rechts abschwenkt, die Tegernseer Berge sich vorschieben und in weiter Ferne die Gipfel des Karwendel dieses großartige Panorama abschließen. Ein Panorama, das lebendig wird, wenn man an seine Geschichte denkt und an die Männer, die sie im Laufe der Jahrhunderte geprägt haben, nicht zuletzt auch an die Männer, die hier lebten oder geboren wurden, denen die Faszination dieses Landes vielfältige Impulse für ihr Wirken in der Welt draußen schenkte. Drüben an der Wackersberger Leite baute sich Gabriel von Seidl sein Haus, oben an der Heißstraße 31 steht das Refugium Thomas Manns (1875-1955).

Der Dichter, der 1893 von Lübeck nach München übersiedelt war und 1905 Katja Pringsheim geheiratet hatte, verbrachte seine Sommerfrische gerne im bayerischen Alpenvorland. So weilte die sich stetig vergrößernde Familie 1906 in Oberammergau, 1907 in Seeshaupt, später – zum Teil auch getrennt – in Mittenwald (1917), Garmisch-Partenkirchen (1920, 1933) und Ettal (1926, 1927, 1929, 1930), in Feldafing am Starnberger See (1920-22), in Abwinkl am

Tegernsee (1918) und in Bad Kreuth (1927) sowie in Stock am Chiemsee (1919).

Im Juni 1908 übersiedelte Thomas Mann nach Bad Tölz, wo er »ein Häuschen in schattigem Garten« gemietet hatte. Peter de Mendelssohn berichtet in seiner Mann-Biographie darüber:

»Tölz gefiel Thomas Mann, er fand die Luft wohltuend. Als er zu Beginn des Sommers hörte, es wolle jemand, der sich kürzlich außerhalb des Ortes ein schönes Grundstück mit Blick auf den Ort, die Isar und das Gebirge gekauft hatte, dieses rasch und preiswert wieder abstoßen, weil er es sich anders überlegt hatte, griff er zu. Es sei eine ausgesprochene ›Occasion‹ gewesen, erinnert sich Frau Katia; ihre Eltern hätten nichts dazu gegeben, die Buddenbrooks- und Königliche-Hoheit-Einnahmen reichten durchaus, wenngleich man freilich für den Hausbau selbst eine Hypothek aufnehmen mußte. Daß, wie man hier und dort lesen kann, der damals berühmte Münchner Architekt Gabriel von Seidl, der selber in Tölz ein Haus besaß, das ›Landhaus Thomas Mann‹ gebaut habe, ist freilich eine Legende, er wäre viel zu teuer gewesen, versichert Frau Katia, vielmehr war der Architekt ein Neffe von Seidl namens Hugo Roeckl. Er arbeitete wie der Blitz, im Handumdrehen waren die Baupläne fertig, Thomas Mann vermerkte im Notizbuch 9: ›Montag, 28. September 1908, Baubeginn des Tölzer Sommerhauses‹, und im November war der Rohbau unter Dach.«

Pünktlich im Juni des folgenden Jahres war dann das ›Tölzhaus‹, wie es die Kinder vertraut nannten, fertig geworden. Es steht heute noch in einem großen Garten und erscheint schier unverändert, wie es Klaus Mann geschildert hat:

»Unser Haus lag oberhalb des alten Ortes mit dem Blick auf das Gebirge. Es hatte ein rotes Dach, auf dem ein Gockelhahn sich nach dem Winde drehte, eine Terrasse, auf der wir aßen, wenn es draußen nicht gar zu unwirtlich war, und einen sehr großen Garten. Gleich hinter dem Garten begann ein Wald von sehr hohen, schlanken und schönen Tannen, der in den ersten Jahren völlig unberührt war und wie ein Privatbesitz zu unserer Verfügung stand. Später wurde ein

Heim für blinde Kinder dort eingerichtet, die sich nun, weißäugig tappend, mit ihren Hunden und frommen Schwestern zwischen den Tannen ergingen ... In unserem Garten gab es den Platz mit der großen Kastanie, den Spielplatz mit dem Sandhaufen, die Asternbeete, den Tennisplatz, der verfiel, und die Apfelbäume. Eine Allee – die wir langweilig zu gehen fanden, so kurz sie war – führte vom Zaun zum Hause. In den ersten Tölzer Sommern war der Garten nur halb so groß, als wir ihn später kannten, man kaufte ein Stück dazu ...« Über einen Wiesenweg gelangte man von Thomas Manns Grundstück zum Klammerweiher, in dem nicht nur die Kinder schwimmen lernten, sondern an dem auch einige Szenen aus dem ›Doktor Faustus‹ angesiedelt sind. Das Innere des Hauses beschreibt Mendelssohn:

»Im Erdgeschoß, das eine sehr geräumige vorgebaute Veranda in den Garten hinaus besaß, befanden sich ein Eßzimmer, das durch einen Schieber mit der Küche verbunden war, und anstoßend ein großes Wohnzimmer mit einem Kamin, das, wie Frau Katia sagt, ›gewissermaßen mein Zimmer war‹; diese Räume blickten nach Süden, auf den Garten und die Berge. ›Um die Ecke‹ vom Wohnzimmer, nach Osten blickend, befand sich Thomas Manns Arbeitszimmer, das nicht sehr groß, aber dafür besonders hübsch eingerichtet war. Wenn Thomas Mann, wie es in der Folge oft geschah, der Familie oder Freunden aus Entstehendem vorlas, so geschah es zumeist freilich nicht hier, sondern im großen Wohnzimmer. Im Oberstock, der außen nach bayerischem Stil mit Holz verkleidet war und in seinem Mittelteil über der Veranda einen großen, nach Süden blickenden Balkon besaß, befanden sich, mit Flügeltüren zum Balkon, die Schlafzimmer der Eltern, ein Zimmerchen für Erika und daneben ein größeres, gemeinsames für die jüngeren Kinder sowie ein kleines Zimmer für das Kinderfräulein. Im ausgebauten Dachgeschoß waren noch, ebenfalls mit dem Blick aufs Gebirge, zwei Gästezimmer und ein Mädchenzimmer untergebracht. Das Haus besaß, was man zu jener Zeit unter ›modernem Comfort‹ verstand, nämlich ein einziges Badezimmer mit Heizofen und in den Schlafzimmern Waschtische mit fließendem Wasser.«

Die Manns verbrachten insgesamt neun Sommer – und

auch einige Weihnachts- und Osterwochen – zwischen 1909 und 1917 in diesem Landhaus. Hier waren nicht nur illustre Gäste zu Besuch wie Bruno Frank, Friedrich Huch, Hans Reisinger, der Verleger Samuel Fischer und natürlich sein Bruder Heinrich Mann; hier entstanden große Passagen einiger der bedeutendsten Werke des späteren Nobelpreisträgers, so ›Der Tod in Venedig‹, der im Juli 1912 hier vollendet wurde, oder ›Der Zauberberg‹, den Thomas Mann im Juli 1913 hier begann und der ihn durch die weiteren Sommer in Tölz beschäftigte. Gerade in den ›Zauberberg‹ sind verschiedene topographische Motive aus Tölz und seiner Umgebung hineinverwoben, von denen wir den Klammerweiher schon erwähnt haben. Zum Teil griff Mann erst später auf Tölzer Erlebnisse zurück, als er schon längst sein Haus aufgegeben hatte. Dies betrifft vor allem das Kapitel ›Schnee‹ im ›Zauberberg‹, das erst im Juni 1923 zum Abschluß gebracht wurde, aber ein Ereignis von Anfang 1915 zum Vorwurf hat. Damals schneite es den ganzen Januar unablässig, und Thomas Mann schrieb in einem Brief von diesem ›Schneeabenteuer‹: »... ich hatte so viel Schnee in meinem Leben noch nicht gesehen und habe eigentlich bei dieser Gelegenheit erst Bekanntschaft mit diesem Element gemacht ...« Nur die Kenner wissen, daß sich also hinter der lebendigen Schilderung in der ›Davos-Erzählung‹ des ›Zauberberg‹ nicht die Silhouette des Schweizer Nobelkurortes verbirgt, sondern das Profil der oberbayerischen Stadt Tölz. Das liest sich dann so:

»Statt der Sonne jedoch gab es Schnee, Schnee in Massen, so kolossal viel Schnee, wie Hans Castorp in seinem Leben noch nicht gesehen. Der vorige Winter hatte es in dieser Richtung wahrhaftig nicht fehlen lassen, doch waren seine Leistungen schwächlich gewesen im Vergleich mit denen des diesjährigen. Sie waren monströs und maßlos, erfüllten das Gemüt mit dem Bewußtsein der Abenteuerlichkeit und Exzentrizität dieser Sphäre. Es schneite Tag für Tag und die Nächte hindurch, dünn oder in dichtem Gestöber, aber es schneite. Die wenigen gangbar gehaltenen Wege erschienen hohlwegartig,

*mit übermannshohen Schneewänden zu beiden Seiten, alabasternen
Tafelflächen, die in ihrem körnig kristallischen Geflimmer angenehm
zu sehen waren und den Berggästen zum Schreiben und Zeichnen
dienten, zur Übermittlung von allerlei Nachrichten, Scherzworten
und Anzüglichkeiten. Aber auch zwischen den Wänden noch trat
man stark aufgehöhten Grund, so tief auch geschaufelt war, das
merkte man an lockeren Stellen und Löchern, wo plötzlich der Fuß
einsank, tief hinab, wohl bis zum Knie: man hatte gut achtzugeben,
daß man nicht unversehens das Bein brach. Die Ruhebänke waren
verschwunden, versunken; ein Stück Lehne ragte noch aus ihrem
weißen Begräbnis hervor. Drunten im Ort war das Straßenniveau
so seltsam verlegt, daß die Läden im Erdgeschoß der Häuser zu
Kellern geworden waren, in die man auf Schneestufen von der Höhe
des Bürgersteiges hinabstieg. . . .«*

Übrigens verdankt einer der Söhne Thomas Manns, der
Historiker Golo Mann, die ungewohnte Kurzform seines
Vornamens seinen Kindertagen in Tölz. Die Lexika lassen
einen meist vermuten, ›Golo‹ wäre die Abkürzung des
ersten seiner drei Vornamen Gottfried Angelus Thomas,
doch handelt es sich in Wirklichkeit um die kindliche
Verballhornung des zweiten Namens Angelus. Daß es zu
dieser verwunderlichen Namenswahl kam, hat Erika Mann
veranlaßt:

*»Es gab in Tölz die Familie des Postexpeditors Mösslang, drei
Bübchen, mit denen Erika und Klaus spielten; die noch nicht vierjäh-
rige Erika durfte das jüngste, das Angelus hieß, herumtragen. Sie
wünschte sich nichts sehnlicher, als einen möglichst ähnlichen Angelus selber zu besitzen – ›auch im Winter‹ –, und die Mutter,
wiewohl insgeheim überzeugt, daß das dritte Kind ein Mädchen
sein werde, versprach ihn ihr. Als er dann wirklich da war, mußte
er natürlich Angelus heißen. Die Kinderfrau nannte ihn ›Gelus‹.
Aber als er selber zu sprechen begann, war ihm ›Gelus‹ zu schwierig,
und er nannte sich ›Golo‹ oder ›Gololo‹. Bei Golo blieb es dann, und
es hatte nicht das geringste mit dem legendären bösen Hausmeister der
schönen Genovefa von Brabant im Ardenner Wald zu tun.«*

Trotz der herrlichen Lage seines Grundstücks und des

weiten »Blicks auf den Ort, die Isar und das Gebirge«, trotz auch aller scheinbaren Vorliebe für Oberbayern, das er immer wieder zur Sommerfrische erwählte, wie wir gehört haben, hat doch Thomas Mann zum Wesen der bayerischen Landschaft keinen Zugang gefunden:

»Er hegte auch gegenüber der südlichen Landschaft, ja sogar gegenüber der biederen oberbayerischen eine ›gelinde Verachtung‹. Die ›Landschaft dort oben‹, nämlich die norddeutsche, schrieb er im April 1917 an Ida Boy-Ed, ›ist im Grunde die einzige, zu der ich Vertrauen habe; zum Gebirge schon gar nicht, wie ich neulich in Mittenwald wieder merkte, wo ich übrigens zum ersten mal in meinem Leben eine Lawine sah: sie kam unter Poltern und als weißer Qualm die Karwendelwand herunter, aber ich dachte: Wenn schon‹«. (Peter de Mendelssohn)

Und vielleicht war Thomas Mann in dieser elementaren Abneigung des meergewohnten Hanseaten mit seiner Schwägerin Ines einer Meinung, die nach einem Besuch in Tölz zu dem abschätzigen Urteil über »diese nüchterne, poesielose Gegend« kam: »Ein Klex Berge, ein Klex Wiese, ein Klex Wald, von allem ein bißchen. Nichts Großes, nichts Schönes, mit einem Wort nüchtern, bürgerlich, kalt ...«

Die heimliche Sehnsucht nach dem Meer (die Familie erwarb denn auch später ein Landhaus an der Ostsee) und der allmählich aufkommende Überdruß, jahraus jahrein dasselbe Refugium aufsuchen und dort, wie die Kinder es nannten, eine ›Pilz-Existenz‹ führen zu müssen, bewogen Thomas Mann schließlich, sich von seinem »kleinen Besitz« zu trennen. Dazu kam noch das schlechte Gewissen des »Ofenhockers«, angesichts der schweren Kriegszeit etwas für das Vaterland tun zu müssen. So verkaufte er im Juni 1917 das ›Tölzhaus‹ und investierte den Erlös von 65000 Mark – 15000 Mark weniger als der Gestehungspreis – in eine Kriegsanleihe, die gut ein Jahr später nur mehr das Papier wert war, auf dem sie gedruckt war.

Das ›Tölzhaus‹ behielt zunächst seine literarische Tradition, denn der neue Besitzer war Dr. Willy Wiegand, ein gut situierter Bibliophile, der 1911 zusammen mit Ludwig Wolde und in literarischer Verbindung mit Rudolf Borchardt, Hugo von Hofmannsthal und Rudolf Alexander Schröder die ›Bremer Presse‹, eine der besten und berühmtesten deutschen Privatpressen, gegründet hatte. Der Ausbruch des Krieges hatte deren Tätigkeit zunächst unterbrochen, im Frühjahr 1919 konnte sie in Tölz wieder aufgenommen werden. Hier entstanden dann heute so gesuchte Drucke wie ›Oedipus‹, Tibulls ›Elegien‹, Bacons ›Essays‹, ›Robert Guiskard‹ und Goethes ›Urfaust‹. Im April 1921 zog die Presse wieder und diesmal endgültig nach München um, wo sie bis 1944 Bestand hatte. Das Haus ging danach an die Gemeinde über und beherbergte kurze Zeit ein Schulinternat, bis 1926 der Orden der Armen Schulschwestern es erwarb, der auch das anstoßende Anwesen an sich brachte, darin das ›Josefsheim‹ als Altersruhesitz für seine betagten Schwestern einrichtete und dieses mit dem ›Landhaus Thomas Mann‹, das heute als Wohnung des Hausgeistlichen und als Gästetrakt dient, zu einer Hausnummer, Heißstraße 31, vereinigte. Das teilweise in Fachwerk ausgeführte ›Landhaus Thomas Mann‹ ist äußerlich unversehrt erhalten, und eine Gedenktafel an der Gartentüre trägt des Dichters Wort aus dem Zauberberg: »Der Mensch soll um der Güte und Liebe willen dem Tode keine Herrschaft einräumen über seine Gedanken.«

Dieser Satz könnte fast auch von einem anderen Dichter stammen, der hier am Höhenbergweg 3 (Gedenktafel) zur Welt gekommen ist, aber sein Leben größtenteils in Niederbayern verbracht und dort auch 1956 beendet hat: Hans Carossa. »An einem Wintertag des Jahres 1878 wurde ich zu Tölz in Oberbayern geboren«, beginnt er sein liebenswürdiges Erinnerungsbuch ›Eine Kindheit‹, um dann freilich lapidar fortzufahren: »An diesen schönen vielbesuchten Badeort ... sind mir leider nicht viele Erinnerungen geblieben; mein bewußtes Leben begann erst in dem nahen Königsdorf, wo sich mein Vater bald nach meiner Geburt als Arzt niederließ.« Auch Hans Carossa wurde Arzt, praktizierte später in Passau, München und als Bataillonsarzt im Ersten Weltkrieg, wovon sein ›Rumänisches Tagebuch‹ erzählt. Später lebte er seinem schriftstellerischen Werk in Seestetten und Rittsteig bei Passau. Ein an goethescher Sprachkultur geschulter unprätentiöser Ausdruck und stifterische Weltsicht bestimmen seine Werke, in denen er das eigene Leben reflektiert und symbolhaft verallgemeinert: Neben der schon erwähnten ›Kindheit‹ sind dies vor allem die ›Verwandlungen einer Jugend‹, ›Das Jahr der schönen Täuschungen‹ und die ›Geheimnisse des reifen Lebens‹.

Zwei Generationen vor Carossa wurde der Historiker und Panegyriker König Ludwigs I., Johann Nepomuk Sepp (1816-1909), in Tölz geboren. Der streitbare Literat und eifrige Verfechter bayerischer Eigenstaatlichkeit hat sich auch als Dramatiker versucht und historische Volksstücke wie ›Die Isarwinkler im Franzosenkriege 1870‹ oder ›Der Schmied von Kochel‹ verfaßt.

Aber nun wieder zurück zur Leonhardifahrt, die alljährlich am 6. November veranstaltet wird. Mancherorts – wie in Benediktbeuern – wird sie auf das nächstfolgende Wochenende verlegt, wenn der Festtag nicht sowieso zufällig auf einen Samstag oder Sonntag fällt. Tölz läßt sich darauf nicht ein, der 6. November ist der Tag des Heiligen und dabei bleibt es. Und schon Tage, ja Wochen vorher ist der ganze Markt und der ganze Isarwinkel mit den Vorbereitungen beschäftigt. Geschirre und Zaumzeuge der Rösser werden auf Hochglanz gebracht, die Viererzüge organisiert. Das ist manchmal recht schwierig; kaum ein Bauer hält noch vier Pferde, und so müssen sie oft aus verschiedenen Ställen zusammengespannt werden. Vier Rösser müssen es sein, denn zwei könnten die Last eines mit Wallfahrern befrachteten Leonhardiwagens den steilen Weg zum Kalvarienberg nicht hinaufziehen. Derweilen schmücken

Frauen und Dirndln die Fahrzeuge mit dem Grün, das die
›Manner‹ und Burschen aus den Bergwäldern geholt haben.
Phantasievolle Ornamente aus Tannen- und Eibenzweigen,
aus isländischem Moos und Baumbart, dazwischen Ge-
stecke später ›Oktoberröserln‹, wie man die kleinen Herbst-
chrysanthemen hier nennt, umkleiden die Wagen oder umrahmen die bunten Bilder der Truhenwagen. Zuletzt, in
aller Herrgottsfrühe des 6. November, erhalten die Rösser
ihren letzten ›Schliff‹; sie werden gestriegelt, die Hufe ›ge-
wienert‹, Mähne und Schweif kunstvoll mit bunten Bän-
dern durchflochten.

Und dann versammeln sich alle Teilnehmer – und viele
Schaulustige – in dem weiten Geviert beim Schützenweg
des Badeviertels. Aus nah und fern kommen sie, haben oft
schon einen langen Anmarsch hinter sich. Es herrscht ein
buntes Leben, bis sie alle eingetroffen sind und die für sie
vorgesehenen Plätze eingenommen haben. Seit 1856 der
»Ortspfarrer Pfaffenberger das früher regellose Einher-
sprengen der Pferde beim St. Leonhardsfeste in die würdige
Form einer Prozession brachte«, hat alles seine Ordnung.
Die Musikkapellen, die Tölzer Gebirgsschützen in brauner
Montur und Stopselhut, die Wackersberger in grüner und
viele andere formieren sich mit ihren prächtigen Fahnen.
Bäuerinnen in dem Ehefrauen vorbehaltenen ›Schalkmie-
der‹, Madeln im Miedergewand mit dreieckig gefaltetem
Seidentuch um den Schultern, Kinder mit Blumenkränzen
im Haar nehmen ihre Plätze auf den ihnen zugeteilten
Wagen ein. Übrigens soll das buntgewebte, befranste Sei-
dentuch der Dirndln einst von Kaufleuten aus Venedig
eingeführt worden sein. Sicherlich wurde dieser neueste
Schick aus dem Süden freudig von der weiblichen Jugend
aufgenommen, er gehört seit langem zum unverzichtbaren
Schmuck ihrer Festtracht.

Kurz vor 9 Uhr morgens erscheinen die Stadtväter in
schwarzem Rock und Zylinder, die Geistlichkeit in rotem
Chorrock, Vorreiter, ebenfalls in Schwarz und Zylinder

treten mit der alten Leonhardsstandarte an die Spitze des
Festzuges, und pünktlich um 9 Uhr läuten die Glocken
aller Tölzer Kirchen, die Prozession setzt sich in Bewegung.
Über die Isarbrücke poltern die schweren Fahrzeuge die
untere Marktstraße und das Maierbräugasteig hinauf zur
Leonhardikapelle auf dem Kalvarienberg. »Das Schnauben
und Prusten der Rösser, das Ächzen des Lederzeugs, das
Knarzen der Deichseln, Geißelschnalzen und Schellenläu-
ten mischen sich in das andachtsvolle Beten der Frauen
und Jungfrauen. Die Musikkapellen intonieren kraftvoll
Choräle ...« Oben herrscht feierliche Stille; vor der kleinen
Kapelle ist der Altar aufgebaut, an die sechzig Gespanne
und viele Reiter umziehen beide, erhalten den Segen.

Nach dem anschließenden Gottesdienst geht es unter
fröhlichem Peitschenknallen und Schellengeläut zurück.
Da zeigen Reiter und Fuhrleute, was sie können. Fix müs-
sen die am Wagenende stehenden ›Brettlhupfer‹ im rechten
Augenblick von ihrem Brett hinunter ›hupfen‹, um den
Bremskeil anzulegen, wenn die schwere Fuhre den steilen
Weg des Maierbräugasteigs hinunter gefährlich ins Rutschen gerät. Kurz vor der Einbiegung in die Marktstraße
aber lassen die Wagenlenker ihren Rössern – und ihrer
Lebenslust – freien Lauf. Die schweren Bräu- und Bauern-
pferde, die leichtfüßigen Haflinger und die Vollblüter der
Reiter nehmen im Galopp die ›Reibe‹ zur Marktstraße und
preschen mit ihrer Fracht hinauf zur Mühlfeldkirche. Dort
empfangen sie einen zweiten Segen von dem Tölzer Dekan.

Dann beginnt der weltliche Teil des Festtages. Teilnehmer und Zuschauer strömen in die Gastwirtschaften, eine
wohlverdiente kräftige Brotzeit, eine oder mehrere Maß
Gerstensaft sind fällig. Nach dem Essen sind die ›Goaßl-
schnalzer‹ in der Marktstraße dran:

*»Jetzt aber geht ein Knallen los, so laut und scharf und hell wie
ein Flintenschießen. Nun fangen die Burschen ihr Konzert mit den
Peitschen an. Da stehen sie, beinaufwärts fest, bis in die Hüften
unbeweglich. Grätschbeinig stehen sie da, eine Hand in der Hosenta-*

sche, aus den Schenkeln herauf gespannt, aus den Hüften heraus sich hin- und herwerfend und die Rechte mit der gestreckten Geißel weitausschwingend. Beim Ausholen nach außen ist der Knall manchmal ein wenig schwächer als beim Hereinhauen der Peitsche nach innen; dann verdrießt es die Burschen, und sie geben es auf. Aber die meisten können es meisterlich, und wenn sie miteinander dastehen um eine leere Mitte herum, so wissen sie die rhythmische Ordnung, die sich gehört, aufs genaueste einzuhalten. Es ist ein erregendes Wettspiel: man kommt davon nicht weg« (Wilhelm Hausenstein).

Dann zieht es uns noch einmal hinauf zum Kalvarienberg. Die späte Jahreszeit, in die das Leonhardifest fällt, wartet nicht immer mit bestem Sonnenwetter auf. Und so ist auch dieser Blick von oben ins Isartal, auf das Hochland und die fernen Berge von einer eigentümlich verhaltenen Stimmung, die ihre besonderen Reize hat. Dies empfand auch Wilhelm Hausenstein so:

»Denn wie so oft in diesem Lande, zeigte sich auch diesmal die besondere Schönheit eines Wetters, das nicht als ein gutes gilt. Große weiße Wolken, chimärisch geformt wie Drachen, verklammerten den Himmel mit dieser Welt des Waldgebirges, so tief griffen die Wolken herab. Im Halbschatten dieses trüben Tages, eines Tages, der die Welt fast nur mit Weiß und Schwarz und schwerem Grün malen zu wollen schien, gewannen die Dinge der Erde an Gewicht: alles, der Wald, die Wiesen, der Weg, die Hänge, Wasser und Gestein, schien an Bedeutung zuzunehmen, da die Sonne fehlte. Denn die Sonne, wenn sie kommt, lenkt den Blick der Menschen auf den sonnigen Glanz; fehlt sie, so rücken die Dinge mit ihrer eigenen Gestalt in den Blick und in das Gefühl der Menschen entschiedener ein – und darin bestand nun auch die besondere Schönheit dieses gedeckten, ja feuchten Tages. Man soll sich in dieser Landschaft vor diesen Tagen nicht fürchten. Sie vermehren ja auch die malerische Faßlichkeit der Natur.

Und außerdem: sie bestätigen die Größe dieser Landschaft. Denn wahrhaftig: ihre Größe ist da. Auch wenn diese Landschaft nicht die allerstärksten Akzente trägt. Es ist eine abgeschlossene, eine intime Größe; aber es ist eine Größe aus erster Hand ...«

Anhang

Verzeichnis und
Nachweis der Abbildungen

Bei der Bebilderung dieses Buches wurde versucht, jene beiden Kunstepochen besonders zu berücksichtigen, denen das Werdenfelser Land und seine Umgegend ihre besten und schönsten Darstellungen verdankt. Das ist einmal die Zeit der Entdeckung der bayerischen Landschaft zwischen etwa 1790 und 1830. Diese Zeit fiel zusammen mit der Erfindung der Lithographie (1796) und ihrer ersten Blütezeit. Da viele Zeichnungen und Gemälde jener Meister, die damals im bayerischen Hochland auf Motivsuche gingen, auch in Lithographie verbreitet oder gar für diese neue Reproduktionstechnik geschaffen worden sind, lag es nahe, bei der Auswahl der einfarbigen Textillustrationen auf diesen reichen Fundus zurückzugreifen. Allerdings erforderte die angestrebte adäquate Wiedergabequalität eine Reproduktion direkt von den Originalen, die nicht ohne das bereitwillige Entgegenkommen zahlreicher Privatsammler zu verwirklichen war. – Hundert Jahre nach der malerischen Entdeckung erlebte die Gegend um Kochel-, Walchen- und Staffelsee ihre zweite künstlerische Sternstunde und wurde wie kaum eine andere deutsche Landschaft zum Anreger und Motivspender für eine Malergeneration, die im Aufbruch zur Moderne hier neue Ausdrucksmöglichkeiten suchte und erprobte. Aus ihrem Werk wurden überwiegend die Farbtafeln ausgesucht. – Allen, die mit Überlassung von Reproduktionsvorlagen und Erteilung von Abdruckgenehmigungen zum Gelingen des Bildteils beigetragen haben oder den Verlag und die Autorin bereitwillig mit Auskünften, Hinweisen und Ratschlägen unterstützt haben, sei herzlich gedankt.

AUF DEM SCHUTZUMSCHLAG

Heinrich Bürkel: *Das Garmischer Tal*, Ölgemälde (Ausschnitt), 1839; München, Städtische Galerie im Lenbachhaus.

FARBTAFELN

1 Johann Georg von Dillis: *Wasserfall bei Ohlstadt*, Aquarell (Ausschnitt), um 1800; München, Staatliche Graphische Sammlung. Foto: Artothek Blauel/Gnamm. Seite 25

ABBILDUNGEN IM TEXT

*Die Zahlen am linken Rand verweisen auf Seiten,
Sterne auf doppelseitige Abbildungen*

Nachweis
der zitierten Literatur

ABEGG, Walter: »Persönliche Erinnerungen an Heinrich Kaminski (1886–1946)«, in: *Schweizerische Musikzeitung*, 117. Jahrgang 1946.

ALBRECHT, Dieter: *Historischer Atlas von Bayern*. Teil 9, Altbayern. Die Grafschaft Werdenfels. München 1955.

– *Die Klostergeschichte Benediktbeuern und Ettal*. München 1958.

– »Die Grafschaft Werdenfels«, in: *Unbekanntes Bayern*, Band 1, München 1955.

ANONYM: »Herzogin und Rentmeister«, in: *Bayerland*, 40. Jahrgang, 1929, Nr. 7

– »Eine Fußreise in das bayerische Oberland«, in: *Weilheimer Sonntagsblatt*. Jahrgang 1924, Nr. 13 ff.

ARNOLD, Christian: *Konrad Eberhard, Bildhauer und Maler*. Augsburg 1964.

BAADER, Josef: *Chronik des Marktes Mittenwald*. Mittenwald 1936.

Bad Tölz, Festschrift zum Jubiläumsjahr 1981. Herausgegeben von der Städtischen Kurverwaltung. Bad Tölz 1981.

BADER, August: »Der Aufstieg des Jodbades Tölz«, in: *Lebendige Heimat*. Bad Tölz 1952.

BAUER, Hermann: »Das Programm der Deckenbilder im alten Festsaal von Kloster Benediktbeuern«, in: *Zeitschrift für bayerische Landesgeschichte*, Band 35, Heft 1. München 1972.

BAUER, Hermann, und Bernhard RUPPRECHT: *Kunstwanderungen in Bayern südlich der Donau*. Stuttgart 1973.

BAUERNFEIND, Karl Max von: »Josef Utzschneider«, in: *Allgemeine Deutsche Biographie*. 39. Band, Leipzig 1895.

BAUMANN, Simon: *Geschichte des Marktes Murnau*. Murnau 1855.

BECKER, Emil: *Der Walchensee und die Jachenau*. Innsbruck 1897.

BECKER, Walter F.: »Die Schicksale des Klosters Benediktbeuern«, in: *Bayerland*, 27. Jahrgang, 1915/16, Nr. 49/50, 51/52.

BEREND-CORINTH, Charlotte: *Lovis, Erinnerungen an ihn*. München (1958).

BERTHOLD, Margot: »Der legendäre Sommernachtstraum in Murnau«, in: *Münchner Merkur*, Nummer 208 vom 10./11. September 1983.

BIEHN, Heinz: *Residenzen der Romantik*. München, Prestel-Verlag 1970.

BOCK, Friedrich: »Die Gründung des Klosters Ettal«, in: *Oberbayerisches Archiv*, 66. Band. München 1920.

BÖHM, Gottfried von: *Ludwig II., König von Bayern, sein Leben und seine Zeit*. Berlin 1924.

BOEHM, Cordula: *»Heimatliche Landschaft wird im Deckenfresko zur Bühne für den heiligen Leonhard«*, in: *Charivari*, Februar 1978.

BÖSSL, Hans: »Gabriel von Seidl«, in: *Oberbayerisches Archiv*, 88. Band. München 1966.

BRONNER, Franz Josef: *Vier Perlen des bayerischen Hochlandes*. Leipzig 1890.

CRONAUER, Willi: »Gespräch mit Ödön von Horváth im Bayerischen Rundfunk am 6. April 1932«, in: *Sechsundvierzig Stunden*. Frankfurt 1979.

DEMLEITNER, Hans: *Kochel a. See*. 2. Auflage, Kochel, o.J. (1984).

DEMLEITNER, Josef: »Rund um den Walchensee«, in: *Lebendige Heimat*. Bad Tölz 1952.

DEVRIENT, Eduard: *Das Passionsspiel in Oberammergau*. München 1922.

DIEMER, Hermine: *Oberammergau und seine Passionsspiele*. München-Oberammergau 1900.

DINGLER, Max: »Die Murnauer Landschaft«, in: *Bayerland*, 41. Jahrgang, 1929, Nr. 7.

– *Das Murnauer Moos*. München 1943.

DISCHINGER, Gabriele, und Eva Christina VOLLMER: *Das Passionsdorf Oberammergau*. München und Zürich 1984.

DÖBERL, Michael: *Entwicklungsgeschichte Bayerns*. 2. Band. München 1928.

DOFLEIN, Erich: »Erinnerungen an Kaminski«, in: *Musica*, 1. Jahrgang, 1947, Heft 2.

DORFMEISTER, Gregor: »Bad Tölz im Isarwinkel, Leonardifahrt«, in: *Bayerland*, 76. Jg., 1974, Nr. 8.

DÖRR, Julian: »Der Walchensee«, in: *Bayerland*, 24. Jahrgang, 1912/13, Nr. 48.

DUSSLER, Hildebrand, OSB: *Geschichte der Ettaler Bergstraße*. Immenstadt 1963.

EICHNER, Johannes: *Kandinsky und Gabriele Münter*. München 1957.

EMERICH, Karl: *Die Gotteshäuser St. Jakob und St. Margaret am Walchensee*. Sulzbach 1909.

ERDMANN, Walter: *Ferdinand Raimund, Dichterische Entwicklung, Persönlichkeit und Lebensschicksal*. Würzburg 1943.

EURINGER, Richard: *Die Fürsten fallen*. Leipzig 1935.

FISCHER, PIUS, OSB: *Oberammergau und Ettal*. Oberammergau 1950.

– »Uraltes Staffelsee-Bistum?«, in: *Lech-Isar-Land*, 1976.

FREY, Hilde: »Buschland an der Isar«, in: *Lebendige Heimat*. Bad Tölz 1952.

FUCHS, Georg: *Sturm und Drang in München um die Jahrhundertwende*. München 1936.

GANGHOFER, Ludwig: *Bergheimat*. München (1950).

GARBSCH, Jochen G. (Herausgeber): *Der Moosberg bei Murnau*. München 1966.

GEBHARDT, J.: »Murnau einst und jetzt« in: *Bayerland*, 40. Jahrgang, 1929, Nr. 7.

– *Staffelsee-Chronik*. Murnau 1931.

– »Das römische Castell auf dem Moosberg bei Murnau-Hechendorf«, in: *Ammersee-Heimatblätter*, 2. Jahrgang, 1926, 6. Heft.

– »Die Hinterglasmalerei im Staffelseegebiet«, in: *Ammersee-Heimatblätter*, 2. Jahrgang, 1926, 5. Heft.

GERNDT, Siegmar: *Unsere bayerische Heimat*. München 1976.

– *Unsere bayerische Landschaft*. München 1976.

GOETHE, Johann Wolfgang von: *Italiänische Reise*. Stuttgart 1816.

GOLDNER, Johannes: *Oberammergau*. Oberammergau 1980.

GOLDSCHMIDT, Alfred: »Der Geigenmacherort Mittenwald«, in: Bayerland, 23. Jahrgang, 1911/12, Nr. 10.

GOLLEK, Rosel: Der Blaue Reiter im Lenbachhaus München. München 1974 und 1982.

GOTTWALD, Johannes, in: 100 Jahre Orchesterverein München 1880 e. V. Rückblick und Ausblick. München 1980.

GUGGENBICHLER, Otto: »Weinland Bayern«, in: Unbekanntes Bayern. Band 1, München 1960.

HACKER, Rupert (Herausgeber): Ludwig II. von Bayern in Augenzeugenberichten. Düsseldorf 1966.

HARNACK, Adolf von, in: Vom Geheimnis der Elmau. O. O. u. J.

HARTIG, Angelika: »Die schmackhaften Zutaten der Seidls zur bayerischen Geschichte«, in: Münchner Merkur, Nr. 233, 1981.

HARTIG, Michael: Die Oberbayerischen Stifte. München (1935).

HAUSENSTEIN, Wilhelm: Besinnliche Wanderfahrten. München 1957.

HEINDL, Karin und Hannes: Heimliche Residenzen Ludwigs II. München 1974.

HIERNEIS, Theodor: Aus meiner Lehrzeit in der Hofküche König Ludwig II. von Bayern. München 1940.

HOFFMANN, Richard: Das Marienmünster zu Ettal im Wandel der Jahrhunderte. Augsburg 1927.

HOFMANN, Sigfrid: Die Kirchen der Pfarreien Murnau und Uffing. Schongau 1958.

HORVÁTH, Ödön von: Gesammelte Werke. 1. Band, Frankfurt 1972.

IBLER, Joseph P.: »Die Mittenwalder Poststraße«, in: Bayerland, 23. Jg., 1911/12, Nr. 46.

ISHOVEN, Armand van: Udet. Biographie. Wien und Berlin 1977.

JUSTI, Ludwig, in: Horst Keller: Lovis Corinth, Walchensee. München 1976.

KELLER, Horst: Lovis Corinth, Walchensee. München 1976.

KERR, Alfred: Die Welt im Licht. Berlin 1920.

KOBELL, Louise von: König Ludwig II. und die Kunst. München 1898.

KREIS, Bernhard: »Handwerk und Gewerbe im alten Tölz«, in: Lebendige Heimat. Bad Tölz 1952.

KREISEL, Heinrich: Die Schlösser Ludwigs II. Darmstadt 1953.

– Schloß Hohenschwangau. München 1953.

KRISCHKE, Traugott: Mutmaßungen über Ödön von Horváth. München 1976.

– Ödön von Horváth. Frankfurt 1977.

KRÖNNER, Ernst: Deine Garnison. Murnau 1979.

KRUTIAK, Wolfgang: Mittenwaldbahn. Wien 1976.

LANKHEIT, Klaus (Herausgeber): Franz Marc, Schriften. Köln 1978.

LEHR, Albert: »Die alte Poststraße von München über Mittenwald nach Innsbruck«, in: Archiv für Postgeschichte in Bayern. 16. Jahrgang, 1940, Heft 1.

LÖHNEYSEN, Wolfgang Freiherr von: Mistra. München 1977.

MARC, Franz: Schriften, herausgegeben von Klaus Lankheit. Köln (1978).

MELCHERS, Hans und Erna, bearbeitet von Carlo Melchers: Das große Buch der Heiligen. München 1978.

MENDELSSOHN, Peter de: Der Zauberer, Das Leben des deutschen Schrift-

stellers Thomas Mann. Erster Teil 1875-1918, Frankfurt 1975.

MEYER, H.: »Die Mittenwaldbahn«, in: *Bayerland,* 23.Jg. 1911/12, 50.

MINDERA, Carl: »Eine Kunstfahrt um die Benediktenwand«, in: *Lebendige Heimat.* Bad Tölz 1952.

MITTERWIESER, Alois: »Bad Heilbrunn als altes Hofbad«, in: *Heimatbote vom Isarwinkel.* Sonderabdruck aus dem Gutenberg-Jahrbuch 1933.

MÜLLER, Bernhard, in: *Vom Wesen der Elmau.* Mittenwald 1977.

MÜLLER, Johannes, in: *Vom Geheimnis der Elmau.* O.O.u.J.

MÜLLER, Johann Nepomuk: *Die Kreuzigungsgruppe in Oberammergau.* Oberammergau 1880.

MÜLLER, Karl Alexander von: *Landtagebuch.* München o.J.

Münchner Wanderbuch, Heft 4: Der Ammergau, München 1923; Heft 5: Das Werdenfelser Land, München 1923; Heft 6: Der Isarwinkel, München 1924.

NAGLER, Georg Kaspar: »Das Madonnenbild in Ettal«, in: *Oberbayerisches Archiv.* 10. Band, München 1849/50.

NAR, Johannes: *Die Jachenau.* Augsburg (1933).

PLESSEN, Marie-Louise (Herausgeberin): *Die Isar, ein Lebenslauf.* Katalog zur Ausstellung im Münchner Stadtmuseum 1983.

RATZENHOFER, Gustav: *Die Feldzüge des Prinzen Eugen von Savoyen.* v. Band: Spanischer Successions-Krieg. Feldzug 1703. Wien 1879.

REINECKE, Paul: Einleitung zu *Der Moosberg bei Murnau,* herausgegeben von Jochen G. Garbsch. München 1966.

−»Der Moosberg im Murnauer Moos«, in: *Weilheimer Sonntagsblatt.* 4.Jahrgang, 1927, Nr. 6ff.

RICHTER, Werner: *Ludwig II. König von Bayern.* München (1963).

ROCK, Edmund: *Werdenfelser Land in früherer Zeit.* Partenkirchen 1934.

ROSENBERG, Alfons: *Engel und Dämonen.* München 1967.

ROSSBERG, Ralf Roman: *Die Lokalbahn Murnau-Oberammergau.* Stuttgart 1976.

SALBERG, Adalbert, OSB: *Geschichte des Wallfahrtsortes Ettal.* Ettal 1972.

SCHARDT, Alois J.: *Franz Marc.* Berlin 1936.

SCHARL, Josef: »Das Licht über dem Brunnen in Bad Heilbrunn«, in: *Bayerland,* Sonderausgabe o.J.

SCHAROLD, Hans: »Streifzüge durch das Chronicon Benedictoburaiium«, in: *Bayerland,* 25. Jahrgang, 1914, Nr. 27f.

SCHELLE, Heinz: *Das goldene Au,* Eine Oberauer Chronik mit Bildern.   Garmisch-Partenkirchen 1982.

SCHERL, Gabriele: »Karwendel« in: *Zwiebelturm,* 26.Jahrgang, 1971, 2. Heft.

SCHLAGINTWEIT, Felix: *Ein verliebtes Leben.* München 1981.

SCHLEIFER, Karl: »Heinrich Kaminski †«, in: *Musica,* 1.Jahrgang, 1947, Heft 2.

SCHLEIFSTEIN, S.I. (Herausgeber): *Sergej Prokofjew, Dokumente, Briefe, Erinnerungen.* Leipzig o.J.

SCHMIDT-ZESEWITZ, Gabriele: »Die malerischen Karrieren der Kaulbach-Verwandtschaft«, in: *Münchner Merkur,* Nr. 32, 1981.

SCHREIBER, Ulrich: *Sergej Prokofjews Oper »Der feurige Engel«.* Manuskript. Bonn 1984.

SCHREIBER, Wilhelm: *Geschichte Bayerns.* 2. Band, Freiburg 1891.

SCHUBERTH, Ottmar: *Die Bauernhöfe auf der Glentleiten.* München 1979.

– *Führer durch das Freilichtmuseum des Bezirks Oberbayern an der Glentleiten.* Großweil 1978.

SIEGFRIED, Walther: *Aus dem Bilderbuch eines Lebens.* Zürich und Leipzig 1929.

SIMON, Ludwig: *Das Ortsbild von Tölz.* Bad Tölz 1925/26.

SPERLING, Walter: »Ein Tölzer Bürgerhaus«, in: *Lebendige Heimat.* Bad Tölz 1952.

SPRENGER, Philipp: *Geschichte der Gemeinde Scharnitz.* Scharnitz 1976.

SPRINGORUM, Friedrich (Herausgeber): *Leibhaftiges Bayern.* München 1960.

STEINBERGER, Hans: »Ettal«, in: *Bayerland,* 23. Jg., 1911/12, Nr. 5 f.

STEUB, Ludwig: *Aus dem bayerischen Hochlande.* München 1850.

STIEBER, Berta: »Hochzeit in Altbayern«, in: *Zwiebelturm,* 25. Jahrgang, 1970, 7. Heft.

STROBEL, Otto (Herausgeber): *Ludwig II. und Richard Wagner, Briefwechsel.* Erster Band, Karlsruhe 1936.

STUTZER, Dietmar: *Weingüter bayerischer Prälatenklöster in Südtirol.* Rosenheim 1980.

SWOBODA, Otto: *Alpenländisches Brauchtum im Jahreslauf.* München 1979.

TALHOFF, Albert, in: *Vom Geheimnis der Elmau.* O. O. u. J.

TRENKER, Luis: *Das Wunder von Oberammergau.* Hamburg 1961.

WEBER, Leopold: *Mit Ernst Kreidolf in den Bayerischen Bergen 1869-1895.* Erlenbach-Zürich und Leipzig. O. J.

WEISS, Helmuth: »Oberammergau, Geschichte der Passion«, in: *Bayerland,* 68. Jahrgang, 1966, Nummer 9.

WESTERMAYER, Georg: *Chronik der Burg und des Marktes Tölz.* Tölz 1871.

WEYR, Franz: »Bad Tölz, Figuren und Miniaturen«, in: *Unbekanntes Bayern,* Band 9, München (1964).

WILHELM, Hubert (Herausgeber): *Scharnitz hat alte Schützentradition.* Scharnitz 1981.

WIRTH, Josef: »Die Annakapelle in Schloß Linderhof bei Oberammergau«, in: *Weilheimer Sonntagsblatt,* 5. Jahrgang, 1928, Nr. 33 ff.

WOLF, Axel: »Sorge um den Langen Köchel«, in: *Süddeutsche Zeitung,* 1. Oktober 1980.

WOLF, Georg Jakob: »Emanuel von Seidl in Murnau«, in: *Bayerland,* 40. Jahrgang, 1929, Nr. 7.

WÜNNENBERG, Rolf: *Werdenfels, Ammergau, Staffelsee.* Gauting 1977.

WÜNNENBERG, Rolf und Senta: *Staffelsee.* München 1981.

Register